Landesrecht Hessen
herausgegeben von Prof. Friedrich Oetzel

Kompendien
für Studium, Praxis und Fortbildung

Lothar Mühl | Rainer Leggereit | Winfried Hausmann

Polizei- und Ordnungsrecht Hessen

5. Auflage

Nomos

Die Deutsche Nationalbibliothek verzeichnet diese Publikation in der Deutschen Nationalbibliografie; detaillierte bibliografische Daten sind im Internet über http://dnb.d-nb.de abrufbar.

ISBN 978-3-8487-3791-8 (Print)
ISBN 978-3-8452-8131-5 (ePDF)

1. Auflage 2018

Vorwort

Die Buchreiche verfolgt das Ziel, bedeutsame Bereiche des Landesrechts systematisch dazustellen und für Studium, Ausbildung und Praxis besonders aufzubereiten.

Das Polizei- und Ordnungsrecht ist ein wichtiger Teil dieser Reihe. Dem Recht der Gefahrenabwehr kommt nicht nur in der Praxis eine besondere Bedeutung zu, sondern es ist zentraler Bestandteil der verwaltungsrechtlichen Ausbildung mit hoher Prüfungsrelevanz. Dem folgend ist das vorliegende Kompendium auf die Bedürfnisse von Studierenden an Universitäten und Fachhochschulen sowie anderer Bildungseinrichtungen zugeschnitten, dient aber auch als Ratgeber für die Praxis.

Das Land Hessen trennt im Bereich der Gefahrenabwehr zwar zwischen Verwaltungsaufgaben und polizeilichen Aufgaben, hat aber beide Bereiche in einem einheitlichen Gesetz, dem HSOG geregelt. Diesem Ansatz folgend enthält das vorliegende Kompendium eine fachlich umfassende Darstellung der Gefahrenabwehr sowohl mit Blick auf Verwaltungs- und Ordnungsbehörden als auch die Polizei. Neben den klassischen Themen des materiellen Gefahrabwehrrechts werden das oft als schwierig empfundene Nebeneinander von Verwaltungs-, Ordnungs- und Polizeibehörden anschaulich geklärt sowie einzelne Maßnahmen und Befugnisse sowohl der Verwaltungs- als auch der Polizeibehörden mit zahlreichen Beispielen ausführlich behandelt.

Wie die Vorauflagen enthält auch die Neuauflage im Anhang die für Ausbildung und Prüfung wichtigen Aufbauschemata zur Prüfung der Rechtmäßigkeit gefahrenabwehrrechtlicher Maßnahmen sowie Fälle mit Lösungen.

Die nunmehr 5. Auflage berücksichtigt die seit dem Erscheinen der Vorauflage im Jahre 2013 erfolgten Änderungen im HSOG sowie anderer relevanter Gesetze, Verordnungen und Verwaltungsvorschriften. Auch Rechtsprechung und Schrifttum werden nach aktuellem Stand berücksichtigt.

Kassel, im März 2018 Die Autoren

Inhaltsverzeichnis

Abkürzungsverzeichnis

a.A.	anderer Ansicht
Abs.	Absatz
AufenthG	Gesetz über den Aufenthalt, die Erwerbstätigkeit und die Integration von Ausländern im Bundesgebiet
AZRG	Gesetz über das Ausländerzentralregister
BayVBl.	Bayrisches Verwaltungsblatt
BBodSchG	Bundesbodenschutzgesetz
BGB	Bürgerliches Gesetzbuch
BGHZ	Bundesgerichtshof in Zivilsachen
BGS	Bundesgrenzschutz
BGSNeuRegG	Bundesgrenzschutzneuregelungsgesetz
BImSchG	Bundesimmissionsschutzgesetz
BPolG	Gesetz über die Bundespolizei
BremPolG	Bremisches Polizeigesetz
BTMG	Betäubungsmittelgesetz
BVerfG	Bundesverfassungsgericht
BVerwG	Bundesverwaltungsgericht
DAR	Deutsches Autorecht (Zeitschrift)
DÖV	Die Öffentliche Verwaltung (Zeitschrift)
DVBl	Deutsches Verwaltungsblatt (Zeitschrift)
DVP	Deutsche Verwaltungspraxis (Zeitschrift)
E	Entscheidung
EGGVG	Einführungsgesetz zum Gerichtsverfassungsgesetz
EMRK	Europäische Menschenrechtskonvention
FrEntzG	Freiheitsentziehungsgesetz des Bundes
GastG	Gaststättengesetz
GewO	Gewerbeordnung
GG	Grundgesetz
GVBl.	Gesetz- und Verordnungsblatt
h.M.	herrschende Meinung
HAltBodSchG	Hessisches Altlasten- und Bodenschutzgesetz
HBKG	Hessisches Gesetz über Brandschutz, die allgemeine Hilfe und den Katastrophenschutz
HBO	Hessische Bauordnung
HENatG	Hessisches Naturschutzgesetz
HGastG	Hessisches Gaststättengesetz
Hess AG VwGO	Hessisches Ausführungsgesetz zur VwGO
Hess VG Rspr.	Rechtsprechung der hessischen Verwaltungsgerichte
HGO	Hessische Gemeindeordnung
HMdI	Hessisches Ministerium des Innern und für Sport
HRP	Hessische Polizeirundschau (Zeitschrift)
HRDG	Hessisches Rettungsdienstgesetz
HSOG-DVO	Verordnung zur Durchführung des HSOG und zur Durchführung des Hessischen Freiwilligen-Polizeidienst-Gesetzes
HStrG	Hessisches Straßengesetz

HVwKostG	Hessisches Verwaltungskostengesetz
HVwVfG	Hessisches Verwaltungsverfahrensgesetz
HWG	Hessisches Wassergesetz
IfSG	Infektionsschutzgesetz
JuSchG	Jugendschutzgesetz
JUS	Juristische Schulung (Zeitschrift)
JVA	Justizvollzugsanstalt
KG	Kommanditgesellschaft
LG	Landgericht
LT-Drucks.	Landtagsdrucksache
MEPolG	Musterentwurf eines einheitlichen Polizeigesetzes des Bundes und der Länder
m. w. N.	mit weiteren Nachweisen
NJW	Neue Juristische Wochenzeitschrift (Zeitschrift)
NVwZ	Neue Zeitschrift für Verwaltungsrecht (Zeitschrift)
NVwZ RR	NVwZ-Rechtsprechungsreport
OHG	Offene Handelsgesellschaft
OLG	Oberlandesgericht
OVG	Oberverwaltungsgericht
OWiG	Gesetz über Ordnungswidrigkeiten
Pr	Preußen, preußisch
PsychKHK	Hessisches Gesetz über Hilfen bei psychischen Krankheiten
Rn.	Randnummer
SOG LSA	Gesetz über die öffentliche Sicherheit und Ordnung des Landes Sachsen-Anhalt
StGB	Strafgesetzbuch
StPO	Strafprozessordnung
StVO	Straßenverkehrsordnung
StVZO	Straßenverkehrszulassungsordnung
thür OBG	Thüringisches Gesetz über die Aufgaben und Befugnisse der Ordnungsbehörden
TierGesG	Tiergesundheitsgesetz
u.U.	unter Umständen
VBlBW	Verwaltungsblätter für Baden-Württemberg
VersG	Versammlungsgesetz
VG	Verwaltungsgericht
VGH	Verwaltungsgerichtshof
vgl.	vergleiche
VVHSOG	Verwaltungsvorschrift zur Ausführung des HSOG
VwGO	Verwaltungsgerichtsordnung
VwKostO	Verwaltungskostenordnung
WaffG	Waffengesetz
WEU	Westeuropäische Union
WHG	Wasserhaushaltsgesetz
ZSEG	Gesetz über die Entschädigung von Zeugen und Sachverständigen
ZVR	Zeitschrift für Verwaltungsrecht

Literaturverzeichnis

Berg, Günter/Knape, Michael/Kiworr, Ulrich, Allgemeines Gesetz zum Schutz der öffentlichen Sicherheit und Ordnung in Berlin (Allgemeines Sicherheits- und Ordnungsgesetz – ASOG Bln –) Erläuterungen in: Polizeifachhandbuch Band 2

Bindzus, Dieter/Lange, Gérôme, Alkoholgenuss als Sondernutzung? Die „Saarbrücker Bettelsatzung" macht von sich reden, JUS 1998, 696

Brühl, Raimund, Die Prüfung der Rechtmäßigkeit des Verwaltungszwangs im gestreckten Verfahren, JUS 1997, 1021–1998, 65

Drews Bill/Wacke, Gerhard/Vogel, Klaus/Martens, Wolfgang, Gefahrenabwehr, Allgemeines Polizeirecht (Ordnungsrecht) des Bundes und der Länder, 9. Aufl., 1985

Ehrenberg, Wolfgang/Frohne, Wilfried, Doppelfunktionale Maßnahmen der Vollzugspolizei, Kriminalistik 12/03, 737

Erbel, Günther, Forum: Zur Polizeipflichtigkeit des sog. „Zweckveranlassers", JUS 1985, 257

Fahl, Christian, Zur Fragwürdigkeit bußgeldbewehrter Einschränkungen der Stadtstreicherei durch Sondernutzungssatzungen, DÖV 1996, 955

Faßbender, Kurt, Alkoholverbote durch Polizeiverordnungen: per se rechtswidrig?, NVwZ 2009, 563

Fechner, Frank, „Öffentliche Ordnung" – Renaissance eines Begriffes, JUS 2003, 734

Friauf, Karl Heinrich, Polizei- und Ordnungsrecht, in: Schmidt-Assmann (Hrsg.), Besonderes Verwaltungsrecht, 13 Aufl., 2005

Ginsky, Harald, Sanierungsverantwortlichkeit nach dem BBodSchG – Rechtsprechungsberichte, DVBl 2003, 169

Götz, Volkmar, Die Entwicklung des allgemeinen Polizei- und Ordnungsrechts (1994–1997), NVwZ 1998, 679

Götz, Volkmar/Geis, Max-Emanuel, Allgeines Polizei- und Ordnungsrecht, 16. Auflage, München 2017

Götz, Volkmar, Die Entwicklung des allgemeinen Polizei- und Ordnungsrechts (1981–1983), NVwZ 1984, 211

Hecker, Wolfgang, Aufenthaltsverbote im Recht der Gefahrenabwehr, NVwZ 1999, 261

Hecker, Wolfgang, Neue Rechtsprechung zu Aufenthaltsverboten im Polizei- und Ordnungsrecht, NVwZ 2003, 1334

Hecker, Wolfgang, Zur neuen Debatte über Alkoholkonsumverbote im öffentlichen Raum, NVwZ 2009, 1016

Hebeler, Timo/Reimer, Franz in Hermes,/Groß (Hrsg.), Landesrecht Hessen, 7. Auflage, Baden-Baden, 2011

Hesse, Dörthe/Nadine Queck/Lagodny, Otto, „Hausverbot" für prügelnde Ehemänner (?), JZ 2000, 68

Hollein, Hans-Joachim, Das Verbot rechtsextremer Veranstaltungen, NVwZ 1994, 635

Holzkämpfer, Volker, Die Unterbindung aggressiven Bettelns als Rechtsproblem, NVwZ 1994, 146

Hornmann, Gerhard, Hessisches Gesetz über die öffentliche Sicherheit und Ordnung (HSOG), 2. Auflage, München 2008

Jarass, Hans D./Pieroth, Bodo, Grundgesetz für die Bundesrepublik Deutschland, 14. Auflage, München 2016

Jochum, Heike, Die polizei- und ordnungsrechtliche Störermehrheit und die beschränkte Kostentragungspflicht des „Nicht-so-Störers", NVwZ 2003, 526

Kappeler, Ann-Marie, Der Verbringungsgewahrsam im System vollzugspolizeilicher Eingriffsbefugnisse, DöV 2000, 227

Kay, Wolfgang, Wohnungsverweisung – Rückkehrverbot zum Schutz vor häuslicher Gewalt, NVwZ 2003, 521

Keller, Rolf/Griesbaum, Rainer, Das Phänomen der vorbeugenden Bekämpfung von Straftaten, NStZ 1990, 416

Kneisel, Michael, Polizeirechtliche Störerbestimmung – Befugnisnormen oder Ermessensgrenzen, DÖV 1997, 905

Knemeyer, Franz-Ludwig, Polizei- und Ordnungsrecht, 11. Aufl., München, 2007

Kochenburger, Christoph, Die Neuordnung des Altlastenrechts in Hessen, NVwZ 1996, 249

Kohl, Jürgen, Altlasten in der verwaltungsgerichtlichen Praxis, JUS 1992, 864

Kohl, Wolfgang, Zulässigkeit ordnungsrechtlicher Maßnahmen gegen Obdachlose in den Städten, NVwZ 1991, 620

Krüger, Rolf, Versammlungsrecht, Stuttgart usw. 1994
Krugmann, Michael, Gefahrbegriff und Grundrechte im Rahmen der polizeilichen „Wegweisung", NVwZ 2006, 152
Kugelmann, Dieter, Unmittelbare Ausführung und sofortige Anwendung von Verwaltungszwang durch die Polizei, DÖV 1997, 153
Kugelmann, Dieter, Der polizeiliche Gefahrenbegriff in Gefahr?, DÖV 2003, 781
Lambiris, Andreas, Klassische Standardbefugnisse im Polizeirecht, Diss. jur., Stuttgart usw. 2002
Latzel, Dieter/Lustina, Jürgen, Aufenthaltsverbot – Eine neue Standardmaßnahme neben der Platzverweisung? Die Polizei 1995, 131
Leggereit, Rainer, Der Verbringungsgewahrsam – ein generell rechtswidriges Instrumentarium der Vollzugspolizei?, NVwZ 1999, 263
Leist, Wolfgang, Zur Rechtmäßigkeit typischer Auflagen bei rechtsextremistischen Demonstrationen, NVwZ 2003, 1300
Lisken, Hans/Denninger, Erhard (Hrsg.), Handbuch des Polizeirechts, 5 Auflage, München 2012
Maunz, Theodor/Dürig, Günter, Kommentar zum Grundgesetz, Loseblattsammlung, Stand 12. 2016
Maurer, Hartmut/Waldhoff, Christian, Allgemeines Verwaltungsrecht, 19. Aufl., München 2017
Meixner, Kurt/Fredrich, Dirk, Hessisches Gesetz über die öffentliche Sicherheit und Ordnung (HSOG), 12. Auflage, Stuttgart usw. 2016
Möller, Manfred/Warg, Gunther, Allgemeines Polizei- und Ordnungsrecht, 6. Auflage, Stuttgart 2012
Möstl/Mühl (Hrsg), Beck´scher Onlinekommentar zum Polizei- und Ordnungsrecht in Hessen
Muckel, Stefan, Zur Entbehrlichkeit einer eigenen Zurechnungstheorie im Polizei- und Ordnungsrecht, DÖV 1998, 18
Müller, Oswin, Der Abschied von der konkreten Gefahr als polizeiliche Eingriffsbefugnis, StV 1995, 602

,
Neuner, Claudia, Zulässigkeit und Grenzen polizeilicher Verweisungsmaßnahmen, Berlin 2003

,
Papier, Hans-Jürgen, Altlasten und polizeiliche Störerhaftung, DVBl 1985, 873
Pausch, Wolfgang/Dölger, Gosbert, Polizei- und Ordnungsrecht in Hessen, 5. Aufl., Stuttgart usw.2010
Peitsch, Dietmar, Polizeiliche Datenerhebung durch Befragung, Die Polizei 1993, 67
Pieroth, Bodo/Schlink, Bernhard/Kniesel, Michael, Polizei- und Ordnungsrecht, 9 Auflage, München 2016
Pietzcher, Jost, Polizeirechtliche Störerbestimmung nach Pflichtwidrigkeit und Risikosphäre, DVBl 1984, 457
Puttler, Adelheid, Klausur Öffentliches Recht, „Rentner Rüstig", JA 2001, 669
Rasch, Ernst, Der Realakt insbesondere im Polizeirecht, DVBl 1992, 207
Rasch, Ernst, Probleme des polizeilichen Zwangs (Zwangsgeld, Ersatzvornahme, Rechtsschutz), DVBl 1980, 1017
Remmert, Barbara, Rechtsdogmatische Probleme des Umsetzens verkehrswidrig geparkter Fahrzeuge, NVwZ 2000, 642
Riegel, Reinhard, Das neue Bundesgrenzschutzgesetz (BGSG): Tradition, Neuerungen und Probleme, DöV 1995, 317
Ruder, Karl-Heinz/Schmitt, Steffen, Polizeirecht Baden-Württenberg, 8. Auflage, Baden-Baden 2015
Ruder, Karl-Heinz, Die polizei- und ordnungsrechtliche Unterbringung von Obdachlosen, VBlBW 2002, 11
Ruder, Karl-Heinz, Die polizei- und ordnungsrechtliche Unterbringung von Obdachlosen, NVwZ 2012, 1283
Rühl, Ulli, „Öffentliche Ordnung" als sonderrechtlicher Verbotstatbestand gegen Neonazis im Versammlungsrecht, NVwZ 2003, 531
Rumpf, Olaf, Die Organisation der Gefahrenabwehrbehörden in Hessen, NVwZ 1990, 315
Rumpf, Olaf, Neuauflage einer generellen Staatshaftung in Hessen durch das novellierte Hessische Gesetz über die öffentliche Sicherheit und Ordnung, NVwZ 1992, 250
Sander, Hilmar, Wiederkehrthema: Die öffentliche Ordnung – das verkannte Schutzgut?; NVwZ 2002, 831
Schenke, Wolf-Rüdiger, Polizei- und Ordnungsrecht, 9. Auflage, Heidelberg 2016
Schenke, Wolf-Rüdiger, Staatshaftung und Aufopferung – Der Anwendungsbereich des Aufopferungsanspruchs, NJW 1991, 1777

Schmidbauer, Wilhelm, Polizeiliche Gefahrenabwehr bei Gewalt im sozialen Nebenraum, BayVBl. 2002, 257
Schmitz, Wolfgang, Bestimmtheit von Verwaltungsakten, DVP 1991, 39
Schnur, Roman, Probleme um den Störerbegriff im Polizeirecht, JUS 1962, 1
Schoch, Friedrich, in Schoch (Hrsg.), Besonderes Verwaltungsrecht, 15. Auflage, 20013
Schoch, Friedrich, Grundfälle zum Polizei- und Ordnungsrecht, JUS 1994, 391–1995, 504
Schwerdtner, Eberhard, Die Lastenverteilung unter mehreren Störern, NVwZ 1992, 141
Spannowsky, Willy, Das Prinzip gerechter Lastenverteilung und die Kostentragungslast des Zustandsstörers, DVBl 1994, 560
Vahle, Jürgen, Die Vollstreckung von Verwaltungsmaßnahmen – Zwangsmittel und Verfahrenstypen, DVP 1997, 58
Waechter, Kay, Die Schutzgüter des Polizeirechts, NVwZ 1997, 729
Weiß, Wolfgang, Der Gefahrenerforschungseingriff bei Altlasten – Versuch einer Neubestimmung, NVwZ 1997, 737
Westenberger, Michael, Der Einsatz des finalen Rettungsschusses in Hamburg, DÖV 2003, 627
,
Würtenberger, Thomas/Heckmann, Dirk, Polizeirecht in Baden-Württemberg, 6. Aufl., Heidelberg, 2005

A. Organisation der Gefahrenabwehr

I. Verfassungsrechtliche Zuständigkeitsordnung

1. Polizei ist Ländersache

1 Bei der Frage nach der verfassungsrechtlichen Zuständigkeit für polizeiliche Angelegenheiten ist vom **materiellen Polizeibegriff** auszugehen. Polizei im materiellen Sinn ist die mit Zwangsgewalt verbundene Funktion der öffentlichen Verwaltung, Gefahren für die öffentliche Sicherheit und Ordnung abzuwehren und bereits eingetretene Störungen zu beseitigen, ohne Rücksicht darauf, ob sie von Polizei-, Ordnungs- oder anderen Verwaltungsbehörden wahrgenommen wird (vgl. Drews, Wacke, Vogel, Martens, S. 33 f.).

Auszugehen ist von Art. 30 Grundgesetz (GG), wonach die Ausübung staatlicher Befugnisse und die Erfüllung der staatlichen Aufgaben Sache der Länder ist, soweit das Grundgesetz keine andere Regelung trifft oder zulässt. Da das Polizeirecht als eigenständige Materie nicht dem Bund als Aufgabe zugewiesen ist, ergibt sich in Verbindung mit Art. 70 GG, dass das allgemeine Polizeirecht Gegenstand der Landesgesetzgebung ist. Insofern ist das Schlagwort **„Polizei ist Ländersache"** durchaus zutreffend. Es verliert jedoch dann an Bedeutung, wenn man die Vielzahl der besonderen Sachgebiete in den Blick nimmt, für die der Bund die ausschließliche und konkurrierende Gesetzgebungszuständigkeit besitzt und in denen er auch Gefahrenabwehrregelungen trifft. Die Zulässigkeit der Regelung von polizeirechtlichen Vorschriften in diesen speziellen Rechtsgebieten folgt für den Bundesgesetzgeber entweder unmittelbar aus der verfassungsrechtlichen Zuweisungsnorm oder ergibt sich jedenfalls aus der sogenannten Annexkompetenz, d.h. aus der Zuständigkeit kraft Sachzusammenhangs, wie sie das Bundesverfassungsgericht bereits in frühen Entscheidungen formuliert hat (BVerfGE 3, 407, 433, BVerfGE 8, 143, 149 f.). In diesen Bereichen ist die allgemeine landesrechtliche Regelung zur Gefahrenabwehr subsidiär (Art. 31 GG).

2 Als solche **bundesgesetzliche Regelungen** auf dem Gebiet des speziellen Gefahrenabwehrrechts sind zu nennen:

- Im Bereich der ausschließlichen Gesetzgebung der Zivilschutz sowie die Zusammenarbeit des Bundes und der Länder in der Kriminalpolizei einschließlich der Einrichtung eines Bundeskriminalamtes (Art. 73 Ziff. 1 und 10 GG).
- Im Bereich der konkurrierenden Gesetzgebung das Vereinsrecht, das Aufenthalts- und Niederlassungsrecht der Ausländer, das Recht der Wirtschaft (insbesondere das Gewerberecht, allerdings ohne das Recht des Ladenschlusses, der Gaststätten, der Spielhallen, der Messen und Märkte), der Gesundheitsschutz (insbesondere die Verhütung und Bekämpfung gemeingefährlicher oder übertragbarer Krankheiten bei Menschen und Tieren), das Lebensmittelrecht, der Straßenverkehr, die Abfallbeseitigung sowie der Immissionsschutz (Art. 74 Ziff. 3, 4, 11, 19, 20, 22, 24 GG).

Damit sind wesentliche Lebensbereiche erfasst, in denen der Bund von seiner Befugnis, Gefahrenabwehrregelungen zu treffen, Gebrauch gemacht hat. Letztlich sind nur Regelungen, bei denen die Aufrechterhaltung der öffentlichen Sicherheit und Ordnung den alleinigen und unmittelbaren Gesetzeszweck bildet, der Landesgesetzgebung vorbehalten (BVerfGE 8, 143, 150).

Demgegenüber ist der Bund nach dem Grundgesetz nur in sehr viel eingeschränkterem Umfang befugt, polizeiliche Aufgaben durch eigene (Polizei)behörden wahrzunehmen. Die Errichtung von organisatorisch auch so bezeichneten Polizeibehörden (Vollzugspolizei) ist, bis auf die wenigen nachfolgenden Ausnahmen, ausschließlich Länderangelegenheit.

2. Bundespolizeiliche Zuständigkeiten

a) Bundespolizei (Bundesgrenzschutz)

3 Der Bundesgrenzschutz (jetzt: Bundespolizei) ist die Vollzugspolizei des Bundes. Die verfassungsrechtliche Zulässigkeit zur Errichtung dieser Bundespolizeibehörde ergibt sich aus Art. 87 Abs. 1 S. 2 in Verbindung mit Art. 73 Ziff. 5 GG. Die Aufgaben der Bundespolizei ergeben sich im Wesentlichen aus dem Gesetz über die Bundespolizei (BPolG), das am 1.11.1994 mit einer Neufassung in Kraft getreten ist. Die Neufassung war zum einen wegen geänderter Aufgaben (Wiedervereinigung, zunehmender Abbau der Binnenkontrollen in der EU) notwendig geworden. Zum anderen mussten wegen des im Volkszählungsurteil herausgearbeiteten Grundrechts auf informationelle Selbstbestimmung (BVerfGE 65, 1 ff.) spezielle Befugnisse zur Datenerhebung und Datenverarbeitung geschaffen werden, um dem Vorbehalt des Gesetzes Rechnung zu tragen.

Eine der früheren Hauptaufgaben des Bundesgrenzschutzes, die polizeiliche Kontrolle des grenzüberschreitenden Verkehrs, trat im Zuge der Umsetzung des Schengener Abkommens mehr und mehr in den Hintergrund. Der Grenzschutz wurde von den Binnen- an die Außengrenzen der EU verlagert und wird von den Zollbeamten der EU-Mitgliedstaaten wahrgenommen. Allerdings wird insoweit die informationelle Tätigkeit im Zusammenhang mit der polizeilichen Überwachung der Grenzen und die Grenzfahndung an Bedeutung gewinnen.

Hinzugekommen sind die Aufgaben der früher eigenständigen **Bahnpolizei (§ 3 BPolG)** sowie die Sicherung der Flughäfen. Letzteres allerdings nur auf Antrag des jeweils zuständigen Landes. Neben dem Schutz von Bundesorganen und den Aufgaben im Notstands- und Verteidigungsfall ist als wesentlich vor allem noch zu nennen die neu hinzugetretene Aufgabe der Mitwirkung an polizeilichen Aktionen im Rahmen internationaler Maßnahmen auf Ersuchen und unter Verantwortung der Vereinten Nationen, der EU und der WEU (Riegel, DÖV 95, 317).

Zur Wahrnehmung der Aufgaben der Bundespolizei enthält das BPolG eine Reihe von **Befugnisnormen** (Generalermächtigung § 14, Standardbefugnisse §§ 38–50), die inhaltlich an den von der Innenministerkonferenz im Jahr 1977 erarbeiteten Musterentwurf für ein einheitliches Polizeigesetz angelehnt sind.

b) Bahnpolizei

4 Die **Bahnpolizei** war bis 31.3.1992 eine eigenständige Bundespolizeibehörde. Sie war als Vollzugspolizei des Bundes zuständig für die Abwehr von Gefahren für die öffentliche Sicherheit und Ordnung in Bezug auf den Bahnbetrieb. Ebenso war sie in ihrem Zuständigkeitsbereich für die Strafverfolgung zuständig (§ 163 StPO). Rechtsgrundlage für die vollzugspolizeiliche Gefahren abwehrende Tätigkeit war § 55 der Eisenbahn-, Bau- und Betriebsordnung vom 8.5.1967 (EBO), die als Rechtsverordnung auf der formell gesetzlichen Grundlage von § 3 Abs. 1 lit. c) Allgemeines Eisenbahngesetz vom 29.3.1951 erlassen wurde. Nach dieser **Generalklausel** hatte die

Bahnpolizei die nach pflichtgemäßem Ermessen notwendigen Maßnahmen zu treffen, um

1. von den Anlagen und dem Betrieb der Bahn oder ihren Benutzern Gefahren abzuwehren,
2. von der Allgemeinheit oder dem Einzelnen Gefahren abzuwehren, die beim Betrieb der Bahn entstehen oder von den Bahnanlagen ausgehen.

Die Begriffe der Bahnanlagen und des Bahnbetriebes waren somit maßgeblich für die Zuständigkeitsabgrenzung zur Landespolizei. Während § 4 EBO eine Legaldefinition der Bahnanlagen enthielt, verstand man unter dem Bahnbetrieb außer der eigentlichen Beförderung auch die Abfertigung von Reisenden und Gütern, so z.B. den Verkehr in den Bahnhofsvorhallen, auf den Landstraßen und in den Warteräumen.

Die Aufgaben wurden erfüllt durch hauptamtliche und nebenamtliche Bahnpolizeibeamte. Die nebenamtlichen Bahnpolizeibeamten hatten nur eingeschränkte Befugnisse, insbesondere kein Recht zum Schusswaffengebrauch. Die hauptamtlichen Bahnpolizeibeamten waren in allen Ländern zu **Ermittlungspersonen der Staatsanwaltschaft** (§ 152 GVG) ernannt.

Die Aufgaben der Bahnpolizei hat seit dem 1.4.1992 der Bundesgrenzschutz (Bundespolizei) übernommen, dem für das Beitrittsgebiet bereits mit dem Einigungsvertrag diese Aufgaben übertragen wurden. Die Aufgaben und Befugnisse der Bahnpolizei ergeben sich nunmehr unmittelbar aus dem BPolG (§§ 3, 14, 38 ff.). Am Aufgabenbereich der Bahnpolizei hat sich dadurch nichts geändert. Die Bahnpolizei ist nur nicht mehr eigene Bundespolizeibehörde, sondern eine Sparte der Bundespolizei.

c) Bundeskriminalamt

Die verfassungsrechtliche Zulässigkeit zur Errichtung des **Bundeskriminalamtes** 5
folgt aus Art. 73 Ziff. 10 und Art 87 Abs. 1 S. 2 GG. Danach hat der Bund die ausschließliche Gesetzgebung über die Zusammenarbeit des Bundes und der Länder in der Kriminalpolizei und die Einrichtung des Bundeskriminalamtes sowie die internationale Verbrechensbekämpfung. Weiter wird der Bund ermächtigt, Zentralstellen für das polizeiliche Auskunfts- und Nachrichtenwesen und zur Sammlung für die Kriminalpolizei einzurichten.

Das Bundeskriminalamt hat im wesentlichen folgende Aufgaben:

- Unterstützung der Polizeien des Bundes und der Länder bei der Verhütung und Verfolgung von Straftaten mit länderübergreifender, internationaler oder erheblicher Bedeutung.
  Zu diesem Zwecke ist es Zentralstelle zur Sammlung und Auswertung aller Nachrichten und Unterlagen für die polizeiliche Verbrechensbekämpfung (§ 2 BKAG)
- Das Bundeskriminalamt ist Nationales Zentralbüro der Bundesrepublik Deutschland für die Internationale kriminalpolizeiliche Organisation (Interpol) und insofern zentral für die internationale Zusammenarbeit bei Verhütung und Verfolgung von Straftaten zuständig (§ 3 BKAG).
- Originäre Ermittlungszuständigkeit als Strafverfolgungsbehörde bei international organisiertem Waffen-, Sprengstoff-, Rauschgifthandel und Falschgeldverbreitung sowie bei politischen Attentaten auf Leben oder Freiheit von Mitgliedern oberster Bundesorgane, diplomatischer Vertretungen oder von auswärtigen Staatsgästen (§ 4 BKAG) sowie den damit verbundenen Zeugenschutz.

- Abwehr von Gefahren des internationalen Terrorismus bei länderübergreifender Gefahr oder Ersuchen durch eine oberste Landesbehörde (§ 4a BKAG, §§ 20a–20x BKAG)
- Die präventiv-polizeiliche Aufgabe der Gewährleistung des persönlichen Schutzes der Mitglieder der Verfassungsorgane des Bundes sowie des inneren Schutzes der Dienst- und Wohnsitze des Bundespräsidenten und der Mitglieder der Bundesregierung (§ 5 BKAG, § 21–25 BKAG).

Darüber hinaus nimmt das Bundeskriminalamt die polizeilichen Aufgaben auf dem Gebiet der Strafverfolgung selbst wahr, wenn eine zuständige Landesbehörde darum ersucht, der Bundesinnenminister es aus schwerwiegenden Gründen anordnet oder der Generalbundesanwalt einen Auftrag erteilt (§ 4 Abs. 2 BKAG). In diesen Fällen, wie in den o. g. Fällen der originären Ermittlungstätigkeit kann das Bundeskriminalamt den Landeskriminalämtern Weisungen für die Zusammenarbeit erteilen.

d) Bundespolizeiliche Zuständigkeiten kraft „Notstandsverfassung"

6 Unabhängig von den zuvor genannten speziellen Zuständigkeiten von Bundespolizeibehörden hat der Bund in Notstandsfällen unter engen im Grundgesetz genannten Voraussetzungen die Befugnis, in den Ländern durch den Bundesgrenzschutz und sogar die Streitkräfte allgemeine Gefahrenabwehraufgaben wahrzunehmen.

Nach Art. 35 Abs. 2 S. 1 GG kann ein Land in Fällen von besonderer Bedeutung zur Aufrechterhaltung oder Wiederherstellung der öffentlichen Sicherheit oder Ordnung Kräfte und Einrichtungen des Bundesgrenzschutzes zur Unterstützung seiner Polizei anfordern, wenn die Polizei ohne diese Unterstützung eine Aufgabe nicht oder nur unter erheblichen Schwierigkeiten erfüllen könnte. Zur Hilfe bei einer Naturkatastrophe oder bei einem besonders schweren Unglücksfall kann ein Land über den Bundesgrenzschutz hinaus insbesondere Kräfte und Einrichtungen der **Bundeswehr** anfordern (Art. 35 Abs. 2 S. 2 GG).

Im Falle der Anforderung unterliegen die Polizeikräfte dem im Einsatzland geltenden Polizeirecht. Polizeivollzugsbeamte des Bundes (Bundespolizei) und eines anderen Landes haben bei einem Einsatz in Hessen die gleichen Befugnisse wie die Polizeivollzugsbeamten des Landes Hessen. Ihre Maßnahmen gelten als Maßnahmen derjenigen Polizeibehörde, in deren örtlichem und sachlichem Zuständigkeitsbereich sie tätig geworden sind, insoweit unterliegen sie auch deren **Weisungen** (§ 102 Abs. 2 und 3 HSOG).

Gefährdet die Naturkatastrophe oder der Unglücksfall das Gebiet mehr als eines Landes, so kann die Bundesregierung, soweit es zur wirksamen Bekämpfung erforderlich ist, den Landesregierungen die Weisung erteilen, Polizeikräfte anderen Ländern zur Verfügung zu stellen. In diesen Fällen kann die Bundesregierung auch selbst Einheiten des Bundesgrenzschutzes und der Streitkräfte zur Unterstützung der Polizeikräfte einsetzen (Art. 35 Abs. 3 GG).

7 Während Art. 35 GG die Bekämpfung von Katastrophen und besonders schweren Unglücksfällen regelt, schafft Art. 91 GG **bundespolizeiliche Zuständigkeiten** für den Fall einer drohenden Gefahr für den Bestand des Bundes oder (und) eines Landes und deren **freiheitliche demokratische Grundordnung**. Soweit sich die Gefahrenlage auf das Gebiet eines Landes beschränkt und mit eigener Landespolizei bekämpft wird, kommt es nicht zum Einsatz von Bundespolizei. Erst auf der zweiten Stufe, wenn das betroffene Land zur Gefahrenabwehr mit eigenen Kräften nicht in der Lage ist, gibt Art. 91 Abs. 1 GG die Möglichkeit, Polizeikräfte anderer Länder sowie Kräfte des Bundesgrenzschutzes anzufordern. Der Anforderung haben der Bund

bzw. die Länder zu entsprechen. Hinsichtlich der Befugnisse und der Weisungsunterstellung der Polizeivollzugsbeamten anderer Länder sowie der Bundesgrenzschutzbeamten gilt das oben zu Art. 35 GG Gesagte. Auf der dritten Stufe kann der Bund unmittelbar polizeilich eingreifen unter der Voraussetzung, dass das Land, in dem die Gefahr droht, nicht selbst zur Bekämpfung der Gefahr bereit oder in der Lage ist. Hier kann die Bundesregierung die Polizei in diesem Land und die Polizeikräfte anderer Länder ihren **Weisungen** unterstellen sowie Einheiten des Bundesgrenzschutzes einsetzen (Art. 91 Abs. 2 GG). Die Erteilung von Weisungen gegenüber den Landesregierungen und damit ein unmittelbarer Einfluss auf die Gefahrenabwehrmaßnahmen steht der Bundesregierung auch dann zu, wenn sich die Gefahrenlage auf das Gebiet mehr als eines Landes erstreckt (Art. 91 Abs. 2 S. 3 GG).

II. Organisation der Gefahrenabwehr in Hessen

1. Allgemeiner Überblick

Gefahrenabwehr ist als staatliche Aufgabe eine **Angelegenheit des Landes** (§ 81 HSOG). Das Land führt diese Aufgabe mittels dreier, streng voneinander zu unterscheidender Verwaltungsstränge aus. Neben den **Polizeibehörden**, d.h. der Vollzugspolizei, und den Sonderordnungsbehörden nehmen zu einem Großteil die **allgemeinen Ordnungsbehörden** und die **Behörden der allgemeinen Verwaltung** Gefahrenabwehraufgaben wahr (§ 1 Abs. 1 HSOG). Während Polizeibehörden und Sonderordnungsbehörden ausschließlich staatliche Behörden sind, werden als allgemeine Ordnungsbehörden und als Behörden der allgemeinen Verwaltung sowohl staatliche als auch kommunale Behörden tätig. 8

Bsp.: So ist z.B. die Straßenverkehrsbehörde für die Anordnung von Verkehrsbeschränkungen auf Landesstraßen eine kommunale Behörde (- in Gemeinden mit mehr als 7.500 Einwohnern der Bürgermeister, in Gemeinden mit weniger als 7.500 Einwohnern der Landrat als allgemeine Ordnungsbehörde-). Bei der Überwachung des Verbots der Haltung gefährlicher Tiere nimmt eine staatliche Behörde, nämlich das Regierungspräsidium, die Funktion der allgemeinen Ordnungsbehörde wahr. Für die Obdachlosenunterbringung hat der Gemeindevorstand Sorge zu tragen, die Gewerbeuntersagungsverfügung an den unzuverlässigen Gewerbetreibenden hat das Regierungspräsidium (als allgemeine Verwaltungsbehörde) zu erlassen.

Auch soweit kommunale Behörden tätig werden, bleibt die Gefahrenabwehr als staatliche Aufgabe eine Angelegenheit des Landes. Das Land bedient sich nur auf der unteren Ebene im Wege der **Organleihe** einer kommunalen Behörde, um die staatliche Aufgabe wahrzunehmen, oder es überträgt die Gefahrenabwehr als **Pflichtaufgabe zur Erfüllung nach Weisung** einer kommunalen Gebietskörperschaft (Landkreis, Gemeinde).

Nicht als Angelegenheit des Landes sind solche Aufgaben der Gefahrenabwehr anzusehen, die entweder von Bundesbehörden wahrgenommen werden oder deren originärer Träger eine kommunale Selbstverwaltungskörperschaft ist. In diesen Fällen wird die Aufgabenwahrnehmung auch nicht von den Regelungen des HSOG erfasst. 9

	Gefahrenabwehr ist Aufgabe des Landes § 81 HSOG			
Gefahrenabwehr durch Bundesbehörden	Polizeibehörden	Ordnungsbehörden	allgemeine Verwaltungsbehörden	Gefahrenabwehr als Selbstverwaltungsangelegenheit

Als kommunale **Selbstverwaltungsaufgabe** sind von den Landkreisen und Gemeinden der **Brandschutz** und der **Rettungsdienst** wahrzunehmen. Neben der kommunalen Trägerschaft unterscheiden sich diese Gefahrenabwehraufgaben von denen unter das HSOG fallenden Aufgaben vor allem dadurch, dass die Gefahrenabwehr durch Feuerwehr und Rettungsdienst durch deren eigenen Einsatz und nicht durch Verfügungen an Verantwortliche und den Vollzug derartiger Verfügungen ausgeführt wird. Soweit für die Tätigkeit der Feuerwehr Zwangsbefugnisse erforderlich werden, enthält das Hessische Brand- und Katastrophenschutzgesetz die notwendigen Ermächtigungen (§§ 46, 49, 51 HBKG). Hierbei wird nicht nur der polizeirechtlich Verantwortliche, sondern jeder erreichbare Dritte in Anspruch genommen.

Das Hessische Rettungsdienstgesetz (HRDG) definiert den Rettungsdienst sowohl als Aufgabe der Gefahrenabwehr als auch als Aufgabe der Gesundheitsvorsorge. Er hat die Versorgung der Bevölkerung mit Leistungen der Notfallversorgung und des Krankentransports sicherzustellen (§ 1 HRDG). Die Durchführung des bodengebundenen Rettungsdienstes einschließlich der notärztlichen Versorgung sowie der Berg- und Wasserrettung obliegt den Landkreisen und kreisfreien Städten als Selbstverwaltungsangelegenheit (§ 5 Abs. 1 HRDG). Hiervon ausgenommen sind allerdings die Aufgaben der Zentralen Leitstellen, die den Landkreisen und kreisfreien Städten zur Erfüllung nach Weisung übertragen sind (§ 6 Abs. 3HRDG). Der Zentralen Leitstelle obliegt eine sehr wesentliche Gefahrenabwehraufgabe. Sie hat alle Hilfeersuchen entgegenzunehmen und die notwendigen Einsatzmaßnahmen zu veranlassen, zu lenken und zu koordinieren, und sie steuert den bedarfsgerechten Einsatz der im Brandschutz, Katastrophenschutz und Rettungsdienst verfügbaren Rettungsmittel (§ 6 Abs. 2 HRDG).

Als Schnittstelle zwischen Rettungsdienst und Katastrophenschutz regelt das HRDG auch die rettungsdienstliche Versorgung bei besonderen Gefahrenlagen, d.h. bei größeren Notfallereignissen unterhalb der Katastrophenschwelle, wenn die regelmäßig vorgehaltenen Rettungsmittel zur Gesamtversorgung nicht ausreichen und eine übergeordnete medizinische Führung erforderlich ist. Hierzu ist für jeden Rettungsdienstbereich eine Einsatzleitung Rettungsdienst einzurichten, der ein leitender Notarzt und ein organisatorischer Leiter angehört (§ 7 Abs. 1 HRDG). Beim Zusammenwirken des Rettungsdienstes mit Einheiten des Brandschutzes wird die Einsatzleitung Rettungsdienst Bestandteil der technischen Einsatzleitung nach §§ 41 ff HBKG (§ 7 Abs. 2 HRDG).

10 Anders als der Brandschutz und Rettungsdienst ist der **Katastrophenschutz** eine Gefahrenabwehraufgabe des Landes. Soweit daher das Hessische Gesetz über den Brandschutz, die Allgemeine Hilfe und den Katastrophenschutz keine abschließenden Regelungen trifft, bleibt das HSOG ergänzend anwendbar.

Gleichwohl hat der Katastrophenschutz mit dem Brandschutz und dem Rettungsdienst gemeinsam, dass die Abwehr der Gefahr im Wesentlichen durch Einheiten und Einrichtungen des Katastrophenschutzes bzw. durch eigene Maßnahmen der Katastrophenschutzbehörden erfolgt und nicht durch Verfügungen an Verantwortliche und den Vollzug derartiger Verfügungen.

Zur Wahrnehmung der Aufgabe des Katastrophenschutzes bedient sich das Land auf der unteren Ebene in Landkreisen und kreisfreien Städten der kommunalen Behörde des Landrates bzw. Oberbürgermeisters im Wege der **Organleihe**. Ebenso entleiht sich das Land den Bürgermeister in kreisangehörigen Gemeinden zur Aufgabenwahrnehmung, solange eine kreisangehörige Gemeinde ohne Verbindung mit der zuständigen Katastrophenschutzbehörde auf Kreisebene ist. Dies ergibt sich aus § 25 Abs. 2 und 3 des Hessischen Brand- und Katastrophenschutzgesetzes (HBKG), wonach der Landrat in Landkreisen, der Oberbürgermeister in kreisfreien Städten und der Bürgermeister in kreisangehörigen Gemeinden (letzterer im Falle ihrer Notzuständigkeit) den Katastrophenschutz als Auftragsangelegenheit wahrnehmen. Hier werden also nicht einer kommunalen Gebietskörperschaft insgesamt die staatlichen Aufgaben des Katastrophenschutzes übertragen, sondern einem einzelnen Organ. Die Folge davon ist, dass Landrat, Oberbürgermeister und Bürgermeister auch im Einzelfall staatlichen Weisungen unterliegen (§ 59 Abs. 4 S. 1 HBKG). Es ergibt sich somit eine ähnliche Organisationsregelung wie für die **allgemeinen Ordnungsbehörden** (vgl. unten Rn. 12, 19 ff.).

2. Polizeibehörden

Die polizeilichen Aufgaben werden von den **Polizeibehörden** des Landes wahrge- **11**
nommen (§ 91 HSOG). Mit polizeilichen Aufgaben ist hier der **formelle Polizeibegriff** gemeint, d.h. der Aufgabenbereich, der von den organisatorisch auch so bezeichneten **Polizeibehörden** wahrzunehmen ist. Im Gegensatz zum HSOG (bis zur Neufassung 1990) fällt unter den formellen Polizeibegriff nur noch die Vollzugspolizei, nicht mehr die frühere allgemeine Polizeibehörde und jetzige allgemeine **Ordnungsbehörde**. Zur Vollzugspolizei gehören die Sparten der Schutzpolizei, der Kriminalpolizei, der Bereitschaftspolizei und der Wasserschutzpolizei. Bereits das HSOG 1990 trug dem Integrationsbestreben von Schutz- und Kriminalpolizei insofern Rechnung, als es diese beiden Bereiche in der Organisationsregelung des § 91 HSOG nicht mehr gesondert erwähnte, sondern insoweit nur die Polizeibehörden aufführte. Die Aufgaben der Bereitschafts- und Wasserschutzpolizei werden vom Hessischen Bereitschaftspolizeipräsidium wahrgenommen (§ 93 HSOG).

Mit der zum 1.1.2001 wirksam gewordenen neuen Polizeiorganisation sind die Polizeibehörden vollständig aus der allgemeinen inneren Verwaltung herausgelöst und zu einer zweistufigen Sonderverwaltung organisiert worden. Polizeibehörden auf der unteren Ebene sind die Polizeipräsidien, die in ihren Dienstbereichen die polizeilichen Aufgaben erfüllen (§ 91 Abs. 2 Ziff. 2 a, § 94 HSOG). Die Dienstbereiche der sieben in Hessen errichteten Polizeipräsidien sind in § 5 Verordnung zur Durchführung des HSOG (HSOG-DVO) im einzelnen bestimmt.

Vor der Polizeireform waren die Polizeipräsidien Polizeibehörden lediglich in den kreisfreien Städten und den Landkreisen, für die ihnen polizeiliche Aufgaben übertragen waren. Im übrigen waren die Landräte als Behörden der Landesverwaltung für die polizeilichen Aufgaben in den Landkreisen zuständig.

Auf der gleichen Ebene wie die Polizeipräsidien nehmen das Hessische Landeskriminalamt, das Hessische Bereitschaftspolizeipräsidium und das Präsidium für Technik, Logistik und Verwaltung polizeiliche Aufgaben wahr (§ 91 Abs. 2 Ziff 2 b-d HSOG).

Oberste Polizeibehörde ist das beim Hessischen Ministerium des Innern und für Sport angesiedelte Landespolizeipräsidium.

Die bis zur Polizeireform 2001 bei den Regierungspräsidien angesiedelten Bezirkspolizeibehörden sind ersatzlos weggefallen.

Entsprechend dem hierarchisch gegliederten Behördenaufbau der staatlichen Polizei kann das Landespolizeipräsidium den nachgeordneten Polizeibehörden Weisungen auch im Einzelfall erteilen (§ 97 Abs. 1 HSOG).

Damit die Zusammenarbeit der Polizeibehörden bei Wahrnehmung der polizeilichen Aufgaben mit den allgemeinen Ordnungsbehörden bei Wahrnehmung von Gefahrenabwehraufgaben gewährleistet wird, verpflichtet § 97 Abs. 2 HSOG die Polizeipräsidien, die zuständige örtliche Ordnungsbehörde oder Kreisordnungsbehörde unverzüglich über wichtige polizeiliche Ereignisse zu unterrichten.

3. Ordnungsbehörden

12 Neben den Polizeibehörden haben die **Gefahrenabwehrbehörden**, das sind Verwaltungsbehörden und Ordnungsbehörden, die Aufgabe, Gefahren für die öffentliche Sicherheit und Ordnung abzuwehren (§ 1 I HSOG). Es gibt allgemeine und Sonderordnungsbehörden.

a) Allgemeine

Die früheren allgemeinen Polizeibehörden sind mit Inkrafttreten des HSOG 90 in **allgemeine Ordnungsbehörden** umbenannt worden. Sie unterfallen damit nicht mehr dem sogenannten **formellen Polizeibegriff**. Weitere Konsequenzen hat die Änderung der Behördenbezeichnung allerdings nicht, insbesondere hat sich der Aufgabenbereich nicht geändert (§ 113 Abs. 2 S. 2 HSOG).

Örtliche Ordnungsbehörde, d.h. allgemeine Ordnungsbehörde auf der unteren Verwaltungsebene, ist jeder Bürgermeister. **Kreisordnungsbehörde** ist der Landrat in Landkreisen und der Oberbürgermeister in kreisfreien Städten. **Bezirksordnungsbehörden** sind die Regierungspräsidien, **Landesordnungsbehörden** die fachlich zuständigen Ministerien (§ 85 Abs. 1 HSOG).

Bsp.: So kann beispielsweise auch das Kultusministerium als Landesordnungsbehörde tätig werden. In dieser Eigenschaft hat das Hessische Kultusministerium auf der Grundlage der polizeilichen Befugnisnorm (§ 6 Abs. 1 Ziff. 2 HSOG a.F., jetzt § 11 HSOG) gegenüber der Gewerkschaft Erziehung und Wissenschaft die Durchführung eines Lehrerstreiks sowie der diesem Streik vorausgehenden Urabstimmung untersagt. Fachlich zuständiges Ministerium im Sinne des § 85 Abs. 1 Ziff. 1 HSOG für das polizeiliche Einschreiten ist das Kultusministerium, weil zu dessen Geschäftsbereich auch der Einsatz des Lehrpersonals gehört, der durch die geplanten Maßnahmen tangiert wurde, und im Hinblick auf die polizeilichen Befugnisse es sich um Annexzuständigkeiten zu den Befugnissen auf dem Gebiet des Schulwesens handelt. Denn Normen, die der Aufrechterhaltung der öffentlichen Sicherheit und Ordnung in einem bestimmten Sachbereich dienen, sind nach der Rechtsprechung des BVerfG jeweils dem Sachbereich zuzurechnen, zu dem sie in einem notwendigen Zusammenhang stehen (VGH Kassel NVwZ 1990, 386; BVerfGE 3, 407, 433).

Gemeinden eines Landkreises können nach Anhörung durch die Bezirksordnungsbehörde zu einem gemeinsamen örtlichen **Ordnungsbehördenbezirk** zusammengefasst werden. Mit deren Zustimmung kann auch eine kreisfreie Stadt oder Gemeinden des benachbarten Landkreises einbezogen werden. In diesen Fällen werden die Aufgaben der örtlichen Ordnungsbehörde ganz oder teilweise durch den Bürgermeister oder Oberbürgermeister einer dieser Gemeinden für den gemeinsamen örtlichen Ordnungsbehördenbezirk wahrgenommen (§ 85 Abs. 2 HSOG). Nach Anhörung der beteiligten kreisfreien Städte und Landkreise kann die Bezirksordnungsbehörde auch benachbarte Kreisordnungsbehörden zu einem gemeinsamen Kreisordnungsbehördenbezirk zusammenfassen (§ 85 Abs. 3 HSOG). 13

Große praktische Bedeutung kommt dieser Vorschrift im Bereich der Verkehrsüberwachung zu. In Hessen sind neben den (staatlichen) Polizeibehörden (§§ 36, 44 Abs. 2 StVO) auch die kommunalen Ordnungsbehörden für die Verkehrsüberwachung zuständig. Dies ergibt sich, soweit es um die Abwehr von Gefahren im Straßenverkehr geht, aus § 89 Abs. 1 S. 1 HSOG in Verbindung mit § 1 Ziff. 5 der HSOG-DVO sowie § 89 Abs. 2 S. 1 HSOG. Soweit es um die Verfolgung der Verkehrsordnungswidrigkeit geht, folgt es aus § 3 Abs. 2 der Verordnung zur Bestimmung verkehrsrechtlicher Zuständigkeiten (VRZustVO).

Insbesondere hinsichtlich der Überwachung des fließenden Straßenverkehrs ist es zu zahlreichen Bildungen von Ordnungsbehördenbezirken gekommen, um den enormen technischen Aufwand zur Durchführung von Geschwindigkeitsmessungen effektiv einsetzen zu können.

Welche Behörde zuständige **Aufsichtsbehörde** ist, ist in § 86 HSOG geregelt. Zugleich wird eine Unterscheidung nach der Art der Aufsicht, nämlich Dienst- oder Fachaufsicht getroffen. Während die untere und die mittlere Aufsichtsbehörde (Landrat /Regierungspräsidium) sowohl die Dienst- als auch die Fachaufsicht ausüben, wird bei der oberen Aufsichtsbehörde differenziert. Das Ministerium des Innern ist im Benehmen mit dem fachlich zuständigen Ministerium für die Dienstaufsicht, das jeweilige Fachministerium für die Fachaufsicht zuständig (§ 86 Abs. 2 und 3 HSOG). Während unter Dienstaufsicht die Aufsicht über die allgemeine Tätigkeit der allgemeinen Ordnungsbehörde sowie über Einrichtung, Besetzung und Geschäftsführung (z.B. Erledigung von Anträgen innerhalb angemessener Frist) verstanden wird, erstreckt sich die Fachaufsicht auf die Rechtmäßigkeit und Zweckmäßigkeit der Aufgabenerledigung in fachlicher Hinsicht (Meixner/Fredrich, § 86 Rn. 2, 4). 14

Die Zuständigkeit der Aufsichtsbehörden auf den verschiedenen Ebenen ist stufenweise geregelt, d.h. für die örtlichen Ordnungsbehörden in Gemeinden mit weniger als 50.000 Einwohnern ist zunächst der Landrat, danach das Regierungspräsidium und schließlich das jeweilige Ministerium zuständige Aufsichtsbehörde (§ 86 Abs. 1 Ziff. 3, Abs. 5 HSOG). Erst bei nicht ordnungsgemäßer Wahrnehmung der Aufsichtsaufgabe kommt eine Zuständigkeit der nächsthöheren Aufsichtsbehörde in Betracht. Nach § 86 Abs. 5 HSOG ist die zunächst zuständige Aufsichtsbehörde zugleich nächsthöhere Behörde im Sinne von § 73 Abs. 1 S. 2 Ziff. 1 VwGO. Damit ist die (frühere)Streitfrage entschieden, dass die Zuständigkeit der Widerspruchsbehörde nicht aus dem allgemeinen Behördenaufbau folgt, sondern sich aus der Aufsichtszuständigkeit in § 86 Abs. 1 HSOG ergibt. Damit hat über den Widerspruch gegen eine ordnungsbehördliche Verfügung des Oberbürgermeisters in Städten mit mehr als 50.000 Einwohnern wie z.B. Fulda, Marburg oder Gießen nicht der jeweilige Landrat – obwohl die Sonderstatusstädte über 50.000 Einwohner nicht kreisfrei sind –, sondern das Regierungspräsidium zu entscheiden. (Mit Entlastung der Regierungspräsidien von ihrer Funktion als Widerspruchsbehörde ist in diesen Fällen der Devolutiveffekt entfallen und die kommunalen Behörden entscheiden über die Widersprüche selbst.)

b) Besondere (Sonderordnungsbehörden)

15 **Sonderordnungsbehörden** sind staatliche Behörden, die außerhalb der allgemeinen Verwaltungsorganisation angesiedelt sind. Sie bleiben in ihrer Organisation und ihrer besonderen Zuständigkeit von den Vorschriften des HSOG unberührt (§ 90 HSOG). Sie sind allerdings Teil der Ordnungsbehörden, und soweit bundes- oder landesrechtliche Vorschriften nichts Abweichendes bestimmen, ist das HSOG auf die Durchführung ihrer Aufgaben (subsidiär) anwendbar (§ 3 HSOG). Sonderordnungsbehörden in Hessen sind z.B. die Eichämter, die Fischerei- und Forstbehörden. Dagegen haben die früheren hessischen Bergämter mit ihrer Eingliederung in die Regierungspräsidien (vgl. Art. 1 und Art. 13 des Gesetzes über die Neuorganisation der hessischen Umweltverwaltung vom 15.7.1997 – GVBl. I, S. 232) ihre Eigenschaft als Sonderordnungsbehörde verloren. Bergbehörde ist nunmehr das Regierungspräsidium (§ 187 S. 1 HessBergG), das als allgemeine Verwaltungsbehörde des Landes die Überwachung der Bergbaubetriebe als sonstige Aufgabe der Gefahrenabwehr wahrnimmt (§ 1 Abs. 1, § 2 S. 2 und 3 HSOG).

Aus dem gleichen Grund haben die früheren staatlichen Gewerbeaufsichtsämter und späteren Staatlichen Ämter für Arbeitsschutz und Sicherheitstechnik mit ihrer Eingliederung in die Regierungspräsidien ihre Eigenschaft als Sonderordnungsbehörden verloren. Bis dahin waren sie außerhalb der allgemeinen Verwaltungsorganisation angesiedelte, mit Gefahrenabwehraufgaben (nämlich der Überwachung der Gewerbebetriebe in sicherheitstechnischer, arbeitsmedizinischer und hygienischer Hinsicht, § 139 b GewO) befasste und darum Sonderordnungsbehörden.

4. Verwaltungsbehörden

16 Aufgaben der Gefahrenabwehr werden aber auch von den **Behörden der allgemeinen Verwaltung** wahrgenommen. Zum einen sind dies die Behörden der Landkreise und Gemeinden (Kreisausschüsse und Gemeindevorstände), denen diese (staatlichen) **Aufgaben zur Erfüllung nach Weisung** übertragen sind (§ 82 HSOG). Zum anderen werden Gefahrenabwehraufgaben von Behörden der Landesverwaltung als allgemeine Verwaltungsaufgaben ausgeführt.

Bsp.: Der Kreisausschuss erlässt nach einem Ölunfall die zum Grundwasserschutz erforderliche wasserrechtliche Anordnung/das Regierungspräsidium schließt aus Gründen des Gesundheitsschutzes eine Apotheke (vgl. § 2 S. 3 HSOG).

Die Gefahrenabwehraufgaben, die Kreisausschüssen und Gemeindevorständen obliegen, können auch in gemeinsamen örtlichen Verwaltungsbehördenbezirken und Kreisverwaltungsbehördenbezirken wahrgenommen werden. Das bedeutet, dass nach Bildung entsprechender Bezirke die Gefahrenabwehraufgabe ganz oder teilweise durch den Gemeindevorstand einer Gemeinde oder den Kreisausschuss eines Landkreises als allgemeine Verwaltungsbehörde für den gesamten Verwaltungsbehördenbezirk wahrgenommen wird (§ 82 Abs. 1 S. 2 HSOG).

Im Gegensatz zu § 56 HSOG a.F., der hinsichtlich der Aufsicht über Landkreise und Gemeinden auf die Vorschriften der HKO und HGO verwies, sind die Aufsichtsbehörden in § 83 HSOG jetzt ausdrücklich bestimmt. Damit sind die Unklarheiten hinsichtlich der Aufsichtsbehörden über die Städte mit mehr als 50.000 Einwohnern (Kommunalaufsichtsbehörde oder die nach dem allgemeinen Behördenaufbau nächsthöhere Behörde) ausgeräumt. Darüber hinaus wird in § 83 Abs. 3 HSOG auch klargestellt, dass die zunächst zuständige Aufsichtsbehörde nach § 83 Abs. 1 HSOG zugleich nächsthöhere Behörde im Sinne des § 73 Abs. 1 S. 2 Ziff. 1 VwGO ist (so bereits zu § 56 HSOG a.F. HessVGH ESVGH 41, 105 ff.).

5. Organisation der Gefahrenabwehr auf der unteren Verwaltungsebene

Die **staatliche Aufgabe der Gefahrenabwehr** wird auf der unteren Verwaltungsebe- 17
ne inzwischen ausschließlich von kommunalen Behörden wahrgenommen. Während die Polizei mit Wirkung vom 1.1.2001 aus der allgemeinen Landesverwaltung herausgelöst und zu einer zweistufigen Sonderverwaltung umorganisiert wurde, sind mit der Kommunalisierung (Gesetz zur Neuordnung der Aufgaben des Landrats sowie des Oberbürgermeisters als Behörden der Landesverwaltung vom 21.3.2005) die staatlichen Gefahrenabwehrbehörden der unteren Verwaltungsebene entfallen. Die kommunalen Behörden, die die staatlichen Gefahrenabwehraufgaben wahrnehmen, handeln im sogenannten übertragenen Wirkungskreis, der vom Tätigwerden im eigenen Wirkungskreis bei Erfüllung von Selbstverwaltungsaufgaben zu unterscheiden ist. Im übertragenen Wirkungskreis wird entweder die staatliche Aufgabe insgesamt der kommunalen Gebietskörperschaft (Gemeinde/Kreis) als **Pflichtaufgabe zur Erfüllung nach Weisung** (§ 4 HGO/HKO) übertragen, oder der Staat bedient sich lediglich eines kommunalen Organs zur Wahrnehmung seiner Aufgabe **(sogenannte Organleihe)**.

<table>
<tr><th colspan="3">Staatliche Aufgabe der Gefahrenabwehr</th><th></th></tr>
<tr><td rowspan="2">Wahrnehmung staatlicher Aufgaben durch staatliche Behörden</td><td colspan="2">übertragener Wirkungskreis</td><td rowspan="2">eigener Wirkungskreis der Kommune</td></tr>
<tr><td>Organleihe</td><td>Pflichtaufgaben zur Erfüllung nach Weisung</td></tr>
</table>

Zur Verdeutlichung der auf der unteren Verwaltungsebene mit Gefahrenabwehraufgaben befassten Behörden empfiehlt es sich, – wie Rumpf in NVwZ 1990, 315 ff. – die Ebenen der Gemeinden, der Landkreise und der kreisfreien Städte zu unterscheiden.

a) Gemeindeebene

aa) Verwaltungsbehörde

Als allgemeine Verwaltungsaufgaben werden von den Landkreisen und Gemeinden 18
die **sonstigen Aufgaben der Gefahrenabwehr** wahrgenommen. Darunter sind diejenigen Aufgaben zu verstehen, die weder von den Polizei- noch von den Ordnungsbehörden durchgeführt werden. Die Landkreise und Gemeinden sind für die Erfüllung der sonstigen Aufgaben der Gefahrenabwehr aber auch nur insoweit zuständig, soweit nicht durch Rechtsvorschrift die Zuständigkeit einer Behörde der Landesverwaltung begründet ist (§ 2 S. 2 und 3 HSOG).

Diese verbleibenden sonstigen Aufgaben der Gefahrenabwehr sind den Landkreisen und Gemeinden als **Pflichtaufgaben zur Erfüllung nach Weisung** übertragen (§ 82 Abs. 1 HSOG in Verbindung mit § 4 HGO, § 4 HKO). Damit ist die gesamte Gebietskörperschaft mit der Aufgabenwahrnehmung betraut, nicht nur ein einzelnes Organ.

Für die Gemeinde handelt ihre Verwaltungsbehörde, das ist nach § 66 Abs. 1 S. 1 HGO der **Gemeindevorstand**. Für die Zuständigkeitsabgrenzung im Innenbereich der Gemeinde sind die Vorschriften der HGO maßgebend (§ 82 Abs. 2 S. 2 HSOG). Der Gemeindevorstand ist bei der Wahrnehmung von Gefahrenabwehraufgaben in vollem Umfang der Gemeindevertretung verantwortlich. Einerseits hat er gegenüber der Gemeindevertretung Unterrichtungspflichten (§ 50 Abs. 3 HGO), andererseits wird er von der Gemeindevertretung überwacht (§ 50 Abs. 2 HGO), die eine Aufgabe auch an sich ziehen kann.

Da die sonstigen Aufgaben der Gefahrenabwehr den Landkreisen und Gemeinden als Pflichtaufgaben zur Erfüllung nach Weisung übertragen sind, bestehen wegen § 4 HGO/HKO auch nur eingeschränkte Weisungsrechte. Neben allgemeinen Weisungen können die Aufsichtsbehörden den Kreisausschüssen und Gemeindevorständen Weisungen im Einzelfall nur erteilen, wenn die Aufgaben der Gefahrenabwehr nicht im Einklang mit den Gesetzen erfüllt oder die erteilten allgemeinen Weisungen nicht befolgt werden (§ 84 HSOG). Wird die Einzelweisung nicht befolgt, stehen der Fachaufsichtsbehörde trotz des Verweises in § 83 Abs. 2 HSOG nicht die Aufsichtsmittel der HGO zur Verfügung. Kommunalaufsichtliche Anweisung (§ 139 HGO) und Ersatzvornahme (§ 140 HGO) können ausschließlich von den Kommunalaufsichtsbehörden verfügt werden (vgl. § 145 S. 2 HGO). Die Fachaufsichtsbehörde (§ 83 HSOG) muss sich also zur Durchsetzung ihrer fachaufsichtlichen Einzelweisung der Kommunalaufsichtsbehörde, soweit sie nicht mit ihr identisch ist, bedienen. Der Verweis in § 83 Abs. 2 HSOG hat demnach lediglich deklaratorische Bedeutung (a.A. Meixner/Fredrich, § 83 Rn. 2). Während es sich bei der Einzelweisung nach § 84 HSOG um einen rein innerdienstlichen Vorgang handelt, denn eigene Rechte der Gemeinde sind bei der Wahrnehmung von Weisungsaufgaben nicht berührt, kann die Gemeinde gegen die Aufsichtsmittel in §§ 139, 140 HGO Rechtsschutz in Anspruch nehmen (§ 142 HGO). Wegen des eigenständigen vollstreckungsrechtlichen Charakters sind kommunalaufsichliche Anweisung und Ersatzvornahme gegenüber der Gemeinde Verwaltungsakte, auch soweit es um die Durchsetzung von Weisungsaufgaben geht.

bb) Ordnungsbehörde

19 Neben dem Gemeindevorstand, der als Verwaltungsbehörde der Gemeinde die sonstigen Aufgaben der Gefahrenabwehr wahrnimmt, wird der **Bürgermeister** als eigene Gefahrenabwehrbehörde der Gemeinde in seiner Eigenschaft **als örtliche Ordnungsbehörde** tätig (§§ 1 Abs. 1, 85 Abs. 1 Ziff. 4 HSOG). Der Bürgermeister als örtliche Ordnungsbehörde nimmt als **entliehenes Gemeindeorgan** die staatliche Gefahrenabwehraufgabe wahr (Organleihe). Das bedeutet einerseits, dass der Bürgermeister Organ der Gemeinde bleibt, er bei ordnungsbehördlichen Verfügungen als Behörde der Gemeinde tätig wird und daher der Adressat einer derartigen Verfügung nach Durchführung des Vorverfahrens Anfechtungsklage gegen die Gemeinde, vertreten durch den Bürgermeister, und nicht etwa gegen das Land erheben muss (§ 78 Abs. 1 Ziff. 1 VwGO). Andererseits ist der Bürgermeister als örtliche Ordnungsbehörde als entliehenes Organ so in die staatliche Hierarchie eingebaut, dass er einem uneingeschränkten Weisungsrecht staatlicher Behörden unterliegt, die seine Aufgaben auch im Wege des Selbsteintrittsrechts an sich ziehen können (§§ 87, 88 HSOG; § 4 Abs. 3 HGO). Weisungen der Aufsichtsbehörden gegenüber dem Bürgermeister sind ausschließlich innerbehördliche Vorgänge, eigene Rechte der Geme sind in diesem Bereich nicht denkbar. Bei den übertragenen Aufgaben der örtlic Ordnungsbehörde auf den Bürgermeister einer Gemeinde handelt es sich gera nicht um Weisungsaufgaben im Sinne der Hessischen Gemeindeordnung, sonder um Auftragsangelegenheiten im herkömmlichen Sinne (vgl. jetzt ausdrücklich § 85 Abs. 1 S. 2 HSOG; § 4 Abs. 2 S. 1 HGO), bei denen kein noch so geringer eigener Handlungsspielraum gegenüber staatlichen Aufsichtsbehörden verbleibt (vgl. HessVGH, ESVGH 21, S. 74 ff.).

Die Einbindung in die staatliche Hierarchie bei Beibehaltung der Gemeindeorganstellung setzt im Binnenbereich der Gemeinde eine autarke Stellung des Bürgermeisters als Ordnungsbehörde voraus. Sie wird gewährleistet durch die Vorschrift des § 4 Abs. 2 S. 4 HGO. Danach nimmt der Bürgermeister die **Aufgaben der örtlichen Ordnungsbehörde in alleiniger Verantwortung** wahr. Lediglich in haushalts- und personalrechtlichen Angelegenheiten bleibt die Zuständigkeit der Gemeindevertretung und des Gemeindevorstandes unberührt.

Der Bürgermeister kann einen hauptamtlichen Beigeordneten für die Erfüllung seiner Aufgaben als allgemeine Ordnungsbehörde zu seinem ständigen Vertreter bestellen (§ 85 Abs. 4 HSOG). Macht er hiervon Gebrauch, wird der ständige Vertreter auch bei Anwesenheit des Bürgermeisters an dessen Stelle tätig, soweit der Bürgermeister sich eigenes Tätigwerden nicht vorbehalten hat. Vor Einfügung dieser Vorschrift in das HSOG richtete sich die Vertretung des Bürgermeisters als Ordnungsbehörde allein nach § 47 HGO, wonach bei Verhinderung des Bürgermeisters dessen allgemeiner Vertreter die Aufgaben wahrzunehmen hat.

Organisation der Gefahrenabwehr auf „Gemeindeebene“

Gemeindevorstand § 82 II 1 HSOG, § 66 I 1 HGO	Bürgermeister als örtliche Ordnungsbehörde § 85 I, Ziff. 4 HSOG
Sonstige Aufgaben der Gefahrenabwehr § 2 Satz 2 und 3 HSOG	Gefahrenabwehr in Eilfällen § 2 Satz 1 HSOG Zugewiesene Aufgaben nach § 89 I 1 HSOG in Verbindung mit (ZuweisungsVO) HSOG-DVO Zugewiesene weitere Aufgaben nach § 1 II HSOG
Aufgabe zur Erfüllung nach Weisung § 82 I HSOG	Organleihe
Eingeschränkte Weisungsbefugnisse der Aufsichtsbehörde § 84 HSOG	uneingeschränktes Weisungsrecht der Aufsichtsbehörde § 87 HSOG, Selbsteintritt
Innerhalb der Gemeinde verbleibt es bei den Zuständigkeiten der HGO	Im Innenbereich der Gemeinde wird Bürgermeister in alleiniger Verantwortung tätig § 4 II 4 HGO

b) Landkreisebene

aa) Verwaltungsbehörde

20 Die **sonstigen Aufgaben der Gefahrenabwehr** (§ 2 S. 2 und 3 HSOG), die den Landkreisen zur Erfüllung nach Weisung übertragen sind (§ 82 Abs. 1 HSOG), werden vom **Kreisausschuss** ausgeführt. Hierzu zählen seit der Kommunalisierung auch einige Aufgaben, die bisher vom Landrat als Behörde der Landesverwaltung wahrgenommen wurden (z.B. Wasseraufsicht als untere Wasserbehörde, § 65 Abs. 1, § 64 Abs. 3 HWG). Für die kreisinterne Zuständigkeitsabgrenzung zwischen dem Kreisausschuss als Verwaltungsbehörde des Kreises und dem Kreistag gelten die allgemeinen Bestimmungen der Hessischen Landkreisordnung (HKO) in Verbindung mit der HGO. Die Aufsichtsbehörden haben nur eingeschränkte Weisungsbefugnisse. Hier gilt das bereits oben zur Gemeindeebene Ausgeführte.

bb) Ordnungsbehörde und Verwaltungsbehörde

21 **Der Landrat** war bis zur Kommunalisierung neben seiner Funktion als Vorsitzender des Kreisausschusses auch untere (staatliche) Landesbehörde (§ 55 Abs. 2 HKO a.F.) Mit dem Gesetz zur Neuordnung der Aufgaben des Landrats sowie des Oberbürgermeisters als Behörden der Landesverwaltung vom 21.3.2005 (GVBl. I, S. 230) ist diese „Janusköpfigkeit" aufgegeben worden. Der Landrat ist nicht mehr Behörde der Landesverwaltung, sondern Behörde des Landkreises. Als entliehenes Kreisorgan (Organleihe) nimmt er die Funktion als Kreisordnungsbehörde (§ 85 Abs. 1 Ziff. 3 HSOG) sowie weitere staatliche Gefahrenabwehraufgaben wahr, die ihm als Auftragsangelegenheit übertragen sind (§ 4 Abs. 2 HKO).

Bsp.: War vor der Kommunalisierung für Lebensmittelkontrollen in Landkreisen der Landrat als Behörde der Landesverwaltung zuständig, handelt der Landrat nunmehr als Behörde des Landkreises. Der Adressat einer Gefahrenabwehrverfügung, mit der das Inverkehrbringen eines Lebensmittels untersagt wird, muss nunmehr eine eventuelle Klage gegen den betreffenden Landkreis und nicht mehr gegen das Land richten.

Hinsichtlich der Einordnung des Landrats (als kommunale Behörde) in den staatlichen Weisungsstrang einerseits und der Ausgestaltung seiner autarken Stellung im Binnenbereich des Kreises andererseits gelten die gleichen Grundsätze wie sie für den Bürgermeister als örtlicher Ordnungsbehörde ausgeführt wurden (vgl. Rn. 19). Das heißt, der Landrat unterliegt einem uneingeschränkten Weisungsrecht staatlicher Aufsichtsbehörden, dem er nachkommen kann, weil er kreisintern die ihm als Auftragsangelegenheit übertragenen Gefahrenabwehraufgaben in alleiniger Verantwortung wahrnimmt (§§ 87, 88 HSOG; § 4 Abs. 2 und 3 HKO).

Organisation der Gefahrenabwehr auf „Kreisebene"

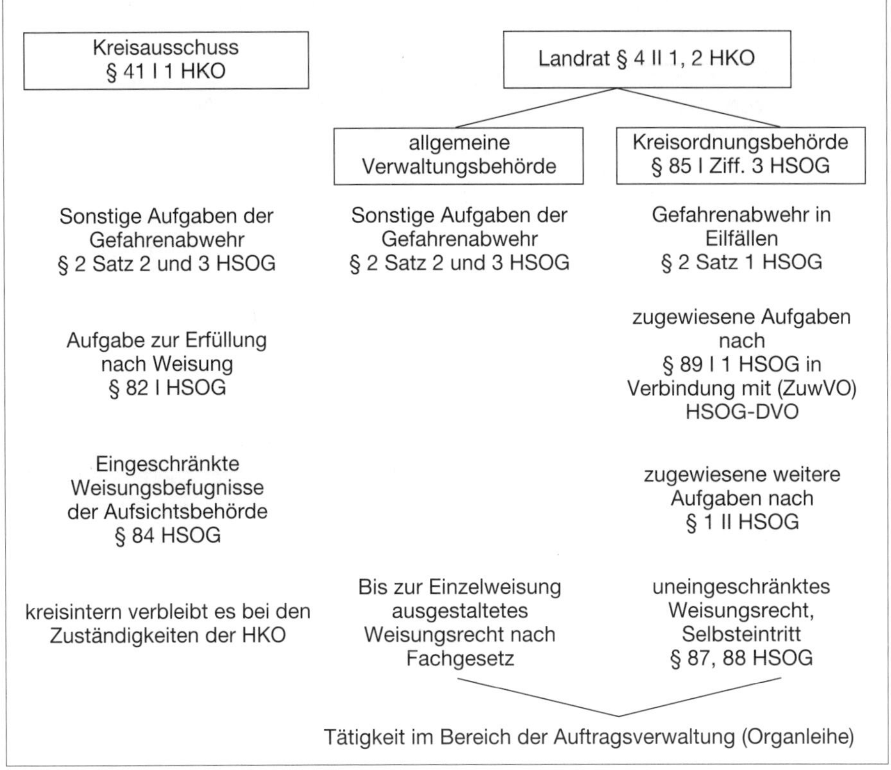

Bsp.: Vor der Neuorganisation der Polizeibehörden (bis zum 1.1.2001) war der Landrat als Behörde der Landesverwaltung auch **untere Polizeibehörde** und damit eine Polizeidienststelle des Landes (§ 91 Abs. 3 Ziff. 4 a, § 91 Abs. 2 HSOG a.F.). Dies allerdings nur, soweit ihm polizeiliche Aufgaben übertragen waren. Das war nicht der Fall in den Landkreisen, in denen die polizeilichen Aufgaben einem Polizeipräsidenten einer kreisfreien Stadt mitübertragen waren. Der Landrat war als Leiter der Polizeidienststellen zugleich polizeilicher Vorgesetzter der ihm zugewiesenen Polizeivollzugsbeamten. Er bestimmte die polizeilichen Maßnahmen sowie Art und Weise ihrer Durchführung (§ 91 Abs. 4 HSOG a.F.). Die „Bestimmung" der polizeilichen Maßnahme konnte entsprechend den Erfordernissen der Praxis auch darin gesehen werden, dass es der polizeiliche Vorgesetzte für bestimmte Aufgabenbereiche generell oder im Einzelfall den ihm zugewiesenen Polizeivollzugsbeamten in Führungsfunktionen ausdrücklich überließ, ob und wie Maßnahmen durchzuführen sind. Eine derartige Delegation auf den höchsten Polizeiführer im Kreis, dem Leiter der Polizeidirektion (soweit er Polizeivollzugsbeamter ist) war in der Praxis die Regel.

c) Ebene einer kreisfreien Stadt

aa) Verwaltungsbehörde

Die **sonstigen Aufgaben der Gefahrenabwehr** (§ 2 S. 2 und 3 HSOG), die der Stadt 22
zur Erfüllung nach Weisung übertragen sind (§ 82 Abs. 1 HSOG), werden vom **Magistrat** als Verwaltungsbehörde der Stadt wahrgenommen (§ 66 Abs. 1 S. 1 HGO). Die stadtinternen Zuständigkeiten, insbesondere die Abgrenzung der Verantwortlichkeiten zwischen Magistrat und Stadtverordnetenversammlung, sowie die Weisungs-

befugnisse der Aufsichtsbehörden ergeben sich aus den obigen Ausführungen zur Gemeindeebene.

bb) Ordnungsbehörde

23 Der **Oberbürgermeister** nimmt neben den Aufgaben, die ihm als **örtliche Ordnungsbehörde** übertragen sind (§ 85 Abs. 1 Ziff. 4 HSOG), die Aufgaben als **Kreisordnungsbehörde** (§ 85 Abs. 1 Ziff. 3 HSOG) wahr. Beide Funktionen erfüllt der Oberbürgermeister in alleiniger Verantwortung (§ 4 Abs. 2 S. 4 HGO). Er ist zwar Behörde der Stadt, unterliegt aber als entliehenes Organ dem uneingeschränkten Weisungsrecht der Aufsichtsbehörde. Der Oberbürgermeister kann für seine Aufgaben als allgemeine Ordnungsbehörde (örtliche- und Kreisordnungsbehörde) einen hauptamtlichen Beigeordneten zu seinem ständigen Vertreter bestellen (§ 85 Abs. 4 HSOG).

cc) Verwaltungsbehörde

24 Der **Oberbürgermeister** war auch Behörde der Landesverwaltung, soweit es um die Wahrnehmung der Aufgaben des staatlichen Veterinäramtes und des Katasteramtes ging (§ 146 a HGO a.F.) Im Zuge der Kommunalisierung ist auch die Landesverwaltung in kreisfreien Städten abgeschafft worden. Die bisher vom Oberbürgermeister als Behörde der Landesverwaltung wahrgenommenen Aufgaben in den Bereichen der Veterinärverwaltung, der Lebensmittelüberwachung und des Verbraucherschutzes wurden jeweils dem Oberbürgermeister als Auftragsangelegenheit nach § 4 Abs. 2 S. 2 HGO übertragen (§ 2 Gesetz zur Neuordnung der Aufgaben des Landrats sowie des Oberbürgermeisters als Behörde der Landesverwaltung). Die Aufgaben als Katasterbehörde sind in eine Landessonderverwaltung (Ämter für Bodenmanagement und Geoinformation) übergegangen.

Die Landesverwaltung in kreisfreien Städten gab es erst seit Inkrafttreten des Gesetzes zur Eingliederung von Sonderverwaltungen vom 14.7.1977 (GVBl. I, S. 319), mit dem die bisher selbstständigen staatlichen Sonderbehörden (staatliche Veterinärämter/Katasterämter/staatliche Schulämter) in die bereits bestehenden Landräte als Behörden der Landesverwaltung und in die durch § 146 a HGO neugeschaffene staatliche Abteilung bei den Oberbürgermeistern der kreisfreien Städte eingegliedert wurden. Die staatlichen Schulämter sind mit Wirkung vom 1.4.1985 wieder aus den Landesbehörden der Landräte und Oberbürgermeister ausgegliedert und als staatliche Sonderbehörden installiert worden.

Dem Oberbürgermeister ist als Auftragsangelegenheit die Aufgabe des Katastrophenschutzes übertragen worden (§ 25 Abs. 3 HBKG).

Organisation der Gefahrenabwehr auf der „Ebene einer kreisfreien Stadt"

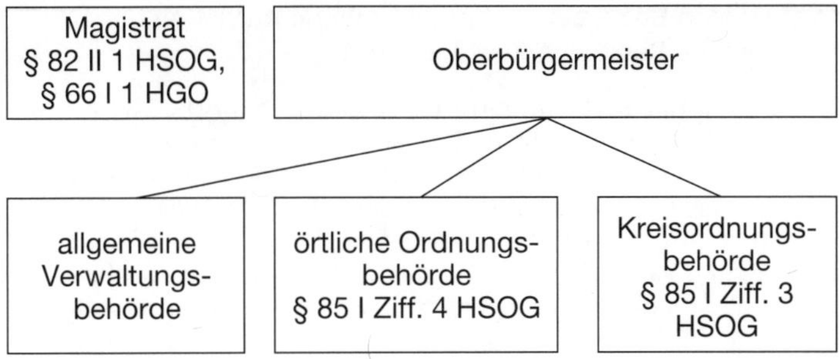

B. Aufgaben und Zuständigkeiten

I. Von den einzelnen Behörden wahrzunehmende Aufgaben der Gefahrenabwehr – Sachliche Zuständigkeiten

25 Als generelle **Aufgabenzuweisungsnorm** bestimmt § 1 Abs. 1 HSOG die Abwehr von Gefahren für die öffentliche Sicherheit und Ordnung zur gemeinsamen Aufgabe von Polizeibehörden, Ordnungsbehörden und allgemeinen Verwaltungsbehörden. § 2 S. 1 HSOG grenzt diese umfassende Zuständigkeit für die Ordnungs- und Polizeibehörden insoweit ein, als sie auf die Fälle beschränkt wird, in denen die Abwehr der Gefahr durch andere Behörden, die Aufgaben der Gefahrenabwehr zu erfüllen haben, nicht oder nicht rechtzeitig möglich erscheint. Die sonstigen Aufgaben der Gefahrenabwehr sind allgemeine Verwaltungsaufgaben (§ 2 S. 2 HSOG). Der damit begründete Vorrang der Zuständigkeit der allgemeinen Verwaltungsbehörde darf aber nicht zu der Annahme verleiten, außer in sogenannten Eil- bzw. Unvermögensfällen gäbe es für Polizeibehörden und insbesondere Ordnungsbehörden keine sachlichen Zuständigkeiten der Gefahrenabwehr. Im Gegenteil sind wichtige Aufgabenbereiche durch **Sonderzuweisung** den Polizeibehörden und den allgemeinen Ordnungsbehörden zur Wahrnehmung übertragen (§ 1 Abs. 2, 4, und 5 HSOG). Für die allgemeinen Ordnungsbehörden ergibt sich die sachliche Zuständigkeit – ohne Rücksicht darauf, ob ein Eil- bzw. Nichtvermögensfall vorliegt – insbesondere aus § 89 Abs. 1 S. 1 HSOG in Verbindung mit der **Verordnung zur Durchführung des HSOG** (HSOG-DVO) vom 12.6.2007 (GVBl. I, S. 323).

Danach werden als Gefahrenabwehraufgaben von den allgemeinen Ordnungsbehörden wahrgenommen das Pass-, Personalausweis- und Ausländerwesen, das Versammlungswesen, das Waffenwesen, die Aufgaben der Straßenverkehrsbehörden, die Überwachung des Straßenverkehrs (unbeschadet der Zuständigkeit der Vollzugspolizei), die Aufsicht über die Beförderung und Lagerung gefährlicher Güter, die Lärmbekämpfung, die Sperrzeitfestsetzung sowie die Bekämpfung der verbotenen Prostitution. Neben diesen in der HSOG-DVO den allgemeinen Ordnungsbehörden übertragenen Zuständigkeiten gibt es darüber hinaus **besondere Rechtsvorschriften**, die den allgemeinen Ordnungsbehörden **Aufgaben der Gefahrenabwehr zuweisen** (§ 89 Abs. 1 S. 2 HSOG). So ist z.B. die allgemeine Ordnungsbehörde für die Durchsetzung des Leinen- und Maulkorbzwangs nach der HundeVO (§ 16 Abs. 1) zuständig.

Zahlreiche Gefahrenabwehraufgaben sind auch den Polizeibehörden durch besondere Rechtsvorschriften allgemein übertragen worden. So liegt es z.B. allein in der Zuständigkeit der Polizei, eine Versammlung in geschlossenen Räumen, die einen gewalttätigen Verlauf nimmt, aufzulösen (§ 13 Abs. 1 VersammlG). Zur Wahrnehmung dieser Zuständigkeit ist der Polizei vom Versammlungsleiter auch ein angemessener Platz im Versammlungsraum einzuräumen (§ 12 VersammlG). Für die Regelung des Straßenverkehrs durch Zeichen und Weisungen gibt § 44 Abs. 2 StVO der Polizeibehörde ebenso eine sachliche Zuständigkeit wie sie in § 71 Abs. 5 AufenthG für die Durchführung der Abschiebung ausreisepflichtiger Ausländer normiert ist.

Erst wenn den Polizei- und Ordnungsbehörden weder durch Rechtsvorschrift eine Gefahrenabwehraufgabe zugewiesen ist noch ein Eil- bzw. Unvermögensfall vorliegt, handelt es sich um **sonstige Aufgaben der Gefahrenabwehr**, die von den Landkreisen und Gemeinden zu erfüllen sind. Eine Zuständigkeit der Verwaltungsbehörden der Landkreise bzw. der Gemeinden kommt aber auch nur insoweit in Betracht, als nicht die Zuständigkeit einer Behörde der Landesverwaltung durch Rechtsvorschrift begründet ist (§ 2 S. 2 und 3 HSOG).

Einer Landesbehörde als allgemeine Verwaltungsbehörde sind beispielsweise die Überwachung des Arzneimittelverkehrs und die Apothekenaufsicht (Regierungspräsidium) übertragen worden.

Bei fehlender Zuständigkeit einer Behörde der Landesverwaltung sind die sonstigen Aufgaben der Gefahrenabwehr schließlich von den Landkreisen und Gemeinden wahrzunehmen (§ 2 S. 2 und 3; § 82 Abs. 1 HSOG). Auf welcher Ebene, also Landkreis oder Gemeinde, die Zuständigkeit angesiedelt ist, richtet sich nach den Rechtsvorschriften über die Zuweisung von Zuständigkeiten an die Landkreise und Gemeinden (§ 82 Abs. 2 S. 1 HSOG). So ist z.B. die Bauaufsicht den Landkreisen, kreisfreien Städten und Gemeinden über 50.000 Einwohnern übertragen und wird daher von den Kreisausschüssen und Gemeindevorständen wahrgenommen (§ 52 Abs. 1 HBO). Soweit allerdings keine besondere Regelung über die sachliche Zuständigkeit getroffen ist, ist immer der Gemeindevorstand sachlich zuständig (§ 82 Abs. 2 S. 1 2. Halbsatz HSOG).

Zuständigkeiten der Polizei- und Gefahrenabwehrbehörden

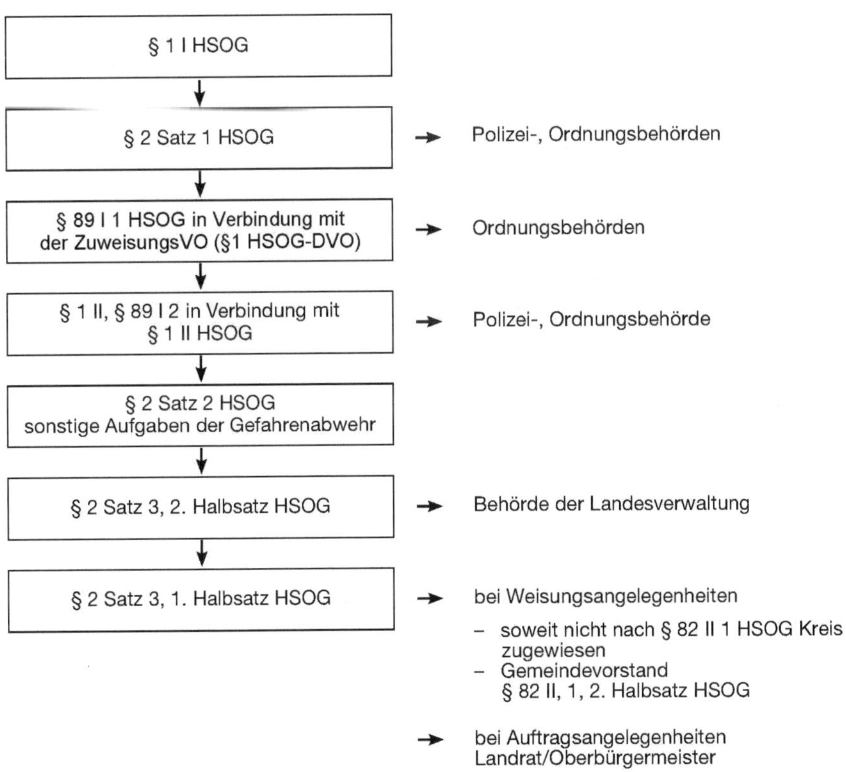

26 Die Zuweisung von Gefahrenabwehraufgaben zu Behörden der unterschiedlichen **drei Verwaltungsstränge** (Polizeibehörden, Ordnungsbehörden, Verwaltungsbehörden) wirkt sich nicht nur auf die Einflussmöglichkeit des Staates bei der Aufgabenwahrnehmung auf die kommunalen Behörden mittels Einzelweisung aus, sondern hat auch Auswirkungen bei Anwendung der Befugnisnormen der §§ 11 ff. HSOG, die scharf zwischen Befugnissen der Gefahrenabwehrbehörden einerseits und Befugnissen der Polizeibehörden andererseits unterscheiden. Darüber hinaus werden nur Verfügungen der Polizei- und Ordnungsbehörden nach den Vorschriften des HSOG (§§ 47 ff.) vollstreckt, Verfügungen der Verwaltungsbehörden hingegen nach dem Hessischen Verwaltungsvollstreckungsgesetz.

Die Bestellung von Hilfspolizeibeamten ermöglicht Ordnungs- und Verwaltungsbehörden allerdings, polizeiliche Befugnisse anzuwenden. Mittels solcher Bediensteter ist diesen Behörden insbesondere die Anwendung unmittelbaren Zwangs gestattet (§ 99 Abs. 2 HSOG).

Bestimmte Bedienstete von Ordnungs- bzw. Verwaltungsbehörden haben, ohne als solche bestellt worden zu sein, kraft Rechtsnorm die Befugnisse von Hilfspolizeibeamten (§§ 11, 12 HSOG-DVO). Ähnliche Befugnisse wie Hilfspolizeibeamte haben die ehrenamtlich tätigen Angehörigen des Freiwilligen Polizeidienstes, der die Polizeibehörden bei der Erfüllung ihrer Aufgaben unterstützt (Hessisches-Freiwilligen-Polizeidienst-Gesetz, GVBl. I, 2000, S. 294).

1. Von den Polizeibehörden wahrzunehmende Aufgaben

27 Die Aufgaben, in denen die Polizeibehörden sachliche Zuständigkeiten haben, lassen sich in vier Bereiche unterteilen. Neben der Gefahrenabwehr in Eilfällen (§ 1 Abs. 1 in Verbindung mit § 2 S. 1 HSOG) und den zugewiesenen weiteren Aufgaben (§ 1 Abs. 2 HSOG) ist die Vollzugspolizei für die vorbeugende Bekämpfung von Straftaten (§ 1 Abs. 4 HSOG) und die Vollzugshilfe (§ 1 Abs. 5 HSOG) zuständig.

a) Gefahrenabwehr in Eilfällen

Nach § 2 S. 1 HSOG werden die Polizeibehörden (neben den Ordnungsbehörden) tätig, soweit die Abwehr der Gefahr durch andere Behörden, die Aufgaben der Gefahrenabwehr zu erfüllen haben, nicht oder nicht rechtzeitig möglich erscheint. Die Alternative der nicht rechtzeitigen Abwehr einer Gefahr entspricht der im HSOG alt normierten Eilzuständigkeit der Polizei, die dann gegeben war, wenn eine Gefahr unmittelbar bevorstand bzw. eine bereits verwirklichte Gefahr unaufschiebbar zu beseitigen war.

Diese auf die **Dringlichkeit der Abwehrmaßnahme** abstellende Zuständigkeitsabgrenzung wird nunmehr um die Alternative des **Unvermögens der eigentlich zuständigen Gefahrenabwehrbehörde** ergänzt. Dabei kann das Unvermögen beispielsweise auch darauf beruhen, dass die eigentlich zuständige Gefahrenabwehrbehörde mangels (ausreichender) personeller oder sächlicher Mittel zur Durchführung einer Gefahrenabwehrmaßnahme nicht in der Lage ist.

Bsp.: Der für die Obdachlosenunterbringung als Gefahrenabwehrbehörde zuständige Gemeindevorstand (§§ 2 S. 2 und 3, 82 Abs. 1 HSOG und §§ 4, 66 Abs. 1 HGO) hat es versäumt, nach § 1 Abs. 1 S. 2 HSOG die erforderlichen Vorsorgemaßnahmen zu treffen, um (künftige) Obdachlose unterbringen zu können. Gleichwohl besteht für die Polizeibehörde die Verpflichtung zum Einschreiten aufgrund der Eilkompetenz, wenn außerhalb der allgemeinen Dienstzeit ein Obdachloser seine Unterbringung beantragt.

b) Durch Rechtsvorschrift zugewiesene weitere Aufgaben (§ 1 Abs. 2 HSOG)

aa) Verfolgung von Straftaten und Ordnungswidrigkeiten

Die wichtigste den Polizeibehörden durch Rechtsvorschrift zugewiesene weitere 28
Aufgabe gehört nicht zur Gefahrenabwehr, sondern ist dem **repressiven Bereich** in Gestalt der Verfolgung von Straftaten und Ordnungswidrigkeiten zuzuordnen (§ 163 StPO, § 53 OWiG).

Auch bei der Strafverfolgungstätigkeit ergeben sich die organisationsrechtlichen Regelungen allein aus den Bestimmungen des HSOG. Denn obwohl die Staatsanwaltschaft „Herrin" des nach der StPO durchzuführenden Ermittlungsverfahrens ist, wird die Polizei in diesem Aufgabenfeld nicht zur Justizbehörde. Ermächtigungsgrundlage für polizeiliches Handeln bei der Strafverfolgung bildet das HSOG nur insofern, als es um die Anwendung unmittelbaren Zwangs geht (§ 3 Abs. 1 S. 1, § 3 Abs. 3 in Verbindung mit §§ 55 ff. HSOG). Im übrigen sind die Befugnisnormen für Eingriffsmaßnahmen in diesem Bereich allein der StPO zu entnehmen, wie z.B. Identitätsfeststellung §§ 163 b, 163 c; erkennungsdienstliche Behandlung § 81 b; Entnahme einer Blutprobe § 81 a; Beschlagnahme §§ 94 ff.; Durchsuchung §§ 102 ff. Die letzten drei Eingriffsrechte stehen bei Gefahr im Verzuge neben der Staatsanwaltschaft auch den Ermittlungspersonen der Staatsanwaltschaft zu. Welche Polizeibeamten **Ermittlungspersonen der Staatsanwaltschaft** im Sinne des § 152 GVG sind, ergibt sich aus § 1 Ziff. 2 der Verordnung über die Ermittlungspersonen der Staatsanwaltschaft vom 18.10.2011 (GVBl. I, S. 582).

Bei der Verfolgung von Ordnungswidrigkeiten unterstehen die Polizeibehörden den Weisungen der Verfolgungsbehörde (§ 46 Abs. 2 OWiG). Über die Verweisung in § 46 Abs. 1 OWiG hat die Polizei bei der Verfolgung von Ordnungswidrigkeiten die gleichen Befugnisse wie bei der Verfolgung von Straftaten. Ausgenommen hiervon sind lediglich besonders schwerwiegende Eingriffe (Anstaltsunterbringung, Verhaftung und vorläufige Festnahme, Beschlagnahme von Postsendungen, körperliche Untersuchungen, wobei die Entnahme von Blutproben und andere geringfügige Eingriffe gestattet sind, § 46 Abs. 3 und 4 OWiG). Der Ausschluss dieser Befugnisse im Ordnungswidrigkeitenverfahren ist im Hinblick auf den im Rechtsstaatsprinzip wurzelnden Verhältnismäßigkeitsgrundsatz geboten.

bb) Überwachung des Straßenverkehrs

Eine weitere Aufgabe von zentraler Bedeutung, die den Polizeibehörden durch 29
Rechtsvorschrift zugewiesen ist, ist die **Überwachung des Straßenverkehrs**. Nach § 5 Abs. 1 Ziff. 2 der Polizeiorganisationsverordnung (PolOrgVO a.F.) gehörte zur Aufgabe der Schutzpolizei die Überwachung, Kontrolle, Regelung und Sicherung des Straßenverkehrs, sofern nicht Rechtsvorschriften die Zuständigkeit anderer Behörden begründen. Nach Wegfall dieser Vorschrift mit Neufassung der PolOrgVO vom 14.11.1997 und 18.12.2000 hat sich an der Aufgabenwahrnehmung nichts geändert, sie ergibt sich nunmehr unmittelbar aus den speziellen Befugnisnormen der Straßenverkehrsordnung zur Überwachung des Straßenverkehrs. Nach § 44 Abs. 2 S. 1 StVO ist die Polizei befugt, den Verkehr durch Zeichen und Weisungen und durch Bedienung von Lichtzeichenanlagen zu regeln. In § 36 Abs. 5 StVO erhalten Polizeibeamte die Befugnis, Verkehrsteilnehmer zur Verkehrskontrolle einschließlich der Kontrolle der Verkehrstüchtigkeit und zu Verkehrserhebungen anzuhalten. Bei Gefahr im Verzuge kann nach § 44 Abs. 2 S. 2 StVO zur Aufrechterhaltung der Sicherheit oder Ordnung des Straßenverkehrs die Polizei anstelle der an sich zuständigen Be-

hörde tätig werden und vorläufige Maßnahmen treffen. Ohne diese spezialgesetzlich geregelte Eilkompetenz der Polizei ergäbe sich eine entsprechende Zuständigkeit der Polizeibehörde auch aus § 2 S. 1 HSOG.

cc) Weitere durch einzelne Rechtsvorschriften zugewiesene Aufgaben

Weitere den Polizeibehörden zugewiesene Aufgaben im Sinne des § 1 Abs. 2 HSOG ergeben sich aus zahlreichen einzelnen Rechtsvorschriften. Hier sollen nur die wesentlichen erwähnt werden.

30 Bei **öffentlichen Versammlungen** in geschlossenen Räumen hat die Polizei eine ausschließliche Zuständigkeit für die Auflösung der Versammlung (§ 13 VersammlG). *Das Versammlungsgesetz des Bundes gilt als Bundesrecht fort, solange das Land Hessen, das mit der Föderalismusreform die Gesetzgebungskompetenz für das Versammlungswesen erhalten hat, keine eigene Regelung getroffen hat (Art. 125a GG).* Polizeibeamten, die zur Wahrnehmung dieser Zuständigkeit in eine öffentliche Versammlung entsandt werden, ist vom Versammlungsleiter ein angemessener Platz einzuräumen (§ 12 VersammlG). Der Versammlungsbehörde (örtliche Ordnungsbehörde in Gemeinden ab 7.500 Einwohnern, ansonsten Kreisordnungsbehörde, § 1 Ziff. 2 HSOG-DVO), der ansonsten die Ausführung des Versammlungsgesetzes obliegt (durch Erlass von Versammlungsverboten, Versammlungsauflagen, Auflösung von Versammlungen unter freiem Himmel) kommt in diesem Spezialfall keinerlei Zuständigkeit zu. Die Bestimmung der Polizeibehörde zur zuständigen Behörde für Versammlungsauflösungen in geschlossenen Räumen ist sinnvoll, da Maßnahmen in Versammlungen die Anwesenheit von Amtswaltern voraussetzen und Auflösungsverfügungen notfalls zwangsweise durchgesetzt werden müssen (Dietel/Gintzel, Demonstrations- und Versammlungsfreiheit, § 13 Rn. 2). Diese Erwägung trifft allerdings in gleicher Weise für die Auflösung von Versammlungen unter freiem Himmel zu. Dennoch spricht der Bundesgesetzgeber in § 15 Abs. 2 VersammlG lediglich von zuständiger Behörde. Das ist nach § 1 Ziff. 2 HSOG-DVO die örtliche bzw. Kreisordnungsbehörde als Versammlungsbehörde. In der Praxis wird allerdings regelmäßig die Auflösung von Versammlungen unter freiem Himmel von der Polizei nach § 15 Abs. 2 VersammlG in Verbindung mit § 2 S. 1 HSOG verfügt, weil in der Regel kein Amtswalter der originär zuständigen Versammlungsbehörde vor Ort ist.

Eine weitere ausschließliche Zuständigkeit der Polizei besteht hinsichtlich des Ausschlusses einzelner Teilnehmer von der Versammlung bzw. dem Aufzug (§§ 18 Abs. 3, 19 Abs. 4 VersammlG).

31 Im Ausländerrecht ist die Polizei neben der Ausländerbehörde für die **Durchführung der Abschiebung** zuständig (§ 71 Abs. 5 AufenthG). Etwaige hierzu erforderliche erkennungsdienstliche Maßnahmen können auch von der Polizei getroffen werden (§ 71 Abs. 4 AufenthG). Die originäre Zuständigkeit der Polizei zur Durchführung der Abschiebung umfasst auch die Stellung eines Abschiebehaftantrages beim zuständigen Amtsgericht.

32 In § 42 Abs. 2 des Lebensmittel- und Bedarfsgegenstände- und Futtermittelgesetzbuches werden allen Polizeibeamten bei Gefahr im Verzug insbesondere Betretungsrechte von Betriebs- und Geschäftsräumen eingeräumt. Diese Befugnisse sind der Polizei neben den mit der Überwachung beauftragten Personen übertragen. Mit der Überwachung beauftragt sind die im Außendienst tätigen Bediensteten der Veterinärämter (z.B. Lebensmittelkontrolleure).

c)Vorbeugende Bekämpfung von Straftaten

Die Polizeibehörden haben auch zu erwartende Straftaten zu verhüten sowie für die Verfolgung künftiger Straftaten vorzusorgen (vorbeugende Bekämpfung von Straftaten, § 1 Abs. 4 HSOG). **34**

Während die **Verhütung von Straftaten** bereits als klassische Gefahrenabwehraufgabe von der polizeilichen Generalklausel des § 1 HSOG a.F. gedeckt war, soweit man darunter die Verhinderung der Begehung künftiger Straftaten bzw. die Verminderung der Gefahr künftiger Straftatenbegehung versteht, ist nunmehr durch Einfügung der zweiten Alternative **(Vorsorge für die Verfolgung künftiger Straftaten)** klargestellt, dass auch diese Tätigkeit der Polizeibehörden zum Aufgabenbereich der Gefahrenabwehr gehört.

Bei der Vorsorge für die Verfolgung künftiger Straftaten geht es um die Speicherung und Nutzung personenbezogener Informationen, die aus polizeilichen Ermittlungen gewonnen wurden und dazu dienen, bei zukünftigen Strafverfahren bessere Ermittlungsansätze zu liefern. Es handelt sich um die Vorhaltung von Informationen aus Kriminalakten, die für die spätere Aufklärung anderer Straftaten von Bedeutung sein können und damit die Erleichterung des Zugriffs auf künftige Straftäter bezwecken. In der Rechtsprechung ist nach wie vor umstritten, ob diese Tätigkeit von der Gefahrenabwehraufgabe der Polizeibehörden erfasst oder dem repressiven Bereich der Strafverfolgung, für den der Bund die konkurrierende Gesetzgebungszuständigkeit hat (Art. 74 Ziff. 1 in Verbindung mit Art. 72 Abs. 1 GG), zuzuordnen ist. Der HessVGH (NVwZ RR 1994, 652 ff.) ordnet die **Aufbewahrung erkennungsdienstlicher Unterlagen**, die nicht zu dem Zweck geschieht, bereits die Verwirklichung künftiger Straftaten zu verhindern, sondern der vorsorgenden Bereitstellung von sächlichen Hilfsmitteln für die notwendige Aufklärung nach begangener Straftat dient, der Aufgabe der Erforschung und Aufklärung von Straftaten nach § 163 StPO zu. Das Gericht sah deshalb in § 19 Abs. 2 Ziff. 2 HSOG in der Fassung vor dem Änderungsgesetz vom 3.11.1998 (GVBl. I S. 399) keine Ermächtigungsgrundlage für die Vornahme erkennungsdienstlicher Maßnahmen zum Zweck der Vorhaltung von Hilfsmitteln für die zukünftige Strafverfolgung. Nach dieser Rechtsprechung bestand eine Regelungslücke für die Vornahme und Aufbewahrung dem vorgenannten Zweck dienender erkennungsdienstlicher Unterlagen, die nicht von einem Beschuldigten in einem konkreten Strafverfahren erhoben wurden und deshalb auch von der Ermächtigungsgrundlage des § 81 b StPO nicht erfasst wurden. Auch in seiner jüngeren Rechtsprechung (Beschl. v. 8.12.2010, 8 E 1698/10) hält der HessVGH an seiner Auffassung fest, dass die Anordnung erkennungsdienstlicher Maßnahmen nach § 81 b 2. Alt. StPO nicht dem materiellen Polizeirecht, sondern der Strafverfolgung zuzuordnen sei. Demgegenüber sieht das BVerwG (NJW 1990, 2765 ff.) – wenn auch zunächst für den Bereich sonstiger, nicht erkennungsdienstlicher Unterlagen (Daten) – die Zusammenstellung und Bereithaltung von Informationen in Kriminalakten mit dem Ziel, bei der zukünftigen Ermittlung von Straftaten die Aufklärung des Sachverhaltes zu unterstützen und die Feststellung von Verdächtigen zu fördern, als polizeiliche Aufgabe der Gefahrenabwehr an. Dies wird in einer jüngeren Entscheidung des Bundesverwaltungsgerichtes (Beschl. v. 18.5.2011, 6 B 1/11) für erkennungsdienstliche Maßnahmen auf der Grundlage des § 81 b 2. Alt. StPO bestätigt, indem das BVerwG darin ein Instrument des Polizeirechts sieht. Richtigerweise wird man die Tätigkeit der Vorsorge für die künftige Strafverfolgung in einem Bereich zwischen Prävention und Repression einzuordnen haben, da sie mit beiden Elementen untrennbar verknüpft ist. Deshalb können auch etwaige Bedenken im Hinblick auf die verfassungsrechtliche Kompetenzverteilung zwischen Bund und Ländern bei Regelung dieser

Materie im Landespolizeigesetz zurückgestellt werden (vgl. Keller/Griesbaum NStZ 1990, 416 ff.).

Mit der Aufnahme der Tätigkeit der Vorsorge für die künftige Strafverfolgung in die polizeiliche Aufgabenzuweisung und der Änderung der Befugnisse in §§ 19 und 20 HSOG besteht nunmehr eine klare Regelung. Für die Vornahme und Aufbewahrung erkennungsdienstlicher Unterlagen ist **§ 81 b StPO Ermächtigungsgrundlage**, soweit die Daten von einem Beschuldigten in einem konkreten Strafverfahren erhoben wurden. Im übrigen greift § 19 Abs. 2 Ziff. 2 HSOG ein und schließt damit die o. g. Regelungslücke.

Rechtsgrundlage für die Sammlung sonstiger Daten in Kriminalakten ist § 20 HSOG. Vernichtungs- und Löschungsansprüche ergeben sich aus § 27 HSOG in Verbindung mit §§ 14 ff. HSOG-DVO.

Neben der Bevorratung von Daten aus Kriminalakten für die künftige Strafverfolgung ist im Zusammenhang mit der vorbeugenden Straftatenbekämpfung der Bereich der Vorfeldermittlungen zu nennen, die sowohl präventiven als auch repressiven Charakter haben. Die in §§ 13 bis 18 HSOG geregelten Befugnisse zur Datenerhebung dienen zwar einerseits der Verhütung von Straftaten, andererseits werden durch diese Maßnahmen aber auch Erkenntnisse für mögliche künftige Ermittlungsverfahren gewonnen. Auch hier regelt das HSOG eine Aufgabe, die zwischen Gefahrenabwehr und Strafverfolgung anzusiedeln ist. Auf der Grundlage der geltenden Strafprozessordnung sind derartige Vorfeldermittlungen nicht zulässig. Staatsanwaltschaft und Polizei sind aufgrund der §§ 152 II, 160 I und 163 I StPO nicht berechtigt, Nachforschungen nur deshalb anzustellen, weil erfahrungsgemäß unter bestimmten Umständen und in bestimmten Bereichen Straftaten begangen werden. Dort ist noch nicht die Schwelle der zureichenden tatsächlichen Anhaltspunkte im Sinne des § 152 II StPO erreicht, die eine strafprozessuale Ermittlungsbefugnis auslöst (vgl. Keller/ Griesbaum NStZ 1990, 416 ff.).

d) Vollzugshilfe

35 Die in § 1 Abs. 5 HSOG als eigene Aufgabe der Polizeibehörden normierte **Vollzugshilfe** ist von der allgemeinen Amtshilfepflicht zu unterscheiden. Letztere ist gerade keine eigene Aufgabe, sondern lediglich Hilfe für eine andere Behörde, die insbesondere dann abgelehnt werden kann, wenn die Hilfeleistung die Erfüllung der eigenen Aufgaben der ersuchten Behörde gefährden würde (§ 5 Abs. 3 Ziff. 3 HVwVfG).

Die in § 44 HSOG geregelte Vollzugshilfe unterscheidet zwischen der den allgemeinen Ordnungsbehörden (Abs. 1) und der anderen Behörden (Abs. 2) zu leistenden Vollzugshilfe.

Die in § 44 Abs. 1 Ziff. 1 HSOG geregelte Vollzugshilfe (besser: Vollziehungshilfe) erklärt sich daraus, dass die allgemeinen Ordnungsbehörden gefahrenabwehrrechtliche Verfügungen nach den Vorschriften des HSOG (§§ 47 ff.), zu denen das Vollstreckungsmittel des unmittelbaren Zwangs gehört, vollstrecken, in der Regel aber nicht über Bedienstete verfügen, die dieses Zwangsmittel anwenden dürfen. Anderen als Polizeivollzugsbeamten ist die Ausübung unmittelbaren Zwangs nur gestattet, wenn das HSOG sie hierzu ermächtigt (§ 52, § 63 HSOG). Eine derartige Ermächtigung enthält das HSOG insbesondere für Hilfspolizeibeamte (§ 63 Abs. 2 Ziff. 3 in Verbindung mit § 99 Abs. 2 S. 2 und § 52 HSOG). Hat die allgemeine Ordnungsbehörde eigene Bedienstete für eine bestimmte Gefahrenabwehraufgabe zu Hilfspolizeibeamten bestellt (z.B. der Landrat als Kreisordnungsbehörde bestellt für die Durchführung von Abschiebungen Sachbearbeiter in Ausländerangelegenheiten zu Hilfspolizeibeamten nach § 99 Abs. 3 Ziff. 3 HSOG), kommt eine Vollzugshilfe nach § 44 Abs. 1 Ziff. 1 HSOG nicht in Betracht, weil die allgemeine Ordnungsbehörde insoweit über befugte Bedienstete verfügt. Vollzugshilfe scheidet ebenso aus, wenn die Vollstreckungsmaßnahme keine Befugnisse erfordert, die ausschließlich Polizeivollzugsbeamten zustehen. So darf die Straßenverkehrsbehörde als allgemeine Ordnungsbehörde, die einem Führerscheininhaber die Fahrerlaubnis entzogen hat, nicht die Polizeibehörde mit der Einziehung des Führerscheins beauftragen, weil sie mit dem Zwangsmittel der Ersatzvornahme (§ 49 HSOG) die Wegnahme des Führerscheins durch eigene Bedienstete bewerkstelligen kann. Auch soweit hierzu das Betreten der Wohnung erforderlich ist, sind die Bediensteten der Straßenverkehrsbehörde dazu befugt (§ 47 Abs. 5 HSOG).

Die Vorschriften über die Vollzugshilfe stellen selbst keine Ermächtigung zu Eingriffsmaßnahmen dar. Die Ermächtigung zu Eingriffen in Rechte des Bürgers muss sich auch im Rahmen der Vollzugshilfe aus Befugnisnormen des HSOG oder Spezialgesetzen ergeben.

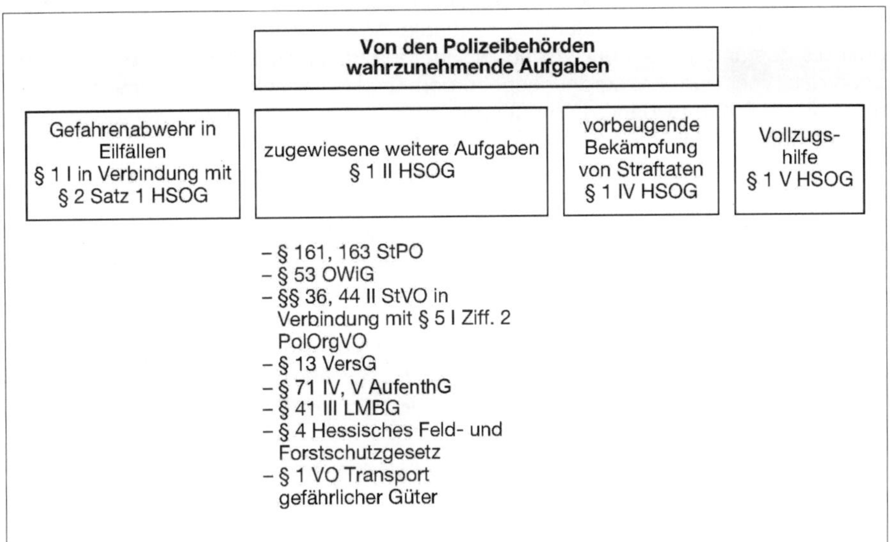

2. Von den Ordnungsbehörden wahrzunehmende Aufgaben

a) Gefahrenabwehr in Eilfällen

Neben den Polizeibehörden sind auch die Ordnungsbehörden immer dann sachlich zuständig, soweit die Abwehr der Gefahr durch andere Behörden, die Aufgaben der Gefahrenabwehr zu erfüllen haben, nicht oder nicht rechtzeitig möglich erscheint (§ 2 S. 1 HSOG). 36

b) Aufgaben nach der Zuweisungsverordnung (HSOG-DVO)

Die zentrale Norm, die den allgemeinen Ordnungsbehörden Zuständigkeiten zur Wahrnehmung von Gefahrenabwehraufgaben zuweist, ist die in Ausführung der Verordnungsermächtigung nach § 89 Abs. 1 S. 1 HSOG erlassene **Zuweisungsverord-** 37

nung (Verordnung über die Zuweisung von Aufgaben der Gefahrenabwehr an die allgemeinen Polizeibehörden vom 18.7.1972). Die Zuweisungsverordnung ist jetzt Teil der (neuen) Verordnung zur Durchführung des HSOG vom 12.6.2007 – HSOG-DVO- (GVBl. I, S. 323). Mit Gesetz vom 17.12.1998 ist die Zuweisungsverordnung neu gefasst und die Behördenbezeichnung dem HSOG angepasst worden. Mit der Übertragung von Gefahrenabwehraufgaben auf die allgemeinen Ordnungsbehörden stellt der Verordnungsgeber sicher, dass im Bereich dieser staatlichen Aufgabenwahrnehmung einerseits die kommunalen örtlichen Ordnungsbehörden (Bürgermeister) unabhängig von anderen Gemeindeorganen (wie z.B. der Gemeindevertretung) in alleiniger Verantwortung entscheiden können (§ 4 Abs. 2 S. 4 HGO), andererseits die staatlichen Aufsichtsbehörden durch Einzelweisungen bis hin zum Selbsteintrittsrecht in die Aufgabenwahrnehmung eingreifen können.

38 Nach § 1 Ziff. 1 HSOG-DVO werden von den allgemeinen Ordnungsbehörden das **Pass-, Personalausweis- und Ausländerwesen** wahrgenommen. Während die Zuweisungsverordnung nur den Behördenstrang festlegt, wird zum Teil in weiteren Zuständigkeitsregelungen zu dem jeweiligen Aufgabengebiet bestimmt, welche allgemeine Ordnungsbehörde instanziell zuständig ist. So bestimmt § 1 der Verordnung über die Zuständigkeiten der Ausländerbehörden, dass die Aufgaben der Ausländerbehörden von den Kreisordnungsbehörden, in kreisangehörigen Gemeinden mit mehr als 50.000 Einwohnern von den örtlichen Ordnungsbehörden wahrgenommen werden. Für den Fall, dass es ausnahmsweise keine besondere Regelung zur instanziellen Zuständigkeit gibt, ist nach § 89 Abs. 2 S. 1 HSOG die örtliche Ordnungsbehörde sachlich zuständig.

39 Während Pass- und Personalausweisrecht mit den Regelungen zur Einschränkung der Ausreisefreiheit und der Ausweispflicht rein gefahrenabwehrrechtliche Zwecke verfolgen, ist das Ausländerrecht seinem wesentlichen Inhalt nach nicht dem Recht der Gefahrenabwehr im strengen Sinne zuzuordnen. Bereits im alten Ausländergesetz (1965) traten mit dem Abstellen auf die Belange der Bundesrepublik Deutschland als Maßstab für die Entscheidung über die Gewährung eines Aufenthaltsrechts maßgeblich wirtschafts- und arbeitsmarktpolitische Gesichtspunkte in den Vordergrund.

Das Ausländergesetz 1990 sowie das nachfolgende Aufenthaltsgesetz vom 30.7.2004 enthält als eine wesentliche Zielrichtung die Sicherung der Integration seit langem in Deutschland lebender Ausländer und die Förderung grenzüberschreitender Beziehungen durch eine weltoffene liberale Ausländerpolitik. So können nur noch vereinzelte ausländerrechtliche Entscheidungen, wie z.B. Ausweisungen, als gefahrenabwehrrechtliche Maßnahmen eingestuft werden. Hingegen ist es sachlich nicht gerechtfertigt, die Erteilung und Ablehnung von Aufenthaltsgenehmigungen zur Familienzusammenführung oder zu Erwerbs- und Studienzwecken rechtssystematisch als Entscheidungen über die Abwehr einer Gefahr anzusehen (HessVGH, Urt. v. 28.10.1996–12 UE 628/96 –).

40 Die allgemeinen Ordnungsbehörden sind auch zuständig für das **Versammlungswesen** (§ 1 Ziff. 2 HSOG-DVO), wobei in Gemeinden mit 7.500 und mehr Einwohnern die örtliche Ordnungsbehörde und im übrigen die Kreisordnungsbehörde zuständig ist. Hierbei haben die Ordnungsbehörden im wesentlichen im Vorfeld von öffentlichen Versammlungen über die Erteilung von Auflagen und gegebenenfalls Versammlungsverbote zu entscheiden, wenn durch die Versammlung die öffentliche Sicherheit oder Ordnung unmittelbar gefährdet wird (§§ 5, 15 Abs. 1 VersammlG). Demgegenüber ist für die Auflösung einer bereits stattfindenden Versammlung in geschlossenen Räumen die Polizeibehörde zuständig (§ 13 VersammlG). Auch die Auflösung von Versammlungen unter freiem Himmel, für die originär die allgemeine Ordnungsbehörde zuständig ist, wird im Rahmen der Eilkompetenz (§ 2 S. 1 HSOG) regelmäßig von der Vollzugspolizei verfügt.

Die allgemeinen Ordnungsbehörden sind nach der HSOG-DVO (§ 1 Ziff. 3) weiter zuständig für das **Waffenwesen**, insbesondere Erlaubnisbehörde für den Erwerb, den Besitz, das Führen und die Einfuhr von Waffen. Nach § 1 der Verordnung zur Durchführung des Waffengesetzes ist die Aufgabe instanziell den Kreisordnungsbehörden zugewiesen. **41**

Im Bereich des **Straßenverkehrs** kommen der allgemeinen Ordnungsbehörde zahlreiche Gefahrenabwehraufgaben zu (§ 1 Ziff. 4 und 5 HSOG-DVO).Als Straßenverkehrszulassungsbehörden entscheiden die Kreisordnungsbehörden im wesentlichen über die Zulassung von Kraftfahrzeugen zum öffentlichen Straßenverkehr bzw. deren Stillegung (§ 7 Ziff. 2. Fahrzeugszulassungsverordnung i.V.m. § 19 Ziff 2 Verkehrsrechts-ZuständigkeitsVO) sowie über die Erteilung und Entziehung von Fahrerlaubnissen nach der Fahrerlaubnisverordnung i.V.m. § 10 Verkehrsrechts-ZuständigkeitsVO. **42**

Angelegenheiten der Straßenverkehrsordnung werden von den allgemeinen Ordnungsbehörden wahrgenommen. Welche allgemeine Ordnungsbehörde die instanziell zuständige Straßenverkehrsbehörde im Sinne des § 44 Abs. 1 StVO ist, wird in § 11 Verkehrsrechts-ZuständigkeitsVO geregelt. Als Maßstab gilt dabei die Einstufung der betreffenden Straße. Während für Autobahnen und für Straßen mit besonderer Verkehrsbedeutung das Hessen Mobil-Straßen- und Verkehrsmanagement zuständig ist, ist für sonstige Straßen die Kreisordnungsbehörde bzw. in Städten über 50.000 Einwohnern die örtliche Ordnungsbehörde zuständig. Mit Ausnahme des Bereichs der Bundesstraßen ist in kreisangehörigen Gemeinden mit 7.500 und mehr Einwohnern die Aufgabe auf den Bürgermeister als örtliche Ordnungsbehörde delegiert.Die allgemeinen Ordnungsbehörden regeln in Ausführung der StVO insbesondere die **Benutzung der Straßen** aus Gründen der Sicherheit und Ordnung des Verkehrs, d.h. sie beschränken oder verbieten die Straßenbenutzung. Da die Bürgermeister und Oberbürgermeister als örtliche Ordnungsbehörden die Aufgaben der Straßenverkehrsbehörde in alleiniger Verantwortung wahrnehmen (§ 4 Abs. 2 S. 4 HGO), bleibt auf diesem für die örtliche Gemeinschaft nicht unwichtigen Gebiet ein Tätigwerden anderer Gemeindeorgane wie z.B. der Gemeindevertretung ausgeschlossen. Allerdings sieht die StVO in § 45 Abs. 1 b S. 2, Abs. 1 c vor, dass insbesondere bei der Kennzeichnung von Fußgängerbereichen, verkehrsberuhigten Bereichen und geschwindigkeitsbeschränkten Zonen das Einvernehmen der Gemeinde erforderlich ist. Da hinsichtlich der Entscheidung über die Einvernehmenserteilung die allgemeinen Zuständigkeitsregelungen der HGO gelten, ist der Bürgermeister/ Oberbürgermeister bei diesen Maßnahmen ausnahmsweise auf die Zustimmung des Gemeindevorstands bzw. bei einer für die Gemeinde wichtigen Angelegenheit auf die Zustimmung der Gemeindevertretung angewiesen.

Die Ordnungsbehörden werden auch in Ausführung der StVO tätig, wenn sie bei verbotswidrig abgestellten Kraftfahrzeugen Abschleppmaßnahmen anordnen. Eine Zuständigkeit der örtlichen Ordnungsbehörde in Gemeinden mit weniger als 7.500 Einwohnern kann nur über § 2 S. 1 HSOG begründet werden.

§ 1 Ziff. 5 HSOG-DVO weist den allgemeinen Ordnungsbehörden unbeschadet der **43**
Zuständigkeit der Polizeibehörden auch die **Gefahrenabwehraufgabe der Überwachung des Straßenverkehrs**, insbesondere unter Verwendung technischer Mittel,

zu. Die Bürgermeister als örtliche Ordnungsbehörden, die mangels anderweitiger Regelung zuständig sind (§ 89 Abs. 2 S. 1 HSOG), gehen mehr und mehr dazu über, neben der Kontrolle des ruhenden Verkehrs (insbesondere Einschreiten bei Parkverstößen) auch den fließenden Verkehr mittels Geschwindigkeitsmessgeräten und Rotlichtüberwachungsanlagen zu überwachen. Während die Durchführung von Geschwindigkeitsmessungen und Rotlichtüberwachungen (Aufstellen des Messgerätes/Messvorgang) Maßnahmen der Gefahrenabwehr sind, denn sie bezwecken unmittelbar die Einhaltung von Verkehrsvorschriften, werden die Bürgermeister mit Vorliegen des Messergebnisses als Verfolgungsbehörde von Verkehrsordnungswidrigkeiten tätig. Nach § 3 Abs. 2 Verkehrsrechts-ZuständigkeitsVO sind die örtlichen Ordnungsbehörden für die Verfolgung von Verkehrsverstößen nach §§ 24, 24 a, 24 c StVG einschließlich der Erteilung von Verwarnungen und der Erhebung von Verwarnungsgeldern zuständig. Sie dürfen auch Verfahren einstellen und Kostenbescheide erheben nach § 25 a StVG, soweit sich der Betroffene zur Sache geäußert hat. Im übrigen ist das Regierungspräsidium Kassel als Bezirksordnungsbehörde zentral für ganz Hessen für die Verfolgung und Ahndung von Verkehrsordnungswidrigkeiten zuständig, d.h. insbesondere für den Erlass von Bußgeldbescheiden. Eine Ausnahme gilt lediglich für die Stadt Frankfurt, deren örtliche Ordnungsbehörde auch Bußgeldbescheide erlassen kann.

44 Die **Lärmbekämpfung** ist ebenfalls den allgemeinen Ordnungsbehörden als Gefahrenabwehraufgabe zugewiesen (§ 1 Ziff. 7HSOG-DVO), allerdings nur insoweit, als sie nicht durch besondere Rechtsvorschriften anderen Behörden übertragen ist. Als solche besonderen Rechtsvorschriften kommen die zur Ausführung des Bundesimmissionsschutzgesetzes erlassenen Zuständigkeitsregelungen in Betracht, die Zuständigkeiten für die Behörden begründen, die den von Anlagen ausgehenden Lärm zu überwachen und gegebenenfalls zu bekämpfen haben. So ist z.B. bei Musikveranstaltungen im Freien für Anordnungen nach § 24 BImSchG gegenüber dem Veranstalter, einen bestimmten Lärmpegel einzuhalten, in Landkreisen der Kreisausschuss und in kreisfreien Städten der Magistrat zuständig (§ 4 Ziff. 1 d Immissionsschutz-ZuständigkeitsVO). Somit handelt es sich hierbei um eine sonstige Aufgabe der Gefahrenabwehr, die von den allgemeinen Verwaltungsbehörden wahrgenommen wird (§ 2 S. 2 und 3 HSOG).

Demgegenüber weist auch die ZuständigkeitsVO zum BImSchG die Lärmbekämpfung für den Bereich der Maschinenlärmschutzverordnung sowie für die Anordnung von Verkehrsbeschränkungen und -verboten nach § 40 Abs. 2 S. 1 BImSchG den allgemeinen Ordnungsbehörden zu.

Soweit das BImSchG keine abschließenden Regelungen zur Lärmbekämpfung enthält, stellte die LärmVO als GefahrenabwehrVO vom 16.6.1993 Gebote und Verbote auf, die eine Gesundheitsgefährdung vermeiden sollten, die durch bestimmtes Verhalten von Personen hervorgerufen wird. § 11(der inzwischen außer Kraft getretenen) LärmVO wies instanziell die Aufgabe den örtlichen Ordnungsbehörden zu. Nach Aufhebung der LärmVO liefert § 117 OWiG den Maßstab dafür, ob Lärm eine Störung der öffentlichen Sicherheit darstellt.

45 Für die **Festsetzung der Sperrzeit** für Gaststätten und öffentliche Vergnügungsstätten, die im wesentlichen auch der Lärmbekämpfung dient, sind ebenfalls die allgemeinen Ordnungsbehörden zuständig. Die aufgrund der Verordnungsermächtigung des Gaststättengesetzes erlassene SperrzeitVO setzt den Beginn der allgemeinen Sperrzeit auf 5.00 Uhr und das Ende auf 6.00 Uhr fest. Allerdings können nach §§ 3 und 4 SperrzeitVO die allgemeinen Ordnungsbehörden bei Vorliegen eines öffentlichen Bedürfnisses oder besonderer örtlicher Verhältnisse die Sperrzeit allgemein verlängern, verkürzen oder aufheben bzw. für einzelne Betriebe den Beginn der Sperrzeit vorverlegen, das Ende der Sperrzeit hinausschieben oder die Sperrzeit befristet oder widerruflich aufheben. Für die Festsetzung von allgemeinen Ausnahmen der SperrzeitVO sind bei kreisübergreifenden Regelungen die Bezirksordnungsbehörden, bei gemeindeübergreifenden Regelungen die Kreisordnungsbehörden und für Regelungen innerhalb des Gemeindegebietes die örtlichen Ordnungsbehörden zuständig (§ 5 Abs. 1 SperrzeitVO). Über Ausnahmen für einzelne Betriebe entscheiden die örtlichen Ordnungsbehörden (§ 5 Abs. 2 SperrzeitVO). Auch bei Vorliegen eines öffentlichen Bedürfnisses darf die allgemeine Ordnungsbehörde von dieser Möglichkeit aber nur Gebrauch machen, wenn sie im Rahmen der Ermessenserwägungen dem Lärmschutz der Nachbarn ausreichend Rechnung trägt.

Die **Bekämpfung der verbotenen Prostitution** ist Aufgabe der örtlichen Ordnungs- 46
behörde (§ 1 Ziff. 9 HSOG-DVO, § 89 Abs. 2 HSOG). Verboten ist die Prostitution in den Gebieten, für die das Regierungspräsidium als Bezirksordnungsbehörde zum Schutz der Jugend oder des öffentlichen Anstands eine sogenannte Sperrgebietsverordnung auf der Grundlage des Art. 297 EGStGB erlassen hat (vgl. zur Zuständigkeit der Bezirksordnungsbehörde § 2 DelegationsVO (GVBl. I, 2007, S. 859) Ist im konkreten Einzelfall durch Prostitution außerhalb von Sperrgebieten eine Gefährdung für die öffentliche Sicherheit oder Ordnung gegeben, handelt es sich um eine sonstige Aufgabe der Gefahrenabwehr, für die der Gemeindevorstand als Gefahrenabwehrbehörde zuständig ist (§ 2 S. 2 und 3, § 82 Abs. 2 S. 1 2. Halbsatz HSOG).

c) Durch besondere Rechtsvorschriften zugewiesene weitere Aufgaben

Neben den in der HSOG-DVO zugewiesenen Gefahrenabwehraufgaben sind von 47
den allgemeinen Ordnungsbehörden die ihnen **durch andere Rechtsvorschriften zugewiesenen weiteren Aufgaben** zu erfüllen (§ 1 Abs. 2, § 89 Abs. 1 S. 2 HSOG). Bei diesen Aufgaben handelt es sich sowohl um präventive als auch um repressive Tätigkeiten. Um eine Gefahrenabwehraufgabe, die vom Bürgermeister als örtliche Ordnungsbehörde wahrzunehmen, aber gleichwohl in der HSOG-DVO nicht den allgemeinen Ordnungsbehörden zugewiesen ist, handelt es sich z.B. bei der Durchführung der Hundeverordnung (§ 16 HundeVO). Ebenso obliegt dem Bürgermeister als örtliche Ordnungsbehörde die Durchführung der HundeVO (§ 16 HundeVO).

Durch besondere Rechtsvorschriften sind den Landräten und Oberbürgermeistern als Kreisordnungsbehörden die Veterinäraufsicht und die Lebensmittelüberwachung zugewiesen (§ 1 Abs. 1 Gesetz zum Vollzug von Aufgaben auf den Gebieten des Veterinärwesens und der Lebensmittelüberwachung).

Zur Veterinäraufsicht zählen im wesentlichen die Aufgaben nach der Tierischen Lebensmittel-Hygieneverordnung und dem Tierseuchengesetz. Die Tierische Lebensmittel-Hygieneverordnung dient der Abwehr von Gefahren, die sich beim (unsachgemäßen) Herstellen, Behandeln und Inverkehrbringen von Lebensmitteln tierischen Ursprungs ergeben können. Das Tierseuchengesetz regelt die Bekämpfung von Seuchen, die bei Haustieren oder bei anderen Tieren auftreten und auf Haustiere übertragen werden können. Zum Schutz gegen eine besondere Seuchengefahr zählt das Tierseuchengesetz einzelne Maßnahmen auf, die bei einem Seuchenverdacht bzw. bei einem Seuchenausbruch angeordnet werden können (§§ 18 bis 30 TierSG). In Ausfüllung der in § 79 TierSG enthaltenen Verordnungsermächtigung hat das zuständige Bundesministerium für nahezu alle vorkommenden Tierseuchen Rechtsverordnungen erlassen.

Das Lebensmittel-, Bedarfsgegenstände- und Futtermittelgesetzbuch (LFGB) dient der Abwehr von Gefahren, die für Verbraucher aus dem Verzehr von gesundheitsschädigenden Lebensmitteln und dem Gebrauch von nicht unbedenklichen Bedarfsgegenständen entstehen können. Zu diesem Zweck enthält das LFGB im Hinblick auf das Inverkehrbringen von Lebensmitteln und Bedarfsgegenständen zahlreiche Verbote und Gebote. Die für die Lebensmittelüberwachung zuständigen Landräte und Oberbürgermeister müssen zur Durchsetzung der Gebote und Verbote auf die allgemeine Befugnisnorm des § 11 HSOG zurückgreifen, da das LFGB über keine Ermächtigungsgrundlage verfügt.

Die Veterinäraufsicht und die Lebensmittelüberwachung wird von den Veterinärämtern (jetzt: Ämter für Lebensmittelüberwachung, Tierschutz und Veterinärwesen) wahrgenommen. Das sind im Gebiet der Landkreise die Landräte, im Gebiet der kreisfreien Städte die Oberbürgermeister, denen diese Aufgabe als Auftragsangelegenheit übertragen ist (§§ 1 und 2 des Gesetzes zur Neuordnung der Aufgaben des Landrats sowie des Oberbürgermeisters als Behörden der Landesverwaltung, GVBl. I, 2005, S. 230, §§ 4 Abs. 2 S. 2 HKO und HGO). Landräte und Oberbürgermeister nehmen den Vollzug der Vorschriften auf den Gebieten des Veterinärwesens und der Lebensmittelaufsicht in ihrer Funktion als Kreisordnungsbehörde wahr (§ 1 Abs. 1 des Gesetzes zum Vollzug von Aufgaben auf den Gebieten des Veterinärwesens und der Lebensmittelüberwachung (GVBl. I, 2005, S. 229). Allerdings können die Aufsichtsbehörden dem Landrat und dem Oberbürgermeister abweichend von § 4 Abs. 3 HKO, § 4 Abs. 3 HGO und § 87 HSOG im Einzelfall nur ausnahmsweise bei drohender Krisengefahr und in Fällen von kreisübergreifender und besonderer Bedeutung Weisungen erteilen.

Im repressiven Bereich werden die allgemeinen Ordnungsbehörden tätig, soweit sie aufgrund des § 36 OWiG zur Verwaltungsbehörde für die Verfolgung und Ahndung von Ordnungswidrigkeiten bestimmt werden.

3. Von den Verwaltungsbehörden wahrzunehmende sonstige Aufgaben der Gefahrenabwehr

48 Nach der in § 2 HSOG vorgenommenen Zuständigkeitsabgrenzung sind die nicht von den Polizeibehörden und Ordnungsbehörden wahrzunehmenden sonstigen Aufgaben der Gefahrenabwehr als allgemeine Verwaltungsaufgaben von den Landkreisen und Gemeinden zu erfüllen, soweit nicht die Zuständigkeit einer Behörde der Landesverwaltung durch Rechtsvorschrift begründet ist. Im folgenden soll ein Überblick über die wesentlichen sonstigen Gefahrenabwehraufgaben und die zu ihrer Erfüllung zuständigen allgemeinen Verwaltungsbehörden gegeben werden.

Von den Ordnungsbehörden wahrzunehmende Aufgaben

Eilfälle § 2 Satz 1 HSOG	Aufgaben, die durch Rechtsvorschriften nach § 89 I 1 HSOG bestimmt werden	weitere durch Rechtsvorschriften zugewiesene Aufgaben § 1 II, § 89 I 2 HSOG
	(ZuweisungsVO) HSOG-DVO Weitgehende Bedeutung durch besondere Zuweisungsvorschriften verloren	Einzelverordnungen zur Bestimmung der zuständigen Behörden für – Passwesen – Ausländerwesen – Versammlungswesen – Straßenverkehr – Transport gefährlicher Güter Aufgaben nach einer Vielzahl von Verordnungen über die Verfolgung und Ahndung von OWi – nach § 24, § 24 a StVG – nach §§ 117 – 121 OWiG – nach § 55 WaffG – nach § 12 PassG – nach § 3 PersAuswG

Soweit durch Rechtsvorschrift keine andere allgemeine Ordnungsbehörde als sachlich zuständig bestimmt ist, sind die örtlichen Ordnungsbehörden sachlich zuständig (§ 89 II 1 HSOG)

a) Gesundheitsaufsicht

Im Bereich der **Gesundheitsaufsicht** gehört zunächst das Seuchenrecht zu den typischen gefahrenabwehrrechtlichen Aufgaben. **49** Das Gesetz zur Verhütung und Bekämpfung von Infektionskrankheiten beim Menschen (Infektionsschutzgesetz – IfSG) enthält die abschließenden Befugnisnormen, um einerseits das Entstehen einer Seuche zu verhindern (Vorschriften zur Verhütung übertragbarer Krankheiten §§ 16 ff.) und andererseits beim Auftreten einer Seuche die weitere Ausbreitung der übertragbaren Krankheit einzudämmen (Vorschriften zur Bekämpfung übertragbarer Krankheiten §§ 24 ff.). Zur Anordnung von Seuchenverhütungs- bzw. bekämpfungsmaßnahmen ermächtigt das IfSG (zum Teil auf Vorschlag des Gesundheitsamtes) die zuständige Behörde (§ 16 Abs. 6, §§ 28, 30, 31), soweit es nicht bereits dem Gesundheitsamt selbst die Befugnis zu Eingriffen in Grundrechte überträgt. So ist eine originäre Zuständigkeit des Gesundheitsamtes nach dem IfSG zur Anordnung seuchenverhütender Maßnahmen nach § 16 Abs. 1 IfSG bei Gefahr im Verzuge gegeben (§ 16 Abs. 7 IfSG). Die gleiche Eilzuständigkeit wird dem Gesundheitsamt bei der Bekämpfung übertragbarer Krankheiten durch § 28 Abs. 2 IfSG übertragen. Danach kann das Gesundheitsamt die in §§ 29 bis 31 IfSG genannten Schutzmaßnahmen (Beobachtung, Quarantäne, Tätigkeitsverbot) vorläufig anordnen.

Das Hessische Gesetz über den öffentlichen Gesundheitsdienst (HGöGD) bestimmt nunmehr, dass die Gesundheitsämter auch im Übrigen die für die Durchführung des Infektionsschutzgesetzes zuständigen Behörden sind (§ 5 HGöGD). Das Gesundheitsamt ist allerdings lediglich eine Organisationseinheit innerhalb des Kreisausschusses bzw. des Magistrats in kreisfreien Städten, die ihrerseits untere Gesundheitsbehörde sind (§ 2 Abs. 2 HGöGD).

50 Die **Aufsicht über die Apotheken** soll gewährleisten, dass die Inhaber einer Apothekenbetriebserlaubnis ihrer öffentlichen Aufgabe, der Sicherstellung einer ordnungsgemäßen Arzneimittelversorgung der Bevölkerung, nachkommen (§ 1 ApothG). Das Arzneimittelgesetz enthält eine generelle Befugnisnorm (§ 69 AMG) zur Anordnung von Maßnahmen, die der Abwehr von Gefahren dient, die von einem nicht ordnungsgemäßen Apothekenbetrieb ausgehen. Im Übrigen enthält das AMG detaillierte Vorschriften über die Herstellung und das Inverkehrbringen von Arzneimitteln, um Gefahren, die beim Umgang mit Arzneimitteln entstehen können, vorzubeugen. Zuständig für die Aufsicht über die arzneimittelherstellenden Betriebe, die pharmazeutischen Unternehmer, die Arzneimittel in den Verkehr bringen sowie die Apotheken ist das Regierungspräsidium Darmstadt (VO über Zuständigkeiten auf dem Gebiet des Arzneimittelrechts vom 27.5.2011 – GVBl. I, S. 195). Hier ist das Regierungspräsidium als Landesbehörde der Mittelstufe Gefahrenabwehrbehörde im Sinne des § 1 Abs. 1, § 2 S. 3 HSOG.

51 Das im Zusammenhang mit Gesundheitsaufsicht zu nennende **Friedhofswesen** gehört zwar zur Gefahrenabwehr, es fällt aber gleichwohl nicht unter die im HSOG geregelte Gefahrenabwehr; denn das Friedhofswesen obliegt als Selbstverwaltungsangelegenheit den Gemeinden (§ 2 S. 1 Friedhofs- und Bestattungsgesetz, FBG) und ist daher keine Angelegenheit des Landes im Sinne des § 81 HSOG. Vom Friedhofswesen, das im Wesentlichen die Benutzung der Friedhöfe regelt, ist aber das unter die Regelungen des HSOG fallende Bestattungswesen zu unterscheiden.

Als Gefahrenabwehraufgabe des Landes, die von den Gemeinden im übertragenen Wirkungskreis wahrgenommen wird, regelt das Bestattungswesen zur Verhütung von Gesundheitsgefahren den Umgang mit Leichen (vgl. §§ 9 ff FBG).

b) Umweltschutz

52 Im Bereich des **Umweltschutzes** ergeben sich sonstige Aufgaben der Gefahrenabwehr zunächst aus dem Bundesimmissionsschutzgesetz. Zweck des **BImSchG** ist es, den Menschen und seine Umwelt vor schädlichen Umwelteinwirkungen durch Luftverunreinigungen, Geräusche, Erschütterungen, Licht, Wärme, Strahlen und ähnliche Immissionen zu schützen. Soweit es um genehmigungsbedürftige Anlagen geht, soll es auch vor Gefahren, erheblichen Nachteilen und erheblichen Belästigungen, die auf andere Weise herbeigeführt werden, schützen (§ 1 BImSchG). Erreicht wird dieses Ziel durch ein präventives Verbot mit Erlaubnisvorbehalt, indem besonders gefährliche Anlagen einer Genehmigungspflicht unterworfen werden (§§ 4 ff. BImSchG). Bei nicht genehmigungsbedürftigen Anlagen, also solchen, die aufgrund ihrer Beschaffenheit oder ihres Betriebes diese besondere Gefährlichkeit nicht aufweisen, gibt das BImSchG in § 24 den zuständigen Behörden die Befugnis, durch Einzelanordnungen sicherzustellen, dass durch den Betrieb der Anlagen schädliche Umwelteinwirkungen nicht hervorgerufen werden. Kommt der Betreiber einer solchen Anordnung nicht nach, kann der Betrieb der Anlage ganz oder teilweise untersagt werden (§ 25 BImSchG).

Bei genehmigungsbedürftigen Anlagen ist das Regierungspräsidium zuständige Gefahrenabwehrbehörde sowohl für die Genehmigungserteilung als auch für mögliche Untersagungs- bzw. Stillegungsverfügungen nach § 20 BImSchG. Demgegenüber war für Anordnungen gegenüber Betreibern nicht genehmigungsbedürftiger Anlagen das staatliche Amt für Immissions- und Strahlenschutz (früher: Gewerbeaufsichtsamt) zuständig (§§ 1 und 2 VO zur Regelung der Zuständigkeiten nach dem BImSchG vom 21.7.1994 – GVBl. I, S. 313). Durch das Gesetz über die Eingliederung staatlicher Umweltbehörden in die Regierungspräsidien (GVBl. I, 1997, S. 233) ist nunmehr die sachliche Zuständigkeit für gefahrenabwehrrechtliche Anordnungen auf dem Gebiet des Immissionsschutzes bei den Regierungspräsidien konzentriert, soweit sie nicht im Hinblick auf kleinere Anlagen beim Kreisausschuss und beim Magistrat in kreisfreien Städten angesiedelt ist (§§ 1 und 4 der Verordnung über immissionsschutzrechtliche Zuständigkeiten, GVBl. I, 2009, S. 406)..

Zu den sonstigen Gefahrenabwehraufgaben im Bereich des Umweltschutzes gehören auch **das Abfall-, das Bodenschutz- und das Wasserrecht**. Während das Kreislaufwirtschaftsgesetz (KrWG) des Bundes im wesentlichen die Pflichten der Besitzer von Abfällen und der Betreiber von Abfallentsorgungsanlagen regelt, enthält das Hessische Ausführungsgesetz zum Kreislaufwirtschafts- und Abfallgesetz (HAKA) Bestimmungen über die entsorgungspflichtigen Körperschaften. Soweit weder im KrWG noch im HAKA spezielle Befugnisnormen zur Verfügung stehen, um bei normwidriger Abfallbeseitigung einschreiten zu können, müssen die zuständigen Behörden auf die allgemeine Befugnisnorm des § 11 HSOG zurückgreifen (§ 3 S. 3 HSOG). Zuständig für Gefahrenabwehraufgaben im Bereich des Abfallrechts ist das Regierungspräsidium (§ 25 Abs. 2 HAKA). Ausgenommen hiervon ist die Überwachung von Abfällen außerhalb von Deponien. Diese Aufgabe ist den Gemeindevorständen übertragen worden (§ 25 a Abs. 1 HAKA). Zuständige Behörde für die Durchführung des Bundes-Bodenschutzgesetzes sowie des Hessischen Altlasten- und Bodenschutzgesetzes ist der Kreisausschuss sowie der Magistrat in kreisfreien Städten, die die Aufgabe zur Erfüllung nach Weisung wahrnehmen (§ 15 Abs. 3 HAltBodSchG). Das **Wasserhaushaltsgesetz des Bundes** (WHG) und das **Hessische Wassergesetz** (HWG) regeln zum einen die Gefahren, die durch die Benutzung der Gewässer für die Allgemeinheit, den einzelnen oder das Wasser selbst entstehen können. Die Gewässer als Bestandteil des Naturhaushalts sind so zu bewirtschaften, dass sie dem Wohl der Allgemeinheit und im Einklang mit ihm auch dem Nutzen einzelner dienen und dass jede vermeidbare Beeinträchtigung unterbleibt. Jedermann ist verpflichtet bei Maßnahmen, mit denen Einwirkungen auf ein Gewässer verbunden sein können, die nach den Umständen erforderliche Sorgfalt anzuwenden, um eine Verunreinigung des Wassers oder eine sonstige nachteilige Veränderung seiner Eigenschaften zu verhüten und um eine mit Rücksicht auf den Wasserhaushalt gebotene sparsame Verwendung des Wassers zu erzielen. Zum anderen regeln diese Gesetze auch den Schutz vor den Gefahren des Wassers durch Sturmfluten und Hochwasser.

Zur Überwachung und Bekämpfung dieser Gefahren stellt das HWG in § 63 Abs. 2 den Wasserbehörden eine eigene (polizeirechtliche) Generalermächtigung zur Verfügung. Die Wasseraufsicht als sonstige Aufgabe der Gefahrenabwehr (§ 2 S. 2 und 3 HSOG) wird von den unteren Wasserbehörden wahrgenommen. Das sind in den Landkreisen die Kreisausschüsse und in den kreisfreien Städten die Magistrate (§ 64 Abs. 3 HWG).

c) Bauaufsicht

Das **Bauordnungsrecht** ist das Gefahrenabwehrrecht hinsichtlich der Errichtung, **53**
Veränderung, Unterhaltung und Nutzung baulicher Anlagen. Die Hessische Bauordnung (HBO) enthält neben einer eigenen (polizeirechtlichen) **Generalklausel** in § 53 Abs. 2 eine **spezielle Ermächtigungsgrundlage** für die Anordnung eines Nutzungsverbotes sowie für die Abbruchverfügung (§ 72 Abs. 1 HBO). Die Aufgaben der unte-

ren Bauaufsichtsbehörden werden den kreisfreien Städten, den Landkreisen und den kreisangehörigen Gemeinden mit über 50.000 Einwohnern als Aufgabe zur Erfüllung nach Weisung übertragen. Durch Rechtsverordnung können diese Aufgaben auch anderen kreisangehörigen Gemeinden auf ihren Antrag und nach Anhörung des Kreisausschusses ganz oder teilweise zur Erfüllung nach Weisung übertragen werden (§ 80 Abs. 9 und 10 HBO). Dies ist hinsichtlich der Städte Alsfeld, Limburg und Oberursel geschehen (Verordnung zur Übertragung der Bauaufsicht auf kreisangehörige Gemeinden vom 16.3.2004, GVBl. I, S. 156). **Untere Bauaufsichtsbehörde** ist in den kreisfreien Städten und in den kreisangehörigen Gemeinden, denen die Bauaufsicht übertragen ist, der Gemeindevorstand, in den Landkreisen der Kreisausschuss (§ 52 Abs. 1 HBO). Bei diesen Vorschriften handelt es sich um die spezialgesetzliche Zuweisung von Zuständigkeiten an Landkreise und Gemeinden, die nach § 82 Abs. 2 S. 1 HSOG unberührt bleiben. Auch wenn in § 52 Abs. 1 HBO die unteren Bauaufsichtsbehörden ausdrücklich benannt werden, verbleibt es hinsichtlich der Zuständigkeitsabgrenzung zwischen Gemeindevorstand und Gemeindevertretung sowie zwischen Kreisausschuss und Kreistag bei den allgemeinen Vorschriften der HGO und der HKO (§ 82 Abs. 2 S. 2 HSOG).

d) Gewerbeaufsicht

54 Als sonstige Aufgabe der Gefahrenabwehr (§ 2 S. 2 und 3 HSOG) wird von den allgemeinen Verwaltungsbehörden auch das **Gewerberecht** wahrgenommen. Dabei geht es im Wesentlichen um folgende Maßnahmen: Zulassung zur Ausübung bestimmter Gewerbearten nach §§ 29 ff. GewO, Verhinderung der Fortführung eines ohne erforderliche Zulassung betriebenen Gewerbes (§ 15 Abs. 2 GewO), Untersagung der Gewerbeausübung durch einen unzuverlässigen Gewerbetreibenden (§ 35 GewO).

Während für die Erlaubniserteilung zur Ausübung bestimmter Gewerbearten und die Verhinderung der Fortführung eines ohne Erlaubnis betriebenen Gewerbes die Gemeindevorstände (z.B. bei Bewachungsgewerbe, Pfandleiher) und die Kreisausschüsse (z.B. bei Makler, Bauträger) zuständig sind, ist für die Untersagung des Gewerbes gegenüber einem unzuverlässigen Gewerbetreibenden das Regierungspräsidium zuständige Gefahrenabwehrbehörde (§ 1 Gewerberecht-ZuständigkeitsVO, GVBl. I, 2012, S. 213).

Soweit es um die gefahrenabwehrrechtliche Überwachung der Gewerbebetriebe in sicherheitstechnischer, arbeitsmedizinischer und hygienischer Hinsicht geht, wurde diese Aufgabe von dem staatlichen Amt für Arbeitsschutz und Sicherheitstechnik wahrgenommen, das in seiner Eigenschaft als Sonderordnungsbehörde tätig wurde (§ 139 b GewO i.V.m. VO über Zuständigkeiten nach der GewO auf dem Gebiet des Arbeitsschutzes – GVBl. II 511–21). Seit 1.7.2002 ist diese Sonderbehörde, die zuvor Bestandteil des staatlichen Gewerbeaufsichtsamtes war, in die allgemeine Verwaltungsbehörde auf der Mittelstufe (Regierungspräsidium) eingegliedert worden.

e Nicht spezialgesetzlich geregelte sonstige Aufgaben der Gefahrenabwehr

55 Neben den oben genannten, nicht abschließend aufgezählten, spezialgesetzlich geregelten sonstigen Aufgaben der Gefahrenabwehr sind alle übrigen Gefahrenabwehraufgaben, für die es neben dem HSOG keine besonderen rechtlichen Regelungen gibt, ebenfalls **allgemeine Verwaltungsaufgaben**, die von den Landkreisen und Gemeinden zu erfüllen sind (§ 2 S. 2 und 3 HSOG). Da es bei diesen Aufgaben mangels gesonderter rechtlicher Normierung auch an (besonderen) Rechtsvorschriften über die Zuweisung von Zuständigkeiten an die Landkreise und Gemeinden fehlt, ist regelmäßig der Gemeindevorstand zuständige Gefahrenabwehrbehörde (§ 82 Abs. 2 S. 1 HSOG).

Beispielhaft zu erwähnen sind hier Maßnahmen zur Bekämpfung der Obdachlosigkeit, Anordnungen gegen die Prostitutionsausübung außerhalb von Bereichen, die von einer Sperrgebietsverordnung erfasst sind, und die Vergabe von Hausnummern.

Sonstige Aufgaben der Gefahrenabwehr
§ 2 Satz 2 und 3 HSOG

Gemeindevorstand	Kreisausschuss	Landrat/Oberbürgermeister (kreisfreie Stadt)	Regierungspräsidium
– Obdachlosigkeit – Fundrecht – Einschreiten gegen nicht kraft Rechtsnorm verbotene Prostitution – Aufrechterhaltung oder Wiederherstellung des Gemeingebrauchs an Gemeindewegen – Vergabe von Hausnummern kraft besonderer Zuweisung nach § 1 II HSOG – Melderecht – Seuchenrecht	kraft besonderer Zuweisung nach § 1 II HSOG, z.B. Bauaufsicht	Katastrophenschutz	Immissionsschutz Abfallrecht Arzneimittelrecht Apothekenrecht

4. Konkurrierende Zuständigkeiten

56 Die nach § 2 S. 1 HSOG gegebene Zuständigkeit der Polizeibehörden und der Ordnungsbehörden konkurriert nicht im eigentlichen Sinn mit der Zuständigkeit der allgemeinen Verwaltungsbehörden, weil sie gerade nur in dem (zeitlichen) Umfang gegeben ist, soweit die Abwehr der Gefahr durch die eigentlich zuständige Gefahrenabwehrbehörde nicht oder nicht rechtzeitig möglich ist. Entfällt die Dringlichkeit der Gefahrenabwehrmaßnahme und ist die Verwaltungsbehörde zum eigenen Tätigwerden wieder in der Lage, erlischt auch die Zuständigkeit nach § 2 S. 1 HSOG. Soweit es daher die Gefahrensituation zulässt, wird sich die Ordnungs- bzw. Polizeibehörde auf vorläufige bzw. Eilmaßnahmen zu beschränken haben, um der an sich zuständigen Gefahrenabwehrbehörde nicht vorzugreifen. Maßstab muss dabei aber immer die Gefahrenlage sein. So darf die Polizei, die sich am Veranstaltungsort einer verbotenen Demonstration befindet, sich nicht mit der Erteilung von Auflagen zur Gewährleistung der Friedlichkeit der Versammlung begnügen, um der verständigten Versammlungsbehörde die Auflösung der Veranstaltung zu überlassen. Vielmehr muss

die Polizei in Wahrnehmung ihrer Eilzuständigkeit unverzüglich die Versammlung auflösen, weil § 15 Abs. 3 VersammlG keinen Ermessensspielraum belässt.

Eine **konkurrierende Zuständigkeit** im eigentlichen Sinn besteht jedoch zwischen Polizeibehörden und Ordnungsbehörden, denen gleichermaßen im Fall des Unvermögens der eigentlich zuständigen Gefahrenabwehrbehörde die Kompetenz zur Aufgabenwahrnehmung zukommt (§ 2 S. 1 HSOG). In der praktischen Anwendung kommt hier eine Konkurrenz dennoch eher selten vor, da sich die Fälle des Unvermögens der an sich zuständigen Gefahrenabwehrbehörde regelmäßig auf Zeiten nach Dienstschluss und an Wochenenden beschränken werden. Dann ist aber auch die Ordnungsbehörde nicht erreichbar, so dass die Aufgabenwahrnehmung tatsächlich den Polizeibehörden obliegt. Ansonsten gilt der **Grundsatz der sogenannten Erstbefassung**, d.h. die Behörde, die zuerst mit dem Sachverhalt konfrontiert wird, hat von ihrer Eilkompetenz Gebrauch zu machen.

5. Subsidiarität beim Schutz privater Rechte

57 Neben der allgemeinen Aufgabenzuweisungsnorm des § 1 Abs. 1 HSOG enthält das Gesetz in § 1 Abs. 3 eine spezielle Aufgabenzuweisung an die Gefahrenabwehr- und Polizeibehörden zum Schutz privater Rechte. Die wesentliche Bedeutung dieser Vorschrift liegt aber in der durch sie normierten Einschränkung bei Wahrnehmung dieser Aufgabe. Da zum **Schutzgut der öffentlichen Sicherheit** die gesamte Rechtsordnung und damit auch privatrechtliche Ansprüche gehören, die Durchsetzung und Sicherung dieser privaten Rechte aber der ordentlichen Gerichtsbarkeit einschließlich ihren Vollstreckungsorganen obliegt, ist eine Zuständigkeit der Polizei- und Gefahrenabwehrbehörden bei Gefährdung dieser Rechte nur insoweit gegeben, als gerichtlicher Schutz nicht rechtzeitig zu erlangen ist und ohne gefahrenabwehrbehördliche oder polizeiliche Hilfe die Verwirklichung des Rechts vereitelt oder wesentlich erschwert werden würde. Da die Zivilgerichte mit den Mitteln der einstweiligen Verfügung und des Arrestes gefährdete Ansprüche schnell sichern können, wird sich polizeiliches und gefahrenabwehrbehördliches Tätigwerden in der Regel auf die Feststellung der Personalien zu beschränken haben, um den Parteien die tatsächliche Möglichkeit der Einholung gerichtlichen Rechtsschutzes zu verschaffen.

Die Subsidiaritätsklausel des § 1 Abs. 3 HSOG greift dann nicht ein, wenn bei Verletzung privater Rechte gleichzeitig Straftatbestände bzw. Ordnungswidrigkeitentatbestände verwirklicht werden.

II. Örtliche Zuständigkeiten

58 Das HSOG trifft gesonderte Regelungen zur örtlichen Zuständigkeit für die Gefahrenabwehrbehörden (Ordnungsbehörden, Verwaltungsbehörden) einerseits und die Polizeidienststellen andererseits.

Nach § 100 Abs. 1 HSOG ist die **örtliche Zuständigkeit der Gefahrenabwehrbehörden** auf ihren Amtsbereich beschränkt. Danach dürfen Ordnungsbehörden und Verwaltungsbehörden nur innerhalb der für sie geltenden Gebietsgrenzen tätig werden, also z.B. Bürgermeister und Gemeindevorstand nur innerhalb des Gemeindegebietes, das Regierungspräsidium als Bezirksordnungsbehörde nur innerhalb der Bezirksgrenzen. Da die Behörde örtlich zuständig ist, in deren Amtsbereich eine Aufgabe der Gefahrenabwehr wahrzunehmen ist, sind Fälle gleichzeitiger örtlicher Zuständigkeit denkbar. So ist bei einer als Sternmarsch geplanten und angemeldeten Versammlung, die durch das Gebiet mehrerer Kreise führen soll, die örtliche Zuständigkeit aller von der Versammlung berührten Kreisordnungsbehörden gegeben. Da in solchen Fällen die Aufgabe der Gefahrenabwehr zweckmäßig nur einheitlich geregelt werden kann, ermöglicht § 100 Abs. 2 HSOG, dass durch die übergeordnete Behörde **eine** Behörde zur örtlich zuständigen Behörde bestimmt wird.

Ein weiterer Fall, in dem eine Ordnungsbehörde über ihren Amtsbereich hinaus (örtlich) zuständig ist, ist bei der Zusammenfassung von Ordnungsbehördenbezirken nach § 85 Abs. 2 und 3 HSOG gegeben.

Im Gegensatz zu den Gefahrenabwehrbehörden sind die **Polizeibehörden** im ganzen Landesgebiet zuständig (§ 101 S. 1 HSOG). Auch Polizeibeamte anderer Bundesländer können unter den in § 102 HSOG festgelegten Voraussetzungen in Hessen tätig werden, insbesondere zur Abwehr einer gegenwärtigen erheblichen Gefahr, zur Verfolgung von Straftaten auf frischer Tat sowie zur Verfolgung und Wiederergreifung entwichener Personen, wenn die zuständige Polizeibehörde die erforderlichen Maßnahmen nicht rechtzeitig treffen kann. Die Polizeibeamten des anderen Landes haben in diesen Fällen die gleichen Befugnisse wie die Beamten des Landes Hessen. Ihre Maßnahmen gelten als Maßnahmen derjenigen Polizeibehörde, in deren örtlichem und sachlichem Zuständigkeitsbereich sie tätig geworden sind (§ 102 Abs. 2 HSOG).

III. Unterscheidung zwischen Aufgaben und Befugnissen

Bei § 1 Abs. 1 HSOG, der den Gefahrenabwehrbehörden (Verwaltungsbehörden, Ordnungsbehörden) und den Polizeibehörden die Abwehr von Gefahren für die öffentliche Sicherheit und Ordnung als gemeinsame Aufgabe überträgt, handelt es sich um eine sogenannte **Aufgabenzuweisungsnorm**. Mit ihr werden zwar die Adressaten zur Aufgabenwahrnehmung verpflichtet, Befugnisse zur Aufgabenwahrnehmung, soweit es dazu eines Eingriffs in Rechte Dritter bedarf, lassen sich aus dieser Vorschrift allerdings nicht herleiten. Dazu bedarf es wegen des Vorbehalts des Gesetzes einer ausdrücklichen Ermächtigungsgrundlage. Derartige Ermächtigungsgrundlagen ergeben sich ausschließlich aus den sogenannten **Befugnisnormen**. Soweit es um die Wahrnehmung einer spezialgesetzlich geregelten Aufgabe der Gefahrenabwehr geht, ergeben sich entsprechende Befugnisnormen in der Regel aus den jeweiligen bundes- bzw. landesrechtlichen Vorschriften. Diese Befugnisnormen gehen dann den Regelungen des HSOG vor (§ 3 Abs. 1 S. 2). Nur soweit das Spezialgesetz keine abschließende Regelung trifft, können die Vorschriften des HSOG ergänzend herangezogen werden (vgl. auch Rn. 107 f.). **59**

Bsp.: Zur Durchsetzung der im Lebensmittel- und Bedarfsgegenständegesetz (LMBG) enthaltenen Gebote und Verbote ist die Befugnisnorm des § 11 HSOG ergänzend heranzuziehen, da das LMBG über keine eigene Ermächtigungsgrundlage verfügt. Umgekehrt darf ein Versammlungsverbot nicht auf das HSOG gestützt werden, da das VersammlG in § 15 einen eigenen abschließenden Verbotstatbestand normiert. Insoweit ist das Versammlungsrecht „polizeifest“.

Der Vorrang von **speziellen Befugnisnormen** zur allgemeinen Befugnisnorm gilt auch innerhalb des HSOG mit der Folge, dass dann, wenn ein Lebenssachverhalt von einer der in den §§ 12 ff. HSOG geregelten speziellen Ermächtigungen erfasst wird, es aber gleichwohl an einer Eingriffsvoraussetzung fehlt, nicht auf die allgemeine Befugnisnorm zurückgegriffen werden darf.

Die **allgemeine Befugnisnorm** des § 11 HSOG hat zwei Hauptanwendungsfälle: Zum einen wird sie benötigt als Ermächtigung zur Durchsetzung von in Landes- und Bundesgesetzen enthaltenen gefahrenabwehrrechtlichen Verboten und Geboten, soweit die Spezialgesetze nicht über eigene Befugnisnormen verfügen. Zum anderen ist § 11 HSOG Ermächtigungsgrundlage für die unter der Geltung des HSOG alt (§ 6 Abs. 1 Ziff. 2) sogenannte selbstständige (polizeiliche) Verfügung. Gemeint sind damit Anordnungen, die ausschließlich auf der konkreten Gefährdung polizeilicher Schutzgüter beruhen, ohne dass diese Schutzgüter in Spezialgesetzen oder Polizeiverordnungen besonders geregelt sind.

Die Aufgabenzuweisungsnorm (§ 1 HSOG) verpflichtet somit die Behörden zur Aufgabenerfüllung, während die Befugnisnormen (§§ 11 ff. HSOG, spezialgesetzliche Ermächtigungen) den Behörden das Recht verleiht, zur Aufgabenerfüllung in Rechte der Bürger einzugreifen.

Begehrt der Bürger ein Tätigwerden der Gefahrenabwehr- oder Polizeibehörden, so kann er eine ermessensfehlerfreie Entscheidung zur Vornahme einer bestimmten Gefahrenabwehrmaßnahme nur verlangen, wenn er aus einer Aufgabenzuweisungs- oder aus einer Befugnisnorm **eigene Rechte** ableiten kann. Das ist nur dann der Fall, wenn die entsprechende Vorschrift nicht nur dem öffentlichen Interesse an der Gewährleistung der Gefahrenabwehraufgabe, sondern auch dem Schutz von Individualinteressen zu dienen bestimmt ist. Soweit es um ein Tätigwerden zum Schutz von Individualrechtsgütern geht, wie z.B. Leben, Gesundheit und Freiheit, die zum Schutzgut der öffentlichen Sicherheit gehören, ist diese Voraussetzung ohne Weiteres zu bejahen. Hier wird das Recht des Bürgers auf ermessensfehlerfreie Entscheidung zu einem Anspruch auf Tätigwerden, wenn dem zu schützenden Individualrechtsgut der Vorrang vor anderen Interessen gebührt und es anders als durch gefahrenabwehrrechtliches Einschreiten nicht gesichert werden kann. In solchen Fällen kann sich ein Anspruch auf gefahrenabwehrrechtliches bzw. polizeiliches Tätigwerden sowohl aus der Aufgabenzuweisungsnorm als auch aus einer Befugnisnorm ergeben. Die Aufgabenzuweisungsnorm bildet die Anspruchsgrundlage, soweit die zu treffende Gefahrenabwehrmaßnahme einen Eingriff in Rechte Dritter nicht erfordert. Auf eine Befugnisnorm muss sich der Bürger stützen, wenn die Maßnahme eine Inanspruchnahme von Störern oder Nichtstörern voraussetzt.

C. Gefahrenabwehr

I. Prävention/Repression

Das HSOG enthält in § 1 Abs. 1 eine **Legaldefinition** der Gefahrenabwehr. Gefahrenabwehr ist die Abwehr von Gefahren für die öffentliche Sicherheit und Ordnung. Das Gesetz nennt Schutzgüter – die öffentliche Sicherheit und Ordnung –, die vor Gefahren zu schützen sind. **60**

Die Gefahrenabwehr soll eine Verletzung der Schutzgüter bzw. ihnen drohende Beschädigungen verhüten. Es geht um **Prävention**, die Maßnahmen der Gefahrenabwehr sind präventiver Art. Das HSOG bietet neben speziellen Gesetzen der Gefahrenabwehr (z.B. HBO, VersG, vgl. Rn. 106 f.) die rechtliche Grundlage für diese präventiven Maßnahmen.

Diese präventiven Aufgaben und Maßnahmen sind von Aufgaben und Maßnahmen im Rahmen der Strafverfolgung und der Verfolgung von Ordnungswidrigkeiten zu unterscheiden. Zwar kommt auch diesen z.T. präventive Wirkung zu. Hier ist aber bereits eine Rechtsverletzung eingetreten, die Ermittlung und Ahndung von Straftaten bzw. Ordnungswidrigkeiten stehen im Vordergrund, sie sind **repressiver Art**. Rechtliche Grundlagen bilden vor allem die StPO und das OWiG (vgl. Rn. 28).

Dagegen zählt die in § 1 Abs. 4 HSOG genannte Verhütung von Straftaten – gleiches gilt für Ordnungswidrigkeiten – zur Gefahrenabwehr. Keine klassische Aufgabe der Gefahrenabwehr ist die ebenfalls in § 1 Abs. 4 HSOG genannte **Vorsorge für die Verfolgung künftiger Straftaten** (vgl. BVerfGE 113, 348; NJW 2005, 2603; Hornmann, § 1 Rn. 40). Das BVerfG sieht in der Vorsorge für die Verfolgung künftiger Straftaten eher Maßnahmen im Zusammenhang mit künftigen Strafverfahren und damit dem gerichtlichen Verfahren, die in die Gesetzgebungskompetenz des Bundes (vgl. Art. 74 Abs. 1 Nr. 1 GG) fallen. Dieser Bereich bleibt aber Aufgabe der Polizei, was § 1 Abs. 4 HSOG klarstellt (vgl. Meixner/Fredrich § 1 Rn. 43). Die Vorsorge spielt sich im Grenzbereich zwischen Prävention und Repression ab (vgl. Rn. 34).

Die Unterscheidung in präventive und repressive Maßnahmen hat, wie dargestellt, Bedeutung für die rechtlichen Grundlagen und Befugnisnormen. Die Unterscheidung ist auch relevant für die **Gesetzgebungskompetenz** (vgl. Rn. 1). Während die allgemeine Gefahrenabwehr grundsätzlich in der Gesetzgebungskompetenz der Länder liegt, fällt der repressive Bereich unter die konkurrierende Gesetzgebung.

Bedeutsam ist die Unterscheidung ferner für den **Rechtsweg** im Falle einer gerichtlichen Überprüfung von Maßnahmen. Bei Maßnahmen der Gefahrenabwehr ist der Verwaltungsrechtsweg nach § 40 VwGO eröffnet. Maßnahmen aus dem repressiven Bereich gehen vor die ordentlichen Gerichte. Polizeiliche Maßnahmen im Rahmen der Strafverfolgung gelten als sog. Justizverwaltungsakte i.S. § 23 EGGVG. Die Polizei handelt hier als Ermittlungsorgan der Staatsanwaltschaft (Polizeibeamte sind Ermittlungsbeamte der Staatsanwaltschaft) und wird als Justizbehörde i.S. der Vorschrift betrachtet (vgl. BVerwGE 47, 255 ff.).

Schließlich unterliegen beide Bereiche unterschiedlichen Prinzipien. So gilt für die Gefahrenabwehr das **Opportunitätsprinzip** (vgl. § 5 HSOG, Rn. 114 ff.). Danach erfolgen die Maßnahmen der Gefahrenabwehr nach pflichtgemäßem Ermessen. Im Bereich repressiver Aufgabenerledigung gilt – jedenfalls im strafrechtlichen Ermittlungsverfahren – das **Legalitätsprinzip** (vgl. §§ 152 Abs. 2, 160 f., 163 StPO). Danach haben Staatsanwaltschaft und Polizei grundsätzlich die Pflicht zur Strafverfolgung.

61 Mit Blick auf die unterschiedlichen Maßnahmen und die aufgezeigten damit verbundenen Konsequenzen ist es erforderlich, zwischen präventiven und repressiven Maßnahmen zu unterscheiden und behördliches Handeln einem Bereich zuzuordnen. Relevant ist dies in der Praxis vor allem für die polizeiliche Tätigkeit. Der Polizei ist neben den Aufgaben der Gefahrenabwehr in § 1 und § 2 HSOG auch die Aufgabe der Erforschung und Verfolgung von Straftaten (§ 1 Abs. 2 HSOG i.V.m. StPO) zugewiesen. Sie hat eine **Doppelfunktion**.

Daraus können Abgrenzungsschwierigkeiten erwachsen, die Rechtsprechung und Lehre mit z.T. unterschiedlichen Abgrenzungsansätzen beschäftigen.

Unproblematisch sind dabei Situationen, in denen mehrere polizeiliche Maßnahmen zwar in einem engen räumlichen und zeitlichen Zusammenhang vorliegen (**Gemengelage**), die sich aber bei natürlicher Betrachtungsweise trennen lassen.

Bsp.: Ein Polizeibeamter beobachtet eine Gewalttat, greift ein und hindert den Täter, weiter auf das Opfer einzuschlagen. Nachdem der Beamte das Opfer versorgt hat, setzt er zur Verfolgung des Täters an und nimmt ihn fest.

Hier stellt sich die Hilfeleistung als präventive Maßnahme dar, die anschließende Verfolgung des Täters als repressive Tätigkeit. Es besteht kein Grund, eine einheitliche Betrachtung vorzunehmen .

62 Problematisch sind dagegen (echte) **doppelfunktionale Maßnahmen**. Gemeint sind Maßnahmen der Polizei, die zugleich der Gefahrenabwehr als auch der Strafverfolgung dienen und wo eine Trennung in unterschiedliche Handlungsabschnitte nicht möglich ist.

Bsp.: Sicherstellung und Beschlagnahme von Waffen im Vorfeld von Demonstrationen mit dem Ziel, damit sowohl eine Beweissicherung für die Strafverfolgung vorzunehmen als auch Gefahren für die Versammlungsteilnehmer zu verhindern (vgl. Ehrenberg/Frohne, Kriminalistik 12/03 S. 737, 738 m.w. Beispielen).

In solchen Fällen stellt die h.M. bei der Qualifizierung der Maßnahme auf den Schwerpunkt ab, sog. **Schwerpunkttheorie** und fragt, auf welchem Rechtsgebiet der Schwerpunkt liegt (vgl. BVerwGE 47, 255, 265; kritisch Schenke, Rn. 423).

Dabei soll entscheidend sein, welchen Zweck die Polizei vorrangig verfolgt. Maßgeblich dafür sei der **Wille der handelnden Beamten**, der sich vor allem aus der dem Bürger gegenüber gegebenen Begründung erschließen lasse. Ist der Wille nicht klar, soll es darauf ankommen, wie sich der Sachverhalt einem verständigen Bürger bei natürlicher Betrachtungsweise darstellt (vgl. BVerwGE, 255, 264).

Ausgehend vom Willensansatz besteht danach grundsätzlich ein Wahlrecht der handelnden Beamten. Dies erfolgt durch die primäre Zielsetzung, gegebenenfalls durch Angaben in der Begründung.

Nach dem Ansatz der Schwerpunkttheorie ist allerdings eine Entscheidung für eine Zielrichtung und auch für eine Befugnisnorm geboten.

Nach anderer Auffassung soll es als Konsequenz echter doppelfunktionaler Maßnahmen möglich sein, eine Maßnahme sowohl auf präventive als auch auf repressive Befugnisse zu stützen (vgl. Schenke, Rn. 423; wohl auch Götz/Geis, § 18 Rn. 18). Nach dieser Sicht ist eine Schwerpunktbildung entbehrlich.

Insgesamt bestehen im Zusammenhang mit doppelfunktionalen Maßnahmen nach wie vor unterschiedliche Ansätze und Auffassungen (vgl. Darstellung der Problematik bei Ehrenberg/Frohne, Kriminalistik 12/03 S. 737 ff.).

Umstritten ist auch der **Rechtsschutz bei doppelfunktionalen Maßnahmen**. Nach der herrschenden Schwerpunkttheorie, die sich vorrangig an Fragen des Rechtsschutzes entwickelt hat, ist gegen doppelfunktionale Maßnahmen nur ein Rechtsweg offen. Liegt der Schwerpunkt der Maßnahme im präventiven Bereich, ist der Verwaltungsrechtsweg eröffnet, bei repressivem Schwerpunkt geht der Streit vor die ordentlichen Gerichte.

Konsequenz der oben dargestellten Auffassung, nach der eine Maßnahme auf unterschiedliche Rechtsgrundlagen gestellt werden kann ist, dass bei echten doppelfunktionalen Maßnahmen dem Betroffenen auch beide Rechtswege offen stehen sollen (vgl. Schenke, Rn. 424, Götz/Geis § 19 Rn. 22).

Unabhängig von der Doppelfunktionalität von Maßnahmen (und damit nicht zu verwechseln) ist der Fall einer möglichen **Aufgabenkollision** zu sehen, wenn sowohl präventive als auch repressive Aufgaben anstehen. **63**

Bsp.: Die Polizei kommt zu einem Verkehrsunfall mit Personenschaden und Fahrerflucht. Sie hat zum einen die Aufgabe, sich um verletzte Personen zu kümmern und Hilfe zu leisten (Gefahrenabwehr), zum andern den flüchtigen Fahrer zu verfolgen und zu ermitteln.

Bei der notwendigen Entscheidung, welche Aufgabe vorrangig zu erfüllen ist, sind die betroffenen Rechtsgüter zu beachten und eine **Güterabwägung** vorzunehmen (vgl. VGH Kassel, DÖV 1999, 916).

Diese Abwägung wird i.d.R. dazu führen, dass dem Schutz bedrohter Rechtsgüter und damit der Gefahrenabwehr Vorrang vor Strafverfolgungsmaßnahmen einzuräumen ist. Liegen im Beispielfall erhebliche Verletzungen vor, so steht der Schutz von Gesundheit und Leben im Vordergrund, die Verfolgung des Flüchtigen Unfallteilnehmers muss warten.

Dies lenkt den Blick zurück auf die das HSOG prägende Gefahrenabwehr und damit auf die Schutzgüter und den Gefahrenbegriff.

II. Schutzgüter der Gefahrenabwehr

Die beiden Schutzgüter im Rahmen der Gefahrenabwehr sind die öffentliche Sicherheit und die öffentliche Ordnung.

1. Öffentliche Sicherheit

Der Begriff der öffentlichen Sicherheit ist im HSOG (anders als z.B. in § 2 Nr. 2 BremPolG und § 3 Nr. 1 SOG LSA) nicht definiert, hat aber durch Rechtsprechung und Literatur eine anerkannte **Definition** gefunden. **64**

Danach versteht man unter öffentlicher Sicherheit im Sinne der Gefahrenabwehraufgabe die Unverletzlichkeit der objektiven Rechtsordnung, der subjektiven Rechte und Rechtsgüter der Einzelnen sowie der Einrichtungen und Veranstaltungen des Staates und der sonstigen Träger von Hoheitsgewalt (vgl. Drews/Wacke/Vogel/Martens, S. 232; VGH Kassel, NVwZ 1990, 386).

Es zeigen sich damit zwei Schutzrichtungen, **kollektive und individuelle Rechtsgüter.**

a) Schutz der objektiven Rechtsordnung

65 Durch die Einbeziehung der **objektiven Rechtsordnung** sind alle Rechtsvorschriften (zivil- und öffentlich-rechtliche Vorschriften) Schutzgut. Das Polizei- und Ordnungsrecht begründet damit den Auftrag, das Recht zu schützen (vgl. Götz/Geis, § 4 Rn. 5). Dabei stehen insbesondere der Schutz des öffentlichen Rechts und hier vor allem die Verhinderung von Straftaten und Ordnungswidrigkeiten im Vordergrund, vgl. § 1 Abs. 4 HSOG(anders als die Ermittlungstätigkeit und die Ahndung von Straftaten bzw. Ordnungswidrigkeiten gehört die Verhinderung zu den präventiven Aufgaben der Gefahrenabwehr, vgl. auch Rn. 28, 60). Bereits die Verwirklichung von Straf- bzw. Ordnungswidrigkeitstatbeständen beeinträchtigt die öffentliche Sicherheit, unabhängig von den weiteren Voraussetzungen für die Strafbarkeit (vgl. VGH Kassel, NVwZ 2006, 1435). Zur objektiven Rechtsordnung gehören nicht nur formelle Gesetze, sondern auch Rechtsverordnungen und Satzungen, auch deren Verletzung gefährdet die öffentliche Sicherheit.

Das Polizei- und Ordnungsrecht ist ein **Instrument zum Schutz der Rechtsordnung**, die allein durch Verbote und Gebote und vorgesehene Sanktionierungsmöglichkeiten (Strafen, Bußgelder) nicht zu schützen ist. Dem HSOG kommt damit auch in Bereichen spezialgesetzlicher Regelungen eine wichtige **ergänzende Funktion** zu. Diese spezialgesetzlichen Regelungen enthalten in der Regel Gebote, Verbote und ggf. Sanktionsmöglichkeiten, aber keine eigenen Ermächtigungsgrundlagen im Sinne des Gesetzesvorbehalts für behördliches Eingreifen (vgl. dazu auch Rn. 105).

Bsp.:

- Gefahrenabwehrverfügung nach § 11 HSOG zur Durchsetzung des Ladenschlussgesetzes, Feiertagsgesetzes (vgl. VG Gießen, Beschl. v. 15.12.2010, 9 C 2306/10.GI)
- Abschleppen von Kraftfahrzeugen auf der Grundlage des HSOG zur Durchsetzung von Geboten/Verboten der Straßenverkehrsordnung.

Unter den Aspekt Schutz der Rechtsordnung fällt auch der Schutz vor Grundrechtsbeeinträchtigungen durch Dritte (a.A. Schenke, Rn. 59a).

Bsp.:

- Schutz der Versammlungsfreiheit vor Störern
- Untersagung sog. Gehwegberatung vor einer Schwangerschaftsberatungsstelle zum Schutz des allgemeinen Persönlichkeitsrechts (VGH Mannheim, Urt. v. 11.10.2012, 1 S 36/12).

b) Schutz subjektiver Rechte und Rechtsgüter

66 Damit ist auch der Einzelne Schutzobjekt, wobei der Schutz nicht nur die absoluten Rechtsgüter (Leben, Gesundheit, Freiheit, Eigentum), sondern grundsätzlich auch privatrechtliche Rechtsansprüche und Rechte umfasst.

Hier greift allerdings das **Subsidiaritätsprinzip** des § 1 Abs. 3 HSOG. Es besagt, dass der **Schutz privater Rechte vorrangig den Gerichten** obliegt. Gefahrenabwehr- und Polizeibehörden sind nachrangig (subsidiär) gefordert, wenn gerichtlicher Schutz nicht rechtzeitig erreichbar bzw. ohne gerichtlichen Schutz die Verwirklichung des Rechts vereitelt oder wesentlich erschwert würde. § 1 Abs. 3 HSOG enthält damit keine Einschränkung des Begriff der öffentlichen Sicherheit, sondern eine Kompetenzregelung im Sinne eines Kompetenzvorrangs der ordentlichen Gerichte (vgl. Götz/Geis, § 4, Rn. 20; Meixner/Fredrich, § 1 Rn. 36).

Auch wenn danach gefahrenabwehrbehördliches bzw. polizeiliches Handeln möglich ist, kann dies in der Regel nur der einstweiligen Sicherung dienen bzw. nur so weit gehen, wie zur Verfolgung der privaten Rechte vor den Gerichten erforderlich ist.

Bsp.:

- Keine endgültige Durchsetzung eines privatrechtlichen Herausgabeanspruches durch die Polizei, sondern eventuelle vorläufige Sicherstellung einer Sache bei drohender Vernichtung.
- Feststellung der Personalien nach § 18 Abs. 1 HSOG, wenn dies für eine zivilrechtliche Klageerhebung erforderlich ist.

In der Praxis wird die Bedeutung des Subsidiaritätsgrundsatzes dadurch geschmälert, dass in Fällen privater Rechtsbeeinträchtigungen häufig zugleich das öffentliche Recht tangiert wird; viele subjektive Rechtsgüter sind durch Straf- bzw. Ordnungswidrigkeitstatbestände gesichert, so dass deren Verletzung gleichzeitig die objektive Rechtsordnung verletzt.

Bsp.:

- Eine Hausbesetzung verletzt nicht nur das Recht am Eigentum, sondern erfüllt in der Regel den Tatbestand von § 123 StGB (vgl. VGH Hannover, DVBl. 1981, 786, 787).
- Übermäßiger Lärm stört nicht nur den Nachbarn, sondern stellt einen Verstoß gegen eine Lärmschutzverordnung dar, die ihrerseits Teil der objektiven Rechtsordnung und damit Schutzgut der öffentlichen Sicherheit ist.

Zum Teil wird der Schutz privater Rechtsgüter und Rechte nur dann als öffentliche Aufgabe gesehen, wenn ein sog. **öffentliches Interesse** an der Gefahrenabwehr besteht (vgl. Drews/Wacke/Vogel/Martens, S 228). Ob dabei dieses öffentliche Interesse eine zusätzliche Voraussetzung beim Individualgüterrechtsschutz darstellt, ist nicht ganz klar. Eine zwingende Prüfung eines öffentlichen Interesses als eigenständige Voraussetzung ist abzulehnen, sie findet im HSOG keine Stütze (vgl. auch Pausch/Dölger, S. 108 f; Götz/Geis, § 4 Rn. 19).

Entscheidend ist, ob den Individualrechtsgütern **Gefahren durch Dritte** drohen. Ausgehend von der Schutzpflicht des Staates ist bei einem Zugriff anderer auf Individualrechtsgüter die öffentliche Sicherheit stets tangiert.

Dieser Aspekt hat Bedeutung vor allem bei Fällen sog. **Selbstgefährdung**. Das Polizei- und Ordnungsrecht soll vorrangig vor Gefahren von außen schützen. Die Gefahrenabwehr richtet sich gegen den „Störer“. Droht dagegen einem Rechtsgut durch den Rechtsträger selbst Gefahr, wird die öffentliche Sicherheit in der Regel nicht tangiert. Eine andere Betrachtung liefe darauf hinaus, auch Individualgüter der Dispositionsbefugnis der Rechtsträger zu entziehen und damit eigene Rechte des Rechtsträgers zur Grundlage von Eingriffen gegen gerade diesen Rechtsträger zu machen. In der Regel ist bei ausschließlicher Selbstgefährdung (zur Problematik des Selbstmords vgl. Rn. 68) keine Verletzung der öffentlichen Sicherheit anzunehmen (Denninger in Lisken/Denninger, D Rn. 32). 67

Bsp.: Übermäßiger Alkoholkonsum, gefährliche Sportarten, freiwillige Obdachlosigkeit

Allerdings kann ein Eingreifen durch eine spezialgesetzliche Grundlage gerechtfertigt sein. So s**ehen** die §§ 9 ff. PsychKHG die Möglichkeit vor, die dort genannten Personen auch zum Schutz vor Selbstgefährdung in einem Krankenhaus unterzubringen.

Unabhängig von bestehenden Sonderregelungen ist eine **Selbstgefährdung gefahrenrechtlich relevant** und berechtigt zum Eingriff, wenn

- das Verhalten oder ein Zustand zugleich andere gefährdet;

  Bsp.: Ein Hochseilartist könnte auf einen belebten Platz stürzen.

Der nicht verkehrssichere Zustand einer Sache gefährdet nicht nur den Eigentümer, sondern auch andere.

- die Selbstgefährdung zugleich Rechtsnormen und damit die objektive Rechtsordnung verletzt (z.B. BTMG, StVZO);
- Dritte (z.B. durch Rettungsmaßnahmen) betroffen sind (vgl. Denninger in Lisken/Denninger, D Rn. 31)
- die sich selbst gefährdende Person die Tragweite ihres Handelns nicht absehen kann.

Bsp.: Kinder oder Betrunkene betreten brüchiges Eis (vgl. hier auch § 32 Abs. 1 Ziff. 1 HSOG).

In derartigen Fällen liegt neben der Selbstgefährdung auch eine Gefährdung der öffentlichen Sicherheit vor. Dagegen besteht bei ausschließlicher Selbstgefährdung keine Gefahr für die öffentliche Sicherheit.

68 Allerdings wird dies beim **Selbstmord** enger gesehen mit der Folge, dass Behörden beim Selbstmordversuch zur Gefahrenabwehr einschreiten. Dabei sind unterschiedliche Ansätze vorhanden. Zum einen wird die überragende Bedeutung des Rechtsgutes Lebens betont, woraus dem Einzelnen das Verfügungsrecht über das eigene Leben abgesprochen wird (vgl. Maunz/Dürig, Rn. 47 zu Artikel 2 Abs. 2 GG).

Andere bemühen den Begriff der öffentlichen Ordnung und sehen in einem drohenden Selbstmord eine Gefahr für die öffentliche Ordnung (vgl. Bay. ObLG, NJW 1989, 1815, 1816).

Sinnvoll und auch praxisgerecht ist es (aus Sicht der eingreifenden Beamten), die Ernsthaftigkeit des Selbstmordwillens in Frage zu stellen, da Selbstmörder sich erfahrungsgemäß in psychischen Ausnahmesituationen befinden und ihr Handeln nicht immer steuern können (vgl. Pausch/Dölger, S. 108, Götz/Geis § 4, Rn. 32).

69 In drohender unfreiwilliger **Obdachlosigkeit** wird heute zu Recht eine Gefahr für die öffentliche Sicherheit (nicht für die öffentliche Ordnung) gesehen (vgl. Götz/Geis, § 4 Rn. 23). Bedroht sind die Individualrechtsgüter Leben, Gesundheit und Eigentum der von Obdachlosigkeit Betroffenen (zur Obdachlosigkeit vgl. VGH Kassel, NVwZ-RR 2011, 47, ; zur Problematik der Obdachlosigkeit auch Ruder, NVwZ 2012, 1283; Mühl in Möstl/Mühl § 9 Rn. 18 ff.).

Zur öffentlichen Sicherheit gehört auch der Schutz **„kollektiver Rechtsgüter"**. Dies sind Rechtsgüter, deren Schutz nicht nur im Individualinteresse Einzelner, sondern mit Rücksicht auf die Allgemeinheit geboten ist. Hierunter fallen z.B. der Natur- und Landschaftsschutz (OVG Mannheim, NVwZ 1988, 166), Schutz der Wasserversorgung (BVerwG, DVBl. 1974, 294 ff.) und des Grundwassers (vgl. VGH Mannheim, DÖV 1991, 165).

c) Schutz hoheitlicher Veranstaltungen und Einrichtungen

70 Schließlich zählen zur öffentlichen Sicherheit der **Bestand des Staats** und der **Schutz hoheitlicher Einrichtungen und Veranstaltungen**. Dabei geht es um den Schutz des Bestandes und der Funktionsfähigkeit von Einrichtungen des Staates, aber auch kommunaler Träger und sonstiger Hoheitsträger (*z.B. Schutz von Gerichten, Behörden, Parlamenten, kommunalen Einrichtungen).* Schützenswerte Veranstaltungen können z.B. Staatsbesuche, staatliche Konferenzen, Vereidigung von Soldaten, Wahlen sein.

Geschützt ist auch die Durchführung hoheitlicher Aufgaben (vgl. OVG Münster, NJW 1997, 1596).

Bsp.: Warnungen vor verdeckten Geschwindigkeitskontrollen (Radarkontrolle) beeinträchtigen die Durchführung präventiv-polizeilicher Aufgaben und damit die öffentliche Sicherheit.

Der Bestand des Staates und seine Funktionsfähigkeit wird auch durch zahlreiche Strafvorschriften geschützt (z.B. §§ 80 ff., §§ 105 ff. StGB). Verstöße dagegen sind damit zugleich Störungen der objektiven Rechtsordnung.

2. Öffentliche Ordnung

Der Begriff der öffentlichen Ordnung erfasst die **Gesamtheit der ungeschriebenen Regeln**, deren Befolgung nach mehrheitlicher Anschauung in der Bevölkerung unerlässlich für ein geordnetes Zusammenleben ist (vgl. § 3 Nr. 2 SOG LSA und § 54 Ziff. 2 thür OBG). 71

Für eine **mehrheitliche Anschauung** ist erforderlich, dass es sich um Wertvorstellungen handelt, die sich bei der ganz überwiegenden Mehrheit der Bevölkerung durchgesetzt haben. Dabei können örtliche Unterschiede relevant sein (vgl. Drews/Wacke/Vogel/Mertens, S. 249; kritische Anmerkungen zu lokalen bzw. regionalen „Sondernormen" vgl. Kohl, NVwZ 1991, 620, 622.

Trotz weitgehend ausgeglichener Lebensverhältnisse sind örtliche/regionale Unterschiede nicht völlig zu leugnen.

So stellt sich auch heute noch ein nacktes Sonnenbad in einem Großstadtpark ordnungsrechtlich anders dar als in einer örtlichen Anlage einer ländlich geprägten kleinen Gemeinde.

Die ungeschriebenen Regeln müssen **unerlässliche** Mindestanforderungen für ein geordnetes Zusammenleben postulieren, ihre Verletzung muss eine **erhebliche** Beeinträchtigung für das Zusammenleben darstellen (vgl. VGH Kassel, NJW 1989, 1448) und nicht nur als lästig empfunden werden.

Die Definition des Begriffs öffentliche Ordnung zeigt, dass es letztlich um die **Durchsetzung von Wertvorstellungen** geht; trotz des Versuchs der Konkretisierung bleibt der Begriff unscharf und ist einem ständigen Wandel unterworfen.

Die Verwendung des Ordnungsbegriffs im Polizei- und Ordnungsrecht hat deshalb **Kritik** erfahren, besteht doch die Gefahr einer „Wertediktatur" zulasten von Minderheiten (vgl. Denninger in Lisken/Denninger, D Rn. 35 ff; Götz/Geis, § 5 Rn. 4; Waechter, NVwZ 1997, 7300).

Während einige Bundesländer aus dieser Kritik Konsequenzen gezogen haben und die „öffentliche Ordnung" aus dem Polizei- und Ordnungsrecht herausgenommen haben (z.B. Bremen), ist in Hessen trotz mehrfacher Neufassungen des Polizei- und Ordnungsrechts der Begriff der öffentlichen Ordnung beibehalten worden.

Das Schutzgut der öffentlichen Ordnung steht damit in Hessen nach wie vor als Grundlage für Gefahrenabwehrmaßnahmen zur Verfügung, wenn die Bedeutung auch durch zunehmend liberalere Auffassungen (z.B. im Sexualbereich) und zunehmende Normierungen in weiten Lebensbereichen (vgl. Lärmschutz, Jugendschutz, Tierschutz) zurückgegangen ist.

Die Aufführung eines Filmes wie „Die Sünderin" im Jahre 1950 (vgl. BVerwGE 1, 303) stellt heute kein ordnungsrechtliches Problem dar.

72 Dafür tauchen andere „Erscheinungen“ auf, die den Begriff der öffentlichen Ordnung am Leben erhalten (vgl. auch Fechner, JUS 2003, 734). In einer Zeit, die einem schnellen Wandel unterliegt und vom Einfallsreichtum und der Suche nach Grenzen individueller Gestaltung geprägt ist, zeigen sich schnell die Grenzen der Normierungsmöglichkeiten. So finden sich auch heute Entscheidungen, in denen die Praxis auf den Begriff der öffentlichen Ordnung zurückgreift (vgl. Untersagung sog. **Tötungsspiele mit Laserpistolen**, OVG Koblenz, NVwZ RR 1995, 30, 31; a.A. Bay. VGH, NVwZ RR 1995, 32, 33; **Gutscha-Spiel**, BayVGH, BayVBl. 2001, 689, 691; **Nackte in Öffentlichkeit**, OVG Münster, NJW 1997, 180; **Verbot einer Jackpot-Verlosung** OVG Münster, NvwZRR 2007, 249; VG Gießen, Beschl. v. 3.3.2011, 4 L 444/11.GI zum **Verbot einer Kampfsportveranstaltung**).

Zu beachten ist in diesem Zusammenhang auch der **§ 118 OWiG**, der bestimmte Verstöße gegen die öffentliche Ordnung als Ordnungswidrigkeit erfasst. Erfüllt damit ein Verhalten den Tatbestand von § 118 OWiG, so liegt darin eine Verletzung der objektiven Rechtsordnung und somit eine Gefährdung der öffentlichen Sicherheit (vgl. **„Nacktradel-Aktion“**, VG Karlsruhe, NJW 2005, 3658).

Ausgelöst durch Klagen von Geschäftsleuten und Passanten gegen zunehmendes **Betteln und Alkoholkonsum** im öffentlichen Straßenraum versucht die Praxis z.T. mit Mitteln des Polizei- und Ordnungsrechts zu reagieren, was nicht unbedenklich ist (vgl. Götz, NVwZ 1994, 652, 656; vgl. auch Rn. 145).

Ein Verhalten, das sich in Betteln oder Alkoholkonsum beschränkt, mag von vielen als störend empfunden werden, eine Verletzung der öffentlichen Ordnung kann darin nicht gesehen werden (vgl. Hecker NVwZ 2009,1016; VGH Mannheim, DÖV 1998, 1015).

Auch im Zusammenhang von **Aufmärschen** und **Aktivitäten von rechtsextremistischen Gruppierungen** greift die Praxis auf den Ordnungsbegriff zurück (vgl.; VGH Kassel, NVwZ RR 1994, 86, 87; VGH Kassel, Beschl. v. 2.12.1999–11 UE 3437/95; Krüger, Versammlungsrecht, S. 118; Höllein, NVwZ 1994, 635, 638 ff.).

Zwar steht hier nicht das HSOG, sondern das Versammlungsrecht im Vordergrund, das aber (vgl. § 15 VersG) den Begriff der öffentlichen Ordnung ebenfalls kennt. Mit Blick auf die Besonderheiten des Versammlungsrechts ist allerdings der Begriff der öffentlichen Ordnung hier zurückhaltend anzuwenden. So stellt für das BVerfG die Gefährdung der öffentlichen Ordnung „im Allgemeinen“ keinen Verbotsgrund dar (vgl. BVerfG, NJW 2001, 1409; ferner Leist, NVwZ 2003, 1300; Rühl, NVwZ 2003, 531).

Es bleibt festzuhalten, dass der Begriff der öffentlichen Ordnung in der Praxis nach wie vor Bedeutung besitzt, dass die Praxis aber bei Anwendung des unbestimmten Rechtsbegriffs unter Beachtung der Grundrechte sorgsam umgehen muss. Der Gesetzgeber bleibt gefordert, erkennbare Ordnungskonflikte zu regeln (vgl. Götz, NVwZ 1994 652, 656), um so die Bedeutung der öffentlichen Ordnung im allgemeinen Polizei- und Ordnungsrecht weiter zurückzudrängen.

Übersicht: Schutzgüter

Schutzgüter der Gefahrenabwehr	Schutzbereich
Öffentliche Sicherheit	**Objektive Rechtsordnung** (z.B. Verstöße gegen Gesetze, RVO, Satzungen **Subjektive Rechte** und **Rechtsgüter des Einzelnen** (z.B. Gesundheit, Eigentum, Vermögen), unter Beachtung des Subsidiaritätsgrundsatzes in § 1 Abs. 3 HSOG **Einrichtungen und Veranstaltungen des Staates und sonstiger Hoheitsträger** (z.B. Behinderung von Wahlen, von Radarkontrollen)
Öffentliche Ordnung	Gesamtheit der **ungeschriebenen Regeln**, deren Befolgung nach **mehrheitlicher Auffassung** in der Bevölkerung für **ein geordnetes Zusammenleben** unerlässlich ist.

III. Begriff der Gefahr

1. Allgemeines

Der Begriff der Gefahr hat zentrale Bedeutung im Polizei- und Ordnungsrecht. Die Gefahr eröffnet Zuständigkeiten und ist Voraussetzung für Maßnahmen der Gefahrenabwehr. Dem Gefahrenbegriff kommt damit eine wichtige Funktion zu, indem er behördliche Tätigkeiten nicht nur eröffnet, sondern auch begrenzt und damit Freiheitsrechte schützt (vgl. BVerwG, DÖV 2003, 81, 82). **73**

Anders als in einigen Landesgesetzen (z.B. § 2 Nr. 3 a BremPolG, § 3Nr. 3 a SOG LSA) verwendet das HSOG den Begriff, ohne ihn selbst zu definieren.

Der Gefahrenbegriff hat durch Rechtsprechung und Lehre Konturen gewonnen.

> Danach versteht man unter **Gefahr** eine Sachlage, in der bei ungehindertem Geschehensablauf mit hinreichender Wahrscheinlichkeit ein Schaden für die geschützten Rechtsgüter eintreten würde (vgl. BVerwGE 45, 51, 57; Götz/Geis, § 6 Rn. 3).

Gefahrenabwehr zielt auf die Schadensvermeidung/-Verhinderung, **Prävention.** Der Schaden hat sich in der Regel noch nicht realisiert.

Bsp.: Ein morscher Baum droht auf die Straße zu fallen und Pkw und Passanten zu schädigen.

Ist bereits ein Schaden eingetreten, kann gleichwohl noch eine Gefährdung vorliegen. Der Begriff der Gefahr beinhaltet auch die **Störung** von Schutzgütern. In diesem Fall steht nicht die Abwehr, sondern die **Beseitigung** der Gefahr im Vordergrund. Dies ist der Fall, wenn von der eingetretenen Schadenslage eine weitere in die Zukunft gerichtete Gefährdung ausgeht oder die Verletzung eines Rechtsgutes andauert. **74**

Bsp.: Der morsche Baum ist bereits umgefallen, es ist zu befürchten, dass Autos in ihn hineinfahren.
Anhaltender Verstoß gegen das Ladenschlussgesetz durch Offenhalten von Ladengeschäften außerhalb der Ladenöffnungszeiten.

In diesen Fällen ist trotz verwirklichten Schadens nach wie vor eine Gefahrenlage gegeben. Anders ist die Situation, wenn sich die Gefahr abschließend realisiert hat, keine anhaltende Rechtsbeeinträchtigung vorliegt und kein weiterer Schaden droht. In diesen Fällen ist für präventive Maßnahmen kein Raum. Denkbar sind **repressive Maßnahmen,** z.B. Einleitung eines Ordnungswidrigkeitsverfahrens.

Bsp.: Der Ladeninhaber erklärt, die Öffnungszeiten zukünftig zu beachten.

2. Merkmale der Gefahr

75 Der zu erwartende **Schaden** muss in einer nicht **unerheblichen Beeinträchtigung** des Schutzgutes liegen. Die Beeinträchtigung ist dabei abzugrenzen von einer bloßen **Belästigung** (vgl. BVerwG, DÖV 1969, 465).

Wo die Grenze einer bloßen Belästigung überschritten ist, ist immer eine Einzelfallentscheidung. Dabei darf es nicht auf persönliche Empfindsamkeiten ankommen, wohl aber auf örtliche Gepflogenheiten bzw. allgemeine Wertevorstellungen (vgl. aber Rn. 71).

Gefordert ist eine hinreichende **Wahrscheinlichkeit eines Schadenseintritts** (zur Wahrscheinlichkeit vgl. insbes. Drews/Wacke/Vogel/Martens, S. 223 m.w.N.). Ein Schaden muss nicht zwingend eintreten, allerdings reicht nicht jede entfernte Möglichkeit, vielmehr ist eine gewisse **Schadensnähe** erforderlich. Dabei gilt der Grundsatz, je gewichtiger das Rechtsgut, umso geringer die Anforderungen an die Wahrscheinlichkeit (vgl. BVerwGE 88, 348, 351). Allerdings muss auch dann, wenn ein schwerwiegender Schaden befürchtet wird, nach allgemeiner Lebenserfahrung und Sachkunde eine gewisse Wahrscheinlichkeit für einen Schadenseintritt sprechen. Ein nur allgemeiner Verdacht begründet keine konkrete Gefahr.

Bsp.: Fehlende Wahrscheinlichkeit, dass alle Personen, die alkoholische Getränke mit sich führen, sich gesetzeswidrig verhalten (vgl. VG Karlsruhe NVwZ RR 2009, 22).

Letztlich handelt es sich um eine **Prognoseentscheidung** von Verwaltung und Polizei, wobei objektive Tatsachen zum Zeitpunkt der Entscheidung (ex ante-Betrachtung) maßgebend sind. Es muss aus der Sicht eines objektiven, besonnenen Amtswalters das Vorliegen eine Gefahr bejaht werden können (OVG Lüneburg NJW 2006, 391).

3. Gefahrenarten

Das Polizei- und Ordnungsrecht kennt unterschiedliche Gefahrenarten/Gefahrenbegriffe, die sich an unterschiedlichen Gefahrenlagen/Gefahrenstufen orientieren und für die rechtlichen Handlungsmöglichkeiten bedeutsam sind.

a) Konkrete/abstrakte Gefahr

76 Die **konkrete Gefahr** ist die im Einzelfall bestehende Gefahr (vgl. § 11 HSOG). Es müssen Tatsachen vorliegen, aus denen sich ergibt, dass in diesem Fall der Eintritt eines Schadens zu erwarten ist.

Bsp.: Der Schäferhund des Hundehalters H. hat bereits mehrfach Kinder angesprungen und gebissen. Er rennt erneut auf ein Kleinkind zu.

Der Begriff der **abstrakten Gefahr** knüpft an die allgemeine Lebenserfahrung an, wonach damit zu rechnen ist, dass bestimmte Geschehnisse, Handlungen oder Zustände in einer Vielzahl von Fällen **typischerweise** zu einem Schaden führen können. (vgl. Götz/Geis, § 6 Rn. 19 ff.)

Bsp.:

- Von bestimmten Hunden können typischerweise Gefahren für Menschen ausgehen.
- Das Betreten von dünnen Eisflächen birgt die typische Gefahr, dass Menschen einbrechen können.

Konkrete und abstrakte Gefahr unterscheiden sich damit nicht in der Wahrscheinlichkeit eines Schadenseintritts, sondern in der Gefahrensituation, die einmal im Einzelfall, im anderen bei einer Vielzahl vergleichbarer Fälle prognostiziert wird (BVerwG, DÖV 1970, 713, 715). Auch die abstrakte Gefahr verlangt eine **abgesicherte Prognose**. Es müssen – bei abstrakt genereller Betrachtung – hinreichende Anhaltspunkte vorhanden sein, die den Schluss auf einen drohenden Schadenseintritt rechtfertigen (BVerwG, DÖV 2003, 81, 82; VGH München, NVwZ RR 2011, 193).

So verneint die Rechtsprechung i.d.R. eine abstrakte Gefahr bei Alkoholkonsum im öffentlichen Raum, da keine sichere Prognose gegeben werden kann, dass Personen, die Alkohol konsumieren, regelmäßig gewalttätig werden; es fehlt hier i.d.R. an einem zwingenden Zusammenhang zwischen dem Alkoholkonsum und der Gefährdung der öffentlichen Sicherheit (vgl. Entscheidung VGH Mannheim NVwZ RR 2010, 55; vgl. auch Rn. 142). Es gibt aber auch Entscheidungen, die eine differenzierte Betrachtung unter Berücksichtigung der besonderen örtlichen Verhältnisse vornehmen und dabei die Wahrscheinlichkeit eines Schadenseintritts und damit letztlich eine Gefahrenlage annehmen (OVG Lüneburg, Urt. v. 30.11.2012–11 KN 187/12 zum Alkoholverbot; OVG Münster, Beschl. v. 10.2.2010–5 B 119/10, BeckRS 20110, 46197 zum Verbot des Mitführens von Glasbehältnissen im Kölner Karneval).

Sowohl die konkrete als auch die abstrakte Gefahrenlage sind Gefahren i.S. der Aufgabenbeschreibung in § 1 HSOG. Beide eröffnen den Handlungsrahmen bzw. die Zuständigkeit der Behörden.

Die **Unterscheidung zwischen konkreter und abstrakter Gefahr** hat aber Bedeutung für die Handlungsmöglichkeiten von Verwaltung und Polizei. So setzt eine Gefahrenabwehrmaßnahme nach § 11 HSOG und viele sog. Standardmaßnahmen nach §§ 12 ff HSOG eine konkrete Gefahr voraus. Dagegen ist eine abstrakte Gefahr Voraussetzung für den Erlass einer **Gefahrenabwehrverordnung** nach § 71 ff. HSOG (vgl. Rn. 141 ff.).

Der Begriff der Gefahr geht zunächst von einer tatsächlich bestehenden **objektiven** Gefahr aus. Dabei ist eine **ex ante Betrachtung** (siehe oben) geboten. Die Behörden können nicht warten, bis sich die Gefahr tatsächlich realisiert und damit eine objektive Gefahrenlage bestätigt hat.

Daraus resultieren Fallkonstellationen, die eine differenzierte Betrachtung des Gefahrenbegriffs erfordern.

b) Anscheinsgefahr

Es liegen bei objektiver Betrachtung Tatsachen vor, nach denen die Behörde zum **77**
Zeitpunkt ihres Handelns davon ausgehen musste oder konnte, dass eine Gefahren-

lage droht. Erst nachträglich stellt sich heraus, dass eine Gefahr in Wirklichkeit nicht vorlag.

Bsp.: Die Polizei vernimmt echt klingende Hilferufe aus einer Wohnung, die auf eine Gewalttat hindeuten, sich aber nachträglich als schlechter Scherz herausstellen.

In diesen Fällen ist anerkannt, dass behördliches Handeln geboten ist und Eingriffe gerechtfertigt sind. Gefahrenabwehrrechtlich ist eine Anscheinsgefahr einer objektiven Gefahrenlage gleichgestellt (vgl. BVerwGE 45, 51 (58), Schoch, JUS 1994, 667, 668 m.w.N.; kritisch zum Begriff der Anscheinsgefahr Götz/Geis, § 6 Rn. 43).

Das Vorliegen einer Anscheinsgefahr berechtigt nicht nur zum Eingreifen, sondern grundsätzlich auch zur Inanspruchnahme des Verantwortlichen als sog. **Anscheinsstörer**, der als Verantwortlicher im Sinne der §§ 6 ff. HSOG gilt (vgl. Rn. 100).

c) Gefahrenverdacht

78 Hier liegen (ähnlich der Anscheinsgefahr) objektive Anhaltspunkte vor, die den Verdacht einer Gefahr begründen. Im Gegensatz zur Anscheinsgefahr ist sich die Behörde aber der **Unsicherheit in der Prognose** bewusst. Die hinreichende Wahrscheinlichkeit eines Schadenseintritts ist i.d.R. nicht gegeben (vgl. BVerwG, DVBl. 2002, 1562).

Bsp.:

- Bei der Polizei geht eine anonyme Bombendrohung ein. Die Polizei nimmt die Drohung ernst, hält aber einen Fehlalarm durchaus für möglich.
- Verdacht auf Bodenverunreinigung und Grundwassergefährdung durch Altlasten.

Die Situation des sog. Gefahrenverdachts tritt gerade bei **Verdacht von Umweltgefahren** (Altlasten) häufig auf (dazu Weiß, NVwZ 1997, 737 ff.; Götz, NJW 1990, 725 ff.).

Die Situation ist insoweit problematisch, als auch bei einem Verdacht die Verwaltung in der Lage sein sollte zu handeln und ggf. einzugreifen, da nicht reparable Schäden eintreten können, auf der anderen Seite Eingriffe in Rechte von Bürgern allein aufgrund von Verdachtsmomenten fraglich sind. Vor diesem Hintergrund sind hohe Anforderungen an die Sachverhaltsermittlung und die Prognoseentscheidung zu stellen (vgl. OVG Münster, NJW 88, 2968).

Lässt sich dennoch keine letztendliche Gewissheit erzielen, müssen Gefahrenabwehr- bzw. Polizeibehörden die Möglichkeit haben, Maßnahmen zu ergreifen. Auf der Tatbestandsseite erfüllt der Gefahrenverdacht die Eingriffsvoraussetzungen.

Einschränkungen können sich aber auf der Rechtsfolgenseite ergeben.

Fraglich bleibt, wie weit solche Maßnahmen gehen und an wen sich Verwaltung oder Polizei wenden kann. Maßstab für solche Überlegungen muss vor allem der **Grundsatz der Verhältnismäßigkeit** sein (vgl. Drews/Wacke/Vogel/Martens, S. 227; zur Verhältnismäßigkeit siehe Rn. 109).

Unproblematisch sind reine **Aufklärungsmaßnahmen**, die Rechte Dritter nicht beeinträchtigen. Sie sind durch die Aufgabenzuweisung gedeckt und entsprechen dem Untersuchungsgrundsatz des § 24 HVwVfG.

Bsp.: Probeentnahmen durch die Verwaltung, Aufklärung der Bevölkerung

Darüber hinaus sind gewisse Beeinträchtigungen Dritter im Rahmen sog. **Gefahrenerforschungseingriffe** anerkannt (vgl. Schoch, JUS 1994, 667 Papier, DVBl. 1985, 873, 875; Weiß, NVwZ 1997, 737 ff.).

Bsp.: Betreten fremder Grundstücke, Bodenentnahme auf fremden Grundstücken, eventuelle Sicherstellung von Sachen

Dabei handelt es sich vorrangig um **vorläufige Maßnahmen** zur Aufklärung, Vorbereitung oder Sicherung.

Endgültige Maßnahmen sind grundsätzlich nicht gedeckt, sollen aber ausnahmsweise zulässig sein, wenn sie die einzige Möglichkeit zum Schutz besonders wichtiger Rechtsgüter darstellen (BVerwGE 39, 190, 196).

Wenn auch weitgehend Einigkeit besteht, dass im Verdachtsfalle behördliche Maßnahmen möglich sein müssen, sind die dogmatische Einordnung, insbesondere die rechtliche Grundlage und die Reichweite (Eingriffe in Rechte Dritter) nicht ganz klar.

Einige sehen den Gefahrenverdacht (wie oben vertreten) als speziellen Fall einer Gefahr i.S. der gefahrenabwehrrechtlichen Generalklause (§ 11 HSOG), die dann die direkte Grundlage für Maßnahmen bildet (vgl. Drews/Wacke/Vogel/Martens, S. 226; Weiß, NJW 1997, 737, 742).

Andere lehnen die Gleichstellung von Gefahr und Gefahrenverdacht ab, betonen die Vorläufigkeit von Gefahrenerforschungseingriffen, die in sinngemäßer Anwendung der Generalklausel möglich sein sollen (vgl. Götz/Geis,§ 6 Rn. 31; kritisch Schenke, Rn. 88 ff.; ebenso Kniesel, DÖV 1997, 905, 907).

Diese unterschiedliche Betrachtung mag unbefriedigend sein, letztlich kann die Praxis aber damit leben. Hilfreich sind hier gesetzgeberische Klarstellungen, wie sie gerade für den Bereich des Bodenschutzes durch Spezialgesetze erfolgt sind (vgl. § 9 Abs. 2 BBodSchG). Dort sind bestimmte Maßnahmen ausdrücklich bereits bei **hinreichendem Verdacht** möglich.

Eng verbunden mit der Frage der Rechtsgrundlage ist die, ob in Verdachtsfällen die **79** Verwaltung den Bürger als **Verantwortlichen** (vgl. dazu näher Rn. 85, 100 f.) in Anspruch nehmen kann oder ob sich die Verwaltung auf von ihr selbst durchzuführende Maßnahmen beschränken muss. Vor allem bei der Altlastenproblematik entscheidet sich daran, ob die Behörde z.B. den Grundstückseigentümer zu Sicherungs- oder Erforschungsmaßnahmen verpflichten kann (vgl. VGH Mannheim, NVwZ RR 1991, 24, 25), oder ob die Verwaltung selbst derartige Maßnahmen vornehmen muss und der Bürger lediglich zur Duldung verpflichtet ist (vgl. VGH Kassel, NVwZ 1991, 498; Schoch, JUS 1994, 699; heute z.T. gesetzliche Klarstellungen, vgl. Rn. 80, 94).

Solange nur ein Verdacht besteht, sollte auf der **Eingriffsebene** der betroffene Bürger noch nicht als Verantwortlicher i.S. §§ 6 ff. HSOG gesehen werden. Damit ist behördliches Handeln nicht ausgeschlossen, unterliegt aber u.a. den besonderen Voraussetzungen von § 9 HSOG, Inanspruchnahme des Nichtverantwortlichen. Damit ist mit Blick auf § 9 Abs. 1 Ziff. 3 HSOG vorrangig zunächst die Verwaltung selbst gefordert. Bestätigt sich der Verdacht, kann der Betroffene auf der **Kostenebene** als Verantwortlicher angesehen und ihm die Kosten u.U. gemäß § 8 Abs. 2 HSOG (vgl. Rn. 135) auferlegt werden (Denninger in Lisken/Denninger, D Rn. 51).

Umgekehrt darf in Fällen, in denen auf der Eingriffsebene ausnahmsweise die Inanspruchnahme eines „Verdächtigen" zulässig war, dieser bei nicht bestätigtem Verdacht auf der Kostenebene nicht herangezogen werden; gegebenenfalls kann ihm ein Entschädigungsanspruch nach § 64 HSOG zustehen (vgl. Meixner/Fredrich, § 1 Rn. 11).

Auch bei der Verantwortlichkeit für Umweltgefahren und vor allem Altlasten ist zu **80** beachten, dass in diesen Bereichen das HSOG z.T. durch spezielle gesetzliche Regelungen – z.B. HWG, HAltBodSchG, BBodSchG – verdrängt wird. So sieht das HAltBodSchG bei **Altlastenverdacht** Mitwirkungspflichten (§ 4 HAltBodSchG) sowie eine Duldungspflicht des Berechtigten und ein Betretungsrecht für die Behörden vor (§ 5 HAltBodSchG), (vgl. auch Kochensburger, NVwZ 1986, 249 ff.). Ebenso sieht das BBodSchG bereits in Verdachtsfällen vor, Dritte in Anspruch zu nehmen (vgl. § 9 Abs. 2 i.V.m. § 4 BBodSchG; siehe auch Ausführungen im Rahmen der Verantwortlichkeit, Rn. 94).

Bsp.: Begründen ausgelaufene Fässer den Verdacht einer Bodenverunreinigung, können nach § 9 Abs. 2 i.V.m. § 4 Abs. 3 BBodSchG Eigentümer verpflichtet werden, Untersuchungen durchzuführen.

d) Scheingefahr (Putativgefahr)

81 Hier liegen weder objektive Anhaltspunkte für einen Schadenseintritt vor noch stellt sich die Situation für einen objektiven Betrachter als gefährlich dar. Die Annahme einer Gefahr beruht allein auf der **irrigen Annahme** des Beamten.

Bsp.: Polizeibeamter P. sieht ein sich umarmendes Liebespaar und geht – obwohl objektiv kein Anlass dazu besteht – von einer Gewalttat gegen die Frau aus.

Eine derartige Fallkonstellation ist einer tatsächlichen Gefahrenlage, anders als bei der sog. Anscheinsgefahr, nicht gleichgestellt. Bei pflichtgemäßer Beurteilung hätte man erkennen können, dass objektiv keine Gefahr vorliegt. Ein Eingreifen ist hier **rechtswidrig** und kann Ausgleichsansprüche nach § 64 Abs. 1, S. 2 HSOG auslösen

e) Latente Gefahr

82 Gemeint ist die einem Verhalten oder einer Sache anhaftende Gefahr (Gefährlichkeit), die für sich allein unbeachtlich ist, sich jedoch durch Hinzutreten weiterer Umstände aktualisiert.

Bsp.: Immissionen einer Schweinemästerei werden zur Gefahr, wenn die Wohnbebauung näher heranrückt (sog. Schweinemästerfall, vgl. OVG Münster (OVGE 11, 250).

Der Begriff der latenten Gefahr diente dem OVG Münster in seiner sog. Schweinemästerentscheidung dazu, die polizeirechtliche Verantwortlichkeit des Schweinemästers zu begründen, als sog. **latenten Störer**.

Für die Feststellung einer Gefahr als Voraussetzung gefahrenabwehrbehördlichen Handelns ist der Begriff unnötig. Solange die Gefahr „nur latent“ ist, liegt noch keine Gefahr im Sinne der Eingriffsermächtigung vor. Realisiert sie sich, liegt der Normalfall einer konkreten Gefahr vor, die zum Einschreiten befugt (vgl. auch Denninger in Lisken/Denninger, D Rn. 66). Derartige Nutzungskonflikte werden heute zudem nicht über das allgemeine Polizeirecht, sondern über bau- bzw. immissionsschutzrechtliche Vorschriften gelöst.

f) Gefahrenstufen

83 Neben den genannten Gefahrenbegriffen enthält das HSOG unterschiedliche – an der Schadensnähe oder Richtung (bedrohte Rechtsgüter) orientierte – **Gefahrenstufen**.

Zu nennen sind:

Gegenwärtige Gefahr	Die Verletzung eines Schutzgutes ist bereits eingetreten oder steht unmittelbar mit an Sicherheit grenzender Wahrscheinlichkeit bevor (vgl. § 9 Abs. 1 Ziff. 1, § 38 Abs. 2 Ziff. 2 und § 40 Ziff. 1 HSOG).
Erhebliche Gefahr	Diese stellt auf bedrohte bedeutsame Rechtsgüter (Leben, Gesundheit usw.) ab (vgl. § 9 Abs. 1 Ziff. 1 HSOG).
Dringende Gefahr	Eine erhebliche Gefahr mit großer Wahrscheinlichkeit des Schadenseintritts (vgl. Artikel 13 Abs. 3 GG; § 38 Abs. 6 HSOG).
Gemeine Gefahr	Eine Gefahr für eine unbestimmte Anzahl von Personen oder Sachen, z.B. bei Naturkatastrophen, Feuergefahr, Seuchengefahr (vgl. Artikel 13 Abs. 3 GG).
Gefahr im Verzuge	Diese liegt vor, wenn zur Schadensabwendung ein sofortiges Einschreiten geboten ist. Entsprechende Vorschriften rechtfertigen ein sofortiges Einschreiten, ohne die ansonsten erforderliche Zustimmung anderer Stellen (vgl. § 15 Abs. 3; § 39 Abs. 1 HSOG).

Neben den genannten Gefahrenstufen enthält das HSOG Vorschriften, in denen insbesondere bei gravierenden Eingriffen in Grundrechtspositionen eine Gefahr für bestimmte hochwertige Rechtsgüter bestehen muss. So wird eine **Gefahr für Leib und Leben** z.B. in § 32 Abs. 1 Ziff. 1, § 38 Abs. 2 Ziff. 2 und § 61 Abs. 1 Ziff. 1 HSOG gefordert. Diese liegt vor, wenn nicht nur eine leichte Körperverletzung oder der Tod drohen (vgl. Brem PolG § 2 Abs. 1 Nr. 3 d).

g) Ausweitung des Gefahrenbegriffs

Bedingt durch neue Formen der Bedrohung und eines erhöhten Bedrohungspotentials (z.B. durch organisiertes Verbrechen, Terrorismus) verlagern sich polizeiliche Aufgaben zunehmend in den Bereich **vorbeugender Gefahrenabwehr**. Die Polizeibehörden haben seit dem Änderungsgesetz vom 3.11.1998 (GVBl. I, S. 399) nach § 1 Abs. 4 HSOG „für die Verfolgung künftiger Straftaten vorzusorgen“. 84

Damit erweitern sich zwangsläufig auch der bisherige Gefahrenbegriff und die einengenden Voraussetzungen für behördliches Einschreiten (vgl. Kugelmann, DÖV 2003, 782; vgl. auch Pausch/Dölger, S. 97; kritisch zur Ausweitung Hornmann, § 9 Rn. 45 ff).

Zwar enthält § 1 Abs. 4 HSOG nur eine Aufgabenzuweisung, für Eingriffe in Rechte Dritter sind entsprechende Befugnisnormen erforderlich, die aus Gründen der Bestimmtheit an den speziellen Vorfeldmaßnahmen ausgerichtet sein müssen (vgl. BVerwGE 129, 142). Diese werden zwangsläufig geschaffen bzw. bestehende Befugnisnormen der Aufgabenstellung angepasst. So hat der Gesetzgeber im September 2002 (GVBl. I, S. 546) das Erfordernis einer gegenwärtigen Gefahr bei der Rasterfahndung (§ 26 HSOG, vgl. auch Rn. 271) gestrichen, so dass eine Fahndung auch ohne gegenwärtige Gefahrenlage möglich ist (vgl. VGH Kassel NVwZ 2003, 755).

Auch andere sog Standardmaßnahmen tragen der vorbeugenden Gefahrenabwehr Rechnung und formulieren Eingriffsvoraussetzungen unterhalb des klassischen Gefahrenbegriffs (vgl. § 18 Abs. 2 Ziff. 6 HSOG).

Mit Blick auf die besonderen Gefahren des Terrorismus und der Möglichkeit vorbeugender Maßnahmen gibt es zunehmend Forderungen, Eingriffe auch bei zukünftigen, **drohenden Gefahren** zu ermöglichen. So hat Bayern mit der Novellierung des PAG im Juli 2017 in § 11 PAG die neue Kategorie der drohenden Gefahr unter Hinweis auf die Rechtsprechung des BVerfG (Urt. v. 16.04.2016 – 1BvR 966/09) aufgenommen.

Auch im Zusammenhang mit Gefahrenabwehrverordnungen gab und gibt es Forderungen nach vorbeugenden Verordnungen. Dies resultiert daraus, dass die Rechtsprechung die für Verordnungen erforderliche abstrakte Gefahrenlage z.B. bei Gefahren von Hunden und Gefahren infolge Alkoholkonsums nicht als erfüllt ansieht. Es gehe dabei nicht um die Abwehr abstrakter Gefahren, sondern um **Gefahrenvorsorge**, die einer gesonderten Ermächtigung durch den Gesetzgeber bedürfe (vgl. BVerwG DÖV 2003, 81; VGH Mannheim, Entscheidung vom 8.7.2009, Az. 1 S. 2200/08; vgl. auch Rn. 142).

Übersicht: Gefahrenbegriff

Gefahrenbegriff	**Merkmale / Voraussetzung**	**Folge**
Gefahr	Bei ungehinderten Geschehensablauf ist mit hinreichender Wahrscheinlichkeit ein Schaden für die geschützten Rechtsgüter zu erwarten	Zuständigkeit der Gefahrenabwehr und Polizeibehörde ist gegeben; Handlungsrahmen ist grundsätzlich eröffnet
Konkrete Gefahr	Die im Einzelfall bestehende Gefahr	Konkrete Abwehrmaßnahme gegen Verantwortliche ist möglich z.B.: Gefahrenabwehrverfügung nach § 11 HSOG
Abstrakte Gefahr	Aufgrund allgemeiner Erfahrungen sind bestimmte Geschehnisse; Handlungen oder Zustände dazu angetan, einen Schaden im Einzelfall eintreten zulassen	Abstrakt/generelle Maßnahme ist möglich, z.B.: Erlass einer Gefahrenabwehr VO §§ 71 ff. HSOG
Anscheinsgefahr	Tatsächlich liegt keine Gefahr vor; aufgrund obj. Anhaltspunkte gehen obj. Beobachter von einer Gefahr aus	Wie bei tatsächlicher Gefahr, d.h. Abwehrmaßnahme ist möglich, auch Inanspruchnahme des sog. Anscheinsstörers
Gefahrenverdacht	Bestehende Unsicherheit in Tatsachenbild und/oder Beurteilung; dies ist der Behörde bewusst	Grundsätzlich sind nur vorläufige Maßnahmen zur weiteren Aufklärung und Sicherung zulässig
Scheingefahr (Putativgefahr)	Weder obj. Anhaltspunkte, noch stellt sich Situation für einen obj. Beobachter als gefährlich dar; Annahme beruht auf irriger Vorstellung des Beamten	Keine Gefahrenlage, Maßnahmen sind rechtswidrig

D. Adressat gefahrenabwehrrechtlicher Maßnahmen

I. Verantwortlichkeit

Die Befugnisnormen (§§ 11 ff.) des HSOG nennen die Voraussetzungen, unter denen polizeiliches oder gefahrenabwehrbehördliches Handeln möglich ist, bestimmen aber in der Regel nicht, gegen wen sich die erforderlichen Maßnahmen zu richten haben. 85

Ausnahmen bilden einige **Standardmaßnahmen**, die auch die Maßnahmenadressaten vorgeben (vgl. z.B. § 18 Abs. 2, § 30 Abs. 1, § 31 Abs. 2, § 32 Abs. 1 Nr. 1, § 36 Abs. 2 Nr. 2 HSOG).

Bsp.:

- An einer Kontrollstelle nach § 18 Abs. 2 Nr. 5 HSOG können die Personen angehalten und nach Ausweispapieren befragt werden, die dort angetroffen werden.
- Ein Wohnungsverweis nach § 31 Abs. 2 HSOG ist immer gegen die Person zu richten, von der die Gefahr ausgeht.

Von diesen Ausnahmen abgesehen ergibt sich der Adressat einer behördlichen Maßnahme aus **§ 6 und § 7 HSOG**, die die **Verantwortlichkeit von Personen** (Polizeipflicht) regeln. Die in § 6 und § 7 HSOG für das Gefahrenabwehrrecht vorgesehene Anknüpfung an die Verantwortlichkeit entspricht dabei allgemeinen Verwaltungsrechtsgrundsätzen. Die Regelungen sind, soweit keine spezialgesetzlichen Regelungen bestehen (vgl. z.B. § 31 IfSG) auf Gefahrenabwehrmaßnahmen außerhalb des HSOG übertragbar bzw. haben Ergänzungsfunktion (z.B. im Wasserrecht, vgl. § 63 Abs. 5 HWG; für das Baurecht vgl. VGH Kassel, NVwZ RR 1989, 137; für das Versammlungsrecht vgl. Krüger, S. 36).

Enthält ein Spezialgesetz eigene Verantwortlichkeiten, verdrängen diese die Verantwortlichkeit nach dem HSOG. So ist der Kreis der Verantwortlichen z.B. in § 4 BBodSchG abschließend geregelt (vgl. VG Frankfurt, NVwZ 2000, 107, 109).

Die §§ 6 ff. HSOG geben der Behörde eine gewisse **Rangfolge** vor. Dies gilt im Verhältnis der Verantwortlichen zu den Nichtverantwortlichen (vgl. § 9 Abs. 1 Nr. 2 HSOG), aber auch im Verhältnis der Inanspruchnahme Verantwortlicher zur Gefahrenabwehr durch die Behörde selbst (vgl. § 8 Abs. 1 HSOG). Für beide genannten Fälle postuliert das Gesetz einen **Vorrang für die Inanspruchnahme der Verantwortlichen.**

Gefahrenabwehr durch

1. Inanspruchnahme der Verantwortlichen nach §§ 6, 7 HSOG

↓

2. Behörde selbst bzw. beauftragte Dritte, § 8 Abs. 1 HSOG

↓

3. Inanspruchnahme Nichtverantwortlicher nach § 9 HSOG

Weiter haben die Vorschriften über die Verantwortlichkeit Bedeutung für die **Kostenpflicht** sowie **Ersatz- bzw. Entschädigungsfragen**. Der Verantwortliche hat seine

Kosten in der Regel selbst zu tragen. Er kann die Kosten behördlicher Maßnahmen auferlegt bekommen (vgl. § 8 Abs. 2, § 43 Abs. 3 HSOG). Er hat keinen Anspruch auf Ausgleich bzw. Entschädigung nach § 64 HSOG (vgl. Rn. 311).

Das HSOG verwendet den Begriff der Verantwortlichkeit und unterscheidet zwischen der **Verantwortlichkeit für Verhalten** (§ 6 HSOG) und für den **Zustand von Sachen und Tieren** (§ 7 HSOG). Der im Polizeirecht und in der Praxis traditionell verwendete Begriff des **Störers** entspricht dem gesetzlichen Begriff der Verantwortlichkeit (Verhaltensstörer, § 6 HSOG; Zustandsstörer, § 7 HSOG).

Die Verantwortlichkeit setzt weder Schuld- noch Geschäftsfähigkeit voraus, sie ist grundsätzlich **verschuldensunabhängig**. Im Vordergrund steht der Gedanke der Effektivität. Damit können auch schuld- oder geschäftsunfähige Personen in Anspruch genommen werden (vgl. auch VG Berlin NJW 2001, 2489). Auch die wirtschaftliche Leistungsfähigkeit ist nicht Voraussetzung, kann aber bei der Auswahl zwischen mehreren Verantwortlichen relevant sein (vgl. auch OVG MV, Beschl. v. 23.7.2009, 3 M 92/09).

86 Neben **natürlichen Personen** können auch **juristische Personen des Privatrechts** und die ihnen gleichgestellte OHG, KG und der nicht rechtsfähige Verein (vgl. VGH Mannheim, VBl. BW 1993, 298, 301; OVG Lüneburg, NJW 79, 735) verantwortlich sein (zur Problematik bei **juristischen Personen des öffentlichen Rechts** vgl. Rn. 102).

Die gefahrenrechtliche Verantwortlichkeit löst eine öffentlich rechtliche Verpflichtung aus, die grundsätzlich **nicht verjährt**. Dies gilt für Verhaltens- und Zustandsverantwortlichkeit. Für die Verhaltensverantwortlichkeit führt dies zu einer **„Ewigkeitshaftung“** (GötzGeis § 9, Rn. 52). Auch die Zustandsverantwortlichkeit verjährt nicht, sie kann aber z.B. durch Übertragung des Eigentums oder Besitzverlust enden. Von der Verjährung zu unterscheiden ist die Frage des Übergangs der Verantwortlichkeit im Wege der Rechtsnachfolge (vgl. dazu Rn. 97).

II. Verursachung

87 Die Verantwortlichkeit von Personen braucht ein **Zurechnungskriterium**, damit klar ist, wer verantwortlich ist. Das HSOG stellt dabei auf die **Verursachung** der Gefahr ab. Diese beurteilt sich objektiv, sie ist **verschuldensunabhängig** (s.o.). Entscheidend ist der **Ursachenzusammenhang, Kausalität**, zwischen dem Verhalten (bei § 6 HSOG) bzw. dem Zustand (§ 7 HSOG) und der Gefahrenlage. Auch die Zustandsverantwortlichkeit kennt die Verursachung; § 7 HSOG fordert, dass die Gefahr von der Sache ausgeht, eine Zurechnung der Gefahr ist damit erforderlich.

Der Frage, wann Ursächlichkeit gegeben ist und welche Faktoren maßgeblich sind, nehmen sich die in der Rechtswissenschaft entwickelten **Kausalitätstheorien** an (Kausalitätsfragen sind auch in anderen Rechtsgebieten, so im Strafrecht und Zivilrecht, relevant).

Nach der vor allem im Strafrecht herrschenden **Äquivalenztheorie** ist jedes Verhalten, das nicht hinweggedacht werden kann, ohne dass der Erfolg entfiele, als ursächlich anzusehen (sog. conditio sine qua non-Formel).

Diese für das Strafrecht entwickelte Formel ist nach einhelliger Meinung für das Polizei- und Ordnungsrecht zu weit und damit ungeeignet (vgl. Schenke, Rn. 241).

Auch die im Zivilrecht herrschende sog. **Adäquanztheorie**, die darauf abstellt, ob nach allgemeiner Lebenserfahrung eine Bedingung generell geeignet ist, einen Erfolg herbeizuführen, wird als teilweise zu eng, teilweise zu weit angesehen und abgelehnt (vgl. Schoch, JUS 1994, 932).

Für das Gefahrenabwehrrecht haben sich deshalb **zwei Ansätze** herausgebildet, die den Besonderheiten des Gefahrenabwehrrechts eher Rechnung tragen. Zum einen die **Theorie der rechtswidrigen Verursachung** (Schnur, DVBl. 1962, 1; Denninger in Lisken/Denninger, D Rn. 81). Diese Theorie stellt auf das rechtswidrige Handeln ab. Nur wer die Rechtsordnung verlasse, könne ordnungspflichtig sein.

Dieser Ansatz ist sicher dort geeignet, wo Gebots- oder Verbotsnormen bestehen; fehlt es daran, zeigen sich die Grenzen dieses Ansatzes (vgl. Schenke, Rn. 243).

Herrschend im Polizei- und Ordnungsrecht ist die sog. **Theorie der unmittelbaren Verursachung**. Danach ist das Verhalten oder die Bedingung kausal, das bzw. die unmittelbar den Gefahrenherd in sich birgt bzw. die Gefahrengrenze überschreitet (vgl. Götz/Geis, § 9 Rn. 11; VGH Kassel, NJW 1986, 1829).

Von mehreren Ursachen ist in der Regel die letzte in der Kausalkette polizeirechtlich relevant, wobei objektive Gesichtspunkte im Vordergrund stehen.

Dieser Ansatz erfährt aber in der Praxis durchaus eine **wertende Betrachtung,** in die Wertungszusammenhänge zwischen Verhalten und Gefahr als auch Effektivitätsüberlegungen einfließen (vgl. VGH Kassel, NJW 1986, 1829; VGH Kassel, NVwZ 1992, 1111). Die Praxis hat bei der Anwendung der Theorie der unmittelbaren Verursachung auch das Ergebnis im Auge, was dazu führt, dass Billigkeitsüberlegungen (der eine Räumung betreibende Wohnungseigentümer nimmt nur sein Recht wahr und wird als Nichtstörer betrachtet) und insbesondere Effektivitätsgesichtspunkte einfließen. Die strenge Betrachtung der unmittelbaren Verursachung wird so zum Teil durchbrochen.

In diesem Zusammenhang ist die Figur des sog. **Zweckveranlassers** zu nennen. **88**
Zweckveranlasser ist derjenige, der das Verhalten des unmittelbaren Verursachers **bezweckt**.

Neben dem sog. „Borkumlied-Fall" (Pr OVGE 80, 176) – eine Kapelle spielte eine „harmlose" Melodie, worauf Zuhörer regelmäßig ein antisemitisches Lied anstimmten – dient vor allem der Fall einer durch auffällige Schaufensterwerbung verursachte Verkehrsbeeinträchtigung (vgl. Pr OVGE 85, 270; Knemeyer, Rn. 329) als Schulbeispiel zur Figur des Zweckveranlassers.

Es geht in diesen Fällen darum, ob die Behörde gegen die vorgehen muss, die die letzte (d.h. unmittelbare) Ursache setzen (z.B. singende Zuhörer, Passanten vor dem Schaufenster), oder ob auch die „Hintermänner" (z.B. Kapelle, Ladenbesitzer) herangezogen werden können, die das letztlich die Gefahr auslösende Verhalten anderer „bezwecken".

Dabei ist die Frage, ob das „Bezwecken" objektiv und/oder subjektiv zu sehen ist, strittig. Der subjektive Ansatz bringt die Vorsatzfrage mit ins Spiel, indem es auf Wissen und Wollen des Hintermannes ankommen soll (vgl. VGH München, DVBl. 1979, 737, 738; Knemeyer, Rn. 328).

Der objektive Ansatz stellt auf den Wirkungs- und Verantwortungszusammenhang ab und fragt, ob sich eine typische Folge der Veranlassung realisiert (vgl. Götz/Geis, § 9 Rn. 21; OVG Lüneburg, NVwZ 1988, 638, 639).

Der VGH Kassel hat in einer Entscheidung aus dem Jahre 1992 (vgl. VGH Kassel, NVwZ 1992, 1111), in der ein Bordellwirt als Zweckveranlasser und damit Verantwortlicher für die verbotene Ausübung der Prostitution angesehen wird, objektive und subjektive Aspekte mit einfließen lassen und eine **wertende Betrachtung** vorgenommen. Entscheidend ist auch hier der Gedanke, dass Einzelverfügungen gegen unzählige Prostituierte keinen Erfolg versprechen, d.h. ineffektiv sind. Letztlich ist die Figur des Zweckveranlassers jedenfalls in Praxis und Rechtsprechung weitgehend anerkannt, allerdings nicht unumstritten (vgl. Erbel, JUS 1985, 257, 261 ff.; Muckel, DÖV 1998, 18 ff.).

Entscheidend in diesen Fällen ist, dass der mittelbare Verursacher zum Verantwortlichen wird, indem ihm das unmittelbare Verhalten, das die Gefahrengrenze überschreitet, zugerechnet wird.

Der Zweckveranlasser ist deshalb kein weiterer Störer neben dem Verhaltens- und Zustandsstörer, sondern Ergebnis einer modifizierten Anwendung der Theorie der unmittelbaren Verursachung.

Ob diese Zurechnung über den Begriff der Zweckveranlassung erfolgt oder eine erweiterte Auslegung der Unmittelbarkeit ist, ist dabei nebensächlich. Die Rechtsprechung gelangt z.T. auch ohne die Figur des Zweckveranlassers ausdrücklich zu bemühen zu einer Verantwortlichkeit für das Verhalten Dritter, wenn Sie einen unmittelbaren Wirkungszusammenhang feststellen kann.

Bsp.:

- Verantwortlichkeit des Gastwirts für Lärm, der von Gästen auch vor der Gaststätte ausgeht, wenn dieser mit dem Betrieb verbunden ist (vgl. VG Wiesbaden NVwZ RR 2011, 444)
- Verantwortlichkeit einer Band für das Verhalten der Konzertbesucher (OVG Bremen, Beck RS 2011, 56338 – Beck-oline).

Eine Durchbrechung der strikten Anwendung der Theorie der unmittelbaren Verursachung zeigt sich auch am Begriff der sog. latenten Gefahr (vgl. Rn. 82). Auch hier geht es letztlich um die Frage der Zurechnung einer Gefahr bei mehreren Ursachen. Die latent vorhandene Gefahr wird einem **latenten Störer** zugerechnet (vgl. OVG Münster, OVGE 11, 250, sog. Schweinemästerfall).

Es handelt sich um Einzelfallentscheidungen, die letztlich vom Ergebnis geprägt sind (vgl. OVG Lüneburg, OVGE 14, 396; OVGE 17, 447).

Die Figur des latenten Störers sollte aufgegeben werden, da Lösungen – in der Regel geht es um Nutzungskonflikte (vgl. Schweinemästerfall) – im Bau- bzw. Planungsrecht zu erfolgen haben (vgl. Götz/Geis, § 9 Rn. 39, auch Schoch, JUS 1994, 937).

III. Verhaltensverantwortlichkeit

89 Diese knüpft an das Verhalten von Personen an, durch das die Gefahr verursacht wird. Zu unterscheiden ist zwischen der Verantwortlichkeit für **eigenes Verhalten** (§ 6 Abs. 1 HSOG) und für **fremdes Verhalten** (§ 6 Abs. 2 und 3 HSOG).

Mit Blick auf die geforderte Unmittelbarkeit ist verhaltensverantwortlich grundsätzlich die Person, die die Gefahr oder Störung unmittelbar verursacht. Bei Prognoseentscheidungen muss sich diese nicht nur auf die Gefahrenlage beziehen, sondern auch auf die Frage der Verantwortlichkeit. Bei drohenden Rechtsverstößen setzt eine

Verantwortlichkeit voraus, dass gerade von der Person des Adressaten die Gefahr von Verstößen ausgeht (vgl. OVG Lüneburg, NJW 2006, 391, 399).

Die Verhaltensverantwortlichkeit beschränkt sich dabei nicht auf positives Tun, sondern erfasst auch **Unterlassen**. Dies begründet aber nur dann eine Verantwortlichkeit, wenn eine Rechtspflicht zur Gefahrenabwehr besteht (vgl. Schenke, Rn. 239 m.w.N.).

Bsp.: Verletzung von Räumungspflichten, Sicherungspflichten bei Flughäfen und baulichen Anlagen (vgl. BVerwG, DVBl. 1986, 360, 362; OVG Münster, NVwZ RR 1988, 20, 21).

Eine Handlungspflicht kann sich auch aus vorherigem Tun ergeben, durch welches eine Sache in einen gefährlichen Zustand versetzt wird (vgl. Götz/Geis, § 9 Rn. 43 ff.). Allein aus dem Eigentum und der allgemeinen Pflicht, von einer Sache ausgehende Gefahren zu vermeiden, folgt noch keine Verhaltensverantwortlichkeit. Hier greift allein die Zustandsverantwortlichkeit.

Bei der Verantwortlichkeit für **fremdes Verhalten** begründet § 6 Abs. 2 HSOG eine Verantwortlichkeit für Personen, denen die **Aufsicht** über **Kinder** obliegt, die eine Gefahr verursachen.

Bsp.: Ein 10-jähriges Kind legt eine gefährliche Rutschbahn an. Der vorbeikommende Polizeibeamte kann sich an das Kind wenden, aber auch die aufsichtspflichtigen Eltern in Anspruch nehmen.

Ferner eröffnet § 6 Abs. 2 HSOG in **Fällen einer Betreuung** nach dem Betreuungsgesetz die Möglichkeit, neben der die Gefahr verursachenden betreuten Person auch die Betreuerin oder den Betreuer in die Verantwortung zu nehmen.

§ 6 Abs. 3 HSOG geht von der Figur des sog. **Verrichtungsgehilfen** (vgl. § 831 BGB) **90**
aus und begründet eine zusätzliche polizeiliche Verantwortlichkeit des Auftraggebers bzw. Geschäftsherrn (vgl. VGH Kassel, NVwZ RR 1993, 320). Verrichtungsgehilfe ist, wer zur Ausübung der Tätigkeit von anderen dazu bestellt wird und dessen Weisung unterliegt.

Bsp.: Ein Dachdeckergehilfe wirft Ziegel auf den Bürgersteig. Der vorbeikommende Polizeibeamte kann sich an den Gehilfen (§ 6 Abs. 1 HSOG), aber auch an den Dachdeckerunternehmer nach § 6 Abs. 3 HSOG wenden.

Eine Verantwortlichkeit des Geschäftsherrn entfällt allerdings in Fällen, in denen der Verrichtungsgehilfe außerhalb der ihm übertragenen Tätigkeiten und außerhalb der Weisungen des Geschäftsherrn handelt.

Bsp.: Der Dachdeckergehilfe verlässt seinen Arbeitsplatz und verursacht an anderer Stelle eine Gefahrensituation, die mit seiner Dachdeckertätigkeit nicht im Zusammenhang steht. Ein Rückgriff auf den Unternehmer scheidet hier aus.

Entscheidend ist, wie oben festgestellt, die objektive Verursachung, Fragen des Verschuldens sind unerheblich. Damit besteht bei § 6 Abs. 2 und Abs. 3 HSOG **keine Exculpationsmöglichkeit** (wie bei § 831 Abs. 1 S. 2 BGB). Die Formulierung in § 6 Abs. 2 und Abs. 3 HSOG („auch") macht deutlich, dass eine **zusätzliche Verantwortlichkeit** (neben der Verantwortlichkeit des Verursachers) geschaffen wird.

IV. Zustandsverantwortlichkeit

Es geht um die **Verantwortlichkeit für den Zustand von Sachen und Tieren**. Den **91**
Sachen (beweglichen und unbeweglichen, vgl. § 90 BGB) werden die Tiere gleichgestellt. Die Verantwortlichkeit greift, wenn von Sachen oder Tieren eine Gefahr aus-

geht, wobei auch hier eine Zurechnung im Sinne eines unmittelbaren Kausalzusammenhanges erforderlich ist. Dabei kann sich die Gefahr aus der **Beschaffenheit der Sache** selbst ergeben (z.B. verdorbene Lebensmittel, bissiger Hund, tollwütige Katze) oder aus der **Lage der Sache** im Raum (z.B. verkehrswidrig abgestelltes Fahrzeug, vgl. VGH Kassel, NVwZ 1988, 655).

Das Gesetz knüpft die Zustandsverantwortlichkeit an die **tatsächliche Gewaltherrschaft** nach § 7 Abs. 1 und an das **Eigentum** oder eine andere Berechtigung, § 7 Abs. 2 HSOG.

Inhaber der tatsächlichen Gewalt ist, wer die tatsächliche Sachherrschaft über die Sache ausübt (vgl. Besitz § 854 BGB), unabhängig vom Recht auf Besitz. Entscheidend sind die tatsächliche Einwirkungsmöglichkeit auf die Sache und der damit verbundene Gesichtspunkt, Nutzen und Vorteile aus der Sache zu ziehen (BVerwG, NVwZ 1991, 457). Auf die tatsächliche Einwirkungsmöglichkeit kommt es z.B. auch bei Hundehaltergemeinschaften an, wobei bei ehelichen oder eheähnlichen Lebensgemeinschaften i.d.R. beide Partner als Hundehalter verantwortlich sind (vgl. VGH Mannheim NVwZ RR 2011, 725).

Ferner erlaubt § 7 Abs. 2 HSOG Maßnahmen **auch** gegen **den Eigentümer oder andere Berechtigte** (z.B. Nießbraucher/Pfandgläubiger). Dies klingt nach einem Vorrang für den Inhaber der tatsächlichen Gewalt. Allerdings kann daraus keine zwingende Reihenfolge entnommen werden; fallen Sachherrschaft und Eigentum auseinander, steht die Auswahl im pflichtgemäßen Ermessen der Behörde (vgl. Rn. 95).

92 Der Gesichtspunkt der Einwirkungsmöglichkeit auf die Sache hat auch für die Verantwortlichkeit des Eigentümers Bedeutung. Er ist in der Regel rechtlich und tatsächlich in der Lage, auf die Sache einzuwirken und eine Gefahr zu beseitigen (vgl. OVG Hamburg, NJW 1992, 1909 ff.). Die Verantwortlichkeit des Eigentümers stellt eine Inhalts- und Schrankenbestimmung im Sinne des Art. 14 Abs. 1 S. 2 GG dar, sie ist Ausdruck der dem Eigentum nach Art. 14 Abs. 2 GG immanenten Sozialbindung. Entscheidend für die Verantwortlichkeit des Eigentümers ist seine rechtliche oder tatsächliche Einwirkungsmöglichkeit (BVerwG, NJW 1999, 231).

Fehlt diese Möglichkeit, vgl. **§ 7 Abs. 2 S. 2 HSOG**, entfällt die Verantwortlichkeit (Ausübung der Sachherrschaft durch Dritte gegen den Willen des Eigentümers). Danach ist der Eigentümer einer Sache nicht mehr verantwortlich, wenn ihm die Sache gestohlen wurde.

Allerdings kann die Verantwortlichkeit wieder aufleben, wenn z.B. der Dieb seinerseits die Sachherrschaft aufgibt.

Bsp.: Ein Autodieb lässt das gestohlene Fahrzeug stehen.

Solange der Dieb mit dem Fahrzeug unterwegs ist und die Sachherrschaft ausübt, ist der Eigentümer nach § 7 Abs. 2 S. 2 HSOG nicht verantwortlich. Lässt der Dieb das Fahrzeug stehen, lebt die Zustandsverantwortlichkeit des Eigentümers wieder auf; er kann zur Beseitigung bzw. zu eventuellen Kosten (vgl. § 8 Abs. 2, § 43 Abs. 3 HSOG) herangezogen werden (vgl. VGH Kassel, Urt. v. 18.5.1999, 11 UE 4648/96, NJW 1999, 3650; VG Berlin NJW 2000, 603).

Dafür spricht der Wortlaut von § 7 Abs. 2 HSOG („ausübt“) und der Gedanke, dass wirtschaftlicher Nutzen und die Vorteile vom Eigentümer gezogen werden sowie die Sozialpflichtigkeit des Eigentums.

In derartigen Fällen – der Dieb ist in der Regel nicht mehr greifbar – steht meist die Kostenfrage im Vordergrund (z.B. die Kosten der Sicherstellung oder unmittelbaren

Ausführung) und damit die Frage, ob der Eigentümer oder letztlich die Allgemeinheit die Kosten zu tragen hat (vgl. auch OVG Hamburg, NJW 1992, 1909, 1910; OVG Koblenz, NVwZ RR 1989, 300; anders als hier Pausch/Dölger, S. 117; VGH Hannover, DAR 1976, 167).

Der Eigentümer bleibt Zustandsverantwortlicher, wenn er die Sache an Dritte weitergibt, auch wenn die Störung eigentlich von dem Dritten ausgeht.

Bsp.: Verantwortlichkeit des Eigentümers bei illegaler Nutzung einer baulichen Anlage durch den Mieter (VG Darmstadt, Beschl. v. 12.9.2011, 2 L 795/11.DA).

Für die Verantwortlichkeit ist nicht das **Alleineigentum** Voraussetzung, auch Miteigentümer – jeweils für sich – sind verantwortlich und können in Anspruch genommen werden. Selbst wenn Miteigentümer zivilrechtlich gebunden sind und ihre Verfügungsmöglichkeiten von der Mitwirkung anderer abhängen, ist eine Inanspruchnahme möglich; jedenfalls berührt dies nicht die Rechtmäßigkeit der Maßnahme gegen eine Miteigentümer. In diesem Fall besteht lediglich ein eventuelles **Vollstreckungshindernis** (vgl. Hess VGH, Beschl. v. 25.9.1990 Beilage zum StAnz. Nr. 44 vom 24.10.1990).

Dieses kann durch **Duldungsverfügungen** an die anderen Miteigentümer oder Berechtigten ausgeräumt werden.

Die Eigentümerhaftung endet mit dem **Verlust des Eigentums** durch Veräußerung, Verbindung, Vermischung oder Verarbeitung nach § 964 ff. BGB, nicht aber durch **Eigentumsaufgabe**, Dereliktion, nach § 959 BGB.

Bsp.:

- A. schraubt die Nummernschilder von seinem Pkw ab und lässt ihn auf einem Waldweg stehen.
- B. setzt seinen Hund auf einer Autobahnraststätte aus.

In beiden Beispielfällen bleibt die Verantwortlichkeit nach § 7 HSOG erhalten. Die in der Literatur umstrittene Frage, ob bei Dereliktion auf den früheren Eigentümer zurückgegriffen werden kann, ist in Hessen durch § 7 Abs. 3 HSOG eindeutig beantwortet (zur Zustandsverantwortlichkeit nach Eigentumsaufgabe vgl. auch BVerwG, NJW 1998, 231 m.w.N.).

Der Zustandshaftung kommt insbesondere im Zusammenhang mit Grundstücken **93**
und hier mit **Umweltschäden** (Altlasten, Gewässerverunreinigung, Mineralölunfälle) besondere Bedeutung zu.

Probleme ergeben sich zum Teil daraus, dass im Gefahrenabwehrrecht Fragen der Rechtswidrigkeit und des Verschuldens für die Verantwortlichkeit grundsätzlich nicht relevant sind. Dies kann im Einzelfall zu Ergebnissen führen, die unbillig erscheinen.

Bsp.:

- E. kauft, ohne davon Kenntnis zu haben, ein kontaminiertes Grundstück.
- Ein Öltanklastzug verunglückt auf der Wiese des Bauern B.

In diesen Fällen sind die Eigentümer selbst „Opfer", gleichwohl nach allgemeinen gefahrenabwehrrechtlichen Gesichtspunkten Zustandsverantwortliche.

Es gibt Stimmen, die in derartigen Fällen die Zustandsverantwortlichkeit einschränken wollen (vgl. Friauf, Rn. 90 ff; Schwerdtner, NVwZ 1992, 141, 143; Kohl, JUS 1992, 864).

94 Für den Bereich der sog. **Altlasten und des Bodenschutzes** hat der Gesetzgeber dem Rechnung getragen. So schränkt § 4 Abs. 5 und 6 BBodSchG, unter dem Aspekt des Vertrauensschutzes die Verantwortlichkeit zum Teil ein.

Daneben bewirkt das BBodSchG aber auch eine **Ausweitung der Verantwortlichkeit**. Zum einen auf den Gesamtrechtsnachfolger (vgl. § 4 Abs. 3, 1 BBodSchG und Rn. 98), ferner auf frühere Eigentümer (§ 4 Abs. 6 BBodSchG) und auf den, der aus handelsrechtlichem oder gesellschaftsrechtlichem Grund für eine juristische Person einzustehen hat (§ 4 Abs. 3.4 BBodSchG; zur Sanierungsverantwortlichkeit vgl. Ginsky, DVBL 2003, 169 ff. m.w.N.).

Gegen eine generelle Beschränkung (außerhalb bestehender Regelungen) bestehen Bedenken. Die rechtlichen Grundlagen (HSOG) geben für eine solche Interpretation keinen Anlass, es ist nicht erkennbar, dass der Gesetzgeber diese Einschränkungen wollte. Sie widersprechen auch den Grundsätzen der Zustandsverantwortlichkeit (vgl. BVerwG, NJW 1999, 231)

Zudem besteht bei der Störerauswahl sowie bei Fragen der Kostenerstattung und Kostenverteilung, die oft im Vordergrund stehen, im Rahmen der Ermessensausübung eher Raum für Billigkeitsüberlegungen (vgl. Schoch, JUS 1994, 1026; Götz, NVwZ 1994, 657; BVerwG, NVwZ 1991, 475.

Nach der Rechtsprechung des BVerfG (vgl. BVerfGE 102, 1 ff.) muss bei der Inanspruchnahme von Grundstückseigentümern die **Zumutbarkeit** der (finanziellen) Belastung beachtet werden. Diese berührt zwar nicht die Frage der Verantwortlichkeit, wohl aber den Umfang der Pflichten. Die Begrenzung der Kostenlast wird aus dem Eigentumsrecht (Art. 14 Abs. 1 GG) und dem Verhältnismäßigkeitsgrundsatz hergeleitet. Wichtiger Anhaltspunkt für die Zumutbarkeit soll der Verkehrswert des Grundstücks sein (vgl. auch Jochum, NVwZ 2003, 526 ff; Ginsky, DVBL 2003, 169 ff; OVG Lüneburg NVwZ RR 2006, 397 f.).

Die Überlegungen des BVerfG dürften nicht nur für den Grundstückseigentümer gelten, sondern auch für andere Zustandsverantwortliche (vgl. BVerfG, NVwZ 2001, 65; Ginsky, DVBL 2003, 169, 174).

V. Mehrheit von Verantwortlichen

95 Es kommt vor, dass **mehrere Personen** für einen Gefahrenzustand verantwortlich sind. Dabei können mehreren Verhaltensverantwortliche, aber auch Verhaltens- und Zustandsverantwortlichen bzw. mehreren Zustandsverantwortlichen vorhanden sein.

Bsp.:

- Illegale Abfallentsorgung durch den Fahrer F. (vgl. § 6 Abs. 1 HSOG) des Unternehmers U. (vgl. § 6 Abs. 3 HSOG) auf dem Grundstück des Eigentümers E. (vgl. § 7 HSOG).
- Geparktes Kfz im absoluten Halteverbot, Fahrer und Halter des Kraftfahrzeugs sind nicht identisch.

In diesen Fällen ist zu entscheiden, wen die Behörde in Anspruch nehmen kann.

Das HSOG enthält keine klare Aussage im Sinne einer Rangfolge (auch das BBodSchG legt in § 4 keine Rangfolge fest). Die **Auswahl** steht vielmehr, dies ist allgemein anerkannt, im **pflichtgemäßen Ermessen**, **Auswahlermessen**, der Gefahrenabwehr- bzw. Polizeibehörden (vgl. Götz/Geis, § 9 Rn. 91; VGH Kassel, NVwZ 1992, 1111, 1113).

Die Ermessensentscheidung hat unter Beachtung von § 40 HVwVfG vor allem zwei Gesichtspunkte zu berücksichtigen:

- **Effektivität der Gefahrenabwehr**
  Dabei geht es darum, wer von mehreren Verantwortlichen die Gefahr am wirkungsvollsten und schnellsten beseitigen kann, wobei Aspekte wie Leistungsfähigkeit, Sach- und Schadensnähe, aber auch Fragen des Verwaltungsaufwandes zu berücksichtigen sind (vgl. VGH Mannheim, NVwZ 1990, 179, 180; OVG Lüneburg, NVwZ 1990, 786).
- **Verhältnismäßigkeit**
  Hier können die jeweilige Belastung der Verantwortlichen, aber auch Zumutbarkeitsgesichtspunkte und Billigkeitsaspekte berücksichtigt werden (vgl. BVerfGE 102, 1, VGH Mannheim, NVwZ 1990, 781; VGH Kassel, NJW 1995, 2123; VGH München, NJW 2004, 2768).

Es gibt Versuche, Regeln der Ermessensbetätigung aufzustellen. Dazu gehört der Grundsatz, Verhaltensstörer vor Zustandsstörern in Anspruch zu nehmen (vgl. VGH München, NJW 1984, 1197; VG Münster, DÖV 1988, 87, 88).

Eine solche Regel findet allerdings keine Stütze im Gesetz und garantiert für sich allein keine sachgerechte Entscheidung. Sie ist als Ausgangspunkt brauchbar, entbindet aber nicht davon, im Einzelfall zu fragen, ob nicht sachliche Gründe vorliegen, von diesem Grundsatz abzuweichen (vgl. VGH Kassel 4 UE 2451/85 vom 9.9.1992, in StAnz. Beiträge S. 21, 22; Schenke, Rn. 285 f.; VG Darmstadt, Beschl. v. 12.9.2011, 2 C 795/11.DA).

Im Auswahlermessen steht nicht nur, wer richtiger Adressat einer Gefahrenabwehr- **96**
maßnahme ist (**Primärebene**), sondern auch, wer bei bereits vollzogenen Maßnahmen die **Kosten** zu tragen hat (**Sekundärebene**, vgl. § 8 Abs. 2, § 43 Abs. 3 HSOG). Auch hier liegt es im Auswahlermessen der Behörde, wem sie einen Kostenbescheid zusendet. Dabei gelten die gleichen Überlegungen wie auf der primären Ebene (vgl. OVG Lüneburg, NVwZ 1990, 786), wobei der Grundsatz der Effektivität der Gefahrenabwehr zurücktritt. Kriterien sind die Leistungsfähigkeit, die sachliche Nähe und eventuelle Nachteile der Verantwortlichen (vgl. Meixner/Fredrich, § 43 Rn. 7).

Die in § 8 Abs. 2 und § 43 Abs. 3 HSOG vorgesehene **gesamtschuldnerische Haftung** bedeutet nicht, dass die Behörde von der Ermessensentscheidung entbunden ist, wen sie von mehreren Verantwortlichen in welcher Höhe in Anspruch nimmt. Der Verweis auf die Gesamtschuld stellt lediglich klar, dass die Behörde grundsätzlich berechtigt ist, die gesamten Kosten – nach vorheriger Ermessensausübung – auch von einem Verantwortlichen zu fordern. Daraus folgt nicht, dass die Auswahl nicht mehr anhand der genannten öffentlich rechtlichen Kriterien, sondern nur nach zivilrechtlichen Grundsätzen erfolgen kann (so aber wohl Pausch/Dölger S. 253).

Der Verweis in den genannten Vorschriften auf die gesamtschuldnerische Haftung beinhaltet auch eine gesetzgeberische Aussage zum **Innenausgleich**, d.h. den finanziellen Lastenausgleich zwischen mehreren Verantwortlichen (vgl. § 426 BGB). Sachlich spricht einiges dafür, diese Regelung generell auf den Innenausgleich mehrerer Verantwortlicher untereinander zu übertragen (so h.M., vgl. Götz/Geis, § 9 Rn. 96).

Zwar hat der Bundesgerichtshof die Anwendung des § 426 BGB auf das Verhältnis mehrerer Störer abgelehnt (vgl. BGH, NJW 1981, 2457, 2458). Diese Rechtsprechung ist jedoch auf breite Kritik gestoßen (vgl. Kohler-Gehring, NVwZ 1992, 1049; Siebert, DVBl. 1992, 664, 673; Spannowsky, DVBl. 1994, 560, 563; Schoch, JUS

1994, 1026, 1029; Hess. VGH, NJW 1984, 1197, 1199). Auch im BBodSchG ist in § 24 Abs. 2 ein Gesamtschuldnerausgleich vorgesehen.

VI. Sonderprobleme

1. Verantwortlichkeit und Rechtsnachfolge

97 Es geht darum, ob die Verantwortlichkeit i.S. des Polizei- und Ordnungsrechts auf eine andere Person übergehen kann. Damit verbunden ist die Frage, ob ein Rechtsnachfolger (z.B. Käufer, Erbe) eine gegen den „Vorgänger" erlassene Verfügung gegen sich gelten lassen muss.

Das HSOG enthält dazu keine Aussagen. Für das **Bauordnungsrecht** stellt § 53 Abs. 5 HBO fest, dass bauaufsichtsbehördliche Verfügungen auch gegen den Rechtsnachfolger gelten. Für Altlasten sieht § 4 Abs. 3 BBodSchG eine Verantwortlichkeit für Gesamtrechtsnachfolger der Verursacher vor.

Soweit gesetzliche Regelungen fehlen, ist die Problematik komplex. Es ist zu unterscheiden hinsichtlich der **Art der Verantwortlichkeit** (abstrakte Verantwortlichkeit aufgrund des Gesetzes, durch eine Verfügung konkretisierte Verantwortlichkeit, Zustands- bzw. Verhaltensverantwortlichkeit) und die **Art der Rechtsnachfolge**, Gesamtrechts- oder Einzelrechtsnachfolge (vgl. Denninger in Lisken/Denninger, D Rn. 121 ff.).

a) Rechtsnachfolge bei abstrakt bestehender Verantwortlichkeit

98 Im Rahmen der **Zustandsverantwortlichkeit** ist die Sache unproblematisch, für eine besondere Rechtsnachfolgediskussion einer abstrakten Ordnungspflicht besteht kein Bedarf. Mit dem Eigentumsübergang bzw. dem Erwerb wird der Erwerber automatisch selbst Zustandsverantwortlicher nach § 7 HSOG im Sinne einer originären **eigenen** Verantwortlichkeit; die Frage des Übergangs stellt sich damit letztlich nicht (vgl. aber VGH Kassel, NJW 1993, 611 zur Altlastenproblematik und Sonderregelung für die Sanierungsverantwortlichkeit i).

Bsp.: Geht von einem Tier eine Gefahr aus, wird ein Käufer oder Erbe des Tieres selbst (originär) Zustandsverantwortlicher nach § 7 HSOG.

Bei der **Verhaltensverantwortlichkeit** ist zu differenzieren. In Fällen der **Einzelrechtsnachfolge** findet, von speziellen Regelungen abgesehen, kein Übergang der abstrakten Verantwortlichkeit statt (vgl. Schenke, Rn. 296). In Fällen der **Gesamtrechtsnachfolge** (bedeutsam insbesondere im Altlastenbereich) geht es vor allem darum, Verantwortlichkeiten (z.B. bei Firmenübernahmen oder -Umwandlungen) zu erhalten. Die überwiegende Meinung bejaht bei **vertretbaren Handlungen** einen Übergang (vgl. Schoch, JUS 1994, 1030 m.w.N, BVerwGE 125, 325).

Bsp.: Die X GmbH verursacht Umweltschäden. Bei Übernahme der X GmbH durch eine neue Firma bleibt bzw. wird die neue Firma verantwortlich für die durch die X GmbH begangene Umweltbeeinträchtigung.

Heute findet sich eine Regelung in § 4 Abs. 3 BBodSchG, wonach eine Sanierungspflicht auf den Gesamtrechtsnachfolger des Verursachers übergeht (vgl. dazu auch Ginsky, DVBL 2003, 169, 176).

b) Rechtsnachfolge bei durch behördliche Verfügung konkretisierter Verantwortlichkeit

Hier geht es darum, ob der Rechtsnachfolger die gegen den Rechtsvorgänger erlassene Verfügung gegen sich gelten lassen muss (aus Sicht der Behörde darum, ob sie aus der Verfügung heraus vorgehen kann oder ggf. eine neue Verfügung erlassen muss). Dabei ist zunächst zu klären, ob die Verpflichtung überhaupt rechtsfolgefähig ist, was nur bei **vertretbaren Handlungen** möglich ist (vgl. BVerwGE 1964, 105, 110; Hess. VGH Kassel, NVwZ 1985, 281). **99**

Im Bereich der **Zustandsverantwortlichkeit** sieht die herrschende Meinung (vgl. BVerwG, NJW 1971, 1624, Knemeyer, Rn. 298, Lisken/Denninger, D Rn. 101; VGH Mannheim, NVwZ 1992, 392) eine Bindung des Rechtsnachfolgers unabhängig davon, ob Einzel- oder Gesamtrechtsnachfolge vorliegt. Begründet wird dies mit der sog. „Dinglichkeit“ der Zustandsverantwortlichkeit und des sie konkretisierenden Verwaltungsaktes (kritisch Schenke, Rn. 293 f.).

Bsp.: Wird dem Eigentümer eines Fahrzeugs aufgegeben, das Fahrzeug zu beseitigen, muss der Käufer (Einzelrechtsnachfolger) des Fahrzeugs als auch im Falle einer Erbschaft der Erbe (Gesamtrechtsnachfolger) die Verfügung gegen sich gelten lassen.

Diese Auffassung ist allerdings aus rechtsdogmatischen Gründen bei Fällen der Einzelrechtsnachfolge nicht unumstritten (vgl. Schoch, JUS 1994, 1031; Drews/Wacke/Vogel/Martens, S. 299 f.; VGH Kassel, NJW 1976, 1910). Für den in der Praxis wichtigen Bereich des Bauordnungsrechts hat der Gesetzgeber in Hessen reagiert und mit § 53 Abs. 5 HBO Klarheit geschaffen.

Im Rahmen der **Verhaltensverantwortlichkeit** erfolgt ein Übergang einer konkretisierten Pflicht nach herrschender Meinung nur in Fällen der Gesamtrechtsnachfolge und vertretbarer Handlungspflicht (BVerwG, NJW 71, 624; BVerwGE 125, 325; Götz, § 9 Rn. 81). In Fällen der Einzelrechtsnachfolge scheidet dagegen der Übergang einer durch Verfügung konkretisierten Verhaltensverantwortlichkeit – von gesetzlichen Regelungen abgesehen – aus (Drews/Wacke/Vogel/Martens, S. 301).

2. Inanspruchnahme des sog. „Anscheinsstörers“

Die Anscheinsgefahr (vgl. Rn. 77) eröffnet gefahrenabwehrrechtliches Handeln. Damit korrespondiert die Frage, ob der sog. „Anscheinsstörer“ verantwortlich im Sinne des HSOG und richtiger Adressat eventueller Maßnahmen ist. **Anscheinsstörer** ist, wer aus ex ante-Sicht bei verständiger Würdigung eine (Anscheins)gefahr hervorgerufen hat, wobei sowohl Handlungs- als auch Zustandsverantwortlichkeit denkbar sind (vgl. Schoch, JUS 1994, 934 m.w.N.; kritisch zum Begriff des Anscheinsstörers Götz/Geis, § 7 Rn. 43 und vor allem Schenke, Rn. 252 u. 254 ff.). **100**

Bsp.:

- A., der den Haustürschlüssel vergessen hat, steigt in sein Haus ein und erweckt den Eindruck eines Einbruchs.
- Der Hund des B. zeigt deutliche Tollwutanzeichen, die sich im Nachhinein als „falsch“ herausstellen.

Aus der Überlegung, die die Anscheinsgefahr der tatsächlichen Gefahrenlage bei der Frage der Eingriffsberechtigung gleichsetzt, wird nach h.M. der Anscheinsstörer dem tatsächlichen Störer – jedenfalls im Rahmen der Eingriffsfrage – gleichgestellt. Bei der Anscheinsgefahr besteht, im Gegensatz zum sog. Gefahrenverdacht, für die handelnde Verwaltung gerade keine Unsicherheit, die Situation ist erst bei einer nachträglichen Betrachtung auflösbar. Im Sinne einer effektiven Gefahrenabwehr sollte es deshalb möglich sein, den vermeintlich Verantwortlichen in Anspruch zu nehmen (VGH Mannheim, NVwZ 1991, 491, 492).

Für die Rechtmäßigkeit der Inanspruchnahme kommt es nicht darauf an, ob der Anscheinsstörer den **Anschein in vorwerfbarer Weise** gesetzt hat.

101 Eine andere Frage ist, ob die Gleichsetzung von Störer und Anscheinsstörer zu einem späteren Zeitpunkt bei der Entscheidung zur **Kostenpflicht** (z.B. im Rahmen von § 8 Abs. 2 HSOG) bzw. bei **Ersatz- oder Entschädigungsfragen** im Rahmen von § 64 HSOG (vgl. BGH, DVBl. 1992, 1158 ff.) gerechtfertigt ist. Diese Fragen erfordern nicht zwingend eine ex ante-Betrachtung; es ist sachgerecht, z.B. im Rahmen einer unmittelbaren Ausführung nur denjenigen für die Kosten nach § 8 Abs. 2 HSOG in Anspruch zu nehmen, der den Anschein in zurechenbarer Weise gesetzt und damit dafür einzustehen hat (vgl. VGH Mannheim, NVwZ RR 1991, 24, 26; OVG Hamburg, NJW 1996, 2005, 2006; BGH, NJW 1994, 2355; vgl. auch Rn. 135).

Bsp.: Bei einem Volksfest wird durch Parken in drei Reihen ein Fahrzeug „eingeparkt". Um das eingeparkte Fahrzeug zu „befreien", lässt die Polizei das Fahrzeug abschleppen, das nach Zeugenaussagen zuletzt abgestellt wurde und damit die Situation unmittelbar herbeigeführt hat. Die Abschleppanordnung ist gemäß § 8 Abs. 1 HSOG gerechtfertigt, da nach dem objektiven Anschein der Fahrer dieses Fahrzeuges die Rechtsbeeinträchtigung herbeigeführt hat. Stellt sich später heraus, dass nicht das abgeschleppte Fahrzeug, sondern ein anderes Fahrzeug zuletzt kam, kann der Fahrer des abgeschleppten Fahrzeugs nicht für die Abschleppkosten gemäß § 8 Abs. 2 HSOG herangezogen werden.

Auch im Rahmen eventueller **Ersatz- oder Erstattungsansprüche** kann der Anscheinsstörer bei nachträglicher Betrachtung wie ein Nichtstörer (vgl. § 64 Abs. 1 S. 1 HSOG) behandelt werden mit der Folge, dass ihm Ansprüche zustehen (vgl. Rn. 313).

Anders als bei der Anscheinsgefahr und beim Anscheinsstörer ist bei bloßem Gefahrenverdacht bzw. beim **„Verdachtsstörer"** eine Verantwortlichkeit und damit eine Inanspruchnahme als Verantwortlicher abzulehnen (vgl. Rn. 79). Hier muss die Behörde vorrangig selbst Maßnahmen ergreifen, ein „Verdächtiger" kann allenfalls unter den Voraussetzungen des § 9 HSOG als Nichtverantwortlicher herangezogen werden (vgl. Schenke, Rn. 263).

Zu beachten sind aber auch hier bestehende gesetzliche Regelungen. So sieht z.B. § 9 Abs. 2 i.V.m. § 4 BBodSchG die Möglichkeit vor, bereits im Verdachtsfalle die „Verdächtigen" zu verpflichten.

3. Inanspruchnahme von Hoheitsträgern

102 Gefahren können auch von juristischen Personen des öffentlichen Rechts (durch Mitarbeiter, Anlagen, Grundstücke) ausgehen. Dabei stehen zwei Fragen im Vordergrund:

1. Unterliegen Hoheitsträger überhaupt dem Landespolizei- und Ordnungsrecht? Können Sie polizeipflichtig sein? (Frage nach der sog **materielle Polizeipflicht)**.
2. Darf eine Gefahrenabwehrbehörde oder die Polizei gegen einen anderen Hoheitsträger vorgehen oder überschreitet sie dabei ihre Kompetenzen? (Frage nach der sog. **formellen Polizeipflicht**, vgl. dazu BVerwGE 25, 52, 50; OVG Lüneburg, OVGE 12, 340).

Frage 1 beantwortet sich aus Artikel 20 Abs. 3 GG, wonach auch Verwaltungsträger dem Polizei- und Ordnungsrecht unterliegen. Sie unterliegen damit grundsätzlich auch der polizei- und ordnungsrechtlichen Verantwortlichkeit (vgl. Götz/Geis, § 9 Rn. 80 m.w.N.). Dieser Grundsatz steht nach der Rechtsprechung unter dem Vorbehalt, dass im Einzelfall kollidierende öffentliche Interessen gegeneinander abzuwägen sind (BVerwGE 29, 52, 58).

Dagegen verneint zu Frage 2 die herrschende Meinung (vgl. BVerwGE 29, 52, 59; Schoch, JUS 1994, 849, 852) eine Kompetenz (Zuständigkeit) der Gefahrenabwehr- und Polizeibehörden, gegen andere Hoheitsträger vorzugehen (vgl. auch § 73 HVwVG, wonach eine **Vollstreckung gegen Behörden** und jur. Personen des öffentlichen Rechts nur in ausdrücklich zugelassenen Fällen möglich ist).

Dies gilt dort, wo ein behördliches Einschreiten einen Eingriff in den hoheitlichen Tätigkeitsbereich des anderen Verwaltungsträgers darstellt. Es gilt der Grundsatz, dass jeder Hoheitsträger zwar materiell polizeipflichtig ist, aber selbst zur Gefahrenabwehr in seinem Bereich berufen ist (vgl. VGH Kassel, JUS 1997, 859. Von diesem Grundsatz sind **Ausnahmen** zu machen:

- im Eilfall, d.h. wenn der Hoheitsträger selbst nicht oder nicht rechtzeitig tätig werden kann (vgl. VV 6.1. zu § 6 HSOG);
- wenn der tangierte Hoheitsträger rein fiskalisch oder erwerbswirtschaftlich handelt *(z.B. Vermietung gemeindeeigener Wohnungen durch die Gemeinde)*;
- wenn der spezielle hoheitliche Tätigkeitsbereich des anderen Verwaltungsträgers nicht beeinträchtigt wird (vgl. OVG Lüneburg, OVGE 12, 340; VGH Kassel, DÖV 1992, 752).

Bsp.: Bei unzulässiger Lärmbeeinträchtigung der Nachbarschaft durch Übungen der Bereitschaftspolizei ist die örtliche Ordnungsbehörde nicht befugt (nicht zuständig), gegen die Polizei bzw. das Land vorzugehen. Anders beurteilt sich der Fall, wenn das Land Teile des Polizeigeländes regelmäßig Vereinen für Feierlichkeiten überlässt und dies zu Lärmbeeinträchtigungen führt.

Anders allerdings nach Rechtsprechung des BVerwG bei Maßnahmen der Immissionsschutzbehörde gegenüber einer Gemeinde unter Hinweis auf §§ 24, 22 BImSchG, vgl. BVerwG, NVwZ 2003, 346). Überhaupt wird der oben genannte Grundsatz zunehmend in Frage gestellt bzw. eingeschränkt (vgl. BVerwG, NVwZ 2003, 1252; Götz/Geis, § 9 Rn. 82).

VII. Inanspruchnahme nicht verantwortlicher Personen

§ 9 HSOG schließt die Lücke im System der Gefahrenabwehr, in dem neben der Ge- 103
fahrenabwehr durch eigene behördliche Mittel und der Inanspruchnahme des Verantwortlichen der Handlungsspielraum von Verwaltung und Polizei durch die **Möglichkeit der Inanspruchnahme nichtverantwortlicher Personen** erweitert wird. Das Gesetz schreibt gleichzeitig die Grenzen fest und macht damit deutlich, dass die Inanspruchnahme Nichtverantwortlicher nur als ultima ratio unter den engen **Voraussetzungen von § 9 HSOG** rechtlich zulässig ist. Eine solche Situation wird auch als **„polizeilicher Notstand“** bezeichnet (vgl. Meixner/Fredrich, § 9 Rn. 1; Götz/Geis, § 10 Rn. 2). Ferner knüpft das Gesetz in § 64 Abs. 1 HSOG bei Entschädigungs- bzw. Ersatzansprüchen an die Inanspruchnahme des Nichtverantwortlichen an.

Für eine rechtmäßige Inanspruchnahme des Nichtverantwortlichen müssen die Voraussetzungen in § 9 Abs. 1 HSOG **kumulativ** vorliegen. Erforderlich ist eine **gegen-**

wärtige, erhebliche Gefahr. Im Gegensatz zur allgemeinen konkreten Gefahrenlage, die für eine Inanspruchnahme des Verantwortlichen ausreicht, ist eine besondere zeitliche Nähe (bereits eingetretene Störung oder in aller nächster Zeit mit großer Wahrscheinlichkeit bevorstehende Beeinträchtigung, vgl. BVerwGE 45, 51, 58) sowie die Bedrohung bedeutender Rechtsgüter erforderlich. Ferner darf **keine andere Möglichkeit** bestehen, die Gefahr abzuwehren, weder durch eine Inanspruchnahme des Verantwortlichen nach § 6 bzw. § 7 HSOG, noch durch die Behörde selbst bzw. einen beauftragten Dritten. Derartige Fallkonstellationen sind vor allem bei Unfällen oder Naturkatastrophen denkbar.

Bsp.:

- Polizeibeamter P. fordert einen nicht am Unfall beteiligten Autofahrer auf, einen Verletzten ins Krankenhaus zu fahren.
- Polizeibeamter P. fordert einen Passanten auf, ihm zu helfen, eine wegen starken Windes umgestürzte Werbetafel zu befestigen.

104 Bedeutung erlangt § 9 HSOG in der Praxis vor allem in Fällen der **Unterbringung von Obdachlosen** und **versammlungsrechtlicher Entscheidungen**.

Bsp.:

- Einweisung einer von Obdachlosigkeit bedrohten Familie in ihre bisherige Wohnung unter Inanspruchnahme des Vermieters.
- Verbot einer Versammlung, weil durch gewalttätige Gegendemonstrationen Gefahren für Leib und Leben der Versammlungsteilnehmer bestehen und Verwaltung und Polizei sich nicht in der Lage sehen, eine Gewaltanwendung zu verhindern.

Dabei ist im Rahmen der Prüfung von § 9 Abs. 1 HSOG ein **strenger Maßstab** anzulegen. Es muss feststehen, dass Maßnahmen gegen die Verantwortlichen, z.B. die Obdachlosen selbst bzw. die Gegendemonstranten nicht möglich sind bzw. keinen Erfolg versprechen.

So ist im Falle der **Obdachlosigkeit** der Obdachlose zwar selbst Verantwortlicher und als solcher verpflichtet, die Obdachlosigkeit durch intensive eigene Bemühungen zu vermeiden (vgl. VGH Kassel, Urt. v. 7.3.2011, 8 B 217/11; Ruder, NVwZ 2012, 1283, 1285); häufig sind die betroffenen Personen dazu aber nicht in der Lage. Allein dies rechtfertigt noch nicht die Inanspruchnahme des nichtverantwortlichen Vermieters. Zu klären ist weiter, ob die Verwaltung selbst die drohende Obdachlosigkeit beheben kann, z.B. durch die Bereitstellung von Obdachlosenunterkünften, Anmietung von Wohnungen oder Hotels (vgl. VG Frankfurt, Beschl. v. 6.6.2011, 8 L 1441/11.F).. Erst wenn dies nicht möglich ist, kann eine Einweisung in die bisherige Wohnung erflogen (vgl. Meixner/Fredrich, § 9 Rn. 7 mit zahlreichen Rechtsprechungshinweisen).

In **versammlungsrechtlichen Fällen** sind vorrangig die verantwortlichen Gegendemonstranten in Anspruch zu nehmen. Ist dies nicht möglich, müssen Verwaltung bzw. Polizei versuchen, durch Verstärkung ihrer Kräfte die Versammlung zu schützen. Dabei bestehen erhöhte Anforderungen, notfalls ist Bereitschaftspolizei anderer Bundesländer bzw. Bundespolizei im Wege der Amtshilfe anzufordern (vgl. dazu BVerfG, NJW 1985, 2395, 2400; VGH Kassel, NVwZ RR 1994, 86, 87; Krüger, S. 103 ff. m.w.N.; Mühl in Möstl/Mühl, § 9 Rn. 32 ff.).

Schließlich darf die sog. **Opfergrenze** (§ 9 Abs. 1 Ziff. 4 HSOG) nicht überschritten werden. Dies ist der Fall, wenn die Inanspruchnahme des Nichtverantwortlichen mit einer erheblichen **eigenen Gefährdung** des Betroffenen verbunden ist.

Bsp.: Polizeibeamter P. – selbst Nichtschwimmer – gibt einem vorbeikommenden Passanten auf, in ein gefährliches Gewässer zu springen, um einen Menschen zu retten.

Ziff. 4 ist Ausfluss des Verhältnismäßigkeitsgrundsatzes (Grundsatz der Angemessenheit, vgl. auch § 4 Abs. 2 HSOG).

Ausfluss des Verhältnismäßigkeitsgrundsatzes (vgl. § 4 Abs. 3 HSOG) ist auch **§ 9 Abs. 2 HSOG**, der ein **Übermaßverbot** beinhaltet und die Inanspruchnahme des Nichtverantwortlichen zeitlich und sachlich begrenzt.

Sind die Voraussetzungen für eine Maßnahme nach § 9 Abs. 1 nicht mehr gegeben, darf die Behörde die Maßnahme nicht aufrechterhalten, § 9 Abs. 2 HSOG

Damit ist z.B. in den genannten Obdachlosenfällen zu klären, wie lange eine Einweisung aufrechterhalten werden kann. Zum einen nur solange, wie keine andere Unterbringungsmöglichkeit besteht. Ob unabhängig davon eine feste zeitliche Zumutbarkeitsgrenze für den Eigentümer existiert (so z.B. nach § 33 Abs. 3 Polizeigesetz von Baden-Württemberg) lässt das HSOG offen. Für Fälle der Obdachlosenunterbringung hat sich allerdings in der Rechtsprechung eine zeitliche Beschränkung auf etwa sechs Monate durchgesetzt (vgl. BGHZ 35, 27, 31; VG Frankfurt, NVwZ 1990). Die Einweisung begründet für die Eingewiesenen keinen Besitzstand und keinen Anspruch auf Verbleiben in der Wohnung. Die Behörde kann im Rahmen ihrer Ermessensausübung die Betroffenen z.B. in eine andere Unterkunft einweisen, wenn diese den Anforderungen an eine menschenwürdige Unterkunft genügt (VGH Kassel, NVwZ RR 2011, 474).

Damit korrespondiert ein Anspruch des Inanspruchgenommenen auf Beseitigung der Inanspruchnahme und ihrer tatsächlichen Folgen im Sinne eines **Folgenbeseitigungsanspruchs** (dabei ist in den Fällen der Obdachloseneinweisung wegen der dort bestehenden „Dreiecksbeziehung" die rechtsdogmatische Einordnung eines derartigen Anspruchs nicht unumstritten (vgl. OVG Berlin, NVwZ 1992, 501; Schoch, JUS 1995, 35).

Unabhängig davon steht dem Wohnungseigentümer ein Anspruch auf Nutzungsentschädigung in Höhe der ortsüblichen Miete zu. Dieser **Ausgleichsanspruch** ergibt sich aus § 64 Abs. 1 S. 1 HSOG (vgl. Rn. 312).

Übersicht: Inanspruchnahme/Verantwortlichkeit

Anknüpfung	**Gefahrenverursachung** Ursächlich ist, wer letzte Ursache setzt, die Gefahrenherd in sich birgt bzw. Gefahrengrenze überschreitet; **Theorie der unmittelbaren Verursachung** (h.M.), erweitert um Figur des sog. Zweckveranlassers
Verhaltensverantwortlichkeit gem. § 6 HSOG	▪ **eigenes Verhalten**, Abs. 1 ▪ Verhalten von **Kindern** oder betreuten Personen, Abs. 2 ▪ Verhalten von Verrichtungsgehilfen, Abs. 3
Zustandsverantwortlichkeit für Sachen und Tiere gem. § 7 HSOG	▪ **Inhaber der tatsächlichen Gewalt**, Abs. 1 ▪ **Eigentümer** oder sonst berechtigte Person, Abs. 2 ▪ **Früherer Eigentümer** nach Eigentumsaufgabe bei herrenlosen Sachen, Abs. 3
Mehrheit von Verantwortlichen	Erfordert „Störerauswahl" nach pflichtgemäßem Ermessen (Auswahlermessen)

Nichtverantwortliche gem. § 9 HSOG	Inanspruchnahme ausnahmsweise möglich unter Voraussetzungen von § 9 Abs. 1 Nr. 1–4
Sonderprobleme	▪ Inanspruchnahme des **Anscheinstörers** grds. möglich (mit differenzierter Betrachtung auf der Ebene von Kostenersatz/Ersatzansprüchen) ▪ Inanspruchnahme von **Hoheitsträgern**, nur ausnahmsweise möglich ▪ Verantwortlichkeit und **Rechtsnachfolge** (differenzierte Betrachtung geboten)

E. Grundsätze gefahrenabwehrrechtlichen Handelns

I. Gesetzesvorbehalt

Gefahrenabwehrmaßnahmen haben i.d.R. Eingriffscharakter. Nach dem **Grundsatz vom Vorbehalt des Gesetzes** (Art. 20 Abs. 3 GG) bedürfen sie einer Ermächtigung, einer sog. **Befugnisnorm**. 105

Dies gilt insbesondere für **Gebote und Verbote** (vgl. Rn. 122), die als Verwaltungsakte unmittelbaren Eingriffscharakter haben. Bei tatsächlichem Verwaltungshandeln (Realakten, vgl. Rn. 120) hängt das Erfordernis einer Befugnisnorm vom **Eingriffscharakter** ab.

Soweit tatsächliches Verwaltungshandeln nicht in Rechte von Bürgern eingreift, auch nicht mittelbar, bedarf es keiner besonderen Ermächtigung im Sinne des Gesetzesvorbehaltes. Hier kann sich die Behörde auf die **Aufgabenzuweisung des § 1 HSOG** stützen (vgl. Rn. 59).

Bsp.: Allgemeine Auskünfte durch die Verwaltung, Streifengänge bzw. Streifenfahrten der Polizei; Warnungen der Polizei vor Einbrüchen, Empfehlungen zur Wohnungssicherung.

Auch Realakte können Rechte Betroffener berühren bzw. in diese eingreifen.

Bsp.:

- Neben einer allgemeinen Warnung vor Einbrüchen gibt die Polizei konkrete Empfehlungen zu Firmen im Sicherheitsgewerbe.
- Warnung der Behörden vor einem bestimmten Produkt einer konkreten Firma (vgl. LG Stuttgart, NJW 1989, 2257).
- Warnung in einem Flugblatt vor Jugendsekten (vgl. VGH Mannheim, DÖV 1989, 169 ff.; BVerwG, NJW 1991, 1770).

In derartigen Fällen reicht die Aufgabenzuweisung des § 1 HSOG als Handlungsgrundlage nicht aus, es bedarf einer Ermächtigungsnorm (zur Notwendigkeit einer Befugnisnorm vgl. auch Rn. 59, 149)

Grundlage für solche **Warnungen** können die Generalklausel, § 11 HSOG, bzw. spezielle Normen, z.B. § 8 ProduktsicherungsG, sein.

Gleiches gilt in Fällen sog **Gefährdungsanschreiben oder Gefährdungsansprachen**.

Bsp.:

- Polizeiliches Schreiben, in dem dem Adressaten nahegelegt wird, sich nicht an einer Demonstration zu beteiligen (OVG Lüneburg, NJW 2006, 391 ff).
- Mündlicher Hinweis an einen Geschäftsführer eines Inkassounternehmens auf ein Ermittlungsverfahren (VGH Kassel, Beschl. v. 28.11.2011, 8 A 199/11.Z).

Auch derartige Maßnahmen stellen mangels Regelung zwar keine Verwaltungsakte, sondern Realakte dar. Sie sind aber geeignet, in grundrechtlich geschützte Positionen (z.B. freie Willensbildung, an Demonstrationen teilzunehmen ‚Art. 5 Abs. 1, Art. 8 Abs. 1 GG) einzugreifen und bedürfen von daher einer Befugnisnorm.

Die Notwendigkeit einer Befugnisnorm zeigt sich vor allem dort, wo tatsächliches Handeln unmittelbar in die Rechte eingreift. So berührt die **Datenerhebung bzw. Datenverarbeitung** unmittelbar das **Recht auf informelle Selbstbestimmung** und bedarf daher einer Ermächtigung (vgl. §§ 12 ff. HSOG). **Filmaufnahmen** bei Veranstaltungen treffen unmittelbar das **Persönlichkeitsrecht**, jedenfalls soweit eine Identifizierung Einzelner möglich ist, das Recht am eigenen Bild. In diesen Fällen ist eine Ermächtigung erforderlich (vgl. § 14 HSOG; § 12 a und § 19 a VersG).

Selbstverständlich muss eine Befugnisnorm ihrerseits verfassungsrechtlichen Anforderungen genügen, insbesondere hinsichtlich der Bestimmtheit und des Verhältnismäßigkeitsgrundsatzes.

Bsp.: Verfassungswidrigkeit des § 14 Abs. 5 HSOG in der Fassung vom 14.1.2005, vgl. BVerfGE 120, 378.

II. Spezialität/Subsidiarität

106 Befugnisnormen für Maßnahmen der Gefahrenabwehr finden sich im HSOG (§ 11 ff.), aber auch außerhalb des HSOG in zahlreichen Spezialgesetzen, wobei bundes- und landesrechtliche Regelungen bestehen.

Beispiele aus dem Bereich des Bundesrechts sind:

- Versammlungsrecht, z.B. § 15 Abs. 1 und Abs. 2 VersG (Verbot, Auflösung)
- Vereinsrecht, z.B. § 3 VereinsG (Verbot von Vereinen)
- Gewerberecht, z.B. § 35 GewO (Gewerbeuntersagung)
- Verkehrsrecht, z.B. § 45 StVO (verkehrsregelnde Anordnungen)
- Ausländerrecht, z.B. § 53, § 58 AufenthG (Ausweisung, Abschiebung)

Beispiele landesgesetzlicher Ermächtigungen sind:

- Bauordnungsrecht, § 72 HBO (Nutzungsverbot, Beseitigungsverfügung),
- Umweltrecht: – §§ 16, 47, 63 HWG (Maßnahmen der Wasseraufsicht),
- § 55 Hess. Forstgesetz (Maßnahmen von Forstbehörden),
- § 17a HStrG (Beendigung illegaler Sondernutzung),
- § 4 Hessisches Gaststättengesetz (Untersagung).

Nach dem **Grundsatz der Spezialität** gehen diese speziellen gesetzliche Regelungen einer allgemeinen Regelung und damit dem HSOG vor (siehe auch § 3 HSOG).

Bsp.:

- Das Verbot einer öffentlichen Versammlung kann nur unter den Voraussetzungen von § 5 VersG (bei Versammlungen in geschlossenen Räumen) bzw. § 15 VersG (bei Versammlungen unter freiem Himmel) erfolgen. Ein Verbot kann nicht auf § 11 HSOG gestützt werden.
- Die Abschiebung von Ausländern setzt voraus, dass die Voraussetzungen der §§ 58 ff. AufenthG vorliegen.

In diesen Fällen ist ein **Rückgriff auf** die Befugnisnormen des **HSOG nicht möglich**. Dies folgt aus dem Grundsatz der Spezialität und der Tatsache, dass den speziellen Gesetzen in der Regel ein **abschließender Regelungscharakter** zukommt (vgl. § 3 Abs. 1 HSOG).

Das HSOG greift, wenn es an einer spezialgesetzlichen Regelungen fehlt bzw. ist ergänzend anwendbar, wenn spezielle Rechtsvorschriften keine abschließende Regelung enthalten (vgl. § 3 Abs. 1 S. 3 HSOG), **Grundsatz der Subsidiarität**.

Ob bzw. inwieweit die abschließende Regelung des Spezialgesetzes geht, ist im Einzelfall durch **Auslegung** (vgl. BVerfG NJW 2005, 2603, 2606) zu ermitteln, wobei zwischen den Eingriffsvoraussetzungen und der Rechtsfolgenseite differenziert werden sollte (vgl. Schoch, JUS 1994, 479, 480 m.w.N.). In Fällen **ausschließlicher Gesetzgebung des** Bundes (vgl. Art. 73 GG), in der Regel auch bei **konkurrierender Gesetzgebung** (Art. 72, 74 GG), ist von einer abschließenden Regelung auszugehen (vgl. Meixner/Fredrich § 3 Rn. 4 m.w.N.).

In dem für die Praxis wichtigen **Bereich des Versammlungsrechts** stellt das Versammlungsgesetz (mangels landesgesetzlicher Regelung gilt in Hessen das VersG des Bundes) grundsätzlich eine abschließende Regelung dar. Der spezielle Charakter des Versammlungsgesetzes ist allerdings auf sog. **versammlungsspezifische Gefahren** beschränkt. Bei versammlungsunspezifischen Gefahren ist nach überwiegender Meinung ein Rückgriff auf das allgemein Polizei- und Ordnungsrecht möglich (vgl. Schoch, JUS 1994, 480; Krüger, S. 38). 107

Bsp.:

- Auflösung eines Skinheadkonzertes wegen Brandgefahr (VGH Mannheim, DVBl 2010, 1254).
- Zieht eine Giftwolke in Richtung Versammlungsort, können polizeiliche Maßnahmen zum Schutz der Bevölkerung und der Teilnehmer der Versammlung auf das allgemeine Gefahrenabwehrrecht gestützt werden.

Bei **Maßnahmen gegen nichtöffentliche Versammlungen**, die zwar grundgesetzlich geschützt, aber direkt nicht vom Versammlungsgesetz erfasst sind, werden unterschiedliche Auffassungen vertreten; die h.M. lässt einen Rückgriff auf das allgemeine Polizei- und Ordnungsrecht zu (vgl. zum Streitstand Krüger, Versammlungsrecht S. 162 ff.).

Zu beachten ist ferner, wie weit die Sperrwirkung des **Spezialgesetzes in örtlicher bzw. zeitlicher Hinsicht** reicht. Im Verhältnis Versammlungsrecht zum allgemeinen Gefahrenabwehrrecht bedeutet dies, dass das Versammlungsgesetz nur während der Versammlung gilt. Vor bzw. nach der Versammlung kann grundsätzlich auf das allgemeine Polizei- und Ordnungsrecht zurückgegriffen werden.

Bsp.:

- Errichtung einer örtlich und zeitlich vor der eigentlichen Versammlung liegenden Kontrollstelle zur Kontrolle anreisender Versammlungsteilnehmer auf der Grundlage von § 18 Abs. 2 Nr. 5 HSOG (vgl. Meixner/Fredrich § 18 Rn. 23; zum Streitstand ferner Schoch, JUS 1994, 479, 485 m.w.N.).
- Nach einer Auflösung einer Versammlung nach dem Versammlungsgesetz kann ein anschließender Platzverweis auf § 31 HSOG gestützt werden.

Bei einer Auslegung ist ferner die Zielrichtung zu bedenken, insbesondere welche Gefahren das Spezialgesetz im Auge hat und ob eventuell Unterschiede zur allgemeinen Gefahrenabwehr bestehen. So ist es möglich, Meldeauflagen z.B. gegenüber gewaltbereiten Fußballfans trotz Regelungen im PassG auf die polizeirechtliche Generalklausel zu stützen, wenn Ziel die Verhütung von Straftaten ist. Schutzziel der Regelungen des PassG ist vorrangig das Ansehen der Bundesrepublik im Ausland (vgl. BVerwGE 129, 142, 150).

Daneben gibt es Bereiche, die zwar abschließend geregelt sind, diese Gesetze aber eine **entsprechende Anwendung** bestimmter Vorschriften des HSOG vorsehen (z.B. § 74 Abs. 2 HWG).

Fehlt es an einer abschließenden Regelung im Spezialgesetz, ist das HSOG **ergänzend anzuwenden,** § 3 Abs. 1 S. 2 HSOG, und zwar **unmittelbar** (vgl. Hornmann, § 3 Rn. 8 m.w.N.). 108

Bsp.: Mangels eigener Regelungen in der HBO ist bei Gefahrenabwehrmaßnahmen der Bauaufsicht die Verantwortlichkeit nach §§ 6 ff. HSOG zu beurteilen.

Enthält ein Spezialgesetz **keine eigenen Befugnisnormen**, kann und muss in der Regel auf das allgemeine Polizei- und Ordnungsrecht zurückgegriffen werden. Dies gilt insbesondere dort, wo ein Spezialgesetz nur **Gebote oder Verbote** normiert, eventuell noch Bußgeldtatbestände enthält, aber keine eigenen Befugnisnormen für behördliches Einschreiten (z.B. HessFeiertagsG, LadenschlussG). Hier kommt insbesondere der gefahrenabwehrrechtlichen Generalklausel (§ 11 HSOG) eine besondere Funktion zu, da die Verletzung gesetzlicher Gebots- bzw. Verbotsnormen eine Beeinträchtigung der öffentlichen Sicherheit darstellt (vgl. Rn. 65).

Neben dem Verhältnis Spezialgesetz/HSOG ist der Grundsatz der Spezialität auch **innerhalb des HSOG** zu beachten. So beim Verhältnis der **Generalklausel,** § 11 HSOG, zu den sog. **Standardmaßnahmen** der §§ 12 ff. HSOG. Diese wiederkehrenden typischen Maßnahmen nennen nicht nur die konkrete Rechtsfolge, sondern enthalten auf der Tatbestandsseite besondere, häufig engere Eingriffsvoraussetzungen bzw. beschreiben besondere Situationen (vgl. Rn. 152 ff., zur Frage der Notwendigkeit einer speziellen Ermächtigung in Form einer Standardmaßnahme vgl. BVerwGE 129, 142).

Nach der Rechtsprechung des VGH Kassel (VGH Kassel, NVwZ 2003, 1392, 1400; vgl. auch Hecker, NVwZ 2003, 1334 ff.) ist auch bei den Standardmaßnahmen von einer abschließenden Regelung auszugehen. Liegen die dort genannten Voraussetzungen nicht vor, kann die Maßnahme nicht auf die Generalklausel gestützt werden. Auch kann eine in der speziellen Regelung nicht vorgesehene Rechtsfolge nicht auf § 11 HSOG gestützt werden.

Bsp.: Sieht die Standardmaßnahme nur einen vorübergehenden Platzverweis vor, kann nicht über die gefahrenrechtliche Generalklausel ein Aufenthaltsverbot ausgesprochen werden (vgl. VGH Kassel, NVwZ 2003, 1392; a.A. OVG Bremen, NVwZ 1999, 314).

Allerdings ist der Regelungsrahmen einer Standardmaßnahme zu beachten. So kann ein personenbezogenes **Kontakt- und Annäherungsverbot** wohl auf die Generalklausel gestützt werden, da die ortsbezogene Regelung des § 31 HSOG Gefahren an einem bestimmten Ort im Auge hat (vgl. VGH Kassel, Beschuss vom 30.9.2011, 8B 1329/11, Juris Rn. 15).

Somit ergibt sich eine Dreiteilung der Eingriffsbefugnisse (vgl. Schoch, JUS 1994, 479). Für die Anwendung der Generalklausel des § 11 HSOG bedeutet dies eine **„doppelte Subsidiaritätsprüfung“** (vgl. Möller/Warg, Rn. 67).

Ermittlung der Befugnisnorm Verhältnis Spezialermächtigung – Generalklausel
1. Spezialgesetzliche Regelung außerhalb des HSOG 2. Standardmaßnahme nach §§ 12 ff. HSOG 3. Generalklausel, § 11 HSOG

III. Grundsatz der Verhältnismäßigkeit

1. Allgemeines

109 Der Grundsatz der Verhältnismäßigkeit gilt als **allgemeiner Rechtsgrundsatz** für das gesamte Verwaltungshandeln. Er ist gewohnheitsrechtlich anerkannt, ergibt sich aber auch aus Einzelgrundrechten und dem Rechtsstaatsprinzip. Ihm kommt im Rahmen von Eingriffsverwaltung und Ermessensentscheidungen und damit im Polizei- und Ordnungsrecht eine besondere Bedeutung zu, weshalb der Grundsatz in **§ 4 HSOG** ausdrücklich normiert ist. Dem Grundsatz unterliegen nach § 4 HSOG alle Maßnahmen der Gefahrenabwehr; er gilt für Realakte, Verwaltungsakte, Gefahrenab-

wehrverordnungen und die Zwangsanwendung. Dabei beinhaltet der Verhältnismäßigkeitsgrundsatz **drei Teilaspekte**:

- **Geeignetheit** der Maßnahme
- **Erforderlichkeit** der Maßnahme
- **Angemessenheit** der Maßnahme (Verhältnismäßigkeit i.e.S.).

2. Geeignetheit der Maßnahme

Die behördliche Maßnahme muss zur Gefahrenabwehr geeignet sein, sie darf kein untaugliches Mittel darstellen. 110

Bsp.: Zur Vermeidung nächtlichen Hundegebells im Hinterhof ist die Anordnung, den Hund anzuleinen, nicht geeignet.

Geeignet ist auch eine Maßnahme, die zur Gefahrenabwehr beiträgt, ohne sie vollständig zu beseitigen.

Geeignetheit beinhaltet, dass der Adressat in der Lage ist, der Anordnung nachzukommen. Ist ihm dies nicht möglich, ist die Anordnung in der Regel nicht die geeignete Maßnahme. Die **Möglichkeit** (der Maßnahme) wird deshalb vielfach unter dem Aspekt der Geeignetheit abgehandelt (vgl. Pausch/Dölger, S. 134 f; Reichert/Ruder, Rn. 141 a). Die tatsächliche oder rechtliche Möglichkeit als Rechtsmäßigkeitsvoraussetzung einer Gefahrenabwehrmaßnahme kann allerdings auch gesondert neben der Verhältnismäßigkeit geprüft werden (vgl. Aufbauschema Rn. 124).

Klar ist, dass eine **tatsächliche Unmöglichkeit** der Ausführung die Ungeeignetheit der Anordnung bedingt. 111

Bsp.: Der Aufforderung an eine gelähmte Person, ein bauliches Hindernis selbst aus dem Wege zu schaffen, kann diese nicht nachkommen; die Anordnung ist deshalb nicht geeignet, die Gefahrensituation zu beseitigen.

Weniger klar ist die Situation bei der sog. **rechtlichen Unmöglichkeit**. Diese liegt vor, wenn der Adressat der behördlichen Anordnung z.B. aus privatrechtlichen Gründen nicht befugt ist, der Anordnung nachzukommen (vgl. Drews/Wacke/Vogel/Martens, S. 418 ff.).

Bsp.: Baubehördliche Anordnung an einen Gartenpächter, die nur gepachtete Gartenhütte zu beseitigen.

In den Fällen, in denen das rechtliche Hindernis durch die Zustimmung/Genehmigung des Berechtigten bzw. Mitberechtigten beseitigt werden kann (z.B. Zustimmung eines Miteigentümers), ist die Maßnahme rechtmäßig, wenn sich das Unvermögen durch die Zustimmung vor der Vollstreckung noch beheben lässt (vgl. Schoch, JUS 1994, 754, 757 m.w.N.; VGH Kassel, Hess. VG Rspr. 1990, 73). Das nur zeitweilige Unvermögen führt nicht zur Rechtswidrigkeit der behördlichen Anordnung, sondern **hindert ihre Vollstreckung** (Hess VGH, NJW 1983, 2282 m.w.N.).

3. Erforderlichkeit der Maßnahme

Gibt es mehrere geeignete Maßnahmen, hat die Behörde die Maßnahme zu wählen, die den Einzelnen oder die Allgemeinheit am wenigsten beeinträchtigt, vgl. § 4 Abs. 1 HSOG, **Grundsatz des geringstmöglichsten Eingriffs** oder Prinzip des **mildesten Mittels**. 112

Bsp.:

- Lassen sich die von einer Veranstaltung ausgehenden Gefahren durch eine Auflage vermeiden, ist ein Verbot der Veranstaltung nicht erforderlich und wäre unverhältnismäßig.
- Ist der Fahrer eines verbotswidrig geparkten Pkws feststellbar und kann veranlasst werden, das Fahrzeug kurzfristig wegzufahren, ist ein Abschleppen nicht erforderlich (vgl. BVerwG, DÖV 1989, 428; VGH Kassel, NVwZ 1990, 406)

Im Rahmen der sog. **Störerauswahl** (vgl. Rn. 95) bedingt dieser Grundsatz, dass bei mehreren Verantwortlichen die Person in Anspruch zu nehmen ist, die die Maßnahme mit dem geringsten Aufwand durchführen kann.

Bsp.: Soll ein abgestelltes Fahrzeug weggefahren werden und ist der Fahrer im Ort erreichbar, wäre es unverhältnismäßig, den auswärtigen Halter des Fahrzeugs zu verpflichten.

Die Erforderlichkeit beinhaltet auch ein zeitliches Übermaßverbot. Aus dem Verhältnismäßigkeitsgrundsatz folgt, dass eine Maßnahme solange zulässig ist, bis ihr Zweck erreicht ist oder sich zeigt, dass der Zweck nicht erreicht werden kann (vgl. § 4 Abs. 3 HSOG)

Bsp.:

- Liegen die Voraussetzungen einer Sicherstellung nicht mehr vor, ist die Sache grundsätzlich herauszugeben.
- Ein Platzverweis wegen Bombendrohung ist nach Entwarnung aufzuheben

Dieser Grundsatz findet sich auch in § 9 Abs. 3 und § 5 Abs. 1 Nr. 1 HSOG wieder.

4. Angemessenheit der Maßnahme

113 Nach § 4 Abs. 2 HSOG darf eine Maßnahme nicht zu einem Nachteil führen, der zu dem erstrebten Erfolg erkennbar außer Verhältnis steht, **Verhältnismäßigkeit im engeren Sinne**.

Dieser Grundsatz erteilt dem Prinzip „Der Zweck heiligt die Mittel“ eine Absage; er erfordert eine **Rechtsgüterabwägung** im Einzelfall. Dabei sind Gesichtspunkte wie die Bedeutung des **bedrohten Rechtsgutes** und die **Schadensnähe** mit dem drohenden **Nachteil beim Adressaten** in Relation zu setzen. Auch ein drohender wirtschaftlicher Nachteil beim Betroffenen kann gewertet werden, tritt aber in der Regel hinter dem Interesse an der Einhaltung der Rechtsordnung zurück.

Bsp.: Der gebotene Abriss einer illegalen Anlage führt zu einem wirtschaftlichen Schaden. Dennoch ist eine Beseitigung in der Regel verhältnismäßig, da das öffentliche Interesse an der Einhaltung baurechtlicher Vorschriften das wirtschaftliche Individualinteresse überwiegt.

Allerdings kann im Einzelfall durchaus ein anderes Abwägungsergebnis herauskommen.

Bsp.: Der Abriss eines Wohnhauses wegen minimaler Überschreitung der gebotenen Grenzabstände kann sich als unangemessen darstellen.

Diesem Aspekt der Verhältnismäßigkeit kommt auch beim **Abschleppen von Fahrzeugen** besondere Bedeutung zu, wenn in der Praxis auf die Erheblichkeit des verkehrsrechtlichen Normverstoßes abgestellt wird (vgl. besondere Darstellung unter Rn. 296 ff.).

So lässt die Rechtsprechung bei einem Verstoß gegen ein Halteverbot (Zeichen 238 der StVO) allein den Normverstoß ausreichen, um ein Kraftfahrzeug abschleppen zu lassen (VGH Kassel, NVwZ RR 1995, 29; OVG Münster, NJW 1990. 2835), während bei einem eingeschränkten Halteverbot der rein formale Verstoß in der Regel nicht ausreicht. Beim Überschreiten der Parkzeit an Parkuhren soll unter dem Aspekt der Verhältnismäßigkeit auf die Dauer der Parküberschreitung abgestellt werden (vgl. OVG Hamburg, DVBl. 1983, 1066).

Übersicht: Grundsatz der Verhältnismäßigkeit

Grundlage mit Verfassungsrang; Allg. Grundsatz im Verwaltungsrecht, ausdrücklich in § 4 HSOG normiert

Anforderungen an Maßnahme	**Begriff**	**Beispiele positiv**	**negativ**
Geeignetheit	Maßnahme muss geeignet sein, erstrebtes Ziel zu erreichen	Abriss eines Hauses ist geeignet, baurechtswidrigen Zustand zu beenden	Verunreinigung durch Hunde lässt sich nicht durch Maulkorbverbot verhindern
Erforderlichkeit	Maßnahme ist zu treffen, die den Adressaten und die Allgemeinheit am wenigsten belastet. § 4 Abs. 1, Prinzip des mildesten Mittels	Schusswaffeneinsatz gegen bewaffneten Angreifer	Vollständiger Abriss eines Hauses, wenn Teilabriss möglich und Rechtbeeinträchtigung dadurch beseitigt wird
Angemessenheit (Verhältnismäßigkeit i.e.S.)	Maßnahme darf zu keinem Nachteil führen, der zum erstrebten Erfolg außer Verhältnis steht. § 4 Abs. 2	Abschleppanordnung bei Parken in gefährlicher Kurve. Die Sicherheit der Verkehrsteilnehmer überwiegt die durch Abschleppkosten tangierten finanziellen Interessen	Bei minimaler Überschreitung der Parkzeit einer Parkuhr steht der drohende Nachteil (...) Kosten des Abschleppens außer Verhältnis. Schusswaffeneinsatz zur Beendigung einer Ordnungswidrigkeit

IV. Opportunitätsprinzip

1. Allgemeines

Im Bereich der Gefahrenabwehr gilt das sog. **Opportunitätsprinzip** (anders bei **114** Maßnahmen der Strafverfolgung, § 163 StPO, wo das sog. Legalitätsprinzip gilt). Danach treffen die Gefahrenabwehr- und die Polizeibehörden ihre Entscheidungen nach **pflichtgemäßem Ermessen**. Dies ergibt sich zum einen aus **§ 5 Abs. 1 HSOG**, folgt aber auch aus den einzelnen Befugnisnormen, wonach Gefahrenabwehr- bzw. Polizeibehörden Maßnahmen ergreifen „können" (vgl. § 11 ff. HSOG).

Dabei bezieht sich Ermessen immer auf die **Rechtsfolgeseite**, nie auf den Tatbestand. Das Vorliegen einer Gefahr für die öffentliche Sicherheit und Ordnung unterliegt als **unbestimmter Rechtsbegriff** zwar einer Einschätzung bzw. Prognoseentscheidung durch die Behörde; die Entscheidung darüber ist aber gerichtlich voll überprüfbar, sie beinhaltet keine Ermessensausübung. Im Ermessen liegt allein die Frage, ob und ggf. welche Maßnahmen bei Vorliegen des Tatbestandes ergriffen werden.

2. Ermessensarten

115 Bei der Entscheidung, Maßnahmen zu treffen, gibt es für die Behörden ein **doppeltes Ermessen**. Zunächst kann die Behörde entscheiden, **ob** sie tätig wird, sog. **Erschließungsermessen**. In einem zweiten Schritt ist zu entscheiden, **wie,** d.h. mit welchen Mitteln (Art und Weise), ggf. auch **gegen wen** (bei Adressatenmehrheit) die Behörde vorgeht, sog. **Auswahlermessen** (vgl. Rn. 95).

Übersicht: Ermessensarten

Ermessen	
Entschließungsermessen:	Auswahlermessen:
Entscheidung über **„ob“**, d.h. soll Maßnahme ergriffen werden, ja oder nein	Entscheidung über **„wie“**, d.h. über Art und Weise der Maßnahme, insbesondere: ▪ Mittelauswahl ▪ Adressatenauswahl
Beispiele	
Die Behörde schreitet nicht gegen einen Gartenbesitzer ein, der in der Mittagszeit entgegen einer Lärmschutzverordnung den Rasen mäht.	Bei nächtlichem Radiolärm aus einer Wohnung kann der anwesende Polizist den Wohnungsinhaber auffordern, die Musik leiser zu stellen oder das Fenster geschlossen zu halten (soweit beide Mittel geeignet sind, den Lärm zu reduzieren).
Die Polizei unternimmt nichts gegen Autofahrer, die sich nach einem Fußballspiel an einem nächtlichen „Autokorso“ beteiligen und dabei die Verkehrsregeln missachten.	Ein spielendes Kind legt auf einem privaten, aber öffentlich genutzten Gehweg eine gefährliche Rutschbahn an. Ein vorbeikommender Polizeibeamter könnte das Kind (nach § 6 Abs. 1), evtl. die Eltern des Kindes (nach § 6 Abs. 2), aber auch den Eigentümer des Weges (§ 7 Abs. 2) zum Abstreuen der Rutschbahn auffordern.

3. Ermessensausübung

116 Das Opportunitätsprinzip gibt den Behörden keinen Freibrief, sondern eröffnet die Möglichkeit, aber auch die Pflicht, nach **pflichtgemäßem Ermessen** zu entschei-

den. Ermessen muss stets sachlich und zweckgebunden ausgeübt werden, es darf nicht **willkürlich** erfolgen (vgl. Art. 3 GG).

Bsp.: Polizei toleriert bei einer Sportveranstaltung falsch parkende Fahrzeuge, lässt aber Sportwagen eines bestimmten Fabrikats abschleppen (fehlerhafte Ermessensausübung).

Die Ermessensausübung muss sich am **Grundsatz der Verhältnismäßigkeit** (§ 4 HSOG, vgl. Rn. 109) ausrichten.

Die Behörde muss ihr Ermessen ferner am **Zweck** der **Ermächtigungsnorm** orientieren, **§ 40 HVwVfG** (vgl. VGH Kassel, NVwZ 1987, 902).

Überschreitet die Ermessensausübung die genannten Grenzen, übt die Verwaltung ihr Ermessen **fehlerhaft** aus. Dies führt zur Rechtswidrigkeit der Maßnahme; eine **gerichtliche Überprüfung** ist möglich (vgl. § 114 VwGO). § 114 VwGO eröffnet dabei eine gerichtliche Überprüfbarkeit, schränkt diese aber auch auf Ermessensfehler ein. Das Gericht kann nicht das eigene Ermessen an die Stelle des behördlichen Ermessens setzen.

Anerkannte typische **Ermessensfehler** sind:

Begriff	**Erklärung**	**Beispiel**
Ermessensüberschreitung	Die Behörde überschreitet die gesetzlichen Grenzen der Ermächtigungsnorm (vgl. § 40 HVwVfG) oder die Grenzen der Verfassung	Festsetzung eines Zwangsgeldes in Höhe von 100.000 Euro
Ermessensnichtgebrauch	Die Behörde macht von einem ihr eingeräumten Ermessens keinen Gebrauch, sie erkennt ihr Ermessen nicht	Polizeibeamter meint, bei Gefahr sei eine Anhörung nach § 28 Abs. 1 HVwVfG zwingend zu unterlassen
Ermessensfehlgebrauch	Die Behörde lässt sich nicht vom Zweck der Ermächtigung leiten (vgl. § 40 HVwVfG). Die Behördenentscheidung beruht z.B. auf sachfremden Erwägungen oder falschen Tatsachenannahme	Die Behröde verweigert eine Sondernutzungserlaubnis (§ 16 HStrG) für einen Informationsstand, weil ihr die politische Richtung nicht passt

Die **Wahl der Mittel** steht – wie oben ausgeführt – grundsätzlich im Auswahlermessen, wobei dem Grundsatz der Verhältnismäßigkeit eine besondere Bedeutung zukommt. Kommen danach mehrere Mittel in Betracht, genügt es, eines davon zu bestimmen (§ 5 Abs. 2 S. 1 HSOG). Die Vorschrift verbietet nicht, evtl. mehrere geeignete Mittel dem Adressaten zu benennen, allerdings muss die Verfügung hinreichend bestimmt bleiben (vgl. Meixner/Fredrich, § 5 Rn. 8). **117**

Nach § 5 Abs. 2 S. 2 HSOG ist es einer in Anspruch genommenen Person auf Antrag zu gestatten, ein anderes, ebenso wirksames Mittel anzuwenden, sog. **Austauschmittel**.

Bsp.: Die Behörde gibt einem Grundstückseigentümer auf, eine die freie Sicht versperrende und damit verkehrsgefährdende Hecke zu kürzen. Der Eigentümer bietet an, die Hecke ganz zu entfernen und durch einen niedrigen Zaun zu ersetzen.

4. Pflicht zum Einschreiten

118 Gefahrenabwehr und Polizeibehörden entscheiden nach pflichtgemäßem Ermessen, ob und wie sie eingreifen. Dies schließt nicht aus, dass im Einzelfall unter Beachtung der genannten Ermessensgrundsätze ein behördliches Einschreiten nicht nur geboten ist, sondern geradezu zwingend erscheint. In solchen Fällen reduziert sich das Ermessen der Verwaltung bis hin zur **Ermessensreduzierung auf null**, bei der nur noch eine einzige Entscheidung rechtmäßig ist (vgl. Drews/Wacke/Vogel/Mertens, S. 396 ff.; BVerwGE 11, 95, 97).

Ob dieser Fall vorliegt, hängt von der **Bedeutung des bedrohten Rechtsgutes** bzw. vom Ausmaß des zu erwartenden Schadens ab. Sind z.B. Leben, körperliche Unversehrtheit oder Freiheit bedroht, sind Schutzmaßnahmen in der Regel geboten.

Bsp.:

- Das Recht auf körperliche Unversehrtheit gebietet es, bei unfreiwilliger Obdachlosigkeit den von Obdachlosigkeit bedrohten in einer Unterkunft einzuweisen
  (vgl. VGH Kassel, NJW 1994, 2305; VGH Kassel, NVwZ 1992, 503)
- Das Schutzgut der Gesundheit gebietet ein Einschreiten bei unzumutbarem Lärm
  (vgl. OVG Münster, NVwZ 1983, 1001, 1002)

Neben dem Rechtsgut kommt es auf den **Grad der Gefährdung** an.

Schließlich dürfen beim Eingreifen der Verwaltung keine anderen, vordringlichen Aufgaben vernachlässigt werden (vgl. Meixner/Fredrich, § 5 Rn. 4)

Bsp.: Verweigerung einer Unfallaufnahme durch die Polizei, um dringendere Aufgaben wahrzunehmen.

Pflicht zum Einschreiten/Ermessensreduzierung auf Null
Voraussetzungen: ■ Zulässigkeit des Einschreitens ■ Bedrohung eines gewichtigen Rechtsgutes/erheblicher Schaden ■ erhöhter Grad der Gefährdung ■ keine Vernachlässigung anderer wichtiger Aufgaben

119 Mit der Pflicht zum Einschreiten korrespondiert die Frage, ob der Bürger im Einzelfall einen durchsetzbaren **Anspruch auf ein Einschreiten** der Verwaltung hat. Allein aus der Pflicht der Verwaltung erwächst ein solcher Anspruch freilich nicht (Drews/Wacke/Vogel/Martens, S. 403). Ein Anspruch setzt ein **subjektiv öffentliches Recht** voraus, was nur gegeben ist, wenn die die Handlungspflicht der Verwaltung begründete Norm (z.B. § 11 HSOG) auch **Individualinteressen** schützen will.

Da zum Schutzgut der öffentlichen Sicherheit (vgl. Rn. 66) auch die subjektiven Rechtsgüter Einzelner gehören, ist eine **individualschützende Wirkung der polizei-**

lichen Generalklausel anerkannt (vgl. Schenke, Rn. 104; Schoch, JUS 1994, 774, 758 m.w.N.).

Damit besteht in Fällen der Bedrohung hochwertiger Individualrechtsgüter nicht nur eine objektive Pflicht zum Einschreiten, sondern auch ein **durchsetzbarer Anspruch** des Bürgers auf Tätigwerden der Verwaltung. Dabei hängt die Durchsetzung von der Art der geforderten Maßnahme ab. Handelt es sich um tatsächliches Handeln i.S. eines **Realaktes**, ist ein Anspruch auf Einschreiten mit der **Leistungsklage** vor den Verwaltungsgerichten durchzusetzen. Stellt die begehrte Maßnahme einen Verwaltungsakt dar (z.B. Gebot/Verbot gegenüber einem Störer), kommen als Rechtsbehelfe **Widerspruch** (§ 68 Abs. 2 VwGO) bzw. **Verpflichtungsklage** (§ 42 VwGO) – eventuell in Form der **Untätigkeitsklage** (§ 75 VwGO). – in Betracht.

Geht es nicht mehr um Maßnahmen zur Gefahrenabwehr, sondern hat sich ein Schaden bereits realisiert, steht die Frage nach **Schadensersatzansprüchen infolge pflichtwidriger Untätigkeit** der Behörde im Vordergrund.

Hier kommen vorrangig **Amtshaftungsansprüche** nach § 839 BGB i.V.m. Art. 34 GG in Betracht. Ansprüche aus § 64 Abs. 1 S. 2 HSOG greifen – jedenfalls nach herrschender Auffassung – bei bloßer Untätigkeit nicht (vgl. genauer Rn. 315).

F. Maßnahmen der Gefahrenabwehr

I. Allgemeines

120 Die Aufgabe der Gefahrenabwehr kann durch unterschiedliche behördliche Handlungsweisen bewältigt werden. Davon geht auch das HSOG aus, wenn allgemein von **Maßnahmen** der Gefahrenabwehr die Rede ist (vgl. z.B. § 4, § 5, § 11 HSOG). Neben ausdrücklich vorgesehenen Maßnahmen (z.B. unmittelbare Ausführung, § 8 HSOG, Standardmaßnahmen in §§ 12 ff. HSOG, Gefahrenabwehrverordnung, § 71 HSOG), kommen weitere in Betracht.

Wie beim Verwaltungshandeln allgemein ist dabei zwischen sog. **Realakten** und **Rechtsakten** zu unterscheiden. Während Rechtshandlungen auf eine unmittelbare Rechtswirkung zielen (Verwaltungsakte, Verordnungen), fehlt diese den **Realakten**. Sie werden auch als schlichtes Verwaltungshandeln, faktisches Verwaltungshandeln, schlichthoheitliche Tätigkeit, Eigenhandeln bezeichnet (vgl. Rasch, DVBl. 1992, 207; Maurer/Waldhoff, § 15 Rn. 1 ff.).

Bsp.:
- Überwachende Tätigkeit der Polizei (z.B. Kontrollgänge, Streifenfahrten, Beobachtungen, Ermittlung, Filmaufnahmen)
- Beseitigung von Hindernissen (z.B. Abstreuen einer Ölspur, Beseitigung von Glasscherbe)
- Auskünfte, Informationen, Warnungen
- Gefährdungsanschreiben, Gefährdungsansprache (vgl. Rn. 106)

Die Unterscheidung von Rechts- und Realakten hat **Bedeutung für** Fragen des **Rechtsschutzes** (Möglichkeit des Widerspruchs nur bei Verwaltungsakten, Klagearten), aber auch für die der **Rechtmäßigkeitsanforderungen** (Erfordernis einer Ermächtigungsgrundlage, vgl. Rn. 105, Beachtung von Verfahrens- und Formvorschriften des HVwVfG).

Dabei ist die Zuordnung von Maßnahmen nicht immer klar. Häufig werden tatsächliche Handlungen der Verwaltung, die in Rechte der Bürger eingreifen, zu Verwaltungsakten erklärt. So z.B. Maßnahmen der Gefahrenabwehrbehörden oder Polizei im Wege der unmittelbaren Ausführung, § 8 Abs. 1 HSOG (vgl. Pausch/Dölger, S. 175; Schoch, JUS 1995, 218, vgl. auch Rn. 133).

Ähnlich ist es bei der Qualifizierung bestimmter Standardmaßnahmen bzw. Zwangsanwendungen (vgl. Rn. 279)

Bsp.: Durchsuchung einer Wohnung, Filmen, Datenerhebung, Schlag mit dem Polizeistock (BVerwGE 26, 161, 164), Einsatz von Reizstoffen durch die Polizei (VGH München, NVwZ 1988, 1055; VG Hamburg, NVwZ 1987, 829).

Die Annahme eines Verwaltungsaktes erscheint in diesen Fällen fragwürdig, fehlt es doch an einer Regelung im Sinne von § 35 HVwVfG. Allein aus einer unmittelbaren Betroffenheit folgt kein Regelungscharakter. Eine Regelung wird letztlich auch hinzugedacht im Sinne einer Duldungsverfügung nach dem Motto „Du musst Dich filmen lassen", „Du musst Deine Wohnung durchsuchen lassen" usw. (vgl. VGH München, NVwZ 1988, 1055). Eine derartige Konstruktion erscheint noch vertretbar, wenn der „Adressat" anwesend ist. Bei Abwesenheit, z.B., bei unmittelbarer Ausführung (vgl. Rn. 132), kann aber keine Duldungsverfügung und damit kein Verwaltungsakt ergehen (wie hier Maurer/Waldhoff, § 20 Rn. 26).

Die Annahme eines Verwaltungsaktes scheint zumTeil immer noch geprägt vom Gedanken eines effektiven Rechtsschutzes durch Anfechtung. Dabei beschränkt sich der Rechtsschutz nicht auf Verwaltungsakte. Meist geht es in diesen Fällen um eine nachträgliche Rechtmäßigkeitsüberprüfung und damit um die Frage, ob dies im Wege einer sogenannten Fortsetzungsfeststellungsklage (bei Annahme eines Verwaltungsaktes) oder ggf. im Wege einer allgemeinen Feststellungsklage (bei Realakten) erfolgt (vgl. Rn. 136). So kommt nach der Rechtsprechung in Fällen einer sog. Gefährdungsansprache, die zu Recht als Realakt qualifiziert wird, eine Feststellungsklage in Betracht (OVG Lüneburg, NJW 2006, 391 ff; VGH Kassel, Beschl. v. 28.11.2011, 8 A 199/11.Z).

Rechtsakte im Bereich der Gefahrenabwehr sind Verwaltungsakte, vor allem Gebo- 121
te und Verbote (sog. Gefahrenabwehrverfügungen), Erlaubnisse und Gefahrenabwehrverordnungen. Denkbar sind auch öffentlich-rechtliche Verträge (§§ 54 ff. HVwVfG).

Öffentlich rechtliche Verträge können als Instrument der Gefahrenabwehr anstelle eines Verwaltungsaktes (vgl. § 54 S. 2 HVwVfG) in Betracht kommen, was in der Praxis (jedenfalls im Bereich der Gefahrenabwehr) selten geschieht. Öffentlich rechtliche Verträge zur Gefahrenabwehr haben insbesondere im polizeilichen Bereich kaum praktische Bedeutung erlangt. Der öffentlich rechtliche Vertrag eignet sich eher in komplexen Fällen, in denen langfristig im Wege einvernehmlicher Lösungen Gefahrenabwehr erfolgen soll, so z.B. im Bereich des Bodenschutzes, wo das Gesetz **Sanierungsverträge** (§ 13 Abs. 4 BBodSchG) vorsieht oder im Bereich des Immissionsschutzes, wo in Hessen im Rahmen der sog. Umweltallianz Hessen an Stelle von Anordnungen Verträge zwischen den Aufsichtsbehörden und beteiligten Unternehmen geschlossen werden.

II. Verwaltungsakte zur Gefahrenabwehr, Gefahrenabwehrverfügung

1. Begriff

Der Verwaltungsakt ist das **klassische Instrument** der Verwaltung, wenn es darum 122
geht, hoheitlich verbindliche Entscheidungen zu treffen, die auch gegebenenfalls zwangsweise durchgesetzt werden können (vgl. Rn. 272 ff.). Diesem Instrument kommt gerade in der Eingriffsverwaltung und damit im Bereich der Gefahrenabwehr besondere Bedeutung zu.

Begriff und formale Anforderungen an einen Verwaltungsakt sind in den Verwaltungsverfahrensgesetzen (in Hessen im HVwVfG) geregelt, eine **Legaldefinition** findet sich in § 35 HVwVfG.

Verwaltungsakte können unterschiedliche rechtliche Regelungen beinhalten. Sie können den Adressaten begünstigen oder belasten, sie können Rechte gewähren oder entziehen und damit gestaltend wirken, Feststellungen enthalten usw. (zu unterschiedlichen Arten vgl. Maurer/Waldhoff, Rn. 44 ff.).

Im Bereich der Gefahrenabwehr stehen Verwaltungsakte im Vordergrund, die **Verbote oder Gebote** (einschließlich Duldungsgebote) enthalten. Solche Verwaltungsakte wurden früher unter den Begriff der **„Polizeiverfügung"** gefasst und als spezielle Gefahrenabwehrmaßnahme normiert (vgl. § 6 Abs. 1 HSOG a.F.). Die gesetzliche Normierung und damit auch die Beschränkung z.B. der gefahrenabwehrrechtlichen Generalklausel auf solche Verfügungen sind entfallen; Gebote und Verbote fallen unter den heute verwandten weiteren Begriff der **Maßnahmen** zur Gefahrenabwehr im HSOG. Für die in der Praxis nach wie vor typische Maßnahme der Gefahrenabwehr wird der **Begriff der Gefahrenabwehrverfügung** (Gebot/Verbot) aber nach wie vor verwandt.

Die Gefahrenabwehrverfügung ist das klassische Mittel der Gefahrenabwehr. Diese Maßnahme zur Abwehr einer konkreten Gefahr kann entweder auf Grundlage der Generalklausel, § 11 HSOG, als sog. Standardmaßnahme, § 12 ff. HSOG, sowie auf spezialgesetzlicher Grundlage (z.B. Versammlungsgesetz) ergehen.

In der Literatur wird z.T. immer noch zwischen einer **selbstständigen Verfügung** und einer **unselbstständigen Verfügung** unterschieden (vgl. Drews/Wacke/Vogel/Martens, S. 410 ff.; Meixner-Fredrich, § 11 Rn. 4). Eine selbstständige Verfügung soll vorliegen, wenn die Verfügung allein auf die Generalklausel, § 11 HSOG, gestützt werde; erforderlich sei eine konkrete Gefahr. Eine unselbstständige Verfügung habe ihre Rechtsgrundlage in einer sonstigen Norm (Spezialgesetz/Rechtsverordnung). Entscheidend für ein behördliches Eingreifen sei, dass der Tatbestand der speziellen Rechtsnorm vorliege, eine konkrete Gefahr sei nicht erforderlich.

Die Unterscheidung ist allerdings in dieser Form mit dem heutigen § 11 HSOG (anders als früher nach § 6 HSOG von 1972) überholt (vgl. VGH Kassel, NVwZ 1992, 111; Denninger, in Lisken/Denninger D Rn. 33).

Enthält ein Spezialgesetz bzw. eine Rechtsverordnung lediglich Gebote oder Verbote, selbst aber keine eigene Ermächtigungsgrundlage, ist bei der Tatbestandsverwirklichung der speziellen Norm ein Rückgriff auf die Generalklausel des HSOG geboten und möglich, da die Verletzung der Spezialnorm eine Verletzung der öffentlichen Sicherheit im Sinne von § 11 darstellt. Die konkrete Gefahr erwächst aus dem konkreten Gesetzesverstoß.

Bsp.: Parkbesucher P lässt entgegen § 1 der GefahrenabwehrVO gegen das Aufsteigenlassen von ballonartigen Leuchtkörpern (vom 16.7.2009, GVBl. I, S. 275) einen Ballon aufsteigen.

Hierin liegt ein Verstoß gegen § 1 der Verordnung. Die Verordnung enthält allerdings keine eigene Ermächtigungsgrundlage für die Durchsetzung des Verbotes. Will die Behörde gegen P einen im Wege des Verwaltungszwangs durchsetzbaren Verwaltungsakt erlassen, kann sie dies nur über § 11 HSOG. Die konkrete Gefahr liegt im Verstoß gegen die Verordnung und der darin liegenden Beeinträchtigung der objektiven Rechtsordnung.

123 Die Gefahrenabwehrverfügung ergeht als Einzelfallregelung i.d.R. an eine verantwortliche Person, sie ist Adressat der Maßnahme. Ebenso wie im allgemeinen Verwaltungsrecht kann aber auch im Bereich der Gefahrenabwehr eine **Allgemeinverfügung** i.S. von § 35 S. 2 HVwVfG in Betracht kommen. So kann ein Verwaltungsakt an einen bestimmten oder bestimmbaren Personenkreis zum Zwecke der konkreten Gefahrenabwehr ergehen (vgl. Götz/Geis, § 22 Rn. 14 ff.; zur Bestimmtheit des Adressenkreises vgl.VG Darmstadt BeckRS 2016, 45720).

Bsp.: Versammlungsverbot an potenzielle Versammlungsteilnehmer
Verkaufsverbot an alle Händler im Bezirk (vgl. „Endiviensalatfall", BVerwGE 12, 87).

Allgemeinverfügungen zur Gefahrenabwehr können ferner die Nutzung einer Sache (vgl. § 35 S. 2, 3. Alt.) regeln.

Bsp.: Anordnung von Halteverboten oder Geschwindigkeitsbeschränkungen durch entsprechende Verkehrszeichen.

Voraussetzung für eine Regelung im Wege einer Allgemeinverfügung ist eine im Einzelfall bestehende Gefahr (konkrete Gefahr). Soll eine abstrakte Gefahr abgewehrt bzw. ihr vorgebeugt werden, kommt nur eine Gefahrenabwehrverordnung (vgl. Rn. 141 ff.) in Betracht.

2. Rechtmäßigkeitsvoraussetzungen der Gefahrenabwehrverfügung

Die Gefahrenabwehrverfügung stellt einen belastenden Verwaltungsakt dar. Die **124** Rechtmäßigkeit beurteilt sich nach den allgemeinen Rechtmäßigkeitsanforderungen belastender Verwaltungsakte. Insofern ist bei **gutachterlicher Prüfung** auf die dazu entwickelten Aufbauschemata zurückzugreifen, wobei sich unter Berücksichtigung gefahrenabwehrrechtlicher Besonderheiten das folgende **Prüfungsschema** anbietet:

Rechtmäßigkeit einer Gefahrenabwehrverfügung

Vorüberlegung

- Handelt es sich um einen Verwaltungsakt (Gebot/Verbot) auf dem Gebiet der Gefahrenabwehr?
- Welche Ermächtigungsgrundlage kommt in Betracht, Spezialgesetz, Standardmaßnahme nach HSOG oder Generalklausel, § 11 HSOG?

Formelle Rechtmäßigkeit

- Zuständigkeit
  - sachlich (Spezialgesetz oder HSOG, insbes. § 2 HSOG; siehe auch § 89 HSOG i.V.m. HSOG DVO)
  - örtlich (vgl. §§ 100, 101 HSOG)
  - instanziell (vgl. z.B. für Ordnungsbehörden § 89 Abs. 2 HSOG)
- Form- und Verfahrensvorschriften
  - besondere Anforderungen aus Spezialgesetz oder HSOG, z.B. bei Standardmaßnahmen)
  - allgemeine Anforderungen an Verwaltungsakte nach dem HVwVfG (vgl. §§ 10, 37 Abs. 2 HVwVfG), ferner:
  - eventuelle Begründung bei schriftlicher Verfügung, § 39 HVwVfG,
  - Anhörung nach § 28 HVwVfG
  - (beachte Heilungsmöglichkeiten nach § 45 HVwVfG)
- Ordnungsgemäße Bekanntgabe, § 41 HVwVfG

Materielle Rechtmäßigkeit

- Ermächtigungsgrundlage
  - Wirksamkeit (nur zu prüfen, wenn Anlass besteht)
  - Tatbestandsvoraussetzungen (z.B. konkrete Gefahr für öffentliche Sicherheit bei § 11 HSOG)
- Adressat der Verfügung (nach Spezialgesetz oder §§ 6 ff. HSOG)
- Allgemeine Rechtmäßigkeitsvoraussetzungen
  - inhaltliche Bestimmtheit der Verfügung (§ 37 HVwVfG)
  - rechtliche und tatsächliche Möglichkeit
  - Verhältnismäßigkeit, § 4 HSOG:
    - Geeignetheit
    - Erforderlichkeit
    - Angemessenheit

- Ermessensausübung (vgl. § 5 HSOG)
  - Entschließungs- und Auswahlermessen (Mittel, Adressat)
  - Keine Ermessensfehler (Nichtgebrauch, Überschreitung, Fehlgebrauch)

a) Formelle Rechtmäßigkeitsvoraussetzungen

aa) Zuständigkeit

125 Die eine Gefahrenabwehrverfügung erlassende Behörde muss sachlich, örtlich und instanziell zuständig sein. Hier ist auf die Aufgabenverteilung und Zuständigkeitsabgrenzung zwischen den Gefahrenabwehrbehörden und den Polizeibehörden einzugehen (vgl. Rn. 25 ff.).

Die **sachliche Zuständigkeit** liegt dabei vorrangig bei den allgemeinen Verwaltungsbehörden, vgl. § 1 Abs. 1 und § 2 HSOG. Zuständigkeiten von Ordnungs- und Polizeibehörden können sich aus speziellen Zuweisungen (z.B. HSOG-DVO) oder der sog. **Eilzuständigkeit** (§ 2 S. 1 HSOG) ergeben.

Zum Teil enthalten auch einige Standardmaßnahmen (§§ 12 ff. HSOG) Aussagen zur Zuständigkeit. So sind z.B. bestimmte Datenerhebungen (§§ 14 ff. HSOG), die Durchführung erkennungsdienstlicher Maßnahmen (§ 19 Abs. 2 HSOG), die Ingewahrsamnahme (§ 32 HSOG) und Durchsuchungen (§ 36 Abs. 2, § 37 Abs. 2 HSOG) ausschließlich den Polizeibehörden vorbehalten.

Aussagen zur **örtlichen Zuständigkeit** enthält § 100 HSOG für die Gefahrenabwehrbehörden und § 101 HSOG für die Polizeibehörden (vgl. Rn. 58).

Die **instanzielle Zuständigkeit** knüpft an die Aufgabenverteilung innerhalb eines Instanzenzuges (z.B. obere, mittlere, untere Behörde) eines sachlich zuständigen Behördenbereichs an. Sie folgt oft der sachlichen Zuständigkeitsregelung. Zuständig ist i.d.R. die unterste Instanz; für die Ordnungsbehörden ist dies in § 89 Abs. 2 HSOG klargestellt; auch § 88 HSOG enthält Aussagen zur instanziellen Zuständigkeit.

bb) Form- und Verfahrensvorschriften

126 Die Gefahrenabwehrverfügung unterliegt als Verwaltungsakt den **Form- und Verfahrensvorschriften des HVwVfG**. Damit gilt grundsätzlich **Formfreiheit** (§ 10, § 37 Abs. 2 HVwVfG). Die Verfügung kann schriftlich, mündlich oder in anderer Weise (z.B. durch Zeichen) erlassen werden.

In der Praxis arbeiten die Gefahrenabwehrbehörden i.d.R. mit **schriftlichen Verwaltungsakten** (Bescheiden). Es sind deshalb die Vorschriften des § 37 Abs. 2 und § 39 HVwVfG zu beachten. Polizeiliche Verfügungen ergehen häufig mündlich oder durch Zeichen.

Bei Anwendung spezialgesetzlicher Grundlagen sind gegebenenfalls dort genannte besondere formale Anforderungen zu beachte (z.B. Schriftform für Verfügungen nach § 77 AufenthG).

Gleiches gilt bei **Standardmaßnahmen** nach dem HSOG, von denen einige **besondere Form- bzw. Verfahrensvorschriften** enthalten.

So sieht das HSOG **richterliche Entscheidungen** (z.B. beim Gewahrsam, § 33 HSOG), interne **Zustimmungsverfahren** (z.B. bei der Anordnung von Kontrollstellen, § 18 Abs. 2 Nr. 5 HSOG) und vor allem **Belehrungs- bzw. Unterrichtungspflichten** (z.B. Auskunftsverweigerungsrecht, § 12 Abs. 2 HSOG; Bekanntgabe des Maßnahmegrundes, § 34 Abs. 1 und § 39 Abs. 3 HSOG) vor (vgl. auch die Übersichten bei

Fredrich in HPR 6/94 S. 7 ff. und die Ausführungen zu den einzelnen Standardmaßnahmen).

Im Übrigen gelten für das Verfahren die allgemeinen Verfahrensvorschriften des HVwVfG. Zu nennen sind insbesondere der **Untersuchungsgrundsatz**, § 24 HVwVfG, das **Recht auf Akteneinsicht**, § 29 HVwVfG und vor allem die Pflicht zur **Anhörung Beteiligter** nach § 28 HVwVfG.

Gefahrenabwehrverfügungen greifen regelmäßig in Rechte der Adressaten ein, so dass grundsätzlich eine **vorherige Anhörung** gem. § 28 Abs. 1 HVwVfG geboten ist. Die Anhörung kann mündlich erfolgen, so dass auch bei mündlichen vollzugspolizeilichen Anordnungen eine Anhörung möglich ist. Da sich polizeiliche Aufgaben im Rahmen der Gefahrenabwehr i.d.R. auf eilbedürftige Maßnahmen beschränken oder Vollstreckungshandlungen betreffen, ist häufig ein Verzicht auf eine vorherige Anhörung zulässig (vgl. § 28 Abs. 2 Nr. 1 und Nr. 5 HVwVfG). Die in § 28 Abs. 2 HVwVfG genannten Ausnahmetatbestände bewirken aber keinen Automatismus, sondern lassen einen Verzicht auf die Anhörung nach pflichtgemäßem Ermessen zu.

Bei Form- bzw. Verfahrensfehlern ist zu beachten, dass einige Fehler (z.B. fehlende Begründung, fehlende Anhörung) mit **heilender Wirkung nachgeholt** werden können (siehe § 45 HVwVfG).

b) Materielle Rechtmäßigkeitsvoraussetzungen

aa) Ermächtigungsgrundlage

127 Als belastende in Rechte des Adressaten eingreifende Maßnahme bedarf eine Gefahrenabwehrverfügung einer Ermächtigungsgrundlage (vgl. Rn. 105, 149). Dabei gehen eventuelle spezialgesetzliche Ermächtigungen denen des HSOG vor (vgl. Rn. 106). Bei (formell) gesetzlichen Ermächtigungsgrundlagen (z.B. VersG, HSOG) werden i.d.R. keine Bedenken an der Wirksamkeit der gesetzlichen Regelung bestehen. Basiert die Maßnahme auf einer im Range unter dem formellen Gesetz liegenden Grundlage (z.B. Rechtsverordnung), ist bei Zweifeln an deren Rechtmäßigkeit gegebenenfalls auch die Rechtsgrundlage an dieser Stelle zu überprüfen.

Ansonsten steht die **Prüfung der Tatbestandsvoraussetzungen** der jeweiligen Ermächtigungsnorm im Vordergrund (z.B. Vorliegen einer konkreten Gefahr für die öffentliche Sicherheit oder Ordnung, § 11 HSOG).

bb) Adressat

128 Die Rechtmäßigkeit der Gefahrenabwehrverfügung setzt voraus, dass sie sich an den richtigen Adressaten wendet. Dies ist vorrangig der Verantwortliche nach § 6 bzw. § 7 HSOG (vgl. Rn. 85 ff.). Die Inanspruchnahme Nichtverantwortlicher ist nur unter den Voraussetzungen von § 9 HSOG möglich (vgl. Rn. 103). Sind mehrere nach §§ 6, 7 HSOG Verantwortliche vorhanden, hat die Behörde nach pflichtgemäßen Ermessen eine Auswahl zu treffen (vgl. Rn. 95).

cc) Allgemeine Rechtmäßigkeitsanforderungen

Eine Gefahrenabwehrverfügung muss dem **Bestimmtheitsgebot** genügen (vgl. § 37 Abs. 1 HVwVfG). Aus der Verfügung muss ersichtlich sein, **wer, was** (gegebenenfalls **wie**) tun bzw. unterlassen soll (zur Bestimmtheit vgl. Schmitz, DVP 1991, 39 mit Beispielen; zur Bestimmtheit einer Auflösungsverfügung vgl. OLG Celle NVwZ RR 2006, 254). Im Vordergrund steht, was der Adressat tun bzw. unterlassen soll. Wie ein Erfolg erreicht wird, kann i.d.R. dem Adressaten frei gestellt werden (vgl. Möller/Warg, S. 92 m.w.N.).

Mit der Bestimmtheit korrespondiert die Vollstreckbarkeit der Verfügung. Soll eine Verfügung zwangsweise durchgesetzt werden, muss klar sein, was durchgesetzt werden soll (vgl. Hess. VGH E 7, 40). Bestehen Zweifel oder Unklarheiten, spricht dies für die Unbestimmtheit der Verfügung.

129 Voraussetzung ist ferner, dass es dem Adressaten möglich ist, einer Anordnung nachzukommen. Dies bedingt die Prüfung der **tatsächlichen und rechtlichen Möglichkeit** vgl. Rn. 110 f.). Die fehlende Möglichkeit führt i.d.R. zur Rechtswidrigkeit der Verfügung, im Falle objektiver Unmöglichkeit sogar zur Nichtigkeit (vgl. § 44 Abs. 2 Nr. 4 HVwVfG). Stellt die Unmöglichkeit lediglich ein Hindernis dar, das beseitigt werden kann, führt dies nach der Rechtsprechung des VGH Kassel nicht zur Rechtswidrigkeit, sondern stellt lediglich ein **Vollstreckungshindernis** dar (vgl. VGH Kassel, NJW 1992, 2282).

130 Zu prüfen ist ferner die **Verhältnismäßigkeit** der Verfügung (§ 4 HSOG). Danach muss die Verfügung geeignet, erforderlich und angemessen sein (vgl. Rn. 109 ff.).

Schließlich muss die Verfügung auf einer **pflichtgemäßen Ermessensausübung** beruhen (§ 5 HSOG). Die Behörde muss sich von sachgerechten Gesichtspunkten leiten lassen (vgl. 40 HVwVfG), sie darf keine **Ermessensfehler** begehen (vgl. Rn. 116).

3. Rechtsschutz

131 Gefahrenabwehrverfügungen sind belastende Verwaltungsakte. Dagegen ist grundsätzlich als Rechtsbehelf der **Widerspruch** in Form des **Anfechtungswiderspruchs** möglich (vgl. § 68 Abs. 1 i.V.m. § 42 Abs. 1 VwGO). Mit dem Widerspruch beginnt das sog. **Vorverfahren** nach § 68 VwGO. Für bestimmte Bereiche hat der hessische Gesetzgeber allerdings ein Vorverfahren ausgeschlossen (vgl. § 16 a Hess AG VwGO i.V.m. der Anlage zu § 16 a).

Gegenstand des Vorverfahrens (Widerspruchverfahrens) ist die Überprüfung der **Recht- und Zweckmäßigkeit der Gefahrenabwehrverfügung** durch die erlassende Behörde (vgl. § 72 VwGO) bzw. die Widerspruchsbehörde (vgl. § 73 VwGO).

Bleibt das Vorverfahren aus Sicht des Adressaten erfolglos, besteht die Möglichkeit einer **Anfechtungsklage** (§ 42 VwGO) vor dem **Verwaltungsgericht** mit dem Ziel, die Verfügung gerichtlich aufheben zu lassen (vgl. § 113 Abs. 1 VwGO).

Hat sich die Gefahrenabwehrverfügung bereits erledigt – was gerade bei Gefahrenabwehrverfügungen häufig der Fall ist –, tritt an Stelle einer Anfechtungsklage die sog. **Fortsetzungsfeststellungsklage** (vgl. § 113 Abs. 1 S. 4 VwGO). Sie hat das Ziel, nachträglich feststellen zu lassen, dass die Verfügung rechtswidrig war. Dabei geht § 113 Abs. 1 S. 4 VwGO von einer Erledigung nach einer Klage vor Urteilsverkündung aus. Dabei bedarf es der Klärung, ob tatsächlich eine Erledigung eingetreten ist. Dies ist nur der Fall, wenn von dem Verwaltungsakt keine unmittelbare Wirkung mehr ausgeht. Eine Vollstreckung eines Verwaltungsaktes (z.B. durch Ersatzvornahme) führt nicht zu dessen Erledigung, da von dem Grundverwaltungsakt weiterhin Rechtswirkungen für das Vollstreckungsverfahren ausgehen (vgl. Schenke, Rn. 512; BVerwG, NVwZ 2009, 122).

Im Bereich der Gefahrenabwehr tritt die Erledigung des Verwaltungsaktes häufig nicht erst in einem gerichtlichen Verfahren, sondern bereits vor Klageerhebung ein.

Bsp.: Nachträgliche Überprüfung eines Platzverweises; einer erfolgten Versammlungsauflösung usw.

In diesen Fällen bedarf es keiner vorherigen Nachprüfung in einem Vorverfahren; ein Widerspruch ist nach h.M. unzulässig. Hier kann direkt die Fortsetzungsfeststellungsklage (§ 113 Abs. 1 S. 4 VwGO analog) erhoben werden, wobei grundsätzlich keine Klagefrist gilt (BVerwG NJW 2000, 63; anders früher BVerwGE 26, 165 ff.).

Weitere Klagevoraussetzung für eine Fortsetzungsfeststellungsklage ist, dass der Kläger ein **besonderes Feststellungsinteresse** (anerkannt sind Wiederholungsgefahr, Rehabilitationsinteresse) geltend machen kann. Ein Rehabilitationsinteresse ist insbesondere bei schweren Eingriffen in Grundrechtspositionen gegeben (vgl. BVerwG, NVwZ 1999, 991).

III. Unmittelbare Ausführung

1. Allgemeines

Das Institut der unmittelbaren Ausführung (§ 8 Abs. 1 HSOG) eröffnet der Behörde **132**
die Möglichkeit, eine Maßnahme der Gefahrenabwehr **selbst** oder **durch einen beauftragten Dritten** (z.B. Unternehmer) auszuführen, ohne vorher eine verantwortliche Person im Wege einer Gefahrenabwehrverfügung in Anspruch zu nehmen.

Bsp.:

- Die Polizei lässt ein in einer Kurve geparktes Fahrzeug abschleppen.
- Das Gartenamt beseitigt einen umgefallenen Baum, während der Grundstückseigentümer in Urlaub weilt.

Da es in diesen Fällen an einer Grundverfügung gegen den Verantwortlichen fehlt, stellt die Maßnahme keine Vollstreckungshandlung dar und kann nicht auf die vorhandenen vollstreckungsrechtlichen Grundlagen (z.B. § 49 HSOG, Ersatzvornahme) gestützt werden. Der Gesetzgeber hat die unmittelbare Ausführung (früher § 14 a) mit Gesetz vom 11.5.1988 (GVBl. I, S. 191) in das HSOG eingefügt, um die nach der früheren Rechtsprechung des Hessischen VGH (VGH Kassel, NJW 1987, 904) bestehende Regelungslücke insbesondere für Kostenanforderungen infolge von Abschleppfällen (heute § 8 Abs. 2 HSOG) zu schließen (vgl. LT-Drucks. 12/1482, S. 4). Aus der Entstehungsgeschichte und dem Sinn und Zweck der Norm folgt, dass für die unmittelbare Ausführung nur Raum ist, wenn noch keine Verfügung gegen den Verantwortlichen vorliegt, eine Inanspruchnahme des Verantwortlichen nicht möglich ist bzw. keinen Erfolg verspricht und deshalb unterbleibt (vgl. ausführlich VGH Kassel, NVwZ RR 1999, 23, 24; Pausch/Dölger, S. 174 f).

Trotz dieser klaren Ausgangssituation beschäftigt das Institut der unmittelbaren Ausführung immer wieder Literatur und Rechtsprechung. Insbesondere aus der Nähe zu den Zwangsmitteln ergeben sich **Abgrenzungsfragen** (vgl. Rn. 282). Zum Teil wird in der unmittelbaren Ausführung eine eigenständige Befugnisnorm für die vorzunehmende Handlung gesehen (vgl. Möller/Warg Rn. 235). Die unmittelbare Ausführung kann sicher als eigene Maßnahme der Gefahrenabwehr gesehen werden, § 8 Abs. 1 HSOG stellt aber wohl selbst keine abschließende Befugnisnorm dar (so auch Pausch/Dölger, S. 174). Für diese Ansicht spricht die systematische Einordnung der Norm in die §§ 6 ff HSOG und nicht in die Befugnisnormen (§§ 11 ff HSOG). § 8

Abs. 1 HSOG ermöglicht Maßnahmen, ohne zuvor den Verantwortlichen in die Pflicht zu nehmen, die Maßnahme selbst bedarf aber einer Ermächtigung nach §§ 11 ff. HSOG. Dementsprechend erfolgt bei der Rechtmäßigkeitsprüfung auch eine hypothetische Prüfung, ob bei unterstellter Anwesenheit eine Anordnung hätte ergehen können (vgl. VV HSOG Nr. 8.1.1).

133 Umstritten ist ferner der **Rechtscharakter** der unmittelbaren Ausführung (vgl. Rn. 120). So wird ausgehend von Rechtsschutzüberlegungen die unmittelbare Ausführung z. T als Verwaltungsakt qualifiziert, der den durchzusetzenden Verwaltungsakt und den Verwaltungszwang in sich vereine (Pausch/Dölger S. 175; Meixner-Fredrich § 8 Rn. 10; wohl auch VGH Kassel NVwZ RR 2008, 784).

Dabei handelt es sich um eine Fiktion. Die unmittelbare Ausführung zeichnet sich gerade dadurch aus, dass mangels geeigneten Ansprechpartners kein Verwaltungsakt ergehen kann. Ein Verwaltungsakt setzt aber einen Adressaten voraus, dem der Verwaltungsakt bekannt zu geben ist (vgl. §§ 41, 43 HVwVfG).

Die unmittelbare Ausführung stellt sich sowohl für die handelnden Beamten als aus Sicht eines außenstehenden Betrachters als reale Handlung (Realakt) dar (Maurer/Waldhoff, Rn. 26; Götz/Geis, § 12 Rn. 20).

Für eine rechtliche Konstruktion eines Verwaltungsaktes fehlt es zudem an einem Bedürfnis, da auch bei Realakten, soweit Rechtspositionen beeinträchtigt werden, Rechtsschutz möglich ist (vgl. Rn. 120, 136).

2. Rechtmäßigkeitsvoraussetzungen

134 Da nach hier vertretener Auffassung die unmittelbare Ausführung keinen Verwaltungsakt darstellt, können Form- und Verfahrensvorschriften des Hessischen Verwaltungsverfahrensgesetzes unberücksichtigt bleiben.

§ 8 Abs. 1 HSOG normiert als **eigene Verfahrensvorschrift** die Verpflichtung, die betroffenen Personen unverzüglich zu **unterrichten**. Dies kann schriftlich oder mündlich bzw. fernmündlich erfolgen. Bei den in der Praxis häufigsten Fällen des Abschleppens von Fahrzeugen kann sie erfolgen, wenn sich der Betroffene meldet, um nach dem Verbleib des Kraftfahrzeugs zu fragen (vgl. VV HSOG Nr. 8.1.2 zu § 8 HSOG). Eine unterlassene Benachrichtigung führt aber nicht zur Rechtswidrigkeit der unmittelbaren Ausführung.

In **materieller Hinsicht** setzt die Rechtmäßigkeit der unmittelbaren Ausführung nach § 8 Abs. 1 HSOG voraus, dass eine – hypothetische – Inanspruchnahme des Verantwortlichen möglich wäre (hätte bei unterstellter Anwesenheit eine Anordnung rechtmäßig ergehen können, vgl. VV HSOG Nr. 8.1.1 zu § 8 HSOG). Da die Behörde anstelle des eigentlich Verantwortlichen handelt, müssen die Voraussetzungen der entsprechenden Ermächtigungsgrundlage – z.B. § 11 HSOG – vorliegen.

Daneben müssen die besonderen Voraussetzungen des § 8 Abs. 1 HSOG erfüllt sein, d.h. der Zweck der Maßnahme **darf durch Inanspruchnahme des Verantwortlichen nicht oder nicht rechtzeitig erreicht werden können.**

§ 8 HSOG stellt klar, dass die Inanspruchnahme des Verantwortlichen Vorrang genießt. Nur wenn die verantwortliche Person nicht da ist, nicht rechtzeitig erreichbar oder sonst zur Gefahrenabwehr nicht in der Lage ist (vgl. Meixner-Fredrich, § 8 Rn. 4, 5), kann die **Behörde anstelle des Verantwortlichen** handeln bzw. **Dritte be-**

auftragen. Dies bedingt, dass im Wege der unmittelbaren Ausführung nur **vertretbare Handlungen** ausgeführt werden können.

Schließlich muss die unmittelbare Ausführung **verhältnismäßig**, d.h. die geeignete, erforderliche und angemessene Maßnahme (vgl. § 4 HSOG und Rn. 119 ff.) und das Ergebnis einer **pflichtgemäßen Ermessensausübung** (§ 5 HSOG und Rn. 116) sein.

3. Kostenersatz

§ 8 Abs. 2 HSOG verpflichtet den eigentlich Verantwortlichen zum Ersatz der durch **135**
die unmittelbare Ausführung entstandenen Kosten. Die Vorschrift bietet damit die **Ermächtigungsgrundlage** für einen entsprechenden **Kostenbescheid** der Behörde. Dabei stellt § 8 Abs. 2 HSOG für die Kosten der unmittelbaren Ausführung eine abschließende Regelung dar, die einen Rückgriff z.B. auf die Regeln der **Geschäftsführung ohne Auftrag** ausschließt (vgl. BGH, DVBl 2004, 516).

Z.T. wird aus der klaren Kostenzuweisung eine Verpflichtung der Behörde gefolgert, die Kosten geltend zu machen. Die Geltendmachung soll nicht im Ermessen der Behörde stehen (vgl.Schenke, Rn. 703).

Dieser Schluss ist nicht zwingend. Das Opportunitätsprinzip bestimmt das Gefahrenabwehrrecht; die Maßnahmen, dazu zählen grundsätzlich auch auf das HSOG gestützte Kostenbescheide, sind gem. § 5 HSOG nach pflichtgemäßen Ermessen zu treffen. Es muss möglich sein, auch bei der Kostenerhebung Billigkeitsgesichtspunkte im Rahmen einer Ermessensentscheidung zu berücksichtigen (so auch Hornmann, § 8 Rn. 12; VGH Kassel, Urt. v. 20.8.1996–11 UE 284/96). Auch bei Annahme einer grundsätzlichen Verpflichtung zur Kostenerhebung muss diese dem Verhältnismäßigkeitsgrundsatz genügen. Dabei sind die Grenzen der Zumutbarkeit zu beachten. Danach kann z.B. die Heranziehung eines nach dem Bestattungsgesetz bestattungspflichtigen Angehörigen zu den Kosten einer im Wege der unmittelbaren Ausführung erfolgten Bestattung durch die Behörde ausnahmsweise unzumutbar sein (vgl. VGH Kassel, Urt. v. 26.10.2011, 5 A 1245/11).

Zuständig ist in der Regel die Behörde, die die unmittelbare Ausführung vorgenommen hat. Bei unmittelbarer Ausführung durch die Polizei liegt die Zuständigkeit für den Kostenbescheid beim Präsidium für Technik, Logistik und Verwaltung (vgl. § 8 Abs. 2 HSOG DVO). Geplant ist eine Umbenennung in „Hessisches Polizeipräsidium für Technik".

Materielle Rechtmäßigkeitsvoraussetzung ist, dass die unmittelbare Ausführung nach § 8 Abs. 1 rechtmäßig erfolgte.

Adressat des Kostenbescheides sind die nach §§ 6 oder 7 **Verantwortlichen**, wobei **mehrere Verantwortliche gesamtschuldnerisch** haften (vgl. §§ 421 ff. BGB). Sind mehrere Verantwortliche vorhanden, liegt es im pflichtgemäßen Ermessen der Behörde, welchen Verantwortlichen sie in welcher Höhe für die Kosten heranzieht (zum Auswahlermessen vgl. Rn. 95).

Da beim Kostenbescheid weder Eile geboten ist noch die Effektivität der Gefahrenabwehr im Vordergrund steht, hat die Behörde hier anders als bei der Maßnahme selbst eine differenzierte Betrachtung vorzunehmen. Dabei ist nicht die Sicht zum Zeitpunkt der Maßnahme entscheidend, sondern es ist auf die wirkliche Sachlage abzustellen (vgl. OVG Münster, NJW 1993, 2698).

Bsp.: Wird ein Fahrzeug durch zwei Fahrzeuge eingeparkt, kann die Polizei das nach Zeugenaussagen zuletzt gekommene Fahrzeug im Wege der unmittelbaren Ausführung abschleppen lassen. Stellt sich nachträglich heraus, dass die Zeugenaussagen unzutreffend waren, ist dies bei der Kostenfrage zu berücksichtigen. Die Kosten der unmittelbaren Ausführung dürfen nicht dem Halter bzw. Fahrer des abgeschleppten Fahrzeugs auferlegt werden, da dieser sich nach jetzt bekannter Sachlage korrekt verhalten hat.

Gleiches gilt gegenüber einem „Verdachtsstörer", wenn sich später der Verdacht als unbegründet herausstellt und der Betroffene die verdachtsbegründeten Umstände nicht zu verantworten hat (vgl. OVG Münster, Beschl. v. 14.6.2000–5 A 95/00, mit Anmerkung von Vahle, DVP 2002, 299; vgl. Rn. 101).

Bsp.: Durch beidseitiges Parken auf einer Straße entsteht eine Blockierung des Durchgangverkehrs. Verantwortlich sind die Autofahrer, die ihre Fahrzeuge zuletzt abstellen und damit die Blockierung unmittelbar verursachen. Ist für die Behörde nicht erkennbar, welcher Fahrer die Störung verursacht hat und lässt sie auf Verdacht ein Fahrzeug abschleppen, können dem „Verdächtigen" bei nachträglicher Entlastung nicht die Abschleppkosten aufgegeben werden.

4. Rechtsschutz

136 Sieht man in der unmittelbaren Ausführung einen Realakt (vgl. Rn. 133), kann der durch die Maßnahme betroffenen Bürger eine **Feststellungsklage nach § 43 VwGO** vor dem Verwaltungsgericht erheben. Ziel der Klage ist es, die Rechtswidrigkeit der unmittelbaren Ausführungen feststellen zu lassen.

Das dafür erforderliche Feststellungsinteresse dürfte in der Regel gegeben sein.

Besteht die Möglichkeit, die Maßnahmen rückgängig zu machen, kommt eine **Leistungsklage** in Betracht (vgl. Maurer/Waldhoff, § 20 Rn. 26).

In der Praxis wird es dem Betroffenen vorrangig um die **Kostenfrage** gehen. Da der Kostenbescheid nach § 8 Abs. 2 einen Verwaltungsakt darstellt, steht dem Betroffenen der **Widerspruch bzw. die Anfechtungsklage** offen. Da die Rechtmäßigkeit der unmittelbaren Ausführung nach § 8 Abs. 1 HSOG Voraussetzung für einen rechtmäßigen Kostenbescheid nach § 8 Abs. 2 HSOG ist, erfolgt auf diesem Wege in jedem Fall eine **inzidente Überprüfung** der Maßnahme selbst.

IV. Erlaubnisse

1. Allgemeines

137 Das heutige HSOG enthält im Gegensatz zu früheren gesetzlichen Fassungen keine Erlaubnisregeln. Erlaubnis- bzw. Genehmigungsregeln finden sich in zahlreichen Spezialgesetzen (z.B. StVG, HStrG; HBO, Hessisches SpielhallenG usw.). Auch die früher im HSOG geregelte Rücknahme und Einschränkbarkeit polizeilicher Erlaubnisse ist heute durch Spezialgesetze bzw. die Regelung im HVwVfG, §§ 48, 49, abgedeckt. Gleiches gilt für die Regelung von Nebenbestimmungen in § 36 HVwVfG.

Die Erlaubnis ist ein **gestaltender begünstigender Verwaltungsakt**, der den allgemeinen Regeln unterliegt; für eine besondere Regelung innerhalb des Polizei- und Ordnungsrechts fehlt ein Bedürfnis.

Wenn die Erlaubnisse dennoch im Rahmen des Ordnungs- und Polizeirechts dargestellt werden, dann deshalb, weil die gesetzliche Postulierung einer Erlaubnispflicht ein Mittel präventiver Überwachung und Gefahrenabwehr darstellt. Im Rahmen der Deregulierungsbemühungen besteht allerdings die Tendenz, Genehmigungsvorbehalte zu reduzieren (so wurde in Hessen die nach dem GastG des Bundes erforderliche Gaststättenerlaubnis in der hessischen Neuregelung durch eine Anzeigepflicht ersetzt).

Es gibt die folgenden zwei **Grundtypen** gefahrenabwehrrechtlicher Erlaubnisse:

2. Präventives Verbot mit Erlaubnisvorbehalt

Das präventive Verbot mit Erlaubnisvorbehalt knüpft an ein Verhalten an, das sozial- **138**
adäquat und grundsätzlich erlaubt ist. Das Gesetz stellt aber Voraussetzungen auf, die erfüllt sein müssen, damit die Tätigkeit ausgeübt werden kann. Der Genehmigung kommt eine Kontrollfunktion – auf mögliche Gefahren hin – zu (vgl. Maurer/Waldhoff, § 9 Rn. 51).

Dabei kann, je nach Regelungsinhalt und Voraussetzungen, zwischen dinglichen Erlaubnissen (z.B. Baugenehmigung, § 64 HBO), persönlichen Erlaubnissen (z.B. Fahrerlaubnis, § 2 StVG, Erlaubnissen nach der Gewerbeordnung, §§ 30 ff.) und gemischten Erlaubnissen mit dinglichen und persönlichen Momenten (z.B. § 2 GastG des Bundes, in Hessen entfallen) unterschieden werden.

Im Falle des Verbotes mit Erlaubnisvorbehalt besteht ein **Rechtsanspruch auf** die **Erteilung** der Erlaubnis, wenn der Antragsteller die normierten Voraussetzungen erfüllt, sog. **gebundenen Erlaubnis**.

3. Repressives Verbot mit Befreiungsvorbehalt

Dem sog. **repressiven Verbot mit Befreiungsvorbehalt** liegt ein grundsätzlich uner- **139**
wünschtes und deshalb verbotenes Verhalten zugrunde, was im Einzelfall – ausnahmsweise – zugelassen werden kann. Dafür finden sich zum Teil im allgemeinen Verwaltungsrecht die Bezeichnungen Ausnahmebewilligung, Dispens, Befreiungen.

Bsp.:

- Dispens nach § 31 Abs. 2 BauGB
- Ausnahmegenehmigung nach § 16 Abs. 1 VersG i.V.m. § 3 Bannmeilengesetz
- Sondernutzungserlaubnis, § 16 HStrG

Anders als beim Verbot mit Erlaubnisvorbehalt besteht kein genereller Anspruch auf Erlaubniserteilung, die Erlaubniserteilung steht im **pflichtgemäßen Ermessen.** Es besteht ein Anspruch auf eine ermessensfehlerfreie Entscheidung. Die Verwaltung darf, wie bei allen Ermessensentscheidungen, keine sachfremden Gesichtspunkte in die Entscheidung einführen (vgl. Hess. VGH, NVwZ 1987, 903 u. NVwZ 1994, 189).

Auch kann sich das **Ermessen** im Einzelfall **reduzieren**, so dass ein Anspruch auf eine Erlaubniserteilung erwachsen kann.

Bsp.:

- Anspruch der politischen Parteien auf Wahlwerbung im Straßenraum während der Wahlzeit (BVerwGE 47, 293, 296).
- Eventueller Anspruch von Religionsgemeinschaften auf Sondernutzung bei religiöser Betätigung (BVerwG, NJW 1997, 406 ff.).

4. Rechtsschutz

140 Wird eine beantragte Erlaubnis abgelehnt, hat der Antragsteller die Möglichkeit, Widerspruch einzulegen (vgl. § 68 Abs. 2 VwGO). Dieser sog. **Verpflichtungswiderspruch** zielt auf Erteilung der beantragten Erlaubnis. Bleibt der Widerspruch erfolglos, besteht die Möglichkeit einer **Verpflichtungsklage vor dem Verwaltungsgericht** (vgl. § 42 VwGO).

Eine direkte Klagemöglichkeit (ohne Vorverfahren) besteht, wenn die Behörde über den Antrag auf Erlaubnis nicht rechtzeitig ohne hinreichenden Grund in angemessener Frist entscheidet, sog. **Untätigkeitsklage** (vgl. § 75 VwGO).

V. Gefahrenabwehrverordnung

1. Allgemeines

141 Neben Einzelfallmaßnahmen enthält das HSOG in den §§ 71 ff. eine Ermächtigung zum Erlass von Gefahrenabwehrverordnungen und damit ein weiteres Instrument der Gefahrenabwehr.

Nach § 71 enthalten Gefahrenabwehrverordnungen **Gebote und Verbote**, die zur Gefahrenabwehr erforderlich sind. Im Unterschied zur Gefahrenabwehrverfügung ist die Rechtsverordnung für eine **unbestimmte Anzahl von Fällen** an eine **unbestimmte Anzahl von Personen** gerichtet, also eine **abstrakt generelle Regelung** (im Gegensatz zur konkret individuellen Regelung bei der Gefahrenabwehrverfügung).

Die Gefahrenabwehrverordnung kommt in Betracht, wenn ein Bedürfnis nach genereller Gefahrenabwehr bei **abstrakten Gefahren** (vgl. Rn. 76) besteht.

Ein bloßer Gefahrenverdacht reicht nicht aus (vgl. BVerwG, DÖV 2003, 81). Das BVerwG hat vor dem Hintergrund der niedersächsischen Regelungen eine Verordnung über **„Kampfhunde"** nicht als Maßnahme der abstrakten Gefahrenabwehr, sondern als **Vorsorgemaßnahme im Verdachtsfalle** gesehen, die einer gesonderten gesetzgeberischen Grundlage bedürfe.

Dem Vorsorgegedanke bei vermuteter Gefährlichkeit bestimmter Hunde trägt **§ 71 a HSOG** Rechnung, der eine Ermächtigung zur Vorsorge gegen von Hunden ausgehenden Gefahren schafft. Mit dieser Vorschrift folgte der Gesetzgeber zum einen der Rechtsprechung des VGH Kassel (NVwZ RR 2002, 650), wonach eine an die Zugehörigkeit zu bestimmten Hunderassen anknüpfende **unwiderlegliche** Vermutung der Gefährlichkeit nicht gerechtfertigt sei (zur Einstufung von Mischlingshunden vgl. VGH Kassel, NVwZ RR 2006, 794 ff.), zum anderen der Forderung des BVerwG nach einer speziellen Ermächtigung für vorsorgliche Regelungen.

Die auf § 71 a HSOG basierende GefahrenabwehrVO über das Halten und Führen von Hunden (**HundeVO)** vom 22.01 2003 (GVBl. I, S. 54) hat der Hessische Verwaltungsgerichtshof mit Entscheidung vom 27.01 2004, Az. 11N 520/03 und 11N 910/03 als rechtmäßig erachtet. Der VGH betont dabei, dass die HundeVO keine Verordnung zur Gefahrenabwehr, sondern eine **Verordnung zur Gefahrenvorsorge** darstellt. Dabei soll sowohl die Ermächtigung zur **Listung von Hunderassen** als auch die in der VO erfolgte Auflistung bestimmter Hunderassen rechtens sein.

Mit der Zulässigkeit und den Grenzen von Hundeverordnungen musste sich die Rechtsprechung immer wieder auseinander setzen, bis hin zum BVerfG (vgl. BVerfG,

NvwZ 2004, 597, 602 zum Zuchtverbot und BVerfG NVwZ 2004, 975 zur Unfruchtbarmachung).

Neben der Abwehr von Hundegefahren geht es in den letzten Jahren vor allem um die Problematik des **Alkoholkonsums im öffentlichen Raum** und dessen Folgen (vgl. Stein in Möstl/Mühl § 71 Rn. 15). Städte und Gemeinden sehen sich zunehmend mit negativen Auswirkungen des übertriebenen Alkoholkonsums (Lärm, Verunreinigung, Straftaten) konfrontiert. Einige Kommunen versuchen, der Problematik mit Alkoholverboten im öffentlichen Raum im Wege einer Gefahrenabwehrverordnung zu begegnen. **142**

Die rechtliche Problematik besteht dabei vor allem darin, dass Gefahrenabwehrverordnungen eine abstrakte Gefahrenlage voraussetzen, die von Literatur und Rechtsprechung aber in diesen Fällen überwiegend abgelehnt wird (vgl. Rachor, in Lisken / Denninger E Rn. 80, Hecker NVwZ 2009, 1016; VGH Mannheim, NVwZ RR 2010, 55).

So hatte die Stadt Freiburg per Verordnung ein nächtliches Verbot ausgesprochen, zu bestimmten Zeiten auf öffentlichen Flächen der Stadt Alkohol zu konsumieren bzw. zum Konsum mit sich zu führen. In seiner viel beachteten Entscheidung vom 8.7.2009 sieht der VGH Baden-Württemberg ein solches Verbot nicht von der Ermächtigung des Polizeirechts gedeckt. Eine abstrakte Gefahr verlange in tatsächlicher Hinsicht eine abgesicherte Prognose, dass diejenigen, die Alkohol konsumieren, auch regelmäßig gewalttätig werden. Da eine solche sichere Prognose nicht möglich sei, fehle es an einer Gefahrenlage i.S. des Polizeirechts. Nach Ansicht des VGH handelt es sich um eine Vorsorgemaßnahme, die im Wege einer Rechtsverordnung nur geregelt werden kann, wenn der Gesetzgeber tätig wird und eine entsprechende Ermächtigung vorsieht. Dagegen nimmt das OVG Lüneburg (vgl. Urt. v. 30.11.2012–11 KN 187/12) unter besonderer Berücksichtigung der örtlichen Verhältnisse einen ausreichend kausalen Zusammenhang zwischen Alkoholkonsum und Störung der Nachtruhe und damit die zum Erlass einer Gefahrenabwehrverordnung erforderliche abstrakte Gefahr an (zur Vertiefung vgl. Kohl, NVwZ 1992, 620 ff.; Holzkämper, NVwZ 1994, 146 ff.; Götz, NVwZ 1994, 652 ff; Bindzus/Lange, JUS 1998, 696 ff; Fassbender, NVwZ 2009, 563; Hecker, NVwZ 2009, 1016.).

Auch für die Ermächtigung zum Erlass von Gefahrenabwehrverordnungen (§ 71 ff.HSOG) gilt, dass spezialgesetzliche Regelungen vorgehen. So sind vom Gesetzgeber erkannte typische Gefahrensituationen auch spezialgesetzlich geregelt (z.B. Sperrzeitverordnung auf der Grundlage des GastG). Damit reduziert sich die Bedeutung der §§ 71 ff. HSOG auf Bereiche, in denen spezialgesetzliche Regelungen fehlen (z.B. Verbot des Taubenfütterns, vgl. VGH Mannheim, NVwZ RR 2006, 398).

Der Erlass einer Gefahrenabwehrverordnung unter den Voraussetzungen der §§ 71 ff. HSOG liegt im **pflichtgemäßen Ermessen** des jeweils zuständigen Verordnungsgebers (vgl. VGH Kassel, NVwZ RR 1990, 472, 474).

Nach **§ 79 HSOG** soll die **Geltungsdauer** in der Verordnung geregelt sein soll. Im Gesetz ist eine Beschränkung der Geltungsdauer auf **30 Jahre** festgeschrieben. Nach Ablauf dieser Zeit tritt die Verordnung außer Kraft.

2. Zuständigkeiten

§ 72 bis § 74 HSOG ermächtigen das Hessische Ministerium des Innern, die Regierungspräsidien sowie die Landkreise und Gemeinden und beschränken damit die **143**

Kompetenz auf die **Gefahrenabwehrbehörden**; Polizeibehörden können keine Gefahrenabwehrverordnung erlassen.

Beispiele im Landesbereich:

- Gefahrenabwehrverordnung über das Halten und Führen von Hunden (HundeVO) v. 22.1.2003, (GVBl. I, S. 54);
- Gefahrenabwehrverordnung gegen das Aufsteigen lassen von ballonartigen Leuchtkörpern vom 16.7.2009.

Beispiel im kommunalen Bereich:
Gefahrenabwehrverordnung über die Aufrechterhaltung der Sicherheit und Ordnung auf und an Straßen der Stadt Kassel (Kassler StraßenVO) v. 27.1.1997;

Bei Verordnungen im kommunalen Bereich liegt die **Organkompetenz** beim Kreistag (§ 73 HSOG) bzw. der Gemeindevertretung (§ 74 HSOG).

Das HSOG enthält ein **Rangverhältnis**, das insbesondere bei kommunalen Verordnungen von Bedeutung ist. Neben dem Hinweis auf das allgemeine Rangverhältnis – Gesetz vor Rechtsverordnung in § 75 Abs. 1 S. 1 HSOG – dürfen Rechtsverordnungen nicht im Widerspruch zu Rechtsverordnungen „höherrangiger" Gefahrenabwehrbehörden stehen, § 75 Abs. 1 S. 2 HSOG. Ferner schränkt eine vorhandene Regelung auf höherer Ebene die Regelungsbefugnis der nachgeordneten Gefahrenabwehrbehörden ein, vgl. § 75 Abs. 2 HSOG.

Bsp.: Durch den Erlass der Hessischen HundeVO bleibt kein Raum für kommunale Gefahrenabwehrverordnungen über gefährliche Hunde.

Im kommunalen Bereich sind „Konkurrenzen" zu **kommunalen Satzungen** möglich. Kommunen können ihre Selbstverwaltungsangelegenheiten durch Satzung regeln (§ 5 HGO, § 5 HKO). Dagegen ist Gefahrenabwehr staatliche Aufgabe (vgl. § 81 HSOG), die damit nicht durch Satzung, sondern durch Rechtsverordnung nach § 71 ff. HSOG zu regeln ist.

Trotz dieser zunächst klar erscheinenden Abgrenzung kann es zu Überschneidungen kommen (vgl. Meixner/Fredrich, § 71 Rn. 6). So können z.B. Nutzungen für öffentliche Einrichtungen (§ 19 HGO), aber auch für Straßen (vgl. §§ 16, 37 HStrG) durch kommunale Satzungen geregelt werden.

Vor diesem Hintergrund versuchen einige Kommunen, unerwünschte Verhaltensweisen im städtischen Bereich (Alkoholkonsum, „Stadtstreicher") als Sondernutzung zu deklarieren (vgl. Münchner „Altstadt – Fußgängerbereich – Satzung"; vgl. bei Fahl, DÖV 1996, 955). Andere sehen darin Maßnahmen der Gefahrenabwehr und fassen entsprechende Verbote in kommunale Gefahrenabwehrverordnungen (vgl. zur Problematik Rn. 142, 145 m.w.N.).

3. Formale und inhaltliche Anforderungen

144 Gefahrenabwehrverordnungen unterliegen den **Formerfordernissen des § 78 HSOG**. Dabei handelt es sich um **zwingende** Erfordernisse, deren Nichtbeachtung zur Nichtigkeit der Rechtsverordnung führt (Meixner/Fredrich, § 78, Rn. 6). Dies mutet sehr formal an, dient aber der Normenklarheit und Rechtssicherheit und soll die Behörde zwingen, sich über Art und Inhalt ihres Tuns klar zu sein und die Grenzen der Normsetzungsbefugnis der Exekutive im Auge zu behalten.

Da bei kommunalen Gefahrenabwehrverordnungen Beschlüsse von Kreistag (§ 73 HSOG) bzw. Gemeindevertretung (§ 74 HSOG) erforderlich sind, sind neben den formalen Anforderungen des HSOG auch die **kommunalrechtlichen Form- bzw. Verfahrensvorschriften** zu beachten (z.B.: Ladung, § 58 HGO; Beschlussfähigkeit, § 53 HGO; Mitwirkungsverbote, § 25 HGO). Einer früher erforderlichen Genehmigung durch die Kommunalaufsichtsbehörde bedarf es nicht mehr.

Gefahrenabwehrverordnungen sind zu **verkünden** (vgl. für das Land Gesetz über die Verkündung von Rechtsverordnungen, Organisationsanordnungen und Anstaltsanordnungen vom 2.11.1971 GVBl. I, S. 258, zuletzt geändert durch Gesetz vom 04.02.2006, GVBl. I. S. 619bzw. für den kommunalen Bereich die Verordnung über öffentliche Bekanntmachungen der Gemeinden und Landkreise vom 12.10.1977, GVBl. I, S. 409, geändert durch Gesetz vom 16.12.2011, GVBl. I. S. 786).

Gefahrenabwehrverordnungen enthalten **Gebote und Verbote** (vgl. § 71). Dabei ist 145
zu beachten, dass nur Regelungen möglich sind, die der **Abwehr abstrakter Gefahren für die öffentliche Sicherheit und Ordnung** (vgl. Rn. 76) dienen.

Diese Schutzgüter müssen gefährdet sein, wobei dies im Lichte der Grundrechte zu entscheiden ist. Nach VGH Mannheim (NJW 1984, 507, 508) ist ein Verbot, „sich nach Art eines Land- oder Stadtstreichers herumzutreiben“, nicht von der Ermächtigung gedeckt.

Bestimmte Verhaltensarten mögen als lästig empfunden werden, sie gefährden aber in der Regel noch nicht die öffentliche Sicherheit oder Ordnung.

Gebote und Verbote tangieren die allgemeine Handlungsfreiheit, Art. 2 Abs. 1 GG. Auch Verhaltensweisen wie **Betteln** (vgl. VGH Mannheim, DÖV 1998, 1015) und **Alkoholkonsum**, die einige Kommunen gern unterbinden würden, fallen grundsätzlich unter den Schutz von Art. 2 Abs. 1 GG; für ein Verbot durch Verordnung fehlt es in der Regel an Rechtfertigungsgründen (siehe Rn. 142).

Vereinzelt finden sich in Rechtsverordnungen neben den Geboten und Verboten 146
auch eigene **Ermächtigungsgrundlagen** (z.B. § 1 Abs. 4 der HundeVO, Untersagung, einen Hund zu halten; § 9 Abs. 3 HundeVO, Anordnung von Leinenzwang), was mit Blick auf den Ermächtigungsumfang der §§ 71 ff. nicht unproblematisch erscheint.

Soweit dagegen – was die Regel ist – die Rechtsverordnung nur Gebote und Verbote enthält, ist die Rechtsverordnung selbst bei Verstößen gegen ihre Normen nicht Ermächtigungsgrundlage für die konkrete Gefahrenabwehrmaßnahme, sondern z.B. § 11 HSOG (vgl. Rn. 108, 122). Die Bedeutung von Gefahrenabwehrverordnungen liegt damit vor allem darin, dass die normierten Gebote und Verbote die Möglichkeit konkreter Maßnahmen eröffnen (konkrete Gefahr wegen Verstoß gegen abstrakte Norm.

In diesem Zusammenhang können Zweifel bei der Zuständigkeit auftreten. Enthält eine Rechtsverordnung **eigene Zuständigkeitsregeln** für „die Durchführung“ der Rechtsverordnung (vgl. § 16 HundeVO), stellt sich die Frage, ob damit auch Maßnahmen erfasst sind, die aus einem Verstoß gegen die Rechtsverordnung resultieren, letztlich ihre Grundlage aber in § 11 HSOG haben.

Bsp.: Generelle Untersagung der Hundehaltung auf der Grundlage von § 11 HSOG an einen Hundehalter..

Stellt man auf den engen Wortlaut von § 16 der HundeVO ab, so müsste die Frage der Zuständigkeit nach den Vorschriften des HSOG beurteilt werden, da Grundlage der Entscheidung § 11 HSOG ist. Der Hess. VGH hält allerdings – in der Sache sicher richtig – in derartigen Fällen die spezielle Zuständigkeitszuweisung in der

Rechtsverordnung für einschlägig (vgl. VGH Kassel, zitiert in Hess. Städte- und Gemeindebund Nr. 5 – ED 36 vom 25.4.1994; VGH Kassel, Beschl. v. 29.6.2009, 8 B 1034/09).

Das HSOG eröffnet die Möglichkeit, Gefahrenabwehrverordnungen mit **Ordnungswidrigkeitstatbeständen** zu bewehren, vgl. **§ 77 HSOG** und damit der Behörde Ahndungsmöglichkeiten im Wege eines Ordnungswidrigkeitsverfahrens.

147 Die Gefahrenabwehrverordnungen müssen – was ihren Inhalt angeht – den **allgemeinen Rechtmäßigkeitsanforderungen** an Rechtsverordnungen genügen. Sie müssen zum einen hinreichend **bestimmt** sein, vgl. § 76 Abs. 1 HSOG; sie müssen den Grundsätzen der Normklarheit und Justiziabilität genügen (BVerfGE 65, 1, 62 ff.).

Bsp.:

- Das Gebot, Hunde in öffentlichen Anlagen an der Leine zu führen genügt nach VGH Bad.-Württ. (DVBl. 1989, 1007) diesen Anforderungen (vgl. auch VGH Kassel, Hess VG Rspr. 44, 73 ff.).
- Das Verbot, sich nach Art eines Land- oder Stadtstreichers herumzutreiben, ist zu unbestimmt (VGH Mannheim, NJW 1984, 507, 508).
- Der Begriff des sog. „aggressiven Bettelns" dürfte den Anforderungen an hinreichende Bestimmtheit ebenfalls nicht genügen.
- Die Bestimmung, die das Lagern bzw. Verweilen zum Zwecke des Alkoholkonsums verbietet, wenn die Auswirkungen geeignet sind, Dritte zu belästigen, ist zu unbestimmt (so VGH Mannheim, Entscheidung vom 8.7.2009, Az. 1 S 2340/08)

Ferner muss der Grundsatz der **Verhältnismäßigkeit** beachtet sein, d.h. die Gebote/Verbote der Verordnung müssen zur Gefahrenabwehr geeignet, erforderlich und angemessen sein, § 4 (vgl. Rn. 119 ff.).

Der Verordnungsgeber hat nach pflichtgemäßem **Ermessen** § 5 (vgl. Rn. 114 ff.) zu entscheiden. Dabei ist der Grundsatz der **Gleichbehandlung** (Art. 3 GG) zu beachten. Soweit Rechtsverordnungen differenzieren, sind sachliche Gründe erforderlich (vgl. zur Differenzierung bei Hunderassen VGH Kassel, NVwZ RR 2002, 650 und Entscheidung vom 27.1.2004, Az. 11 N 520/03 und 11 N 910/03, vgl. Rn. 142).

Schließlich dürfen Gefahrenabwehrverordnungen nicht gegen **höherrangiges Recht**, insbesondere Grundrechte verstoßen (vgl. VGH Kassel, NVwZ RR 1990, 472, 475).

4. Rechtsschutz

148 Es gelten die allgemeinen Grundsätze für die Überprüfbarkeit von Rechtsverordnungen. Gefahrenabwehrverordnungen können zum einen Gegenstand eines **Normenkontrollverfahrens** nach § 47 VwGO in Verbindung mit § 16 Hessisches Ausführungsgesetz zur VwGO vor dem Verwaltungsgerichtshof sein. Verstößt eine Gefahrenabwehrverordnung gegen materielle oder formelle Anforderungen, ist sie ungültig und damit nichtig. Eine entsprechende Entscheidung des Verwaltungsgerichtshofs ist allgemein verbindlich, § 47 Abs. 6 VwGO.

Daneben besteht die Möglichkeit der **Inzidenterprüfung** durch Verwaltungsgerichte, eventuell auch durch ordentliche Gerichte im Rahmen von Ordnungswidrigkeitsverfahren. Die Gerichte sind im Rahmen der Überprüfung einer Einzelfallentscheidung, die ihre Grundlage in der Rechtsverordnung hat bzw. deren Rechtmäßigkeit von der Rechtsverordnung abhängt, berechtigt, die Rechtmäßigkeit der Rechtsverordnung selbst zu überprüfen.

Bsp.: Ein Hundehalter klagt im Wege einer Anfechtungsklage gegen einen Verwaltungsakt, mit dem ihm aufgegeben wird, seinen Hund nur angeleint auszuführen. Bei Überprüfung der Rechtmäßigkeit dieses Verwaltungsaktes wird das Verwaltungsgericht gegebenenfalls auch die Rechtmäßigkeit der der Entscheidung der Behörde zugrundeliegenden Hundeverordnung prüfen.

Die Gerichtsentscheidung hat hier keine allgemeinverbindliche Wirkung. Die Gefahrenabwehrbehörden sollten allerdings in derartigen Fällen mit einer Änderung bzw. Aufhebung der Rechtsverordnung reagieren.

Eine Besonderheit ergibt sich, wenn es um die **Vereinbarkeit einer Verordnung mit hessischem Verfassungsrecht** geht. Für diesen Fall postuliert Art. 132 Hess.LandesVerf. ein **Überprüfungsmonopol** des Hessischen Staatsgerichtshofs. Nach Art. 133 Hess.LandesVerf. besteht eine **Vorlagepflicht** der Gerichte an den Staatsgerichtshof.

Übersicht: Gefahrenabwehrbehördliches / polizeiliches Handeln

Maßnahmen der Gefahrenabwehr

Realakte (schlicht hoheitliches Handeln)		Rechtsakte (Regelungen)	
Ohne Eingriffscharakter	Mit	Einzelfallentscheidung:	Abstrakt/generelle Regelung:
– Streifenfahrt – Auskunft – Allg. Warnung (können auf die Aufgabennorm § 1 HSOG gestützt werden)	– Datenerhebung – Filmaufnahme – Produktwarnung (bedürfen einer Ermächtigungsgrundlage)	– Gefahrenabwehrverfügung nach § 11 HSOG – Standardmaßnahmen §§ 12 ff. – Erlaubnisse – öffentlich-rechtliche Verträge (§§ 54 ff. HVwVfG)	Gefahrenabwehrverordnung §§ 71 ff. HSOG

G. Die Befugnisse der Gefahrenabwehr- und Polizeibehörden

I. Allgemeines

149 Nach dem **Prinzip des Vorbehalts des Gesetzes** als Bestandteil des Grundsatzes der Gesetzmäßigkeit der Verwaltung bedürfen Eingriffe des Staates in die Rechtssphäre des Bürgers eines formellen Gesetzes oder einer hierauf beruhenden anderen Rechtsvorschrift (Rechtsverordnung bzw. Satzung), vgl. Art. 20 Abs. 3 GG. Dieser Vorbehalt des Gesetzes verlangt nach der Rechtsprechung des Bundesverfassungsgerichts auch, dass der Gesetzgeber alle wesentlichen Entscheidungen, zumal im Bereich der Grundrechtsausübung, selbst zu treffen hat (vgl. nur BVerfGE 68, S. 69, 72). Die hiernach erforderlichen gesetzlichen Ermächtigungsgrundlagen (oder auch: Eingriffsbefugnisse, Befugnisnormen) für das hessische allgemeine Polizeirecht hat der hessische Gesetzgeber in den Bestimmungen der §§ 11 ff. HSOG geschaffen. Sie unterscheiden sich dadurch von den sogenannten Aufgabenzuweisungen (die lediglich die Zuständigkeit der in Betracht kommenden Behörden regeln, vgl. § 1 f. HSOG), dass sie den Gefahrenabwehr- und Polizeibehörden ausdrücklich eine nach Inhalt, Zweck und Ausmaß des Eingriffs hinreichend bestimmte Befugnis zum Eingriff in die Individualrechte des Bürgers einräumen (vgl. Möller/Warg, Rn. 65). Bei schlicht hoheitlichem Handeln der Behörde ohne Eingriffscharakter ist allerdings ein Tätigwerden allein aufgrund der Aufgabenzuweisungen i.S.d. § 1 Abs. 1, 4 HSOG zulässig (vgl. Wittgruber, § 1 Rn. 1).

II. Das Verhältnis der Befugnisgeneralklausel zu den Spezialermächtigungen

150 Von grundsätzlicher Bedeutung für das Auffinden der zutreffenden Ermächtigungsgrundlage ist die Unterscheidung zwischen der **Befugnisgeneralklausel** (§ 11 HSOG) und den **Spezialermächtigungen**. Letztere gehen dem § 11 HSOG vor (vgl. § 11 letzter Halbsatz, § 3 Abs. 1 HSOG) und können einerseits in Spezialgesetzen (z.B. in § 15 Abs. 1–4, §§ 18 Abs. 3, 19 Abs. 4 VersammlG, § 8 JuSchG), andererseits in Form sogenannter Standardmaßnahmen im HSOG selbst enthalten sein (vgl. dort §§ 12 ff.). Dabei ist zu beachten, dass ein Rückgriff auf die Generalklausel des § 11 HSOG nur dann zulässig ist, wenn der Gesetzgeber das hoheitliche Verhalten nicht spezialgesetzlich oder in den Standardmaßnahmen abschließend geregelt hat – Lex specialis derogat Legi generali (vgl. Rn. 106 ff.). Das gilt selbstverständlich unabhängig davon, ob die Voraussetzungen der in Betracht gezogenen Spezialermächtigung vorliegen oder nicht. So kann etwa eine Dauerobservation eines entlassenen Sicherungsverwahrten nur übergangsweise auf die polizeiliche Generalklausel gestützt werden (vgl. OVG Münster, DVBl 2013, 1267 (Ls); BVerfG, LKV 2013, 30). Mit Blick auf die Regelungen zur Platzverweisung in § 31 HSOG können Aufenthaltsverbote nicht auf § 11 HSOG gestützt werden, weil § 31 HSOG für diesen Bereich abschließende Regelungen enthält. Umgekehrt kann eine Meldeauflage gegen linke Aktivisten zur Verhinderung eines Besuchs des G-8-Gipfels im Ausland u.U. auf die Generalklausel gestützt werden (vgl. BVerwG, NVwZ 2007, 1439). Das Verbot an einen Fußballverein als Nichtstörer (FC St. Pauli), Eintrittskarten an den Gastverein (FC Hansa Rostock) abzugeben, um damit Gewaltausschreitungen zu verhindern, kann unter bestimmten Voraussetzungen auf die Generalklausel gestützt werden (vgl.

OVG Hamburg, NJW 2012, 1975). Ebenso kommt sie als Befugnisnorm für ein Verbot in Betracht, während der Kölner Karnevalsfeiern Glasbehältnisse mitzuführen und zu benutzen (OVG Münster, NVwZ-RR 2012, 470). Die Generalklausel kann auch greifen, wenn mit ihrer Hilfe eine Versammlung aufgelöst werden soll, um nicht versammlungsspezifische Gefahren (Brandgefahr) abzuwehren (vgl. VGH Mannheim, DVBl 2010, 1254) oder um ein Wahlplakat der NPD zu verbieten, das gegen die Menschenwürde verstößt (vgl. BVerfG, NJW 2009, 3503).

Bsp.: Die bei einer Routinekontrolle gewonnenen personenbezogenen Daten einer unverdächtigen Person können von der Vollzugspolizei weder nach einem Spezialgesetz noch nach § 25 Abs. 1 S. 1, 2 HSOG umfassend mit dem Inhalt polizeilicher Dateien abgeglichen werden. Gleichwohl verbietet sich hier ein Rückgriff auf § 11 HSOG, denn die polizeilichen Möglichkeiten eines so gelagerten Datenabgleichs sind in Hessen abschließend in § 25 HSOG geregelt. In Betracht käme hier allenfalls ein Abgleich mit dem Fahndungsbestand nach § 25 Abs. 1 S. 3 HSOG.

Es lässt sich demnach mit Möller/Warg (a.a.O., Rn. 71) in der Tat von einer **doppelten Subsidiarität der Generalklausel** reden, deren Anwendbarkeit im Verhältnis zu Spezialgesetzen und Standardmaßnahmen nur hilfsweise in Betracht kommt (Lambiris, S. 63, m.w.N., spricht von einer dreifachen Subsidiarität, s.a. Rn. 109).

Fraglich ist jedoch, ob diese Grundsätze auch dann Anwendung finden, wenn die Polizei- oder Ordnungsbehörde **aufgrund eines Eilfalls (vgl. § 2 S. 1 HSOG) für eine andere Behörde handelt** und dieser an sich zuständigen Behörde eine spezialgesetzliche Ermächtigungsgrundlage zur Verfügung steht. Nach überwiegender, aber mit gewichtigen Gründen bestrittener (Götz, § 21, Rn. 1 ff.) Auffassung hat die Polizei- bzw. Ordnungsbehörde sich auch in solchen Fällen der ersatzweisen Zuständigkeit nach der – soweit vorhanden – spezialgesetzlichen Ermächtigungsgrundlage und den sie ergänzenden Bestimmungen zu richten, vorausgesetzt, die Vorschriften stellen eine abschließende Normierung des zu regelnden Sachverhalts dar (vgl. Wittgruber, § 3 Rn. 2, 11). Das kann im Einzelfall dazu führen, dass dann, wenn das Spezialgesetz überhaupt keine Ermächtigungsgrundlage für die avisierte Maßnahme bietet, diese aufgrund des abschließenden Charakters des Spezialgesetzes nicht ergehen darf (vgl. Götz, § 8 Rn. 5). Zu derartigen abschließenden Vorschriften zählen insbesondere das Versammlungsgesetz, das nach der Rechtsprechung des BVerfG (NVwZ 1988, 250, 251 m.w.N.) die umfassende bundesgesetzliche Ordnung des Versammlungswesens enthält sowie das Pressewesen, dessen „Polizeifestigkeit" in erster Linie aus der sonderrechtlichen Regelung der eine spätere Einziehung vorbereitenden Presse-Beschlagnahme nach §§ 111 m und 111 n StPO herzuleiten ist (vgl. Götz, § 8, Rn. 62).

Bsp.: Die Polizei kesselt eine Versammlung ein, ohne sie vorher nach § 15 Abs. 3 oder 4 i.V.m. Abs. 1 VersammlG aufzulösen. Da das spezialgesetzliche und die Befugnisse der Gefahrenabwehr- und Polizeibehörden insoweit abschließend regelnde Versammlungsgesetz keine Ermächtigungsgrundlage für die Einschließung enthält, ist ein Rückgriff auf § 32 HSOG oder gar die Generalklausel des § 11 HSOG unzulässig (vgl. dazu zusammenfassend Dürig-Friedl/Enders, Rn. 169 – 172).

III. Einzelmaßnahmen

1. Befugnisgeneralklausel (§ 11 HSOG)

Abgesehen vom oben beschriebenen und unter anderem in § 11, 2. Hs. HSOG niedergelegten Spezialitätsgrundsatz hat die Befugnisgeneralklausel allein zur Voraussetzung, dass eine im **„einzelnen Falle bestehende Gefahr für die öffentliche Si-** 151

cherheit oder Ordnung" abzuwehren ist. Der Gesetzgeber hat hier also den Begriff der „Gefahr", wie er in den folgenden Ermächtigungsgrundlagen immer wieder verwendet wird, als Legaldefinition ausformuliert. Zu unterscheiden ist diese konkrete Gefahr (vgl. dazu VG Frankfurt/M, NVwZ 2003, 1407 f.; VG München, NVwZ 2000, 461, 462 ff.; zum Verbot öffentlichen Alkoholkonsums: OLG Hamm, Beschl. v. 4.5.2010 – III-3 RBs 12/10; VG Karlsruhe, NVwZ-RR, 2009, 22 ff.; zur Erzeugung eines künstlichen Staus durch die Polizei: LG Bückeburg, Beschl. v. 5.1.2005 – Qs 77/04; zur Rechtmäßigkeit von Meldeauflagen ggb. Hooligans: VG Meiningen, Urt. v. 8.2.2011–2 K 453/09 Me) von der „Gefahrenabwehr", die der Gesetzgeber in § 1 Abs. 1 S. 1 HSOG legaldefiniert hat und die abstrakte Gefahr meint, wie sie etwa für schlichtes Verwaltungshandeln ohne Eingriffscharakter oder für das Betreten von Wohnungen i.S.d. § 38 Abs. 7 HSOG (vgl. den Wortlaut dort) erforderlich, aber auch ausreichend ist (vgl. zum Begriff der öffentlichen Sicherheit Rn. 64 ff., zur öffentlichen Ordnung Rn. 71 f sowie zu den weiteren Gefahrenbegriffen Rn. 73 ff).

Von der konkreten Gefahr werden selbstverständlich auch die Fälle der bereits eingetretenen Störung erfasst. Überdies schließt sie die Fälle der sogenannten **Anscheinsgefahr** ein (bei der der Beamte irrigerweise eine Gefahr annimmt, ein objektiver Beobachter hätte an seiner Stelle aber genauso geurteilt) sowie den sogenannten **Gefahrenverdacht** (der Beamte hat Anhaltspunkte dafür, dass die Möglichkeit einer Gefahr besteht, weiß aber, dass seine Erkenntnisse lückenhaft sind und beschränkt sich deshalb i.d.R. auf Erforschungsmaßnahmen). Die sogenannte **Schein- oder Putativgefahr**, bei der der Beamte wie bei der Anscheinsgefahr irrigerweise von einer Gefahrenlage ausgeht, ein objektiver Beobachter aber an seiner Stelle anders geurteilt hätte, wird vom Gefahrenbegriff des § 11 HSOG hingegen nicht erfasst. Maßnahmen, die sich auf solche Gefahrenlagen stützen, sind rechtswidrig (vgl. Wittgruber, § 1 Rn. 22).

Angesichts der immer weiter voranschreitenden Spezialisierung der Gesetze stellt sich die Frage nach dem noch verbleibenden praktischen Anwendungsbereich der Generalklausel. In Betracht kommt sie nach wie vor insbesondere zum Zwecke der Konkretisierung genereller Gebote und Verbote – also zur Durchsetzung formeller Gesetze, Verordnungen und Satzungen – durch Verwaltungsakt (vgl. Götz, § 21 Rn. 7f.; vgl. aber auch andere, nicht durch Standardmaßnahmen geregelte Eingriffe wie etwa sog. Gefährderanschreiben, s. dazu OVG Lüneburg, NJW 2006, 391; vgl. auch die Beispiele oben Rn. 150).

Bsp.: Nach einem Fußballspiel werfen Hooligans des unterlegenen Fußballvereins Steine auf Anhänger des siegreichen Gegners. Im Vorfeld der Einleitung repressiver Maßnahmen fordert die Polizei die Störer auf, das Werfen sofort einzustellen. Hier dient die Unterlassungsverfügung der Polizei der Durchsetzung des Verbots der gefährlichen Körperverletzung i.S.d. § 224 Abs. 1 StGB, der seinerseits keine präventive Ermächtigung zur Durchsetzung seines Verhaltensverbots enthält.

Rechtsfolge des § 11 HSOG ist es, dass die Gefahrenabwehr- und die Polizeibehörden die erforderlichen Maßnahmen treffen können. Die Maßnahme steht also – wie es typisch ist für polizeiliche Ermächtigungsgrundlagen – im Ermessen der Beamten. Dabei ist unter dem Begriff der Maßnahme jede Form von Verwaltungsakten i.S.d. § 35 HVwVfG zu verstehen und nicht etwa – wie es der alte Begriff der Polizeiverfügung verlangte (vgl. § 6 Abs. 1 HSOG a.F.) – lediglich Ge- oder Verbote enthaltende Verwaltungsakte (vgl. Wittgruber, § 11 Rn. 2).

2. Befragung (§ 12 HSOG)

a) Begriff der Befragung

§ 12 HSOG befugt die Gefahrenabwehr- und Polizeibehörden zur Befragung von Personen. Dabei ist unter Befragung jedes Verhalten zu verstehen, das auf die Erlangung von Informationen durch Auskünfte des Befragten zielt (vgl. Rachor in: Lisken/Denninger E Rn. 196). Rein private Gespräche – darunter fällt auch die Möglichkeit, den Bürger um Auskünfte zu bitten, die nicht polizeilicher Natur sind – fallen nicht unter den Regelungsbereich des § 12 HSOG; das unverbindliche Gespräch der Polizei mit dem Bürger wollte der Gesetzgeber mit der Vorschrift nicht reglementieren (vgl. Rachor in: Lisken/Denninger E Rn. 200.). Wird allerdings **gezielt nach polizeirelevanten Informationen** gefragt, so ist der Bürger zur Duldung der Befragung verpflichtet. Nach der Vorstellung des Gesetzgebers stellt dies einen Eingriff in die Grundrechte des Betroffenen dar (zweifelnd: Götz, § 8, Rn. 19) und zwar in sein Recht auf allgemeine Handlungsfreiheit (so auch Peitsch, Die Polizei 1993, S. 67 ff., 67). **152**

Kein Fall des § 12 HSOG und auch keine Erhebung personenbezogener Daten i.S.d. §§ 13 ff. HSOG liegt hingegen vor, wenn der Bürger ungefragt Informationen an die Behörde weitergibt (sog. aufgedrängte Daten). Hier fehlt es an der erforderlichen Zielgerichtetheit des behördlichen Verhaltens (vgl. Rachor in: Lisken/Denninger E Rn. 198; Hornmann, § 12 Rn. 5).

Für den Anwendungsbereich des § 12 HSOG spielt es hingegen zunächst keine Rolle, ob die Befragung auf die Erlangung sachverhalts- oder personenbezogener Daten abzielt; beide Fallkonstellationen werden von der Bestimmung erfasst (vgl. zum Ganzen: Peitsch, a.a.O., vgl. aber auch weiter unten, Rn. 157).

b) Voraussetzungen

Die Voraussetzungen für eine Befragung – streng zu unterscheiden von der Auskunftspflicht i.S.d. § 12 Abs. 2 HSOG – ergeben sich aus § 12 Abs. 1 S. 1 HSOG. Unter den dort genannten **gefahrenabwehrbehördlichen und polizeilichen Angelegenheiten** versteht man alle Aufgaben der Gefahrenabwehr- und Polizeibehörden i.S.d. § 1 HSOG. Zudem muss es sich um eine bestimmte Angelegenheit handeln, d.h., es darf nicht lediglich „ins Blaue hinein" befragt oder ausgeforscht werden (vgl. Meixner/Fredrich, § 12 Rn. 2). **153**

Die Polizei muss darüber hinaus nach sachdienlichen (also der Gefahrenabwehr förderlichen) Angaben zur Aufklärung eines Sachverhalts fragen. Dazu zählt auch die Aufklärung darüber, ob die in Rede stehende Gefahr überhaupt gegeben ist (vgl. Hornmann, § 12 Rn. 9).

Schließlich müssen tatsächliche Anhaltspunkte die Annahme rechtfertigen, dass die Person auch solche **sachdienliche Angaben** machen kann. Was unter der Formulierung **„tatsächliche Anhaltspunkte die Annahme rechtfertigen"** (vgl. z.B. auch § 13 Abs. 1 Nr. 1, Abs. 2 Nrn. 1, 2, 3, § 14 Abs. 1 S. 1, Abs. 2 S. 1, § 15 Abs. 2 Nrn. 2 u. 3, § 16 Abs. 2, § 17 Abs. 2, § 18 Abs. 2 Nr. 3, § 40 Nr. 4 HSOG; ähnlich etwa: § 13 Abs. 2 Nr. 3, § 15 Abs. 2 Nr. 4, § 15 Abs. 4 S. 4, § 18 Abs. 2 Nr. 3 letzter Hs., Nr. 4, § 22 Abs. 2 S. 1 Nr. 3, § 25 Abs. 1 S. 2 HSOG) zu verstehen ist, wird in der Literatur nicht ganz einheitlich beantwortet (vgl. etwa Meixner/Fredrich, § 12 Rn. 1; Hornmann, Rn. 10). Die Formulierung ist einerseits unterhalb der Schwelle einer konkreten Gefahr anzusiedeln; andererseits ist sie von der Formulierung „Tatsachen die Annahme rechtfertigen" i.S.d. § 30 Abs. 1 S. 1, § 31 Abs. 3 S. 1, § 36 Abs. 1 Nr. 1, § 37 Abs. 1

Nrn. 2 und 3, Abs. 2 Nrn. 1 und 3, § 38 Abs. 2 Nr. 1, Abs. 3 und 4 HSOG abzugrenzen (vgl. dazu Meixner/Fredrich, § 13 Rn. 9; VG Aachen, Urt. v. 24.1.2011, 6 K 140/10).Tatsächliche Anhaltspunkte rechtfertigen eine Annahme immer dann, wenn ein bestimmter Sachverhalt nach gefahrenabwehrbehördlicher oder polizeilicher Erfahrung möglich erscheint und im konkreten Einzelfall hierfür bestimmte Indizien sprechen (vgl. Meixner/Fredrich, § 13 Rn. 9).

Bsp.: Befragt der Polizeibeamte einen aus einem brennenden Haus kommenden Mann, ob sich noch weitere Personen in dem Gebäude aufhalten, so liegen tatsächliche Anhaltspunkte dafür vor, dass der Befragte tatsächlich sachdienliche Angaben machen kann.

c) Anhalten – nicht festhalten – zum Zwecke der Befragung

154 Im Falle einer konkreten Gefahr kann die Person zum Zwecke der Befragung angehalten werden (§ 12 Abs. 1 S. 2 HSOG). Unter **Anhalten** (vgl. auch § 18 Abs. 3 und § 25 Abs. 1 S. 4 HSOG) versteht der Gesetzgeber des HSOG im Gegensatz zum Festhalten (vgl. insbesondere § 18 Abs. 4, § 25 Abs. 1 S. 4 HSOG) mit seinem Spezialfall des Gewahrsams (§ 32 ff. HSOG) keine Freiheitsentziehung i.S.d. Art. 104 Abs. 2 GG, sondern lediglich eine Freiheitsbeschränkung i.S.d. Art. 104 Abs. 1 S. 1 GG. Das bloße Anhalten ist demzufolge in den besonderen Verfahrens- und Formvorschriften der §§ 33–35 HSOG nicht erwähnt und bedarf insbesondere keiner richterlichen Entscheidung.

Der Unterschied zwischen einem Anhalten auf der einen und einem Festhalten bzw. einem Gewahrsam auf der anderen Seite ist gradueller Natur. Die Abgrenzung bestimmt sich nach der Intensität des Eingriffs, bedarf aber auch einer wertenden Beurteilung des Eingriffs (also der Frage nach der Intention des Eingriffs, vgl. BVerwGE 62, S. 325, 327 f.). Während ein Anhalten für die Durchführung der eigentlichen Maßnahme – z.B. des Befragens, einer Identitätsfeststellung oder eines Datenabgleichs – i.d.R. unabdingbare Voraussetzung ist, gehen das Festhalten und der Gewahrsam darüber hinaus und stellen einen besonders gravierenden Eingriff in die Freiheit der Person i.S.d. Art. 2 Abs. 2 S. 2 GG dar. Dabei liegt ein Gewahrsam insbesondere dann vor, wenn gerade die Freiheitsentziehung Sinn und Zweck (also Intention) der ordnungsbehördlichen oder polizeilichen Maßnahme ist (Rachor in: Lisken/Denninger, E Rn. 496).

Bsp.: A, der sinnlos betrunken ist, wird von der Polizei in einer kalten Winternacht zur Dienststelle sistiert und dort gegen seinen Willen bis zum nächsten Morgen untergebracht (Gewahrsam i.S.d. § 32 Abs. 1 Nr. 1 HSOG).

155 Hingegen ist ein **Festhalten** dann gegeben, wenn die Freiheitsbeschränkung der Durchführung anderer Maßnahmen – hier wieder der Durchführung der Befragung etc. – dient, die übliche Dauer der Maßnahme aber überschreitet (Intensität der Maßnahme). Eine allgemeingültige Zeitangabe zur Abgrenzung des Festhaltens vom bloßen Anhalten ist kaum möglich. Als Orientierung kann aber beim Anhalten zum Zwecke der Befragung (§ 12 HSOG), der Identitätsfeststellung (§ 18 Abs. 3 HSOG) und des Datenabgleichs (§ 25 HSOG) von einer üblichen Dauer in Höhe von etwa 15 Minuten ausgegangen werden. Bei Überschreiten dieser Dauer kann bereits ein Festhalten gegeben sein mit der Folge, dass nicht nur eine besondere Ermächtigungsgrundlage hierfür erforderlich ist – die im Falle der Befragung nicht existiert – sondern auch die besonderen Verfahrensvorschriften der §§ 33 ff. HSOG erfüllt sein müssen.

Bsp.: A soll in seine jordanische Heimat abgeschoben werden und wird zu diesem Zwecke von Polizeibeamten um 7.00 Uhr morgens in seiner Wohnung abgeholt, um ihn unmittelbar der Flughafenwache zuzuführen. Dabei nehmen der Transport von der Wohnung zum Flughafen und der Aufenthalt in der Flughafenwache nicht mehr Zeit in Anspruch als üblicherweise bei einer Flugreise nach Jordanien von einem Fluggast aufgebracht werden muss.

Zwar ist in diesem Beispielsfall eine verhältnismäßig lang andauernde Freiheitsbeschränkung des A gegeben, das Bundesverwaltungsgericht verneinte dennoch eine Freiheitsentziehung, weil die wertende Beurteilung des Vorgangs aufgrund des auch für andere Flugreisende üblichen Zeitablaufs gegen einen besonders intensiven Eingriff in die Rechte des Ausländers spreche (BVerwGE 62, 325, 327 ff.).

d) Adressat der Befragung

Sind die Voraussetzungen für einen Eingriff nach § 12 Abs. 1 S. 1 oder 2 HSOG erfüllt, so ist es unerheblich, ob die befragte oder angehaltene Person im Übrigen **polizeipflichtig** i.S.d. §§ 6 ff. HSOG ist. Das ergibt sich aus dem Umkehrschluss (Argumentum e Contrario) des § 12 Abs. 2 S. 1 HSOG, dessen ausdrückliche Begründung einer Auskunftspflicht lediglich für Personen i.S.d. §§ 6 ff. HSOG ansonsten überflüssig wäre. 156

e) Besondere Verfahrensvorschriften

§ 12 Abs. 2 S. 1 HSOG begründet die **Auskunftspflicht** der befragten Person, sieht davon allerdings **Ausnahmen** unter den Voraussetzungen der §§ 52 ff StPO vor, wovon für bestimmte Fallgestaltungen wiederum eine **Gegenausnahme** dann gemacht wird, wenn die Auskunft für die Abwehr einer Gefahr für Leib, Leben oder Freiheit einer Person erforderlich ist. In letzterem Fall dürfen die Beamten die Auskünfte allerdings – um die Harmonie zur (bundesrechtlichen) StPO zu wahren – nur zum Zwecke der Gefahrenabwehr verwenden. 157
Die Formulierungen des § 12 Abs. 2 S. 2 f. HSOG könnten den Eindruck erwecken, der Verursacher einer Gefahr, der nach dem Wortlaut des § 12 Abs. 1 S. 2 HSOG (Argumentum e Contrario) auskunftspflichtig und gem. § 12 Abs. 1 S. 2 HSOG nicht von der Gegenausnahme erfasst ist, falle nicht unter das Zweckbindungsgebot des § 12 Abs. 2 S. 4 HSOG. Die Folge wäre, dass ein Straftäter (der zugleich eine noch andauernde Gefahr verursacht hat) auskunftspflichtig wäre und diese Auskünfte in einem anschließenden Strafverfahren gegen ihn verwendet werden dürften. Das ist in dieser Allgemeinheit mit dem verfassungsrechtlichen Prinzip (Menschenwürde, Rechtsstaatsprinzip) des „nemo tenetur se ipsum accusare" nicht vereinbar (vgl. dazu auch im Detail: BeckOK PolR Hessen/Bäuerle HSOG § 12 Rn. 11-17, 39; Wittgruber, § 12 Rn. 13).

§ 12 Abs. 2 S. 5 HSOG enthält eine besondere Verfahrens- und Formvorschrift, die die Beamten zur **Belehrung** verpflichtet für den Fall, dass dem Betroffenen ein Recht zur Auskunftsverweigerung zusteht.

Der Hinweis in **§ 12 Abs. 3 HSOG** ist missverständlich formuliert. Zum einen ist es nicht nachvollziehbar, warum der Wortlaut dieser Bestimmung allein auf die Verwendung personenbezogener Daten abstellt. Vielmehr ist davon auszugehen, dass die Vorschriften der §§ 13 ff. HSOG insgesamt anzuwenden sind, wenn im Rahmen einer Befragung personenbezogene Daten erhoben werden (immerhin spricht auch die amtliche Begründung, LT-Drucks. 12/5794, S. 62 vom umfassenden Begriff der *Verarbeitung* personenbezogener Daten). Unklar bleibt auch, ob die Bestimmungen der §§ 13 ff. HSOG die Vorschrift des § 12 HSOG ergänzen oder ersetzen sollen, sofern personenbezogene Daten im Rahmen einer Befragung erhoben werden. Bei Beantwortung dieser Frage ist zu berücksichtigen, dass je nach Inhalt der Befragung unterschiedliche Rechtsgüter der betroffenen Personen beeinträchtigt werden.

Bsp.: Der Polizeibeamte P fragt den Hausmeister H, ob ihm ein bestimmter gefährlicher Gegenstand im Haus aufgefallen sei.

Hier wird lediglich in das Recht des H auf allgemeine Handlungsfreiheit i.S.d. Art. 2 Abs. 1 GG eingegriffen, weil er nur zur Duldung der Befragung verpflichtet ist. Als Ermächtigungsgrundlage für die Befragung kommt allein § 12 Abs. 1 S. 1 HSOG in Betracht. Anders liegt der Fall dann, wenn bei der Befragung auch personenbezogene Daten erhoben werden.

Bsp.: Der Polizeibeamte P fragt den Hausmeister H, ob er beobachtet habe wie der A einen gefährlichen Gegenstand in das Haus gebracht habe.

Hier reicht § 12 Abs. 1 S. 1 HSOG allein als Ermächtigungsgrundlage nicht mehr aus, denn es wird neben dem Recht des H auf allgemeine Handlungsfreiheit auch das Recht des A auf informationelle Selbstbestimmung i.S.d. Art. 2 Abs. 1 i.V.m. Art. 1 Abs. 1 GG als Teil des allgemeinen Persönlichkeitsrechts beeinträchtigt. Auch für diesen Eingriff ist eine Ermächtigungsgrundlage erforderlich, die sich allein aus den §§ 13 ff. HSOG ergeben kann (vgl. zum Ganzen auch Peitsch, a.a.O., S. 67 ff.).

Verbotene Vernehmungsmethoden (z.B. Beeinträchtigung der Willensentschließung und -betätigung durch Verabreichung von Mitteln, Drohung mit unzulässigen Maßnahmen usw.) i.S.d. § 136 a StPO sind ein Verstoß gegen die Menschenwürde i.S.d. Art. 1 GG und auch im Rahmen der Befragung gemäß § 12 Abs. 1 S. 1 HSOG unzulässig. Das stellt § 12 Abs. 4 HSOG ausdrücklich klar. Für den unmittelbaren Zwang zur Durchsetzung einer etwaigen Auskunftspflicht ergibt sich dies zudem aus § 52 Abs. 2 HSOG.

Bsp.: Der Polizeibeamte, der den Entführer eines Kindes vernimmt, das sich noch an einem nur dem Entführer bekannten Ort aufhält und das zu verdursten droht, darf dem Entführer keine Gewalt androhen für den Fall, dass er nicht alsbald den Aufenthaltsort des Kindes bekannt gibt.

Da sowohl die Pflicht zur Duldung der Befragung als auch zur Befolgung einer etwaigen Auskunftspflicht höchstpersönlicher Natur ist, scheidet auch eine Ersatzvornahme i.S.d. §§ 49 HSOG und 74 HVwVG zur Durchsetzung dieser Pflichten aus, sodass letztlich als Zwangsmittel lediglich das – jedenfalls in eilbedürftigen Fällen – relativ stumpfe Schwert des Zwangsgeldes in Betracht kommt. Ob darüber hinaus zur Erzwingung einer Erklärung auch die Ersatzzwangshaft i.S.d. § 50 HSOG bzw. § 76 HVwVG in Frage kommt, ist umstritten, jedoch als Ultima Ratio wohl zu bejahen (so auch Wittgruber, § 12 Rn. 23; dagegen Hornmann, § 12 Rn. 35 m.w.N.).

3. Identitätsfeststellung (§ 18 HSOG)

a) Begriff der Identitätsfeststellung

158 Die Identitätsfeststellung i.S.d. § 18 HSOG dient dem Zweck, aus gefahrenabwehrrechtlichem Aspekt zu ermitteln, welche **Personalien** einer bestimmten unbekannten Person zuzuordnen sind oder ob eine Person mit einer anderen, der Polizei bereits bekannten Person, identisch ist (vgl. OVG Münster, DVBl. 1968, 759). Dabei umfassen die festzustellenden Personalien alle Merkmale einer Person, die erforderlich sind, die Identität einer Person festzustellen. In Anknüpfung an § 111 OWiG kommen hierzu in Betracht: Vor- und Familien-, ggf. Geburtsname, Ordens- oder Künstlername, Doktorgrad, Tag und Ort der Geburt, Geschlecht, Größe, Farbe der Augen, Familienstand, Beruf, Wohnort und Wohnung sowie die Staatsangehörigkeit (vgl. Meixner/Fredrich, § 18 Rn. 1; Hornmann, § 18 Rn. 10). Es versteht sich von selbst, dass

nur solche Feststellungen zu treffen sind, die für die im Einzelfall abzuwehrende Gefahr nötig sind und somit dem Grundsatz des mildesten von mehreren gleich geeigneten Eingriffen in die Grundrechte des Betroffenen entsprechen. So wird das Ermitteln des Berufs eines Adressaten für die gefahrenabwehrende Behörde regelmäßig von zweitrangigem Interesse sein.

Die Identitätsfeststellung darf nicht mit Maßnahmen nach § 18 Abs. 7 HSOG ver- **159**
wechselt werden. Diese dienen allein der Überprüfung bestimmter Berechtigungen und sind daher in einer selbstständigen Befugnisnorm geregelt. Beispiele sind etwa die Überprüfung des Führerscheins, des Waffenscheins oder der Reisegewerbekarte.

b) Betroffene Grundrechte

Zur Feststellung der Identität können sich die zuständigen Behörden unterschiedli- **160**
cher Mittel bedienen, wie die Absätze 3 und 4 des § 18 HSOG zeigen. Dementsprechend lässt § 18 HSOG auch **unterschiedliche Grundrechtseingriffe** zu: Neben dem in erster Linie betroffenen Grundrecht auf informationelle Selbstbestimmung (Art. 2 Abs. 1 i.V.m. Art. 1 GG) kommt insbesondere auch ein Eingriff in die Freiheit der Person in Betracht, und zwar sowohl beim Anhalten nach § 18 Abs. 3 HSOG in Form einer Freiheitsbeschränkung (Art. 2 Abs. 2 S. 2 i.V.m. Art. 104 Abs. 1 GG) als auch beim Festhalten nach § 18 Abs. 4 HSOG in Form einer Freiheitsentziehung (Art. 2 Abs. 2 S. 2 i.V.m. Art. 104 Abs. 2 GG; zur Unterscheidung der beiden Formen s.o. Rn. 154 f.).

c) Gefahrenabwehr durch Identitätsfeststellung

§ 18 Abs. 1 HSOG knüpft als Voraussetzung für eine Identitätsfeststellung zunächst **161**
an eine (konkrete, vgl. § 11 HSOG) **Gefahr** an (zum Begriff s.o. Rn. 73 ff.). Hierbei ist jedoch zu bedenken, dass eine Identitätsfeststellung nur in wenigen Fällen geeignet sein wird, eine Gefahr zu beseitigen. Vielmehr dient sie regelmäßig der Gefahrenerforschung im Rahmen eines Gefahrenverdachts, um weitere gefahrenabwehrende Maßnahmen erst zu ermöglichen, die dann auch endgültigen Charakter haben mögen.

Bsp.: Überprüft die Polizei den Ausländer A, weil sie über Erkenntnisse verfügt, wonach sich A illegal in der Bundesrepublik Deutschland aufhält, so kann sie allein mit der Identitätsfeststellung eines Mannes, auf den die Beschreibung des A passt, die Gefahr nicht abwehren, wohl kann sie jedoch (für den Grundsatz der Geeignetheit erforderlich aber auch ausreichend) die Gefahrenabwehr dadurch fördern, dass sie sich Klarheit über die Identität des polizeilichen Gegenübers verschafft, um so weitere Maßnahmen bis hin zur Abschiebung des A durchzuführen.

Eine Identitätsfeststellung kann allerdings u.U. auch geeignet sein, eine Gefahr ohne weitere Folgemaßnahmen abzuwehren. So wäre sie in bestimmten Fallkonstellationen durchaus als Mittel der Abschreckung denkbar, indem etwa die Polizei bei herumgrölenden, die Nachtruhe störenden Passanten neben der Aufforderung, Ruhe zu geben, Identitätsfeststellungen vornimmt, um diese von zukünftigem rechtswidrigem Vorgehen abzuhalten (dagegen Rachor in: Lisken/Denninger, E Rn. 327, 110 f., dessen Auffassung allerdings wohl auf der Annahme zu vager Anhaltspunkte für rechtswidriges Verhalten beim Einschreiten der Behörden beruht, was – wie obiges Beispiel zeigt – nicht zwingend der Fall sein muss; ähnlich VG Hamburg, Urt. v. 2.10.2012–5 K 1236/11). Mit der Maßnahme kann es gelingen, einen Störer aus einer Anonymität zu reißen, sodass ihm fortan klar ist, dass er „für jede weitere ihm zuzurechnende Störung verantwortlich gemacht werden kann“ (vgl. VGH Mannheim, Urt. v. 14.12.2010–1 S 338/10).

d) Identitätsfeststellung i.V.m. Spezialgesetzen

162 Außer zum Zwecke der Gefahrenabwehr kann eine Identitätsfeststellung u.a. auch vorgenommen werden, zur Erfüllung der den Gefahrenabwehr- und Polizeibehörden zugewiesenen weiteren Aufgaben (vgl. § 18 Abs. 1, 2. Alt. HSOG). Gemeint sind hiermit Fälle i.S.d. § 1 Abs. 2 HSOG wie beispielsweise die Zurückschiebung eines Ausländers nach § 57 i.V.m. § 71 Abs. 5 AufenthG oder auch Maßnahmen nach § 8 JuSchG.

Bsp.: Die Polizeibeamten sehen zwei Raucherinnen auf einem Platz in der Innenstadt und sind unsicher, ob diese schon 18 Jahre alt sind. Um das zu klären, führen sie eine Identitätsfeststellung nach § 18 Abs. 1, 2. Alt. HSOG i.V.m. §§ 8 S. 1, 10 Abs. 1 JuSchG i.V.m. § 13 Abs. 1 Nr. 1 VO zur Ausführung des Hess. Kinder- und Jugendhilfegesetzbuchs und über Zuständigkeiten nach dem JuSchG durch.

e) Identitätsfeststellung zum Schutz privater Rechte

163 Nach der dritten Alternative des § 18 Abs. 1 HSOG ist eine Identitätsfeststellung auch zum **Schutz privater Rechte** zulässig. Die besondere Erwähnung dieser Fallgruppe lässt aber nicht etwa den Umkehrschluss zu, wonach im Rahmen solcher Ermächtigungsgrundlagen, die den Schutz privater Rechte nicht erwähnen, Maßnahmen zu diesem Zwecke unzulässig wären. Vielmehr verdeutlicht die ausdrückliche Erwähnung dieser Fallgruppe, dass der Gesetzgeber wegen der geringen Eingriffsintensität einer Identitätsfeststellung grundsätzlich keine überzogenen Anforderungen an die Schutzgüter einer Maßnahme i.S.d. § 18 Abs. 1 HSOG stellen will, während im Rahmen derjenigen Ermächtigungsgrundlagen, die den Schutz privater Rechte nicht ausdrücklich erwähnen, besondere Sorgfalt bei der Verhältnismäßigkeitsprüfung zu walten hat.

Für die Praxis spielt die Identitätsfeststellung zum Schutz privater Rechte in erster Linie in den Fällen der „**fahrlässigen Sachbeschädigung**" eine Rolle. Da sie keinen Straftatbestand darstellt, wären dem Beamten ohne das Schutzgut privaten Rechts die Hände gebunden, wollte er in solchen Sachverhalten einschreiten; und ohne die Personalien des Schädigers wäre es dem Geschädigten unmöglich, Schutz vor den Zivilgerichten zu erlangen.

Bsp.: Dem A geht sein Pferd unvorhersehbar durch, und es beschädigt das Fahrzeug des B. A, der dem B unbekannt ist, will keinen Schadensersatz leisten und weiter reiten. Deshalb bittet B den sich auf einem Streifengang befindlichen Polizeikommissar P, die Personalien des A festzustellen.
Hier geht es allein um den Schutz privater Rechte, denn Gefahren für das öffentliche Recht sind nicht zu gewärtigen. Lediglich der sich für B aus § 833 BGB (Tierhalterhaftung) ergebende privatrechtliche Anspruch gegen A kann noch gesichert werden. Damit B seine Ansprüche – ggf. auch gerichtlich – durchsetzen kann, wird P eine Identitätsfeststellung gem. § 18 Abs. 1, 3. Alt. HSOG durchführen und anschließend die personenbezogenen Daten des A gem. § 23 Abs. 1 Nr. 1 HSOG an B übermitteln. Dabei wird P lediglich dann einschreiten, wenn auch die Voraussetzungen seiner sachlichen Zuständigkeit i.S.d. § 1 Abs. 3 HSOG erfüllt sind.

Grundsätzlich können auch Zeugen „fahrlässiger Sachbeschädigungen" einer Identitätsfeststellung unterzogen werden. Da der Zeuge jedoch kein Störer ist, kann er allenfalls Verantwortlicher i.S.d. der Vorschrift des § 9 HSOG sein. Die Voraussetzungen dieser Bestimmung – insbesondere eine erhebliche Gefahr – dürften aber nur in besonders gelagerten Fällen zu bejahen sein (vgl. dazu Rachor in: Lisken/Denninger, E Rn. 329 m.w.N.).

Auch im Bereich des Rechtes am eigenen Bild sind Fälle denkbar, in denen mittels Identitätsfeststellung zum Schutz privater Rechte eingeschritten wird.

Bsp.: Bei der Polizei beschwert sich A, dass auf der Fußgängerzone in Kassel ein Mann unberechtigt offenbar Porträtaufnahmen von Passanten fertigt. Der Fotograf gibt das gegenüber den Beamten zu und versichert glaubhaft, er werde die Aufnahmen weder verbreiten noch öffentlich zur Schau stellen, sondern sich lediglich zu Hause anschauen. Hier ist ein bevorstehender Verstoß gegen das KunstUrhG (vgl. insbesondere den Straftatbestand des § 33 KunstUrhG) oder sonstige öffentlich-rechtliche Vorschriften zunächst nicht herleitbar, weil der Fotograf deren Voraussetzungen glaubhaft verneint. Allein über das allgemeine Persönlichkeitsrecht des A, das ihn als ein privates Recht auch vor dem bloßen Fertigen von Porträtaufnahmen schützt (Art. 2 Abs. 1 i.V.m. Art. 1 GG), kann eine Gefahr für die öffentliche Sicherheit und Ordnung bejaht werden, die ein polizeiliches Einschreiten im Wege der Identitätsfeststellung und/oder Sicherstellung erlaubt (vgl. VGH Mannheim, NVwZ-RR, 1995, S. 527, 528; VGH Mannheim, NVwZ-RR 2008, 700 f.).

f) Identitätsfeststellung unterhalb der Schwelle konkreter Gefahren

Die Ermächtigungsgrundlagen des § 18 Abs. 2 HSOG befugen allein die Polizeibe- 164
hörden, Identitätsfeststellungen unter den dort genannten Voraussetzungen vorzunehmen. Sämtliche Nummern des Absatzes 2 bewegen sich in ihren Anforderungen unterhalb der Schwelle einer konkreten Gefahr. Folgerichtig verlangen diese Befugnisnormen auch keinen Polizeipflichtigen i.S.d. §§ 6–9 HSOG (die sämtlich konkrete Gefahren voraussetzen), sondern enthalten Spezialregelungen über den richtigen Adressaten der jeweiligen Maßnahme (vgl. Wittgruber, § 18 Rn. 11).

§ 18 Abs. 2 Nr. 1 HSOG beinhaltet die sog. **Ortshaftung**, d.h., hier wie auch in den übrigen Ermächtigungsgrundlagen des § 18 Abs. 2 HSOG, ist weder eine Gefahr noch ein Störer i.S.d. §§ 6–9 HSOG erforderlich, sondern ein Einschreiten der Polizei ist bereits unter den in dieser Bestimmung spezialgesetzlich geregelten Voraussetzungen gegen die dort genannten Personen zulässig. Die in § 18 Abs. 2 Nr. 1 HSOG gemeinten sog. „gefährlichen Orte" sind typischerweise solche Straßen, Plätze oder Räumlichkeiten, auf oder in denen „die Häufung dunkler Existenzen zu einer polizeilichen Gefahr wird" (vgl. Rachor in: Lisken/Denninger, E Rn. 330 m.w.N.). In Betracht kommen Parkplätze, U-Bahnhöfe, Parks, Großstadtbahnhöfe und ähnliche Orte. Die Vorschrift wird als die zentrale Rechtsgrundlage für Razzien angesehen, die allerdings zumeist noch Maßnahmen i.S.d. §§ 25 Abs. 1 S. 3 (Datenabgleich), 36 Abs. 2 Nr. 2 und § 37 Abs. 2 Nr. 2 HSOG (Durchsuchungen von Personen und Sachen) beinhalten (vgl. Wittgruber, § 18 HSOG Rn. 12). Es dürfen lediglich Personen durchsucht werden, die sich an einem Ort aufhalten, von dem „aufgrund tatsächlicher Anhaltspunkte anzunehmen ist", dass er die gefährlichen Merkmale der Buchstaben a) oder b) aufweist. Dies ist dann gegeben, wenn aufgrund objektiver, der Nachprüfung zugänglicher Kriterien sich an dem Ort nach Erkenntnissen der Polizei die im Gesetz genannten Vorgänge erfahrungsgemäß zu ereignen pflegen (vgl. OVG Berlin NJW 1986, 3223 = JuS 1987, S. 750). Es müssen daher nicht tatsächlich Straftaten mit erheblicher Bedeutung verabredet werden usw., sondern die Bestimmung knüpft an die Erfahrungen der Polizei an, während im konkreten Einzelfall die Sachlage ungewiss ist. Die Identitätsfeststellung an gefährlichen Orten ist also ereignisunabhängig. Umgekehrt reichen aber bloße Vermutungen nicht aus, sondern der Begriff „**tatsächliche Anhaltspunkte**" verlangt objektivierbare Erkenntnisse der Polizei, die sich aus eigenen Beobachtungen der Polizei, der Kriminalitätsstatistik, Anzeigen der Bevölkerung oder Mitteilungen anderer Behörden ergeben können, wobei Einzelbeobachtungen i.d.R. nicht für die Annahme ausreichen dürften, dass an dem in Rede stehenden Ort strafrechtlich Relevantes geschieht bzw. sich das Verbergen von „Straftätern erfahrungsgemäß zu ereignen pflegt" (vgl. Rachor in: Lisken/Denninger, E Rn. 332; Meixner/Fredrich, § 18 Rn. 10).

Bsp.: Die Polizei erhält einen anonymen Anruf aus der Bevölkerung, wonach in einer bestimmten Gaststätte mit Drogen gehandelt werde.
In solchen Fällen werden regelmäßig objektive, der Nachprüfung zugängliche Kriterien fehlen, dass es sich bei der genannten Stelle um einen gefährlichen Ort i.S.d. § 18 Abs. 2 Nr. 1 HSOG handelt. Eine Identitätsfeststellung von Personen in der Gaststätte wäre ohne weitere Anhaltspunkte und allein aufgrund der Ortshaftung nicht auf § 18 Abs. 2 Nr. 1 a HSOG zu stützen.

Schließlich müssen sich die Personen an dem Ort „aufhalten", sie müssen also ein verweilendes Moment nach außen manifestieren, ein bloßes Passieren des Ortes reicht nicht aus (vgl. mit überzeugenden Argumenten: OVG Hamburg, NVwZ-RR 2003, 276 f.; a.A. Wittgruber, § 18 Rn. 14).

§ 18 Abs. 2 Nr. 1 a) bb) HSOG bezieht sich allein auf Straftäter, die bereits verurteilt sind und zur Strafvollstreckung gesucht werden. Das ergibt sich bereits aus der rein präventiven Zielrichtung der Bestimmung, die nicht der Strafverfolgung dient; bei noch nicht verurteilten Straftätern kommen allein strafprozessuale Bestimmungen in Betracht.

165 Nach **§ 18 Abs. 2 Nr. 2 HSOG** sind die Polizeibehörden auch dann zur Identitätsfeststellung befugt, wenn dies zur Leistung von **Vollzugshilfe** (§ 1 Abs. 5 HSOG) erforderlich ist. Diese Bestimmung gewährleistet einerseits die Möglichkeit, auch im Rahmen von Vollzugshilfehandlungen Gefahrenerforschung zu betreiben, bevor endgültige Maßnahmen getroffen werden (vgl. Wittgruber, § 18 Rn. 16.), andererseits aber auch die Sicherheit hinsichtlich der Identität der von einer polizeilichen Vollzugshandlung betroffenen Person, wie etwa bei der Abschiebung eines den Polizeibeamten persönlich nicht bekannten Ausländers (vgl. Meixner/Fredrich, § 18 Rn. 14).

166 **§ 18 Abs. 2 Nr. 3 HSOG** schützt die sog. **gefährdeten Objekte oder Orte** und dient in erster Linie der Verhinderung terroristischer Anschläge auf Einrichtungen, die für die Versorgung der Bevölkerung von besonderer Bedeutung sind. Geschützt sind nach dem Wortlaut der Bestimmung zum einen Verkehrsanlagen, d.h. Bus-, U- und S-Bahnanlagen und -bahnhöfe, Flughäfen, Parkhäuser usw., zum anderen Versorgungsanlagen wie Kernkraft-, Gas- und Wasserwerke, Schlachthöfe und schließlich Amtsgebäude (sämtliche Bauwerke, die Behörden oder Gerichte beherbergen). Als Beispiel mag hier der wohl nur durch einen Zufall gescheiterte Angriff der RAF („Rote Armee Fraktion") mit einem Raketenwerfer auf das Gebäude der Generalbundesanwaltschaft im Jahre 1977 dienen.

Die Formulierung des § 18 Abs. 2 Nr. 3 HSOG „oder einem anderen besonders gefährdeten Objekt" zeigt, dass die Aufzählung nicht abschließend ist. In Betracht kommen weiterhin Einrichtungen der öffentlichen Medien, noch nicht fertiggestellte Amtsgebäude (vgl. Anschlag auf die JVA Weiterstadt 1993) oder Energieversorgungsanlagen sowie Konsulate oder Privatwohnungen Prominenter (vgl. Meixner/Fredrich, § 18 Rn. 16). Sofern sich die zu überprüfende Person nicht in dem Objekt selbst aufhält, muss sie sich zumindest in dessen „unmittelbarer Nähe" befinden. Dieser Begriff ist flexibel auszulegen und in seiner Bedeutung von der Beschaffenheit und Umgebung des im konkreten Einzelfall betroffenen Objekts sowie von der Art des jeweils befürchteten Anschlags abhängig. Entscheidend ist dabei, dass der Ort, an dem die Identität der Person festgestellt wird, auch noch ernsthaft als Aufenthalt eines potenziellen Täters in Betracht kommt, er also von dort innerhalb kürzester Zeit das gefährdete Objekt erreichen oder den Anschlag von seinem Aufenthaltsort aus durchführen kann.

Bsp.: Befürchtet die Polizei einen Brandanschlag mittels Molotowcocktails auf ein bestimmtes, besonders gefährdetes Objekt in einer dicht bebauten Gegend, so wären Identitätsfeststellungen im Umkreis mehrerer hundert Meter mit § 18 Abs. 2 Nr. 3 HSOG kaum zu rechtfertigen.

Anders wäre der Fall dann zu beurteilen, wenn etwa ein Sprengstoffanschlag mittels Funksteuerung geplant wäre und sich das Objekt auf weit einsehbarem Gelände im Außenbereich befinden würde.

Die in oder an den gefährdeten Objekten zu befürchtenden Straftaten müssen Personen in oder an den Objekten oder die Objekte selbst **unmittelbar** gefährden.

Bsp.: Eine unmittelbare Gefährdung des Amtsgebäudes, das mit einer Fotokamera von einem potenziellen Straftäter ausspioniert werden soll, ist nicht gegeben. Die Polizei könnte sich bei einer Identitätsfeststellung nicht auf § 18 Abs. 2 Nr. 3 HSOG berufen.

Darüber hinaus muss sich die Straftat auf die Funktionsfähigkeit des gefährdeten Objekts beziehen (vgl. Meixner/Fredrich, § 18 Rn. 18).

Bsp.: Bei einer Identitätsfeststellung des A, der sich auf dem Flughafen anschickt, sich als Taschendieb zu profilieren, greift die Bestimmung des § 18 Abs. 2 Nr. 3 HSOG nicht, weil der Flughafen selbst in seiner Funktionsfähigkeit nicht beeinträchtigt wird.

Weiterhin müssen **„tatsächliche Anhaltspunkte die Annahme rechtfertigen“**, dass **167** Straftaten i.S.d. § 18 Abs. 2 Nr. 3 HSOG begangen werden sollen. Diese Formulierung ist zu unterscheiden von der Formulierung **„aufgrund tatsächlicher Anhaltspunkte anzunehmen ist“** i.S.d. § 18 Abs. 2 Nr. 1 HSOG. Sie knüpft vielmehr unmittelbar an ein konkretes Geschehen an, während § 18 Abs. 2 Nr. 1 HSOG die Erfahrungen der Polizei zugrunde legt. Sie ist also **ereignisabhängig** (vgl. Rachor in: Lisken/Denninger, E Rn. 345), d.h., es reicht z.B. nicht aus, dass sich in einer bestimmten Stadt auf dem Großmarkt abends Schlägereien oder in bestimmten U-Bahn-Stationen wiederholt Randalierereien ereignet haben. Für dieses Verständnis der in § 18 Abs. 2 Nr. 3 HSOG verwendeten Formulierung spricht auch der letzte Halbsatz dieser Norm, der sich auf einen konkreten Sachverhalt und eine konkrete Person bezieht. Angesichts der von den §§ 6–9 HSOG losgelösten Polizeipflichtigkeit des Normadressaten weist der Gesetzgeber nämlich nochmals ausdrücklich auf die Voraussetzung der Erforderlichkeit einer solchen Maßnahme hin, die entweder mit Blick auf die Gefährdungslage und/oder auf die Person bezogene Anhaltspunkte zu bejahen sein muss (vgl. amtl. Begründung, LT-Drucks. 12/5794, S. 67). Das macht zudem eine gewissenhafte Prüfung des Verhältnismäßigkeitsgrundsatzes bei Anwendung dieser Vorschrift erforderlich (Hornmann, § 18 Rn. 32). Tatsächliche Anhaltspunkte rechtfertigen eine Annahme demnach immer dann, wenn ein bestimmter Sachverhalt nach gefahrenabwehrbehördlicher oder polizeilicher Erfahrung möglich erscheint und im konkreten Einzelfall hierfür bestimmte Indizien sprechen (vgl. auch Meixner/Fredrich, § 13 Rn. 9).

Ähnlich wie § 18 Abs. 2 Nr. 3 HSOG stellt auch **§ 18 Abs. 2 Nr. 4 HSOG** auf tatsächli- **168** che Anhaltspunkte ab, erfordert aber eine Person, die sich im räumlichen Umfeld einer **im besonderen Maße gefährdeten Person** aufhält. Unter räumlichem Umfeld i.S.d. Vorschrift wird man jede Entfernung zählen müssen, die eine Gefährdung der Person durch einen Anderen noch erlaubt.

Bsp.: Ein international berühmter Rockstar, gegen den Morddrohungen ausgesprochen wurden, kann auch dadurch geschützt werden, dass man etwa die Identität verdächtiger Mitarbeiter im Rahmen eines Konzerts feststellt.

Besonders gefährdete Personen i.S.d. § 18 Abs. 2 Nr. 4 HSOG – also so genannte Risikopersonen – können etwa sein Politiker, Wirtschaftskapitäne, Medienstars (vgl. Meixner/Fredrich, § 18 Rn. 20; Rachor in: Lisken/Denninger E Rn. 346), aber auch nicht im öffentlichen Interesse stehende Personen, wenn sie im konkreten Fall als besonders gefährdet erscheinen, wie z.B. eine Person, die sich ohne ersichtlichen Grund ernsthaften Bedrohungen in Leib und Leben ausgesetzt sieht. Auch bei § 18

Abs. 2 Nr. 4 HSOG ist ein Adressat nach §§ 6–9 HSOG nicht vonnöten, vielmehr ist jede Person polizeipflichtig, die sich in den Fallkonstellationen der Bestimmung im räumlichen Umfeld der Risikoperson aufhält (zum Begriff des Aufhaltens vgl. oben Rn. 164).

169 Die durch Gesetz vom 17.12.1998 wesentlich erweiterte **Nr. 5 des § 18 Abs. 2 HSOG** erlaubt eine Identitätsfeststellung an präventivpolizeilich eingerichteten **Kontrollstellen**, die dazu dienen sollen, die in § 100 a StPO bezeichneten Straftaten oder Straftaten nach § 27 VersammlG zu verhindern. Schwerpunkt der Bestimmung ist nicht die Einrichtung der Kontrollstelle selbst, die mangels Rechtseingriffs keiner Ermächtigungsgrundlage bedarf (vgl. zum Parallelfall der repressiven Kontrollstelle nach § 111 StPO: BGH NJW 1989, 114) – auch wenn sie nach dem Willen des Gesetzgebers lediglich unter den hier genannten Voraussetzungen erlaubt ist (vgl. Wittgruber, § 18 Rn. 23) – sondern die Regelung der Identitätsfeststellung, die an einer solchen Kontrollstelle unter erleichterten Voraussetzungen zulässig sein soll. Zu diesen Voraussetzungen zählt insbesondere, dass die Kontrollstelle eingerichtet wurde, um eine Begehung (oder Fortsetzung) der in der Vorschrift genannten Straftaten zu verhüten (also neben den in § 100 a StPO aufgeführten Straftatbeständen insbesondere auch die Sicherung einer friedlichen Durchführung von Versammlungen, Aufzügen und sonstigen Veranstaltungen). Dabei stellt sich die Frage, wie hoch der Wahrscheinlichkeitsgrad sein muss, dass an der Kontrollstelle tatsächlich Personen angetroffen werden, die unter das strafrechtliche Profil der Bestimmung fallen und mittels einer Identitätsfeststellung die Straftat verhütet werden kann. § 18 Abs. 2 Nr. 5 HSOG schweigt sich zu dieser Voraussetzung aus, jedoch ist anerkannt, dass Kontrollstellen i.S.d. Vorschrift nicht willkürlich eingerichtet werden dürfen (vgl. Wittgruber § 18 Rn. 23; so zur Kontrollstelle i.S.d. § 111 StPO: BGH NJW 1989, S. 114). Richtigerweise sollte man hier mithilfe systematischer Auslegung – vergleichend mit den Ermächtigungsgrundlagen des § 18 Abs. 2 Nrn. 1, 3 und 4 HSOG – tatsächliche Anhaltspunkte ausreichen lassen, dass solche Straftaten begangen werden sollen; denn hinsichtlich der Eingriffstiefe der Maßnahme sowie des Aspekts der Verhältnismäßigkeit lassen sich keine wesentlichen Unterschiede dieser Ermächtigungsgrundlagen erkennen (ebenso: Wittgruber, § 18 Rn. 23; abweichend Meixner/Fredrich, § 18 Rn. 23: „hinreichende Wahrscheinlichkeit"). Weiter darf die Kontrollstelle nur auf öffentlichen Straßen oder Plätzen oder an anderen öffentlich zugänglichen Orten eingerichtet werden. Dazu zählen namentlich alle dem öffentlichen Verkehr gewidmeten Straßen und Plätze wie Bundesstraßen, Autobahnen, Bahnhöfe einschließlich so genannter tatsächlicher öffentlicher Wege, die unabhängig von ihren zivilrechtlichen Eigentumsverhältnissen der Öffentlichkeit zur Benutzung zur Verfügung gestellt sind (vgl. Rachor in: Lisken/Denninger E, Rn. 347). Schließlich ist nach § 18 Abs. 2 Nr. 5 HSOG die Einrichtung der Kontrollstelle außer bei Gefahr im Verzuge nur mit Zustimmung des zuständigen Ministeriums oder einer von ihm benannten Stelle zulässig (in Hessen das HLKA gem. Anordnung über die Zuständigkeit für die Erteilung von Zustimmungen nach dem HSOG vom 9.11.1998, GVBl. I, S. 484). Wie bei allen Ermächtigungsgrundlagen des § 18 Abs. 2 HSOG ist auch im Rahmen des § 18 Abs. 2 Nr. 5 HSOG die Prüfung eines Adressaten nach §§ 6–9 HSOG nicht erforderlich, weil die Vorschrift den Polizeipflichtigen selbst spezialgesetzlich regelt. Die Identität kann bei jeder Person, die an der Kontrollstelle angetroffen wird, festgestellt werden.

Bsp.: Die Polizei richtet an der Abfahrt einer Autobahn, von der anzunehmen ist, dass sie als Fluchtweg so genannter Rumänenbanden genutzt wird, eine Kontrollstelle nach § 18 Abs. 2 Nr. 5 HSOG ein. Sie kontrolliert dort auch Personen, die sich später als völlig harmlos erweisen. Die Identitätsfeststellung verstößt nicht gegen die §§ 6–9 HSOG, denn ein Verhaltens-, Zustands- oder Nichtstörer i.S.d. Regelungen ist nicht erforderlich. Es reicht aus, dass die Personen an der Kontrollstelle angetroffen werden.

Mit Änderungsgesetz vom 22.5.2000 (GVBl. I, S. 278) hat der Gesetzgeber die Vor- **170**
schrift zu verdachts- und ereignisunabhängigen Kontrollen durch Identitätsfeststellungen in das HSOG aufgenommen, die der grenzüberschreitenden Kriminalität entgegenwirken sollen (vgl. zur Verfassungswidrigkeit der **sog. Schleierfahndung** in Mecklenburg-Vorpommern: MVVerfG, NVwZ 2000, 429, 430; zur Verfassungsgemäßheit in Bayern: BayVerfGH, NVwZ, 2003, 1375 ff; zu verdachtsunabhängigen Kontrollen durch den BGS: Soria, NVwZ 1999, 270 ff.; Zur Schleierfahndung im Allgemeinen: Götz, § 17, Rn. 42 ff.). Die Maßnahme setzt im Gegensatz zu § 18 Abs. 2 Nr. 5 HSOG keine Einrichtung einer Kontrollstelle voraus; allerdings ist jede Polizeibehörde verpflichtet, die Örtlichkeiten, die die Voraussetzungen des Gesetzes erfüllen, für ihren Zuständigkeitsbereich unter Angabe der Gründe in einem ständig zu aktualisierenden Verzeichnis zu benennen (vgl. VVHSOG Ziff. 18.2.3). Auch bei der Bestimmung des **§ 18 Abs. 2 Nr. 6 HSOG** ist weder die Prüfung einer konkreten Gefahr, noch die Feststellung einer Störereigenschaft des Adressaten nach §§ 6, 7, 9 HSOG erforderlich. Vielmehr ist jede Person, die an einer in § 18 Abs. 2 Nr. 6 HSOG genannten Örtlichkeit angetroffen (vgl. hingegen zum Begriff des Aufhaltens Rn. 164) wird, polizeipflichtig.

170a

Nach **§ 18 Abs. 2 Nr. 7 HSOG** ist eine Identitätsfeststellung schließlich zulässig, wenn sich die betroffene Person in einem Fahrzeug befindet, das zur **Gezielten Kontrolle** ausgeschrieben ist. Die Möglichkeit einer solchen Gezielten Kontrolle hat der hessische Gesetzgeber mit Gesetz vom 28.9.2015 (GVBl. I 346) geschaffen. Ihre grundlegenden Voraussetzungen finden sich in § 17 HSOG. Während die Polizeiliche Beobachtung nach § 17 Abs. 1 S. 1, 1. Alt. HSOG als Rechtsfolge auf die Meldung von Erkenntnissen, insbesondere über das Antreffen der Person, etwaiger Begleitpersonen, des Kraftfahrzeugs und dessen Führerin oder Führers abzielt, geht es bei der Gezielten Kontrolle um weitere Maßnahmen vor Ort, deren Voraussetzungen gem. § 17 Abs. 3 HSOG im einzelnen Fall vorliegen müssen. Aus diesem Grunde wurden nicht nur § 18 Abs. 2 Nr. 7 HSOG, sondern auch § 36 Abs. 2 Nr. 5 HSOG und § 37 Abs. 2 Nr. 5 HSOG als neue Befugnisnormen in das HSOG eingefügt.

Tatbestandsvoraussetzung des § 18 Abs. 2 Nr. 7 HSOG ist also zunächst, dass sich die kontrollierte Person in einem Fahrzeug befindet. Das kann der Fahrzeugführer sein, in Betracht kommen aber ebenso etwaige Begleitpersonen. Außerdem muss das Fahrzeug zur Gezielten Kontrolle ausgeschrieben sein. Dabei ist es ohne Bedeutung, ob das Fahrzeug nach § 17 HSOG zur Gezielten Kontrolle ausgeschrieben ist oder nach entsprechenden Vorschriften des Bundes oder der Länder (vgl. BeckOK PolR Hessen/Bäuerle HSOG § 18 Rn. 110).

Richtiger Adressat der Maßnahme ist die Person, die sich in dem ausgeschriebenen Fahrzeug befindet. Eine Prüfung der Adressatenvorschriften §§ 6-9 HSOG ist nicht erforderlich.

g) Rechtsfolgen des § 18 HSOG

Die Rechtsfolgen des § 18 HSOG ergeben sich aus den Absätzen 3 und 4, wobei die **171**
weniger eingriffsintensiven Maßnahmen – vielleicht mit Ausnahme der Anordnung erkennungsdienstlicher Maßnahmen – in Absatz 3 enthalten sind. Zu beachten ist zunächst, dass die in Absatz 3 enthaltenen Rechtsfolgen sowohl den Gefahrenabwehr- als auch den Polizeibehörden erlaubt sind, demnach sowohl die Ordnungs- als auch

die Polizeibehörden gem. § 2 S. 1 HSOG nur in den sogenannten Eilfällen für die Identitätsfeststellung zuständig sind, während Maßnahmen i.S.d. Absatzes 4 allein von den Polizeibehörden veranlasst werden dürfen, deren Zuständigkeit sich demzufolge allein nach § 1 Abs. 1 HSOG richtet.

Die Maßnahmen des **§ 18 Abs. 3 und 4 HSOG** sind – wie der Inhalt des Absatzes 3 S. 1 sowie die Formulierung „insbesondere" im dortigen S. 2 deutlich machen – **nicht abschließend** zu verstehen. Neben den dort genannten Möglichkeiten sind auch Maßnahmen wie z.B. die Datenübermittlung durch Meldebehörden, Einholung von Informationen bei Dritten oder Anfragen bei Kfz-Zulassungsstellen oder dem Kraftfahrt-Bundesamt zur Ermittlung der Identität einer Person zulässig. Soweit diese Maßnahmen spezialgesetzlich geregelt sind, gehen solche Vorschriften dem § 18 HSOG vor.

Wenn beispielsweise Erkundigungen über Dritte eingeholt werden, ist allerdings umstritten, ob § 18 HSOG auch solche Maßnahmen zulässt oder ob hier die §§ 12, 13 HSOG anzuwenden sind (Tegtmeyer, PolG NW, 8. A., 1995, § 12 Rn. 31; Rachor in: Lisken/Denninger, F Rn. 314 ff. m.w.N. auch zur Gegenmeinung). Richtigerweise wird man annehmen müssen, dass Erkundigungen bei Dritten nicht daran scheitern, § 18 HSOG lasse lediglich eine Datenerhebung unmittelbar beim Betroffenen zu. Der Wortlaut des § 18 HSOG gibt für diese Meinung nichts her. Vielmehr spricht die Formulierung der besonderen Verfahrensvorschrift des § 18 Abs. 6 HSOG für diese Möglichkeit, wenn dort die Hinweispflicht nur für den Fall angenommen wird, dass die Identität bei der betroffenen Person selbst und nicht bei Dritten festgestellt wird. Diese Formulierung wäre dann überflüssig, wenn auf letzteren Fall die §§ 12, 13 HSOG anwendbar wären, da in deren Rahmen der § 18 Abs. 6 HSOG ohnehin keine Anwendung fände. Im Übrigen spricht auch der Grundsatz Lex specialis derogat Legi generali für die hier vertretene Auffassung, da die Einholung von Erkundigungen bei Dritten zwecks Identitätsfeststellung einen Spezialfall der Befragung über sachverhaltsbezogene Daten oder über personenbezogene Daten darstellt, die nicht der Identitätsfeststellung dienen sollen.

172 Von den in **§ 18 Abs. 3 HSOG** explizit genannten Maßnahmen ist zunächst namentlich das **Anhalten** hervorzuheben (vgl. dazu auch Rn. 154). Im **Unterschied zum Festhalten** i.S.d. § 18 Abs. 4 HSOG erlaubt Anhalten nur einen Eingriff in das Grundrecht auf Freiheit der Person i.S.d. Art. 2 Abs. 2 S. 2 GG insoweit, als lediglich eine Freiheitsbeschränkung gem. Art. 104 Abs. 1 S. 1 GG durchgeführt werden darf. Der Gesetzgeber gestattet also allein einen solchen Eingriff in die grundrechtlich geschützte Sphäre des Bürgers, der regelmäßig unabdingbare Voraussetzung für die Durchführung der Identitätsfeststellung ist. Man wird hier von **etwa 15 Minuten** ausgehen dürfen (vgl. zur Abgrenzung der Freiheitsbeschränkung von der Freiheitsentziehung Rn. 154 f).

Die Gefahrenabwehr- und Polizeibehörden können des Weiteren verlangen, dass die Person **mitgeführte Ausweispapiere aushändigt**. Dabei ist zu berücksichtigen, dass zwar gem. § 1 Abs. 1 PAuswG grundsätzlich alle Deutschen einen Personalausweis oder Ausweis besitzen müssen. Auch sind sie nach dieser Bestimmung verpflichtet, den Ausweis auf Verlangen einer zur Prüfung ermächtigten Behörde vorzulegen. Eine Pflicht, den Ausweis auch mit sich zu führen, begründet dies allerdings nicht. Bei den in § 18 Abs. 3 HSOG genannten Ausweispapieren muss es sich nicht um amtliche, zur Identifikation einer Person bestimmte Ausweispapiere wie Personalausweis oder Pass handeln; möglich ist auch das Verlangen nach anderen zur

Identitätsfeststellung tauglichen Sachen, wie etwa dem Führerschein oder der Kreditkarte (vgl. Möller/Warg, Rn. 293).

Schließlich sind die Gefahrenabwehr- und die Polizeibehörden nach § 18 Abs. 3 HSOG befugt, **erkennungsdienstliche Maßnahmen** zum Zwecke der Identitätsfeststellung **anzuordnen**. Deren Durchführung bleibt allerdings ausweislich des Wortlauts des § 19 Abs. 2 HSOG allein den Polizeibehörden vorbehalten.

§ 18 Abs. 4 HSOG enthält als Rechtsfolge recht **eingriffsintensive Maßnahmen**. So 173
ist beispielsweise eine **Freiheitsentziehung** i.S.d. Art. 104 Abs. 2 GG in Form des Festhaltens zulässig (bzgl. des Unterschiedes zum bloßen Anhalten und Gewahrsam s.o. Rn. 154 f.). Dieses Mittel zur Identitätsfeststellung wird jedoch – wie auch die anderen Rechtsfolgen des Absatzes 4 – nur unter strenger Beachtung des Verhältnismäßigkeitsprinzips in Betracht kommen.

Bsp.: Zur Verhinderung einer geplanten Straftat beabsichtigt die Polizei, die Identität einer verdächtigen Person festzustellen. Da sich die Person unkooperativ zeigt, darf sie ggf. bis zur Feststellung der Identität festgehalten werden.

In jedem Fall sind im Rahmen des Festhaltens die **besonderen Verfahrens- und** 174
Formvorschriften der §§ 33–35 HSOG zu wahren. Insbesondere muss – je nach Fallkonstellation – die richterliche Entscheidung nach § 33 Abs. 1 HSOG eingeholt werden, und die absolute Zeitgrenze für Freiheitsentziehungen zum Zwecke der Identitätsfeststellung darf nicht überschritten werden; gem. § 35 Abs. 2 HSOG beträgt sie zwölf Stunden.

Weiter darf die Polizei nach § 18 Abs. 4 HSOG die Person und die von ihr **mitgeführ-** 175
ten Sachen nach Gegenständen durchsuchen, die zur Identitätsfeststellung dienen. Die Befugnis ist scharf von den anderen Zwecken dienenden Durchsuchungen nach §§ 36, 37 HSOG zu trennen. Personen i.S.d. § 18 Abs. 4 HSOG sind alle lebenden Personen einschließlich ihrer am Körper getragenen Kleidung. Mitgeführte Sachen sind mit Ausnahme der am Körper getragenen Kleidung alle körperlichen Gegenstände (§ 90 BGB), auf die der Adressat unmittelbaren Zugriff hat, also z.B. auch sein Kraftfahrzeug.

Bsp.: Soll der von A getragene Mantel nach Ausweispapieren durchsucht werden, so handelt es sich um die Durchsuchung einer Person. Hängt der Mantel jedoch nur über dem Unterarm des A oder hat er ihn in einem Lokal an die Garderobe gehängt, so handelt es sich um die Durchsuchung einer mitgeführten Sache.

Auf Durchsuchungen nach § 18 Abs. 4 HSOG sind die **besonderen Verfahrens- und** 176
Formvorschriften des § 36 Abs. 4 und des § 37 Abs. 3 HSOG analog anzuwenden.

Schließlich nennt § 18 Abs. 4 HSOG die Möglichkeit, die Person zur Dienststelle zu bringen. Selbstverständlich darf auch diese Maßnahme nur dann durchgeführt werden, wenn der Verhältnismäßigkeitsgrundsatz dies gebietet.

Bsp.: So wäre etwa eine Sistierung zur Dienststelle dann unzulässig, wenn die fehlende Beleuchtung am Ort des Geschehens auch dadurch behoben werden könnte, dass die Person zum vorhandenen Streifenwagen verbracht wird, wenn dort ebenfalls eine Identitätsfeststellung möglich wäre (vgl. auch OLG Hamm, NJW 1978, 231).

§ 18 Abs. 5 S. 1 HSOG charakterisiert die Anordnung erkennungsdienstlicher Maß- 177
nahmen sowie die in § 18 Abs. 4 HSOG beschriebenen Rechtsfolgen als letztes Mittel einer Identitätsfeststellung. Er stellt damit in Ergänzung zu § 18 Abs. 1 u. 2 HSOG **zusätzliche Tatbestandsvoraussetzungen** für eine Identitätsfeststellung mit den hier genannten Mitteln dar. Erforderlich ist danach zumindest, dass die Identitäts-

feststellung auf andere Weise nur unter erheblichen Schwierigkeiten festgestellt werden kann.

Bsp.: Die Identität eines polizeipflichtigen Zuhälters – A – soll im Rotlichtviertel der Stadt X festgestellt werden. Wegen des unkooperativen Verhaltens des A und eines sich anbahnenden Solidarisierungsverhaltens anderer Szenemitglieder sistiert die Polizei den A zur Dienststelle, um dort ungestört die Identität des A festzustellen.

178 **Nicht nach §§ 6 oder 7 HSOG Verantwortliche** können nach **§ 18 Abs. 5 S. 2 HSOG** gegen ihren Willen nur dann erkennungsdienstlich behandelt werden, wenn sie Angaben über ihre Identität verweigern oder der begründete Verdacht einer Täuschung über ihre Identität besteht. Diese Voraussetzung ist – wie die gesamte Bestimmung des Absatzes 5 – Ausfluss des Verhältnismäßigkeitsgrundsatzes und soll an der Gefahrenverursachung Unbeteiligten in besonderem Maße vor überzogenen Eingriffen in das Recht auf informationelle Selbstbestimmung i.S.d. Art 2 Abs. 1 und Art. 1 GG schützen.

179 **§ 18 Abs. 6 HSOG** beinhaltet eine **besondere Verfahrensvorschrift** und schreibt den Gefahrenabwehr- und Polizeibehörden grundsätzlich vor, dass im Falle der Personalienfeststellung bei der betroffenen Person, diese auf den Grund für die Identitätsfeststellung hinzuweisen ist. Der Bürger soll also erkennen können, warum seine personenbezogenen Daten erhoben werden. Diese Pflicht ergäbe sich eigentlich zumindest mittelbar schon aus der auch im Rahmen der Identitätsfeststellung geltenden allgemeinen Bestimmung des § 13 Abs. 8 S. 2 HSOG, wird aber hier nochmals gesondert formuliert. Es ist aber eine Vielzahl von Fällen denkbar, in denen der Hinweis auf den Grund purer Formalismus wäre, wenn nämlich dem Adressaten der Maßnahme aus seinem Vorverhalten klar sein muss, aus welchem Grunde gegen ihn eingeschritten wird. In solchen Fällen kann der Hinweis entfallen.

Bsp.: Die Polizeibeamten A und B beobachten an einem späten Abend, wie eine Gruppe von etwa 10 offensichtlich erheblich alkoholisierten Jugendlichen in der Fußgängerzone laut grölend umherzieht und dabei Passanten belästigt. Nachdem sich einer der Fußgänger bei den Beamten beschwert, stellt die Polizei die Identität der Jugendlichen fest, um sie aus der Anonymität herauszuholen und damit eine Hemmschwelle für künftiges Verhalten an dem Abend aufzubauen.

4. Erkennungsdienstliche Maßnahmen (§ 19 HSOG)

a) Begriff und Voraussetzungen der erkennungsdienstlichen Maßnahmen

180 Mit § 19 HSOG stellt der Gesetzgeber eine weitere Befugnisnorm für Eingriffe in das Recht auf informationelle Selbstbestimmung (Art. 2 Abs. 1 i.V.m. Art. 1 Abs. 1 GG) zur Verfügung. Laut Legaldefinition des § 19 Abs. 1 HSOG sind abschließend nur die dort genannten Mittel im Rahmen erkennungsdienstlicher Maßnahmen zulässig. „Andere Körperpartien“ i.S.d. § 19 Abs. 1 Nr. 1 HSOG können z.B. Handflächen, Fußsohlen oder Ohren sein (vgl. BeckOK PolR Hessen/Bäuerle HSOG § 19 Rn. 23). Auch Abbildungen in Form von Fotografien sind zulässig (vgl. § 19 Abs. 2 Nr. 2 HSOG). Sie können auf den Kopf beschränkt sein, aber auch den gesamten Körper der betroffenen Person zeigen (vgl. BeckOK PolR Hessen/Bäuerle HSOG § 19 Rn. 24). Weitere erkennungsdienstliche Maßnahmen können sein, die Messung und Feststellung äußerer körperlicher Merkmale nach § 19 Abs. 1 Nr. 3 HSOG wie etwa Körpergröße und –gewicht, Tätowierungen, Narben usw.

Die eigentlichen Ermächtigungsgrundlagen folgen aus § 19 Abs. 2 und 3 HSOG, die allein den Polizeibehörden Eingriffsbefugnisse einräumen.

b) § 19 Abs. 2 Nr. 1 HSOG

Die Bestimmung erlaubt **erkennungsdienstliche Maßnahmen** zum einen, wenn sie nach § 18 Abs. 3 HSOG zur Feststellung der Identität angeordnet sind (§ 19 Abs. 2 Nr. 1 HSOG). Dies kann geschehen, weil die Polizeibehörde die erkennungsdienstlichen Maßnahmen selbst angeordnet hat; möglich ist ein Einschreiten aber auch auf Ersuchen einer anderen Behörde, die zwar die erkennungsdienstlichen Maßnahmen nach § 18 Abs. 3 HSOG anordnen (vgl. den dortigen Wortlaut „Gefahrenabwehr- und Polizeibehörden"), nicht aber selbst vornehmen darf (vgl. den Wortlaut des § 19 Abs. 2 HSOG „Polizeibehörden"). 181

Bsp.: Die Passbehörde, die die Identität des A nicht klären kann, weil dieser keine Ausweispapiere besitzt, kann gem. § 18 Abs. 3 und Abs. 4 HSOG erkennungsdienstliche Maßnahmen anordnen, sie dürfen aber auf Ersuchen allein von der Polizeibehörde nach § 19 HSOG vorgenommen werden.

c) § 19 Abs. 2 Nr. 2 und Abs. 3 S. 1 u. 3 HSOG

Die Befugnisnorm des § 19 Abs. 2 Nr. 2 HSOG soll der **vorbeugenden Bekämpfung von Straftaten** dienen und **gleicht somit von der Zielrichtung her § 81 b 2. Alt. StPO** („für die Zwecke des Erkennungsdienstes", d.h. zur Hilfe bei künftigen Strafverfahren; vgl. dazu OVG Münster, NJW 1999, 2689; OVG Lüneburg, NVwZ-RR 2004, 346 f.; VGH Mannheim, NVwZ-RR 2004, 572 ff.; VG Braunschweig, NVwZ-RR, 2008, 30 ff.). Da nach dem Grundsatz „Bundesrecht bricht Landesrecht" grundsätzlich § 81 b 2. Alt. StPO anzuwenden ist, bleibt für § 19 Abs. 2 Nr. 2 HSOG nur dann Raum, wenn und soweit erstgenannte Vorschrift nicht greift. Das ist jedoch nur dann der Fall, wenn keine Beschuldigteneigenschaft bejaht werden kann, wenn also nicht einmal ein nur vager Tatverdacht und Anhaltspunkte erkennbar sind, dass der Beschuldigte zukünftig strafrechtlich in Erscheinung treten wird. 182

Bsp.:

- Der strafunmündige K wird dabei beobachtet, wie er versucht, in ein Wohnhaus einzubrechen (Straftatbestand nach § 244 Abs. 1 Nr. 3 StGB). Da hier nach h.M. eine erkennungsdienstliche Behandlung nach § 81 b StPO nicht zulässig wäre (a.A. für Fälle des § 81 b 2. Alt. StPO in Fällen der Stafunmündigkeit: Polizeifachhandbuch, Komm. zu § 81b, Rn. 2), bleibt für erkennungsdienstliche Maßnahmen noch die Bestimmung des § 19 Abs. 2 Nr. 2 HSOG offen.
- Der A wurde durch Urteil vom Vorwurf des Mordes freigesprochen, weil ihm die Tat nicht nachgewiesen werden konnte. Umgekehrt konnten aber schwerwiegende Verdachtsmomente nicht ausgeräumt werden. Hier wäre eine erkennungsdienstliche Behandlung nach § 81 b 2. Alt. StPO zulässig, da A durch den Freispruch nicht zwingend seine Beschuldigteneigenschaft i.S.d. § 81 b StPO verliert.
- Der 13-jährige K wird von der Polizei verdächtigt, serienmäßig Wohnungseinbrüche begangen zu haben. Ein konkreter Beweis kann aber nicht geführt werden. Es bestehen auch Anhaltspunkte dafür, dass K weiterhin solche Taten begehen wird.
  Hier wären erkennungsdienstliche Behandlungen nach § 163 b und § 81 b StPO nicht zulässig, da K strafunmündig ist. Erkennungsdienstliche Behandlungen kämen aber nach § 19 Abs. 2 Nr. 2 HSOG in Betracht.
- Der 45-jährige K besucht eine Rede der Bundeskanzlerin auf dem Kasseler Königsplatz. Der Polizei fällt auf, dass K sich recht auffällig um die Bühne bewegt, um offensichtlich auf sie zu gelangen, ohne dass klar wird, was K genau vorhat. Die Beamten vermuten aber, dass K die Bundeskanzlerin angreifen will. Eine Identitätsfeststellung scheitert, K gibt an, ohne festen Wohnsitz zu sein.
  Hier käme eine erkennungsdienstliche Behandlung nach § 19 Abs. 2 Nr. 1 i.V.m. § 18 Abs. 2 Nr. 4 HSOG in Betracht, wenn die Anhaltspunkte nicht für einen Verdacht nach § 163 b StPO oder § 81 b StPO ausreichen.

Nach § 19 Abs. 3 S. 1 HSOG ist bei noch nicht vierzehn Jahre alten Personen (die nicht schuldfähig sind und für die demzufolge namentlich die sonst einschlägige Bestimmung des § 81 g StPO nicht greift) insbesondere die **Entnahme von Körperzellen zur Feststellung des DNA-Identifizierungsmusters** (§ 19 Abs. 3 S. 3 HSOG) zulässig. Voraussetzung dafür ist aber in erster Linie, dass das Kind eine Straftat mit erheblicher Bedeutung für die Allgemeinheit (vgl. § 13 Abs. 3 HSOG) – also insbesondere bandenmäßig oder sonst in organisierter Form – begangen hat und wegen der Art oder Ausführung die Gefahr besteht, dass sie auch künftig eine Straftat mit erheblicher Bedeutung für die Allgemeinheit begehen wird.

d) Adressat erkennungsdienstlicher Maßnahmen

183 Der Adressat der erkennungsdienstlichen Maßnahme i.S.d. § 19 Abs. 2 Nr. 1 HSOG ist immer die Person, gegen die sich auch die Anordnung der erkennungsdienstlichen Maßnahme nach § 18 Abs. 3 (i.V.m. Abs. 5) HSOG richtete, also ein spezialgesetzlich geregelter Normadressat; §§ 6, 7, 9 HSOG sind demzufolge nicht zu prüfen. Vergleichbares gilt für den Adressaten i.S.d. § 19 Abs. 2 Nr. 2 HSOG: Spezialgesetzlich geregelter Normadressat ist hier die Person, die der in der Vorschrift genannten Straftat verdächtig ist.

e) Besondere Verfahrens- und Formvorschriften

184 Die Aufbewahrung der Unterlagen muss nach den besonderen Verfahrens- und Formvorschriften des **§ 19 Abs. 4 HSOG** beendet werden, wenn kein angemessener Grund mehr für die Unterlagen ersichtlich ist, und die betroffene Person ist entsprechend zu belehren (zu weiteren Verfahrens- und Formvorschriften bzgl. erkennungsdienstlicher Maßnahmen vgl. VG Gießen, NVwZ. 2002, 1531 ff.). § 19 Abs. 5 HSOG verpflichtet die Behörden zur Belehrung über die Vernichtungspflicht bzw. über die Tatsache und den Umfang der Aufbewahrung von Unterlagen (§ 19 Abs. 5 S. 2 HSOG). Besondere Verfahrens- und Formvorschriften speziell für die DNA-Analyse sind insbesondere zum einen die grundsätzliche Pflicht zur Einhaltung einer richterlichen Anordnung (vgl. § 19 Abs. 3 S. 2 und 4 HSOG) und die Pflicht zur unverzüglichen Vernichtung der Körperzellen (vgl. § 19 Abs. 3 S. 5 HSOG).

Spezialgesetzlich geregelte Maßnahmen zur erkennungsdienstlichen Behandlung enthalten: § 49 AufenthaltsG (gem. § 71 Abs. 4 AufenthaltsG sind hier auch die Polizeibehörden zuständig), § 16 AsylG (gem. § 19 Abs. 2 AsylG sind hier auch die Polizeibehörden zuständig), § 58 HStVollzG, § 24 BPolG, § 6 Abs. 3 S. 2 PassG und § 9 Abs. 4 S. 2 PAuswG.

f) Zwangsweise Durchsetzung

185 Im äußersten Fall kann die erkennungsdienstliche Behandlung i.S.d. § 19 HSOG mit Zwangsmitteln i.S.d. §§ 47 HSOG durchgesetzt werden. In Betracht kommen **lediglich unmittelbarer Zwang** i.S.d. §§ 52, 55 HSOG und **Zwangsgeld** i.S.d. § 50 HSOG.

5. Vorladung (§ 30 HSOG)

a) Begriff der Vorladung

186 Eine Vorladung ist die Aufforderung, zu einem bestimmten Zeitpunkt und über einen bestimmten Zeitraum an einem bestimmten Ort zu erscheinen und bis zum Abschluss einer Befragung oder erkennungsdienstlicher Maßnahmen zu verbleiben. § 30 HSOG erlaubt also den Gefahrenabwehr- und Polizeibehörden (für die sachliche

Zuständigkeit ist also über die Voraussetzungen des § 1 HSOG hinaus auch die Eilfallregelung des § 2 S. 1 HSOG bzw. der Grundsatz der Erstbefassung zu beachten), verbindlich das Erscheinen von Personen – insbesondere – auf der Dienststelle anzuordnen, um sachdienliche Angaben zu machen oder um erkennungsdienstliche Maßnahmen (s.o. Rn. 180 ff.) durchzuführen (vgl. VG Gießen, NVwZ-RR 1999, 376). Nach h.M. greift die Vorladung in die allgemeine Handlungsfreiheit des Art. 2 Abs. 1 GG, nicht aber in die Freiheit der Person nach Art. 2 Abs. 2 S. 2 GG ein (a.A. und im Einzelnen vgl. BeckOK PolR Hessen/Leggereit HSOG § 30 Rn. 5 f.). Die Bestimmung ist somit auf eine Erhebung von Daten zum Zwecke der Gefahrenabwehr (vgl. zur repressiven Parallelvorschrift § 163 a Abs. 3 i.V.m. §§ 163 ff StPO) gerichtet, was der systematischen Stellung im HSOG nicht ohne Weiteres zu entnehmen ist. § 30 HSOG ermächtigt zwar nicht dazu, Daten auch zu erheben (das erfolgt über die §§ 12 ff. und 19 HSOG), ist allerdings umgekehrt unabhängig davon, ob eine Auskunftspflicht der vorgeladenen Person existiert.

Bsp.: Die Polizei sucht schon seit Längerem nach einem Kind, das bereits eine Vielzahl von Ladendiebstählen begangen hat. Um ihm endlich das Handwerk legen zu können, lädt die Polizei den A für einen bestimmten Tag zur Dienststelle vor, weil Tatsachen vorliegen, die die Annahme rechtfertigen, dass A über die Identität des Kindes Bescheid weiß. A muss – unabhängig von der Frage, ob er gem. § 12 Abs. 2 HSOG auskunftspflichtig ist – der Vorladung gem. § 30 Abs. 1 S. 1 HSOG Folge leisten.

Die sog. Meldeauflage fällt nicht unter den Begriff der Vorladung, weil durch sie der Adressat nicht zu einem Erscheinen an einem bestimmten Ort, sondern zu einem bestimmten Verhalten veranlasst werden soll (vgl. BeckOK PolR Hessen/Mühl HSOG § 11 Rn. 6.2). Sie ist deshalb auf die Befugnisnorm des § 11 HSOG zu stützen.

b) Voraussetzungen der Vorladung

Materiell setzt § 30 Abs. 1 S. 1 HSOG voraus, dass **Tatsachen die Annahme rechtfertigen** (zum Begriff und zum Unterschied zu den sog. tatsächlichen Anhaltspunkten vgl. Rn. 221), dass die Person **sachdienliche Angaben** machen kann (das sind solche Informationen, die in Beziehung zum aufzuklärenden Sachverhalt stehend der Sache dienen, also der Gefahrenabwehr im konkreten Fall förderlich sein können). Eine Ausforschung ins Blaue hinein ist also vom Gesetzeszweck nicht gedeckt. Die Angaben müssen zudem für die Erfüllung einer bestimmten **gefahrenabwehrrechtlichen oder polizeilichen Aufgabe** (das sind alle Aufgaben i.S.d. § 1 HSOG) erforderlich sein. Eine Vorladung zur Durchführung erkennungsdienstlicher Maßnahmen i.S.d. § 30 Abs. 1 S. 2 HSOG wird sich sinnvollerweise regelmäßig auf § 19 Abs. 2 Nr. 2 oder Abs. 3 S. 1 HSOG beziehen; eine Vorladung mit Bezug auf § 19 Abs. 2 Nr. 1 HSOG scheidet wegen der bereits feststehenden Identität des Polizeipflichtigen aus. Voraussetzung jedenfalls ist, dass die beabsichtigten erkennungsdienstlichen Maßnahmen im konkreten Einzelfall rechtmäßig wären. 187

Die Befugnisnormen des § 30 Abs. 1 S. 1 u. 2 HSOG enthalten sog. spezialgesetzlich geregelte Normadressaten. Das bedeutet, dass die Vorschrift die Regelungen der §§ 6, 7 und 9 HSOG verdrängt. Richtiger Adressat ist immer die Person, die sachdienliche Angaben machen kann (§ 30 Abs. 1 S. 1 HSOG) oder die Person, bei der erkennungsdienstliche Maßnahmen durchgeführt werden dürfen (§ 30 Abs. 1 S. 2 HSOG).

c) Verhältnismäßigkeit der Vorladung

Im Rahmen der Vorladung ist besonders auf die Verhältnismäßigkeit zu achten. Sie darf nicht angeordnet werden, wenn die erwarteten Informationen auf andere Weise 188 leichter beschafft werden können, etwa im Wege der Amtshilfe. Ebenso soll (also in der Regel: muss) qua ausdrücklicher Regelung (§ 30 Abs. 2 HSOG) bei der Bestimmung des Zeitpunkts der Vorladung auf die persönlichen Verhältnisse des Betroffenen, insbesondere auf den Beruf Rücksicht genommen werden.

Bsp.: Wird die A vorgeladen, die normalerweise in Spätschicht arbeitet, so ist bei der Vorladung möglichst eine Uhrzeit zu wählen, die diesem Umstand Rechnung trägt, also z.B. nicht 18.00 Uhr, da A zu dieser Zeit arbeitet, sondern sinnvollerweise zu einer Uhrzeit, zu der B ihre berufliche Tätigkeit bereits beendet hat, also etwa um 12.00 Uhr.

d) Besondere Verfahrens- und Formvorschriften

189 Als besondere Verfahrensvorschriften sind § 30 Abs. 1 S. 2 sowie Abs. 2 S. 1 HSOG zu beachten, wonach die Vorladung **mündlich (nach h.M. auch fernmündlich, vgl. SBS/Stelkens VwVfG, § 37 Rn. 77 m.w.N.) oder schriftlich** erfolgen kann und bei der Vorladung deren **Grund angegeben** werden soll; durch letztere Bestimmung unterstreicht der Gesetzgeber nochmals, dass eine Vorladung zum Zwecke der Ausforschung unzulässig ist. Die Vorladung – und damit auch die zwangsweise Vorführung – der Person ist nach h.M. nicht ohne Weiteres eine Freiheitsentziehung i.S.d. Art. 104 Abs. 2 GG, sondern grundsätzlich eine Freiheitsbeschränkung i.S.d. Art. 104 Abs. 1 GG (vgl. BVerwG, NVwZ 1990, 69). Dennoch verlangt der Gesetzgeber grundsätzlich (außer bei Gefahr im Verzuge, zum Begriff vgl. Rn. 249) dazu eine richterliche Anordnung (§ 30 Abs. 4 HSOG).

e) Zwangsweise Durchsetzung der Vorladung

190 Gem. § 30 Abs. 3 HSOG kann die Vorladung aus den in Nrn. 1 und 2 genannten Gründen zwangsweise (in Betracht kommen lediglich Zwangsgeld nach § 50 HSOG bzw. für die Verwaltungsbehörden § 76 HessVwVG sowie unmittelbarer Zwang i.S.d. §§ 55, 52 HSOG bzw. § 79 HessVwVG) durchgesetzt werden, wenn der Adressat ohne hinreichenden Grund nicht erscheint. Wann ein solcher hinreichender Grund gegeben ist, lässt sich nicht pauschal beantworten, sondern ist aufgrund einer Abwägung zwischen der konkreten zu erfüllenden behördlichen Aufgabe und dem Grund des Fehlens zu ermitteln.

Bsp.: Die schwere Erkältung des A könnte durchaus als hinreichender Grund angesehen werden, um den Termin einer Vorladung zum Zwecke erkennungsdienstlicher Maßnahmen im Rahmen der Erteilung von Ausweispapieren zu verschieben. Sie wäre es sicher nicht, wenn A vorgeladen wird, weil er sachdienliche Hinweise auf einen dringend gesuchten Serientäter – etwa einen Sexualstraftäter – machen kann.

§ 30 Abs. 4 S. 1 HSOG schreibt für die Vorführung einen Richtervorbehalt fest. Auf die Einholung der richterlichen Entscheidung kann nur bei Gefahr im Verzug verzichtet werden. Ein solcher Fall liegt dann vor, wenn die vorherige Einholung der richterlichen Anordnung den Erfolg der Maßnahme gefährden würde (vgl. BVerfG NJW 2001, 1121 (1123)). Das kann dann der Fall sein, wenn ansonsten der Adressat der Vorladung nicht mehr greifbar wäre oder gegenwärtige Gefahren nach der richterlichen Entscheidung aus Zeitmangel nicht mehr abgewehrt werden könnten.

6. Platzverweisung (§ 31 HSOG)

a) Begriff und Allgemeines zur Platzverweisung

191 Die Platzverweisung i.S.d. § 31 Abs. 1 S. 1 HSOG erlaubt den Gefahrenabwehr- und Polizeibehörden, Personen vorübergehend von einem Ort zu verweisen (sog. **Weg-**

weisung) oder ihnen vorübergehend das Betreten eines Ortes zu verbieten (sog. **Betretungsverbot**). Damit rechtfertigt die Bestimmung Eingriffe in das Recht auf **Freiheit der Person i.S.d. Art. 2 Abs. 2 S. 2, 104 Abs. 1 GG**, vor allem wegen des nur vorübergehenden Charakters allerdings nur in Form einer **Freiheitsbeschränkung**, nicht hingegen einer Freiheitsentziehung (vgl. zur Abgrenzung beider Begriffe oben Rn. 154 f.; vgl. zur Platzverweisung wg. Teilnahme an den „Chaostagen" BayObIG, NVwZ 2000, 467, 468; zur Platzverweisung gegen Nichtstörer VG Schleswig, NVwZ 2000, 464 ff.). Ein Eingriff in die Freizügigkeit nach Art. 11 GG – d.h. die Niederlassungsfreiheit – ist bei Maßnahmen nach § 31 Abs. 1 HSOG regelmäßig zu verneinen, weil kurzfristige Eingriffe nach § 31 HSOG niemanden daran hindern werden, seinen Wohnsitz oder Aufenthalt an einem beliebigen Ort zu nehmen. Entgegen der amtlichen Begründung zum HSOG (LT-Drucks. 12/5794, S. 61) und der korrespondierenden Bestimmung des § 10 HSOG liegt aufgrund einer Platzverweisung auch deshalb kein Eingriff in Art. 11 GG (Niederlassungsfreiheit) vor, weil bei freiheitsbeschränkenden Maßnahmen die Art. 2 Abs. 2 S. 2 und 104 GG als Spezialgesetze vorgehen (vgl. Jarass/Pieroth, Art. 11, Rn. 1; s.a. Dolderer, NVwZ 2001, 130, 132; a.A. Hornmann, § 31, Rn. 2). Die Platzverweisung i.S.d. § 31 Abs. 1 HSOG ist demzufolge grundsätzlich kein tief greifender Rechtseingriff (vgl. VG Neustadt, NVwZ-RR 2003, 277 ff.).

Bsp.: Der A, der in der Fußgängerzone aggressiv bettelt und dabei Leute anpöbelt, kann zur Abwehr der Gefahr für die öffentliche Ordnung mit einer Platzverweisung nach § 31 Abs. 1 S. 1 HSOG belegt werden.

Gegen **Versammlungen**, die unter den Schutzbereich des Art. 8 GG fallen, aber 192
auch gegen solche, die lediglich unter das VersammlG fallen (z.B. unfriedliche Versammlungen) darf eine Platzverweisung nur dann ausgesprochen werden, wenn die Versammlung bereits nach § 13 Abs. 1 VersammlG oder § 15 Abs. 3 oder 4 VersammlG aufgelöst wurde (vgl. hierzu und zum Folgenden: BVerwG, NVwZ 1988, S. 250 f.). Das folgt aus der sog. Polizeifestigkeit des Versammlungsgesetzes, die sich aus § 3 Abs. 1 S. 2 HSOG ergibt. Vergleichbares gilt für einzelne Teilnehmer einer Versammlung; nur wenn diese – etwa nach § 18 Abs. 3 VersammlG – rechtmäßig von der Versammlung ausgeschlossen wurden und ihrer Entfernenspflicht (vgl. § 18 Abs. 1 i.V.m. § 13 Abs. 2 VersammlG) nicht nachkommen, kann gegen sie eine Platzverweisung i.S.d. § 31 Abs. 1 S. 1 HSOG ergehen.

b) Voraussetzungen des § 31 Abs. 1 S. 1 HSOG

Tatbestandsvoraussetzung des § 31 Abs. 1 S. 1 HSOG ist eine **konkrete Gefahr für** 193
die öffentliche Sicherheit oder Ordnung, die mit der Platzverweisung abgewehrt werden soll. Häufige Anwendungsfälle sind Wegweisungen von **Alkoholkonsumenten** oder auch **Nichtsesshaften** im öffentlichen Bereich, z.B. in Fußgängerzonen. Eine konkrete Gefahr liegt bei diesen Personengruppen allerdings nur bei Hinzutreten weiterer relevanter Umstände vor – wie etwa **aggressivem Betteln**, illegalem **Drogenkonsum** oder -handel in der „offenen Drogenszene" (vgl. dazu VG Göttingen, NVwZ 1999, S. 169 ff.; VGH Mannheim, NVwZ-RR 1998, S. 428 ff.; VG Stuttgart, NVwZ-RR 1998, S. 103 ff.) usw. –, denn freiwillige Obdachlosigkeit und Alkoholkonsum stellen nach heute herrschender Auffassung für sich gesehen nicht ohne Weiteres eine konkrete Gefahr für die öffentliche Sicherheit und Ordnung dar, auch nicht über den „Umweg" straßen- und wegerechtlicher Bestimmungen (vgl. Rachor in: Lisken/Denninger, E Rn. 437 m.w.N.; vgl. zur Verneinung von Gefahren durch bloßen Alkoholgenuss VGH Mannheim, NVwZ-RR 2010, 55; zu diesem Themenkomplex weiter: OVG Magdeburg BeckRS 2010, 47490; OVG Bremen, Urt. v. 15.11.2016, Az. 1 D 57/15). Weitere Anwendungsbereiche sind die Sicherung von Amtshandlungen

wie auch Räumungen von Gaststätten wegen Bombendrohungen (vgl. Götz, § 8, Rn. 21), der Schutz des Bürgers bei Entschärfungen von Blindgängern oder bei offenen Gasleitungen, Hochwasserlagen, Platzverweisungen in Diskotheken zur ungestörten Befragung von Besuchern usw.

c) Rechtsfolge der Platzverweisung nach § 31 Abs. 1 S. 1 HSOG

194 Die gesetzliche Rechtsfolge der Platzverweisung sieht sowohl eine Wegweisung, als auch ein Betretungsverbot vor. Die Verweisung an einen bestimmten Ort ist von der Rechtsfolge grundsätzlich nicht erfasst (zu möglichen Ausnahmen vgl. BeckOK PolR Hessen/Leggereit HSOG § 31 Rn. 14). Sie ist auf **vorübergehende Maßnahmen** hinsichtlich eines **begrenzten Ortes** beschränkt (vgl. dazu umfassend Claudia Neuner, Zulässigkeit und Grenzen polizeilicher Verweisungsmaßnahmen, Berlin 2003). Verstöße gegen diese Einschränkung der Eingriffe stellen eine **Ermessensüberschreitung** dar, die zur Rechtswidrigkeit der Platzverweisung führt.

195 Was unter dem Begriff Ort zu verstehen ist, lässt das HSOG offen (anders als z.B. § 17 Abs. 4 S. 2 NdsSOG, der im Wege einer Legaldefinition immerhin unter den Begriff des örtlichen Bereiches – s. dazu § 31 Abs. 3 S. 1 HSOG – ausdrücklich auch ein gesamtes **Gemeindegebiet** fasst, was auf die Erfahrungen mit den Chaos-Tagen in Hannover 1995 zurückzuführen ist; vgl. Götz, NVwZ 1998, S. 679, 683). Im Regelfall wird es genügen, die Platzverweisung für ein bestimmtes Gebäude, einen bestimmten öffentlichen Platz oder einen Straßenteil auszusprechen. Ein gesamtes Gemeindegebiet wird nach herrschender Auffassung von § 31 Abs. 1 HSOG jedenfalls nicht erfasst (vgl. Meixner/Fredrich, § 31 Rn. 2; so auch OVG Bremen, NVwZ 1986, S. 862; anders nach der niedersächsischen Gesetzeslage, vgl. OVG Lüneburg, NVwZ 2000, 454; VG Göttingen, NVwZ-RR, 1999, 169, die im Ergebnis auch Geltung für § 31 Abs. 3 S. 1 HSOG haben dürfte). Diese Auffassung überzeugt nicht. Sie ist vom Wortlaut des § 31 HSOG her nicht geboten und wird in Fällen, in denen beispielsweise ein relativ kleines Gemeindegebiet etwa von einer Überschwemmung, einer drohenden Feuersbrunst oder einer Giftgaswolke bedroht wird, den Anforderungen an eine effektive Gefahrenabwehr nicht gerecht (vgl. dazu weiterführend BeckOK PolR Hessen/Leggereit HSOG § 31 Rn. 15 f.; VG Göttingen, NVwZ 1999, S. 169 ff.).

196 Auch der Begriff **„vorübergehend"** ist bislang nicht abschließend geklärt (vgl. dazu grundlegend Hecker, NVwZ 1999, 261 ff.). Jedenfalls sind Platzverbote, die sich über **Wochen** oder länger erstrecken, nach h.M. von diesem Begriff **nicht mehr erfasst** (vgl. VG Frankfurt, NVwZ-RR 2002, 575 f.; bis zu zwei Wochen: Latzel/Lustina, Die Polizei 1995, 131, 134; a.A. Schmidbauer, BayVBl. 2002, 257, 263). Das wird in der Praxis regelmäßig auch nicht erforderlich sein, könnte aber im Einzelfall zu Problemen führen, denn es sind durchaus Lagen vorstellbar, in denen eine Platzverweisung tatsächlich nur dann zum Erfolg führen kann, wenn sie über solche Zeiträume ausgesprochen wird (vgl. weiterführend BeckOK PolR Hessen/Leggereit HSOG § 31 Rn. 16 f.) Ob dauerhafte Platzverbote (wie z.B. wochen- oder monatelange Aufenthaltsverbote gegen Angehörige der offenen Drogenszene oder randalierende Obdachlose usw.) auf § 11 HSOG gestützt werden können (vgl. dazu Möller/Warg, Rn. 354 ff.) ist zweifelhaft und dürfte unter Berücksichtigung des Spezialitätsgrundsatzes (Lex specialis derogat Legi generali) sowie gerade auch der noch recht neuen Bestimmung des § 31 Abs. 3 HSOG zu verneinen sein (vgl. VGH Kassel, NVwZ 2003, 1400 ff.; so auch Rachor in: Lisken/Denninger, E Rn. 437; vgl. dazu umfassend: Hecker, NVwZ 2003, 1334 ff.). Anders liegt der Fall bei der Räumung „besetzter" Häuser. Hier verfolgen die Behörden nicht in erster Linie das Ziel, Personen eines bestimmten Ortes zu verweisen, sondern dem Berechtigten den uneingeschränkten Besitz an der Sache zu verschaffen, dem Adressaten der Maßnahme also die Sachherrschaft zu entziehen. Ein Rückgriff auf die Generalklausel in solchen Fällen ist somit zulässig.

d) Richtiger Adressat i.S.d. § 31 Abs. 1 S. 1 HSOG und die Bestimmungen der §§ 31 Abs. 1 S. 2 HSOG, 164 StPO

Wer der richtige Adressat der Platzverweisung ist, beantwortet § 31 Abs. 1 S. 1 HSOG nicht ausdrücklich. Es ist daher auf die **allgemeinen Vorschriften der §§ 6 ff. HSOG** abzustellen. Aus der Formulierung „eine Person“ herzuleiten, Platzverweisungen seien gegen jedermann zulässig, begegnete systematischen Bedenken, denn gerade für solche Personen, die also die Voraussetzungen der §§ 6–9 HSOG nicht erfüllen, hat der Gesetzgeber die Spezialvorschrift des **§ 31 Abs. 1 S. 2 HSOG** geschaffen, die sich an dort besonders gesetzlich geregelte Adressaten wendet, nämlich alle Personen, die den Einsatz der Feuerwehr oder andere Hilfs- oder Rettungsmaßnahmen (aber auch Maßnahmen von Polizei- und Gefahrenabwehrbehörden, vgl. Hornmann, § 31 Rn. 14) behindern. Da derartige Behinderungen nicht immer in aktivem Tun, sondern auch in einem Unterlassen verwirklicht werden können, wären die Behörden bei der Bejahung eines Adressaten nach § 6 HSOG unter Umständen gezwungen, eine fragwürdige verwaltungsrechtliche Pflicht des Gegenübers zu einem Handeln zu bejahen. 197

Bsp.: Nach einem schweren Verkehrsunfall können weder Polizei noch Rettungsdienste zum Unfallgeschehen vordringen, weil die Fahrbahn von schaulustigen Passanten versperrt wird.

In solchen Fällen könnte auch ohne die Spezialvorschrift des § 31 Abs. 1 S. 2 HSOG gegen die Störer vorgegangen werden. Zwar wird – da sie nicht aktiv Handeln, sondern lediglich (passiv) den Weg versperren – eine Polizeipflicht nach § 6 HSOG kaum zu bejahen sein, doch käme § 9 HSOG in Betracht. Würde es sich um einen leichten Verkehrsunfall handeln, der auch keine größeren Folgeschäden befürchten ließe, wäre eine Anwendung des § 31 Abs. 1 S. 1 HSOG wegen eines fehlenden Verhaltensstörers allerdings kaum zu begründen. Um solche Schwierigkeiten von vornherein zu vermeiden, hat der Gesetzgeber auf das Prüfungserfordernis zum einen einer konkreten Gefahr, zum anderen eines Adressaten nach §§ 6,7, 9 HSOG verzichtet.

Nach **§ 164 StPO** kann eine Platzverweisung – als Minusmaßnahme gegenüber einer Festnahme – unter den dort genannten Voraussetzungen ausgesprochen werden. Dies gilt sowohl unmittelbar im Bereich der Strafverfolgung als auch im Rahmen der Verfolgung von Ordnungswidrigkeiten (vgl. § 46 Abs. 1 OWiG).

e) § 31 Abs. 2 HSOG – Eingriff in Art. 13 GG

Eingriffe in das Recht auf Unverletzlichkeit der Wohnung i.S.d. Art. 13 GG (vgl. zur Frage der beeinträchtigten Grundrechte BeckOK PolR Hessen/Leggereit HSOG § 31 Rn. 3 ff.) rechtfertigt § 31 Abs. 1 HSOG von seinem Wortlaut her nicht, da dies gemäß Art. 13 Abs. 7 GG eine dringende Gefahr voraussetzen würde, wohingegen die Tatbestandsvoraussetzungen für eine Platzverweisung – insbesondere nach § 31 Abs. 1 S. 1 HSOG – bereits dann erfüllt sind, wenn eine einfache (konkrete) Gefahr bejaht werden kann. 198

Bsp.: A will in einem Wutanfall seine Ehefrau verprügeln. Nachdem Nachbarn die Polizei alarmiert haben, überlegen die Beamten, ob sie den A aus seiner Wohnung schicken können, bis er sich wieder beruhigt hat.

Die herrschende Meinung ging **vor Einführung des § 31 Abs. 2 HSOG** in derartigen Fallgestaltungen zu Recht von der Möglichkeit einer **verfassungskonformen Auslegung** des § 31 Abs. 1 S. 1 HSOG aus, sodass unter den Voraussetzungen einer dringenden Gefahr – die im Beispielsfall zu bejahen wäre – der Wohnungsinhaber aus seiner Wohnung verwiesen werden konnte (vgl. zum Verhältnis der betroffenen Grundrechte zum polizeilichen Gefahrenbegriff Krugmann, NVwZ 2006, 152 ff.).

Diese Hilfskonstruktion ist seit Erlass des § 31 Abs. 2 HSOG, der dem besseren Schutz vor häuslicher Gewalt dienen soll, obsolet geworden (vgl. zur Thematik OVG Münster NJW 2002, 2195 f.; Hesse/Queck/Lagodny, JZ 2000, 68 ff.; Schmidtbauer, BayVBl., 2002, 257, 264 ff; s. auch VG Stuttgart, VBlBW 2002, 43 f. und BVerfG, NJW 2002, 2225 ff. sowie Kay, NVwZ 2003, 521 ff. zu § 34 a NWPolG). Nach nunmehr geltender Rechtslage erlaubt § 31 Abs. 2 S. 1 HSOG in Anlehnung an die Schrankenregelung des Art. 13 Abs. 7 GG eine Platzverweisung aus der eigenen Wohnung und des unmittelbar angrenzenden Bereichs, wenn dies erforderlich ist, um eine vom Polizeipflichtigen ausgehende **gegenwärtige Gefahr (zum Begriff vgl. oben Rn. 83) für Leib, Leben oder Freiheit** für Bewohner derselben Wohnung abzuwehren (zur Platzverweisung aus der eigenen Wohnung ohne Rückkehrmöglichkeit und den damit verbundenen Eingriff in Art. 11 GG vgl. VGH Mannheim, NJW 2005, 88 f.). Adressat der Maßnahme nach § 31 Abs. 2 S. 1 HSOG ist immer diejenige Person, von der die Gefahren ausgehen, also ein **spezialgesetzlich geregelter Normadressat**. Eine Prüfung der §§ 6, 7, 9 HSOG entfällt somit.

Auch wenn die Bestimmung mit ihrer zeitlichen Beschränkung und dem Bezug zur zivilgerichtlichen Entscheidung den Gewaltenteilungsgrundsatz hervorhebt, scheint m.E. eine Ergänzung der sachlichen Zuständigkeit i.S.d. § 1 Abs. 1 S. 1 HSOG durch § 1 Abs. 3 HSOG nicht erforderlich. Immerhin müssen die soeben zitierten gegenwärtigen Gefahren für Leib, Leben oder Freiheit von Personen vorliegen, die die zivilrechtlichen Belange zunächst überlagern.

Abzugrenzen ist § 31 Abs. 2 HSOG von den Fällen, in denen die Behörden eine Verfügung aussprechen wollen, wonach es dem Adressaten untersagt wird, sich bestimmten Gebäuden zu nähern (etwa Kindergarten, in dem sich das Kind tagsüber aufhält oder der Arbeitsplatz des Ehepartners). Da hier kein Eingriff in Art. 13 GG vorliegt, kann die Platzverweisung nach wie vor auf § 31 Abs. 1 S. 1 HSOG gestützt werden. Generelle Annäherungsverbote an Personen müssen auf § 11 HSOG gestützt werden, da Personen keinen Ort i.S.d. Rechtsfolge des § 31 Abs. 1 S. 1 HSOG darstellen.

Bsp.: Im o.g. Beispielsfall untersagt die Polizei über die Platzverweisung hinaus dem A, sich der Ehefrau in den nächsten sieben Tagen zu nähern. Die Maßnahme wäre auf § 11 HSOG zu stützen.

f) § 31 Abs. 3 HSOG – Aufenthaltsverbot

199 Angesichts der nur vorübergehenden Rechtsfolgen des § 31 Abs. 1 und 2 HSOG (s.o. Rn. 196) hat der Gesetzgeber (mit Gesetz vom 6.12.2003 – GVBl. I 308) für einzelne Fallkonstellationen die Befugnis zu einem längerfristigen **Aufenthaltsverbot** in § 31 Abs. 3 HSOG eingefügt. Anders als in der Rechtsfolgeregelung des § 31 Abs. 1 S. 1 HSOG wird hier statt der Formulierung „vorübergehend" die Umschreibung „für eine bestimmte Zeit" verwendet, die dann auf maximal drei Monate festgelegt wird. Solche Aufenthaltsverbote schaffen nunmehr die Möglichkeit, Gefahren zu begegnen, bei denen die klassische Platzverweisung nach § 31 Abs. 1 HSOG versagte (z.B. bei Straftaten im Rahmen der offenen Drogen-Szene, durch Fußball-Hooligans oder Prostituierte in Sperrbezirken, bei den Chaos-Tagen in Hannover oder verbotenem Glücksspiel in Form von Hütchen-Spielern u.ä.).

Voraussetzung für das Aufenthaltsverbot durch die Gefahrenabwehr- und die Polizeibehörden (für die Polizei- und Ordnungsbehörden ist also zu deren Zuständigkeit neben den Voraussetzungen des § 1 Abs. 1 S. 1 HSOG ein so genannter Eilfall i.S.d. § 2 S. 1 HSOG erforderlich) sind Tatsachen, die die Annahme rechtfertigen, dass eine Person in einem bestimmten örtlichen Bereich innerhalb einer Gemeinde eine Straftat begehen wird. **„Tatsachen, die die Annahme rechtfertigen"** sind nicht bereits dann gegeben, wenn Indizien aufgrund polizeilicher Erfahrung die Möglichkeit einer bevorstehenden Straftat in Aussicht stellen, sondern es müssen **gewusste (beweisbare) Fakten unter Einbeziehung des polizeilichen Erfahrungswissens** den Schluss auf die Möglichkeit einer bevorstehenden Straftat mit einer **gewissen Wahrscheinlichkeit** zulassen. Der Begriff „Tatsachen, die die Annahme rechtfertigen" ist somit um Nuancen enger als der der „tatsächlichen Anhaltspunkte" (vgl. etwa § 13 Abs. 1 Nr. 1 HSOG). Der minimale Unterschied ist jedoch kaum noch darstellbar und dürfte somit in der Praxis kaum eine Rolle spielen.

Bsp.: Die Polizei trifft im Bereich einer hessischen Großstadt mehrere Männer an, die Utensilien für das so genannte Hütchenspiel mit sich führen. An diesem Ort finden üblicherweise solche Spiele auch statt. Die Polizei ordnet unter anderem ein einmonatiges Aufenthaltsverbot gem. § 31 Abs. 3 HSOG gegenüber den Männern an, weil Tatsachen (Utensilien) die Annahme rechtfertigen (Ort, bisherige Geschehnisse), dass die Männer innerhalb eines örtlichen Bereichs einer Gemeinde eine Straftat (vgl. § 284 Abs. 1 ggf. i.V.m. Abs. 3 StGB) begehen werden.

Das Aufenthaltsverbot darf nicht angeordnet werden, wenn die Person an dem Ort ihre Wohnung hat (vgl. für Deutsche insbesondere Art. 11 GG) oder aus einem vergleichbar wichtigen Grund **auf das Betreten des Bereiches angewiesen** ist (etwa Arbeitsstätte, Kindergarten des Kindes, Wohnort der Eltern, die dringend der Hilfe ihres Kindes bedürfen). Es darf außerdem nur für höchstens drei Monate ausgesprochen werden.

Der **richtige Adressat** des Aufenthaltsverbotes ist **spezialgesetzlich** in § 31 Abs. 3 S. 1 HSOG geregelt; es ist immer diejenige Person, die möglicherweise Straftaten begehen wird.

Die Bestimmungen des **§ 31 Abs. 3 S. 2 u. 4 HSOG** verstehen sich von selbst. Erstgenannte Vorschrift ergibt sich bereits aus dem verfassungsrechtlich garantierten Grundsatz der Erforderlichkeit; letztgenannte Vorschrift ist lediglich ein deklaratorischer Hinweis auf den aus dem Spezialitätsgrundsatz folgenden Vorrang des VersammlG (s.o. Rn. 192).

7. Gewahrsam (§§ 32 ff. HSOG)

a) Begriff und Grundsätzliches zum Gewahrsam

Der Gewahrsam nach §§ 32 ff. HSOG ist neben § 18 Abs. 4 HSOG und § 25 Abs. 1 **200**
S. 4 HSOG die dritte Möglichkeit des HSOG, einer Person die Freiheit zu entziehen. Die Ermächtigungsgrundlage greift demnach in das Grundrecht des Art. 2 Abs. 2 S. 2 GG i.V.m. Art. 104 Abs. 2 GG ein. Während aber die Freiheitsentziehungsmaßnahmen i.S.v. Festhalten nach §§ 18 Abs. 4 und 25 Abs. 1 S. 4 HSOG die dort zugelassenen Eingriffe der Identitätsfeststellung bzw. des Datenabgleichs erst ermöglichen sollen, dient die Freiheitsentziehung i.S.v. Gewahrsam nach § 32 HSOG unmittelbar der Abwehr einer Gefahr für die öffentliche Sicherheit und Ordnung (vgl. zur Abren-

zung von Freiheitsbeschränkung und Freiheitsentziehung oben Rn. 154 f.; vgl. auch Berg/Knape/Kiworr, Polizei-Fach-Handbuch, § 30 Bln.ASOG, Anm. I A). Demnach versteht man unter **Gewahrsam i.S.d. §§ 32 ff. HSOG** ein mit polizeilicher Gewalt hergestelltes Rechtsverhältnis, kraft dessen einer Person die Freiheit dergestalt entzogen wird, dass sie von der Polizei in einer dem polizeilichen Zweck entsprechenden Weise verwahrt wird, d.h., daran gehindert wird, sich fortzubewegen (vgl. OLG München, NVwZ-RR 2008, S. 247 f.; Hornmann, § 32 HSOG, Rn. 9 m.w.N.). Kein Grundrechtseingriff und somit kein Fall des § 32 HSOG liegt vor, wenn sich eine Person freiwillig in polizeiliche Obhut begibt, sie also zulässigerweise (vgl. dazu Jarass/Pieroth, GG, Vorb. vor Art. 1, Rn. 36) auf ihr Grundrecht aus Art. 2 Abs. 2 S. 2 GG i.V.m. Art. 104 Abs. 2 GG verzichtet.

Bsp.: Der Jugendliche J, der sich der Obhut seiner Eltern entzogen hat, indem er von zu Hause weggelaufen ist, meldet sich nachts bei einer Polizeidienststelle und bittet darum, bis zum Eintreffen seiner Eltern dort bleiben zu dürfen.

Unerheblich ist es hingegen dieser Definition entsprechend, ob die Freiheitsentziehung in einer speziellen Gewahrsamseinrichtung („das" Gewahrsam im Sinne einer Räumlichkeit) – etwa in der Polizeidienststelle – oder z.B. in einem Polizeifahrzeug (vgl. etwa VGH München, Urt. v. 27.1.2012-10 B 08.2849) bzw. unter freiem Himmel („der" Gewahrsam im Sinne einer Freiheitsentziehung) erfolgt (vgl. dazu Hornmann, § 32 HSOG Rn. 9 m.w.N., zum Ganzen auch BeckOK PolR Hessen/Leggereit HSOG § 32 Rn. 2 ff.).

Bsp.: Im Rahmen eines Staatsbesuchs des U.S.-amerikanischen Präsidenten befürchtet die Polizei Ausschreitungen durch Teilnehmer einer aufgelösten Versammlung. Die vor Ort anwesenden Polizeikräfte schließen die Menschenmenge ein und hindern sie so an der Verübung der sonst zu erwartenden Gewalttaten.
Derartige Einschließungen – sog. Polizeikessel – stellen regelmäßig einen Gewahrsam dar und können unter bestimmten Voraussetzungen auf die entsprechende Ermächtigungsgrundlage des jeweiligen Polizeigesetzes gestützt werden (vgl. KG Berlin, NVwZ 2000, 468 ff.; LG Hamburg, NVwZ 1987, 833 ff.; VG Mainz, NVwZ – RR 1991, S. 242 ff.; VG Berlin, NVwZ-RR 1990, S. 188 ff.; BayObLG, BayVBl. 1990, S. 347 ff.).

Entsprechend den übrigen Möglichkeiten der Freiheitsentziehungen nach dem HSOG (§ 18 Abs. 4 HSOG und § 25 Abs. 1 S. 4 HSOG) ist auch der Gewahrsam i.S.d. § 32 HSOG nur den Polizei-, nicht hingegen den Gefahrenabwehrbehörden gestattet (mit der Konsequenz, dass sich die Zuständigkeit allein nach § 1 HSOG – ohne Zuhilfenahme des § 2 S. 1 HSOG – richtet).

b) Schutzgewahrsam nach § 32 Abs. 1 Nr. 1 HSOG

201 Bei der Möglichkeit des § 32 Abs. 1 Nr. 1 HSOG handelt es sich um den sog. **Schutzgewahrsam**, der Gefahren für Leib oder Leben abwehren will. Nach dem Wortlaut der Vorschrift darf nur die gefährdete Person selbst in Schutzgewahrsam genommen werden, nicht hingegen die die Gefahr verursachende Person. Gegen diese kann möglicherweise gem. § 32 Abs. 1 Nr. 2 HSOG vorgegangen werden. Der Adressat dieser Befugnisnorm ist spezialgesetzlich geregelt und geht den Bestimmungen der §§ 6-9 HSOG vor. Der Wortlaut der Bestimmung lässt es hingegen offen, ob die Gefahr für Leib oder Leben von der vom Gewahrsam betroffenen Person selbst verursacht werden muss oder auch von Dritten herbeigeführt werden kann. Auch wenn der zweite Halbsatz des § 32 Abs. 1 Nr. 1 HSOG mit seinen Regelbeispielen den Schluss nahelegen könnte, nur die betroffene Person dürfe die Gefahr bewirken, so wird man gemäß dem Sinn und Zweck der Norm davon auszugehen haben, dass es auf den Verursacher der Gefahr nicht ankommt (vgl. Hornmann, § 32

HSOG, Rn. 12). Allerdings muss die Polizeibehörde in solchen Fällen sehr genau prüfen, ob sie statt der Inanspruchnahme des Nichtstörers ihre Maßnahmen nicht eher gegen die Verursacher der Gefahr zu richten hat.

Bsp.: Der Ausländer A wird von mehreren „Skinheads" verfolgt, die mit Baseballschlägern bewaffnet sind. Die Polizei nimmt den A in Schutzgewahrsam, bis die „Skinheads" dingfest gemacht sind. Sodann sind weitere Maßnahmen der Gefahrenabwehr in erster Linie gegen die Skinheads zu richten.

Nach dem insoweit eindeutigen Wortlaut des § 32 Abs. 1 Nr. 1 HSOG kommt es ferner nicht darauf an, ob sich die betroffene Person in einem die freie Willensbestimmung ausschließenden Zustand oder sonst in hilfloser Lage befindet, auch wenn es sich in der Praxis dabei um die wohl häufigsten Fälle handeln wird (vgl. nur VG Augsburg BeckRS 2006, 30370 und VG Augsburg BeckRS 2012, 51320, beide zu Alkoholmissbrauch; VG Berlin BeckRS 2012, 48774, Orientierungslosigkeit, Alkoholmissbrauch; VG Berlin BeckRS 2012, 48773, Alkoholmissbrauch, am Boden liegend, Angaben zur Person nicht möglich; VGH Mannheim NVwZ-RR 2012, 346, am Boden liegend, Alkoholmissbrauch). Es handelt sich vielmehr um **Regelbeispiele** („insbesondere"), unter deren Voraussetzungen die Bestimmung in jedem Fall tatbestandlich greift (vgl. Meixner/Fredrich, § 32 HSOG, Rn. 7 ff.). Die erste Alternative der Regelbeispiele ist dabei nur dann erfüllt, wenn sich die Person „erkennbar" in einem die freie Willensbestimmung ausschließenden Zustand befindet, der also ohne langwierige Ermittlungen und Nachprüfungen für den Polizeibeamten feststellbar ist (ähnlich Hornmann, § 32 HSOG, Rn. 13).

Bsp.: Der A wird dabei beobachtet, wie er auf einer Autobahnbrücke die Absperrgitter überwindet und unbeholfen auf einem wenige Zentimeter schmalen Pfad über dem Abgrund balanciert.
Hier ist nicht ohne Weiteres erkennbar, ob sich A in einem die freie Willensbestimmung ausschließenden Zustand befindet. Dennoch kommt angesichts des Charakters eines bloßen Regelbeispiels ein Gewahrsam nach § 32 Abs. 1 Nr. 1 HSOG in Betracht.

Ein die **freie Willensbestimmung ausschließender Zustand** ist dann gegeben, 202
wenn der Betroffene nicht in der Lage ist, einen Willensentschluss zu fassen oder der Willensentschluss durch Einflüsse wie Alkohol, Krankheit, Verletzung so erheblich beeinträchtigt wird, dass er nicht mehr frei in die Tat umgesetzt werden kann (ähnlich Rachor in: Lisken/Denninger, E Rn. 520). Beispiele hierfür sind etwa Volltrunkenheit, epileptischer Anfall, Geisteskrankheit, Ohnmacht, schwerer Nervenschock u.ä. (vgl. Meixner/Fredrich, § 32 HSOG, Rn. 7).

Bsp.: Der sinnlos betrunkene A, der dermaßen unkontrolliert über den Gehweg torkelt, dass er jeden Moment auf die stark befahrene Straße geraten kann, wird bis zur Ausnüchterung von den Polizeibeamten mit zur Dienststelle genommen.

Ob sich der **Selbstmordwillige** in einem die freie Willensbestimmung ausschließen- 203
den Zustand befindet, ist zweifelhaft, wird aber von der h.M. in der Rechtsprechung und Literatur bejaht (vgl. VerfGH Sachs BeckRS 2003, 12595; Meixner/Fredrich, § 32 HSOG, Rn. 8 m.w.N.). Danach sollen sich Suizidenten – jedenfalls vor Ort prima facie – in einem psychischen Ausnahmezustand und damit auch in einem die freie Willensbestimmung ausschließenden Zustand befinden (vgl. dazu VerfGH Sachs BeckRS 2003, 12595; vgl dazu auch BeckOk PolR Hessen/Leggereit HSOG § 32 Rn. 13 m.w.N.). Angesichts des oben bereits beschriebenen Charakters dieser Alternative lediglich als Regelbeispiel braucht dieser Frage jedoch nicht weiter nachgegangen zu werden, weil sich solche Personen jedenfalls hinsichtlich ihrer Rechtsgüter Leib und Leben selbst gefährden und die allgemeine Handlungsfreiheit (Art. 2 Abs. 1 GG) des Betroffenen hinter die aus Art. 2 Abs. 2 S. 1 GG resultierende Schutz-

pflicht des Staates zurücktreten muss, womit zugleich die nur subsidiäre öffentliche Ordnung (vgl. zum Begriff Sander, NVwZ 2002, 831 ff.; VGH Mannheim, NVwZ 1999, 560 ff.) in solchen Fällen grundsätzlich nicht bemüht werden muss (so auch Meixner/Fredrich, § 1 HSOG, Rn. 15, Möller/Warg, Rn. 83). Es kann somit die Problematik dahinstehen, ob der einzelne Polizeibeamte überhaupt in der Lage ist, vor Ort die Motive für eine Selbsttötungsabsicht zu erkennen, um danach zu entscheiden, ob er einzuschreiten hat oder nicht (vgl. dazu Berg/Knape/Kiworr, Polizei-Fach-Handbuch, § 30 Bln.ASOG, Anm. II A 2b).

204 In **hilfloser Lage** befindet sich eine Person, die – auch ohne sich in einem die freie Willensbildung ausschließenden Zustand zu befinden – aus eigener Kraft nicht in der Lage ist, sich aus einer Gefahrenlage für ihre Rechtsgüter Leib und Leben zu befreien. Die Gründe hierfür sind unerheblich, auf ein Verschulden der betroffenen Person kommt es nicht an (vgl. Rachor in: Lisken/Denninger, E, Rn. 521). Beispiele sind gebrechliche, alte Leute oder Kinder, die bedroht oder angegriffen werden.

Der Gewahrsam muss zum Schutz vor Gefahren für Leib und Leben des Betroffenen zudem erforderlich sein. Der Gesetzgeber wiederholt hier mit Blick auf die Intensität des Eingriffs den Grundsatz des mildesten Mittels als Bestandteil des Verhältnismäßigkeitsgrundsatzes, sodass gerade in den oben beschriebenen Fällen der Gefährdung des Betroffenen durch Dritte deren Inanspruchnahme vor einem Gewahrsam des Betroffenen nach § 32 Abs. 1 Nr. 1 HSOG in Betracht zu ziehen ist. Als mildere Mittel kommen auch in Betracht z.B. die Übergabe der gefährdeten Person an Verwandte, Krankenhaus, Heim o.ä. (vgl. Ziff. 31.1.1 VVHSOG). Umgekehrt kann es – insbesondere bei Suizidgefahr – geboten sein, Maßnahmen zur Unterbringung nach dem HPsychKHG zu ergreifen (vgl. auch § 32 Abs. 4 HSOG).

c) Sicherheitsgewahrsam nach § 32 Abs. 1 Nr. 2 HSOG

205 § 32 Abs. 1 Nr. 2 HSOG – der sog. **Sicherheitsgewahrsam** – kommt typischerweise bei Straftaten aus dem Bereich links- oder rechtsextremer Versammlungen u.Ä. in Betracht (Gewalttaten, Blockadeaktionen usw.). Die Bestimmung verlangt wie auch die beiden folgenden Ziffern dieses Absatzes zunächst, dass die Freiheitsentziehung **unerlässlich** ist. Das bedeutet, dass der Gewahrsam nur als ultima ratio zur Verhinderung einer Straftat oder Ordnungswidrigkeit in Betracht kommt; gleich geeignete, mildere Mittel als gerade das des Gewahrsams dürfen demnach von vornherein nicht in Betracht kommen (vgl. Hornmann, § 32 HSOG, Rn. 19; s.a. BayObLG, NVwZ 2000, 467, 468; a.A.: LG Hamburg, NVwZ 1997, 537, 539: Unerlässlich ist der Gewahrsam bereits dann nicht, wenn er auch bei kürzerer Dauer geeignet gewesen wäre, die Gefahr abzuwehren; dagegen Leggereit, NVwZ 1999, 263, 264). Insbesondere bei **uneinsichtigem Verhalten** des Adressaten kann das der Fall sein, wenn also dem Polizeibeamten trotz vorheriger vergeblicher Maßnahmen nichts anderes übrig bleibt als gerade einen Gewahrsam durchzuführen (vgl. die Beispiele bei VG Augsburg BeckRS 2013, 49586: **Körperverletzung**, aggressiv und uneinsichtig; VG Schleswig NJW 2000, 970: **wiederholte Ruhestörung**).
Zudem muss die Straftat oder Ordnungswidrigkeit **unmittelbar bevorstehen oder fortgesetzt** werden, was dem Erfordernis einer gegenwärtigen Gefahr entspricht (vgl. BeckOK PolR Hessen/Leggereit HSOG § 32 Rn. 20 m.w.N.). Die Tat muss also in allernächster Zukunft mit an Sicherheit grenzender Wahrscheinlichkeit eintreten oder bereits begonnen haben (und fortdauern).

206 Die in § 32 Abs. 1 Nr. 2 HSOG genannte **„erhebliche Bedeutung für die Allgemeinheit"** bezieht sich aus Gründen der Verhältnismäßigkeit lediglich auf die zu bekämp-

fende Ordnungswidrigkeit, während Straftaten auch geringerer Intensität für einen Gewahrsam zumindest auf der Tatbestandsebene ausreichen sollen (VGH Mannheim, NVwZ 2005, 540ff.; zweifelnd Rachor in: Lisken/Denninger E, Rn. 507; vgl. aber auch BVerwGE 45, 51, 58, das die Bedenken offenbar nicht teilt). Wann eine solche erhebliche Bedeutung für die Allgemeinheit vorliegt, lässt der Gesetzgeber offen, in der Rechtsprechung ist es bislang noch zu keiner gefestigten Auffassung gekommen (vgl. recht apodiktisch: VG Hannover, NVwZ-RR 1999, 578), und auch in der Literatur besteht wenig Klarheit über den Begriff. Einigkeit besteht hier wohl darin, dass geringfügige Ordnungswidrigkeiten i.S.d. § 56 Abs. 1 OWiG nicht diese Voraussetzung des § 32 Abs. 1 Nr. 2 HSOG erfüllen (vgl. etwa Meixner/Fredrich, § 32 HSOG, Rn. 12; Hornmann, § 32 HSOG, Rn. 24). Als mögliche in Betracht kommende Ordnungswidrigkeiten werden hingegen solche aus dem Umweltschutzbereich (etwa § 30 Abs. 1 Nr. 1 – Nr. 3 BNatG zum Schutz bestimmter Tiere und Pflanzen) oder aus dem Versammlungsgesetz (§§ 29, 29 a VersammlG) genannt (vgl. Hornmann, § 32 HSOG, Rn. 25). In jedem Fall wird man – nicht nur im Bereich zu bekämpfender Ordnungswidrigkeiten, sondern auch zur Verhinderung von Straftaten – sehr auf den Rechtsfolgenbereich des § 32 Abs. 1 HSOG zu achten und mit Blick auf den Einzelfall die Verhältnismäßigkeit des Gewahrsams sorgfältig zu prüfen haben. So hat das BayObLG in einem Beschluss angenommen, Ordnungswidrigkeiten rechtfertigten jedenfalls dann einen Polizeigewahrsam, wenn ihre Duldung den Eindruck vermitteln würde, der Rechtsstaat könne sich nicht durchsetzen (vgl. NVwZ 1999, 106). Für das Vorliegen der unmittelbar bevorstehenden Straftaten bzw. Ordnungswidrigkeiten müssen zumindest konkrete Anhaltspunkte vorliegen, bloße Verdachtsgründe oder Vermutungen reichen nicht aus (vgl. OLG Hamm, NVwZ-RR 2008, 322 f.).
Adressat der Norm ist immer die Person, die die Straftat oder Ordnungswidrigkeit begehen wird (oder gerade begeht). Dieser spezialgesetzlich geregelte Normadressat geht also den allgemeinen Bestimmungen der §§ 6-9 HSOG vor (vgl. zur Begründung BeckOK PolR Hessen/Leggereit HSOG § 32 Rn. 23).

d) Durchsetzungsgewahrsam nach § 32 Abs. 1 Nr. 3 HSOG

Der vom Gesetzgeber in § 32 Abs. 1 Nr. 3 HSOG ermöglichte Gewahrsam zur Durchsetzung einer Platzverweisung nach § 31 HSOG (so genannter **Durchsetzungsgewahrsam**) setzt zunächst den Erlass einer **rechtmäßigen Platzverweisung** voraus. Der Gewahrsam muss zudem unerlässlich sein (vgl. dazu oben Rn. 205). **Richtiger Adressat** ist immer die Person, gegen die sich auch die Platzverweisung richtete. Es handelt sich hier also um einen spezialgesetzlich geregelten Normadressaten, der den allgemeinen Regelungen der §§ 6-9 HSOG vorgeht. 207
In Rechtsprechung und Literatur sehr umstritten ist dabei der so genannte **erweiterte Verbringungsgewahrsam**, d.h. die hoheitliche Verbringung polizeipflichtiger Personen und ihre Entlassung an einem anderen Ort – etwa anderen Stadtteilen bzw. Stadtrand – der keine spezielle polizeiliche Gewahrsamseinrichtung ist, um Gefahren für die öffentliche Sicherheit und Ordnung abzuwehren (vgl. dazu insgesamt Leggereit, NVwZ 1999, S. 263).

Bsp.: (nach LG Hamburg, NVwZ-RR 1997, 537): Die Drogenabhängigen X und Y kehren trotz bereits mehrfach ausgesprochener Platzverweisungen und wiederholter Ingewahrsamnahmen durch die Polizei immer wieder in den Bereich einer Grundschule zurück, wo sie Drogen konsumieren. Die Polizei verbringt X und Y daher an den Stadtrand und setzt sie dort aus, damit sie nicht ohne Weiteres an den Ort, an dem sie aufgegriffen wurden, zurückkehren können.

Während die wohl herrschende Meinung in der Literatur einen solchen **erweiterten Verbringungsgewahrsam** ablehnt (vgl. umfassend: Kappeler, DÖV 2000, 227, 234 m.w.N.), nimmt ein anderer Teil des Schrifttums (vgl. Götz, NVwZ 1998, 679, 682 f. m.w.N.; offen gelassen von Leggereit NVwZ 1999, 263 ff.) sowie mehr oder weniger deutlich auch der überwiegende Teil der Rechtsprechung (vgl. OVG Bremen, NVwZ 1987, 235, 236 (Obiter Dictum); offenbar auch VG Bremen, NVwZ 1986, 862; BayObLG, BayVBl. 1990, 347, 350 (Obiter Dictum); offen gelassen in BVerwG, NVwZ 1988, 250 f.; a.A. LG Hamburg, NVwZ-RR 1997, 537 ff.; LG Mainz, MDR 1983, 1044 f.) die Rechtmäßigkeit solcher Maßnahmen unter bestimmten Voraussetzungen an.

Bsp.: Die oben genannten Drogenabhängigen X und Y werden von den Beamten nicht zum Stadtrand, sondern lediglich einige hundert Meter weit weg verbracht, und bei dem Zielort handelt es sich um ein Gelände, dem X und Y auf Nachfrage zugestimmt haben. Die Witterungsverhältnisse sind angenehm, X und Y befinden sich in gesundheitlich stabilem Zustand, es besteht Anschluss an den öffentlichen Personennahverkehr, der Zielort ist eine Wohngegend mit Geschäften zum Einkaufen und X und Y verfügen über ausreichend Geld, um sich fortzubewegen und sich mit dem Nötigsten zu versorgen.
Oder: X, der sich an einem Samstagabend hoffnungslos betrunken hat und in gefährlicher Weise über die Straße torkelt, wird von den Beamten mehrfach aufgefordert, den gefährlichen Bereich des Straßenverkehrs zu verlassen. Da X kaum noch aufnahmefähig ist, fahren ihn die Beamten mit dem Streifenwagen nach Hause, wo sie ihn seiner Ehefrau übergeben.

Es erscheint evident, dass in derartigen Fällen der Rechtseingriff milder ist als bei einem Gewahrsam beispielsweise in einer Polizeidienststelle. Geht man zudem mit der herrschenden Meinung in Schrifttum und der Rechtsprechung davon aus, dass eine Ermächtigungsgrundlage nicht nur die in ihr explizit vorgesehene, sondern auch jede mildere Rechtsfolge gestattet, so spricht einiges für die Zulässigkeit des erweiterten Verbringungsgewahrsams.

208 In der Praxis wird wegen des nicht unerheblichen **Strafrisikos des erweiterten Verbringungsgewahrsams** zunehmend auf dieses Mittel verzichtet. So steht in bestimmten Fallkonstellationen durchaus die Möglichkeit im Raum, dass der Beamte wegen Freiheitsberaubung und Nötigung (§§ 239, 240 StGB; vgl. LG Hamburg NVwZ-RR 1997, 537 m. Anm. Leggereit) oder Aussetzung (§ 221 StGB; BGH NStZ 2008, 395) strafrechtlich belangt wird. Im Gegensatz zur vormaligen Fassung der Ziff. **32.1.2 VVHSOG** darf seit dem 30.11.2015 nach dem Wortlaut der VV eine Person nur noch mit ihrem Einverständnis an Orte verbracht werden, zu denen ein persönlicher Bezug besteht oder hergestellt werden kann. Damit dürfte der erweiterte **Verbringungsgewahrsam** im bisherigen Sinne **in Hessen obsolet** sein.
Nach h.M. ist ein Gewahrsam nach § 32 Abs. 1 Nr. 3 HSOG aus Gründen der Verhältnismäßigkeit nicht zulässig, um damit eine **bloße Gefahr für die öffentliche Ordnung** abzuwehren (vgl. Gusy PolR Rn. 296; Rachor in: Lisken/Denninger, E Rn. 505 Fn. 652). Bei besonders renitentem und uneinsichtigem Verhalten sollte aber auch diese Möglichkeit in Betracht gezogen werden dürfen (vgl. dazu näher BeckOK PolR Hessen/Leggereit HSOG § 32 Rn. 25 f.).

e) Gewahrsam zum Schutz privater Rechte nach § 32 Abs. 1 Nr. 4 HSOG

209 § 32 Abs. 1 Nr. 4 HSOG bietet die Möglichkeit, Personen zum **Schutz privater Rechte** (also nur unter der Voraussetzung der sachlichen Zuständigkeit nach **§ 1 Abs. 3 HSOG**) in Gewahrsam zu nehmen. Voraussetzung dieser Ermächtigungsgrundlage ist also, dass es sich bei dem Schutzgut um **reines Privatrecht, also nicht etwa um den Schutz von Strafrechts- bzw. anderen öffentlich-rechtlichen Normen** handelt. Sie wird im Rahmen der Verhältnismäßigkeit regelmäßig nur bei wesentlichen Vermögensgütern in Betracht kommen, wie bereits die Tatbestandsvoraussetzung „unerlässlich“ (vgl. dazu oben Rn. 205) anzeigt. Voraussetzung ist zu-

dem, dass eine Festnahme und Vorführung des Störers nach §§ 229, 230 Abs. 3 BGB zulässig ist, wobei es, da ja im Falle des § 32 Abs. 1 Nr. 4 HSOG immer die Polizei handelt, schon aus sachlogischen Gründen unerheblich ist, ob die polizeiliche Hilfe im Sinne des § 229 BGB rechtzeitig zu erlangen ist oder nicht. Angesichts der Subsidiarität des Schutzes privater Rechte i.S.d. § 1 Abs. 3 HSOG und der damit verbundenen primären Zuständigkeit der Zivilgerichte nach §§ 935 ff. ZPO erscheint diese Ermächtigungsgrundlage wenig praxisrelevant (so auch Möller/Warg, Rn. 367). Denkbar sind etwa Fälle, in denen ein Gläubiger gegenüber der Polizei glaubhaft macht, dass sich sein Schuldner durch Absetzen ins Ausland dem zivilrechtlichen Zugriff entziehen will und die Polizei nur in letzter Minute zugreifen kann.
Der richtige Adressat dieser Gewahrsamsform ist spezialgesetzlich in § 32 Abs. 1 Nr. 4 HSOG geregelt. Es ist die Person, die die Voraussetzungen der §§ 229, 230 Abs. 3 BGB erfüllt. §§ 6-9 HSOG werden durch diese Bestimmung verdrängt.

f) Gewahrsam Minderjähriger nach § 32 Abs. 2 HSOG

Der in § 32 Abs. 2 HSOG gemeinte **Minderjährige** (i.S.d. § 2 BGB: unter achtzehn **210**
Jahren) muss sich, um in Gewahrsam genommen oder dem Jugendamt zugeführt zu werden, der Obhut der Sorgeberechtigten entzogen haben. **Sorgeberechtigt** sind grundsätzlich die Eltern des Kindes (§ 1626 BGB). Bei nicht ehelichen Kindern ist es gem. § 1626 a Abs. 2 BGB grundsätzlich die Mutter, auf Antrag gemeinsam mit dem Vater (§ 1626 a Abs. 1 Nr. 1 BGB), ohne übereinstimmenden Antrag der Vater nur dann, wenn zuvor der Mutter das Sorgerecht entzogen wurde (§ 1680 BGB). Bei Mündeln ist der Vormund sorgeberechtigt (§§ 1793, 1800 BGB). Da es sich bei dem in diesen Bestimmungen verfassten Sorgerecht um reines Privatrecht handelt, das insbesondere nicht durch repressive Vorschriften des OWiG oder des StGB sanktioniert ist, ist die Ermächtigungsgrundlage des § 32 Abs. 2 HSOG eine **sinnvolle Ergänzung des § 8 JuSchG**, der lediglich greift, wenn sich der Jugendliche an jugendgefährdenden Orten aufhält. Der Jugendliche hat sich der Obhut seiner Sorgeberechtigten entzogen, wenn er sich gegen ihren Willen für eine nicht unerhebliche Dauer aus ihrem Einflussbereich entfernt bzw. nicht in ihn zurückkehrt und den Sorgeberechtigten der Aufenthaltsort unbekannt ist.

Bsp.: Der 14-jährige X erklärt beim Frühstück an einem Sonntagmorgen gegen die Erziehungsmethoden seiner Eltern protestierend, er ziehe aus zu seiner Großmutter und werde nicht mehr nach Hause zurückkehren.
Die Eltern des X können die Polizei nicht in Anspruch nehmen, weil sich X der Obhut nicht entzogen hat im Sinne des § 32 Abs. 2 HSOG. Die Eltern müssen sich zunächst selbst um eine Heimkehr ihres Kindes kümmern, solange nicht weitere Umstände hinzutreten, die die öffentliche Sicherheit und Ordnung beeinträchtigen könnten, wie etwa ein kollusives Handeln der Großmutter mit ihrem Enkel.

Es ist nicht erforderlich, dass von dem Minderjährigen eine **konkrete Gefahr** ausgeht oder dass ihm eine solche droht (vgl. BeckOK PolR Hessen/Leggereit HSOG § 32 Rn. 35).
Richtiger Adressat der Ingewahrsamnahme ist immer die minderjährige Person. Insoweit verdrängt § 32 Abs. 2 HSOG die allgemeinen Adressatenvorschriften der §§ 6-9 HSOG.

g) Gewahrsam von Personen außerhalb der JVA

Die in § 32 Abs. 3 HSOG genannte Möglichkeit des Gewahrsams von **Personen, die** **211**
sich ohne Erlaubnis außerhalb einer Justizvollzugsanstalt aufhalten, enthält keine größeren rechtlichen Schwierigkeiten (vgl. aber zu verfassungsrechtlichen Fragen BeckOK PolR Hessen/Leggereit HSOG § 32 Rn. 40.1). Eine **konkrete Gefahr** ist

nicht erforderlich. Der vom Wortlaut des § 32 Abs. 3 HSOG geforderten Freiheitsstrafe muss eine richterliche Verurteilung nach §§ 38 f. StGB bzw. §§ 17 ff. JGG, der freiheitsentziehenden Maßregel der Besserung und Sicherung eine richterliche Entscheidung nach §§ 63, 64, 66 StGB zugrunde liegen. Für eine Untersuchungshaft im Sinne dieser Bestimmung muss ein richterlicher Haftbefehl nach §§ 114 ff StPO i.V.m. §§ 72 f. JGG ergangen sein. Haft aufgrund eines Vollstreckungshaftbefehls i.S. des § 457 StPO oder eine einstweilige Unterbringung aufgrund eines Unterbringungsbefehls nach § 126 a StPO bzw. § 73 JGG reichen nicht aus.

Die Person hält sich „sonst ohne Erlaubnis außerhalb der Justizvollzugsanstalt auf", wenn sie rechtmäßig die Justizvollzugsanstalt verlassen hat, aber trotz entsprechender rechtlicher Verpflichtung nicht wieder in sie zurückgekehrt ist (vgl. § 35 StVollzG). Richtiger Adressat dieser Gewahrsamsform ist immer die Person, die aus dem Vollzug entwichen ist usw. Es handelt sich hier also um eine spezialgesetzlich geregelte Adressatenbestimmung, die die allgemeinen Adressatenvorschriften der §§ 6-9 HSOG verdrängt.

h) Gewahrsam HPsychKHG

211a Voraussetzung für einen **Gewahrsam nach § 32 Abs. 4 S. 1 HSOG** ist die Zulässigkeit einer sofortigen vorläufigen Unterbringung nach § 17 Abs. 1 S. 1 **HPsychKHG** in ein **psychiatrisches Krankenhaus (§ 10 Abs. 1-3 HPsychKHG)**. Danach müssen die Voraussetzungen für eine Unterbringung nach § 9 HPsychKHG mit hoher Wahrscheinlichkeit erfüllt sein. Außerdem muss Gefahr im Verzuge vorliegen. Eine Person i.S.d. § 1 HPsychKHG kann nach § 9 Abs. 1 HPsychKHG dann untergebracht werden, wenn infolge einer psychischen Störung eine erhebliche Gefahr für ihr Leben, ihre Gesundheit oder das Leben, die Gesundheit oder andere bedeutende Rechtsgüter Anderer besteht und diese Gefahr nicht anders abgewendet werden kann. Gem. der Rechtsfolge des § 32 Abs. 4 S. 1 HSOG kann die Person vorläufig in Gewahrsam genommen und in ein psychiatrisches Krankenhaus verbracht werden; im Falle einer **somatischen Erkrankung** kann auch vorübergehend eine Verbringung in ein **Allgemeinkrankenhaus** erfolgen. § 32 Abs. 4 S. 2 HSOG erlaubt darüber hinaus auch ein **Zurückbringen** von Personen in ein psychiatrisches Krankenhaus durch die Ordnungs- oder Polizeibehörden. Das ist zulässig, wenn die Person nach § 9 Abs. 1 oder § 17 Abs. 1 HPsychKHG untergebracht ist und sich ohne Erlaubnis außerhalb des Krankenhauses aufhält.

Neben den besonderen Verfahrens- und Formvorschriften der §§ 33-35 HSOG hat der Gesetzgeber eine weitere besondere Verfahrensvorschrift für den Gewahrsam nach § 32 Abs. 4 S. 1 HSOG in § 32 Abs. 4 S. 1, 2. HS eingefügt. Danach hat die zuständige Behörde eine **einstweilige Anordnung des zuständigen Gerichts** herbeizuführen (vgl. § 17 Abs. 1 S. 2 HPsychKHG). Eine Ausnahme davon ist gem. § 33 Abs. 1 S. 2 HSOG analog zulässig. Diese Ausnahme wird in der Praxis indes die Regel sein. Denn die bei Gefahr im Verzuge (!) zuständigen Ordnungs- und Polizeibehörden werden die Person normalerweise umgehend zum psychiatrischen Krankenhaus bringen, ohne sie zuvor (längere Zeit) in Gewahrsam zu nehmen. Im psychiatrischen Krankenhaus **enden dann Zuständigkeit und Befugnis dieser Behörden** für freiheitsentziehende Maßnahmen, die dann auf das Krankenhaus übergehen. Der dort zuständige Arzt (vgl. § 11 Abs. 2 HPsychKHG) wird im Falle der sofortigen vorläufigen Unterbringung (§ 17 Abs. 1 S. 2 HPsychKHG) unverzüglich die gerichtliche Entscheidung einholen (vgl. § 17 Abs. 1 S. 2 HPsychKHG; Hild, Neue gesetzliche Eingriffsgrundlage, HPR 5/2017, S. 25 f.; zur ähnlichen Rechtslage in Niedersachsen BeckOK PolR BW/Hauser PolG § 28 Rn. 32). Das muss nicht für Verbringungen in ein **Allgemeinkrankenhaus gelten**. Hier **bleibt es u.U. bei Zuständigkeit und Befugnis der Polizei- und Ordnungsbehörden** nach § 32 Abs. 4 S. 1 HSOG. Wenn und soweit im Allgemeinkrankenhaus die Aufrechterhaltung des Gewahrsams erforderlich ist, obliegt es folglich in diesem Fall der Ordnungs- oder Polizeibehörde, die richterliche Anordnung bzgl. der Unterbringung im Allgemeinkrankenhaus herbeizuführen und ggf. den Verbleib der Person im Allgemeinkrankenhaus durchzusetzen. Diese polizeiliche Aufgabe den Mitarbeitern des Allgemeinkrankenhauses unter Hinweis auf §§ 1906, 1631 b BGB und §§ 32, 34 StGB zu überantworten erscheint nicht zweckmäßig. Dies würde auch die Frage aufwerfen, welche Fälle dann noch für eine Anwendung des § 32 Abs. 4 HSOG i.V.m. § 17 Abs. 1 S. 2 HPsychKHG übrigblieben (Herbeiführung einer richterlichen Entscheidung nach Verbringung in ein Allgemeinkrankenhaus durch die Ordnungs- oder Polizeibehörde).

Für ein **bloßes Zurückbringen** nach § 32 Abs. 4 S. 2 HSOG gelten die Verweise auf § 17 Abs. 1 S. 2 HPsychKHG und § 33 Abs. 1 S. 2 HSOG nicht. Zum einen liegt in solchen Fällen regelmäßig kein Gewahrsam vor, zum anderen ist eine richterliche Entscheidung hinsichtlich der Unterbringung bereits ergangen.

i) §§ 33-35 HSOG

Die §§ 33, 34, 35 HSOG enthalten **besondere Verfahrens- und Formvorschriften**, **212**
die grundsätzlich alle Formen der Freiheitsentziehung (vgl. zum Begriff oben Rn. 154 f.) nach dem HSOG betreffen (beachte aber insbesondere § 33 Abs. 1 S. 1, § 35 Abs. 1 Nr. 4 S. 2 und Abs. 2 HSOG), namentlich die §§ 18 Abs. 4, 25 Abs. 1 S. 4 und 32 Abs. 1 und 2 HSOG. Eine Verletzung dieser Bestimmungen führt zur Rechtswidrigkeit der freiheitsentziehenden Maßnahme (vgl. dazu aber auch OLG Celle NVwZ-RR 2006, 254).

§ 33 HSOG regelt dabei den sogenannten **Richtervorbehalt**, wonach die Polizeibe- **213**
hörden – allein sie sind nach dem HSOG für Maßnahmen der Freiheitsentziehungen sachlich zuständig und befugt – verpflichtet sind, unverzüglich eine richterliche Entscheidung über Zulässigkeit und Fortdauer der Freiheitsentziehung herbeizuführen. Die Vorschrift wiederholt damit den Verfassungsgrundsatz des Art. 104 Abs. 2 S. 1 GG, der den Richtervorbehalt grundsätzlich für jede Form der Freiheitsentziehung festschreibt. „Unverzüglich" bedeutet danach nicht entsprechend der sonst gängigen Legaldefinition des § 121 BGB „ohne schuldhaftes Zögern" (so aber etwa Ziffer 33.1.2 VVHSOG), die Verzögerung muss vielmehr sachlich zwingend geboten sein (vgl. Jarass/Pieroth Art. 104 GG, Rn. 21 m.w.N.), also „ohne vermeidbare Säumnis" eingetreten sein, wobei der praktische Unterschied beider Sichtweisen gering sein dürfte. Insgesamt gesehen dürfte die richterliche Entscheidung dann noch unverzüglich eingeholt worden sein, wenn zwei bis drei Stunden nicht überschritten werden (vgl. Jarass/Pieroth a.a.O.; vgl. auch OLG Rostock, NVwZ-RR 2008, 173 ff.). Bei Nichtbeachtung des Richtervorbehalts ist die festgehaltene Person zur Vermeidung einer strafbaren Freiheitsberaubung sofort freizulassen (vgl. Jarass/Pieroth, Art. 104 Rn. 28). Eine Heilung von Verstößen gegen den Richtervorbehalt ist nicht nach § 45 HVwVfG möglich, denn das Gericht ist keine „andere Behörde" i.S.d. HVwVfG (zum Begriff der Behörde vgl. § 1 Abs. 2 HVwVfG).

Bsp.: Der Polizeibeamte P, der den X gem. § 32 Abs. 1 Nr. 2 HSOG festhält, kann den richterlichen Notdienst am Wochenende telefonisch nicht erreichen und geht deshalb davon aus, dass niemand dort anwesend ist. Was P nicht weiß, ist, dass der den Notdienst ausübende Richter zwar vor Ort ist, aber wegen eines technischen Mangels das Telefon nicht hören kann.
Die bzgl. der richterlichen Beteiligung eintretende Verzögerung ist von P nicht schuldhaft verursacht, sie war aber insofern sachlich nicht zwingend als auch ein persönliches Aufsuchen des

Richters vor Ort denkbar gewesen wäre (selbstverständlich ist die Erfüllung des objektiven Tatbestandes der Freiheitsberaubung für P mangels Vorsatzes nicht strafbar).

214 Die in § 33 Abs. 1 S. 2 HSOG ermöglichte **Entbehrlichkeit der richterlichen Entscheidung** über die Freiheitsentziehung verlangt vom entscheidenden Polizeibeamten eine prognostische Bewertung der zukünftigen Geschehnisse hinsichtlich des Festhaltens und zwar einerseits bezüglich der Dauer der Maßnahme, andererseits bezüglich des Zeitpunkts der richterlichen Entscheidung. Hier ist dem handelnden Beamten eine ernsthafte und realistische Einschätzung beider Gesichtspunkte abzuverlangen. Dabei kann die richterliche Entscheidung durch die Entfernung des Gerichts, die Dauer der richterlichen Anhörung, Wartezeit, Dauer der Entscheidungsfindung und Fertigstellung der Gerichtsentscheidung beeinflusst werden. Die Gewahrsamsdauer kann u.a. vom Betroffenen abhängen, etwa von renitentem oder uneinsichtigem Verhalten. Regelmäßig dürfte eine Freiheitsentziehung ohne richterliche Entscheidung kaum über zwei bis drei Stunden liegen (vgl. VG Gera BeckRS 2007, 23043). Kann der Beamte für einen Verzicht auf die richterliche Entscheidung nach alledem keine Gründe nennen, so hat eine gewissenhafte Prognose offensichtlich nicht stattgefunden. Die Freiheitsentziehung ist dann rechtswidrig erfolgt (vgl. VG Gera BeckRS 2007, 23043). Ergibt eine fundierte Prognose, dass die richterliche Entscheidung erst nach Wegfall des Grundes für die freiheitsentziehende Maßnahme ergehen wird, so kann auf die richterliche Entscheidung verzichtet werden, weil es schon dem Grundsatz der Erforderlichkeit widersprechen würde, den Betroffenen allein wegen der richterlichen Entscheidung noch länger festzuhalten. Auch eine nachträgliche Benachrichtigung des zuständigen Richters wird von der Vorschrift des § 33 Abs. 1 S. 2 HSOG nicht verlangt. Bei alledem ist davon auszugehen, dass für eine richterliche Entscheidung – jedenfalls tagsüber – 2-3 Stunden benötigt werden (vgl. OLG Rostock, NVwZ-RR 2008, 173, 176).

215 Die im Grunde systemwidrige Zuständigkeit des Amtsgerichts (vgl. die abdrängende landesrechtliche Sonderzuweisung des § 33 Abs. 2 S. 1 HSOG) gilt lediglich bis zur Entlassung der festgehaltenen Personen. Die Herbeiführung einer amtsrichterlichen Entscheidung durch die Polizeibehörde nach § 33 HSOG ist auch dann nicht erforderlich, wenn sie noch während der laufenden Freiheitsentziehung beantragt werden könnte, aber wegen der kurz bevorstehenden Entlassung des Betroffenen erst nach dessen Entlassung ergehen würde (das ist in der Literatur umstritten, vgl. im Einzelnen BeckOK PolR Hessen/Leggereit HSOG § 33 Rn. 10 f. m.w.N.). Begehrt der Festgehaltene auch nach seiner Freilassung eine gerichtliche Entscheidung, so lebt die Zuständigkeit der Verwaltungsgerichte nach § 40 Abs. 1 S. 1 VwGO wieder auf, d.h., er kann – da sich der Verwaltungsakt mittlerweile erledigt hat – eine Fortsetzungsfeststellungsklage im Sinne des § 113 Abs. 1 S. 4 VwGO analog erheben (vgl. Hornmann, § 33 HSOG Rn. 15).

Für das gerichtliche Verfahren vor dem Amtsgericht sind die Bestimmungen des Gesetzes über das Verfahren in Familiensachen und in den Angelegenheiten der freiwilligen Gerichtsbarkeit (FamFG) einschlägig (vgl. § 33 Abs. 2 S. 2 HSOG). Das bedeutet insbesondere, dass gem. § 420 Abs. 1 S. 1 FamFG der Betroffene persönlich vor Gericht anzuhören ist. Die Gelegenheit zur Stellungnahme vor der Polizeidienststelle reicht zur Erfüllung dieser Bestimmung grundsätzlich nicht.

216 Die Bestimmung des **§ 34 HSOG** enthält besondere Verfahrensvorschriften für sämtliche Formen der Freiheitsentziehung nach dem HSOG, deren Nichtbeachtung zur formellen Rechtswidrigkeit der Maßnahme führt (a.A.: Meixner/Fredrich, § 34 Rn. 3, jedoch ohne nähere Begründung). So ist der festgehaltenen Person insbesondere

nach **Abs. 1 der** Grund für die Freiheitsentziehung unverzüglich (d.h. hier: ohne schuldhaftes Zögern, vgl. § 121 BGB, BVerwG NJW 1974, 810) bekannt zu geben. Eine rechtliche Begründung ist hierfür nicht erforderlich, jedoch muss zumindest der Sachverhalt, der zur Freiheitsentziehung führt, hinreichend dargestellt werden. Dieser ist dann aber so detailliert darzustellen, dass die festgehaltene Person ihre Rechte sachgemäß wahrnehmen kann (vgl. BVerwGE 22, 215, 217 f.). Dabei ist ausweislich des Wortlauts von § 34 Abs. 1 HSOG eine Schriftform nicht erforderlich, zur späteren Beweiserleichterung kann sich aber ein schriftlicher Aktenvermerk über die Bekanntgabe des Grundes empfehlen. Wenn sich der Betroffene weigert, das mit seiner Unterschrift zu bestätigen, so sollte dies mitdokumentiert werden (vgl. dazu auch die Parallelvorschrift § 114 b Abs. 1 S. 4 StPO). Kann der Betroffene nicht unverzüglich über den Grund des Festhaltens informiert werden (z.B. bei Volltrunkenheit, Bewusstlosigkeit oder starker Erregung), so ist seine Bekanntgabe unverzüglich nachzuholen.

Bsp.: Der Drogenabhängige D wird gem. § 32 Abs. 1 Nr. 1 HSOG in einem Zustand in Gewahrsam genommen, in dem er nicht mehr ansprechbar ist. Sobald die Wirkung der von ihm eingenommenen Drogen nachgelassen hat, ist ihm der Grund für das Festhalten bekannt zu geben.

Gem. **§ 34 Abs. 2 HSOG** ist der festgehaltenen Person unverzüglich (auch hier: ohne **217**
schuldhaftes Zögern im Sinne des § 121 BGB) **Gelegenheit zu geben, einen Angehörigen oder eine Person ihres Vertrauens zu benachrichtigen.** In bestimmten Fällen übernimmt die Polizeibehörde die Benachrichtigung (die festgehaltene Person ist dazu etwa selbst nicht in der Lage, ein Betreuer ist zu benachrichtigen). Die Regelung soll verhindern, dass Personen „verschwinden“ und niemand – insbesondere Angehörige und Freunde – wissen, wo sich die Person befindet und was mit ihr geschehen ist (vgl. BeckOK PolR Hessen/Leggereit HSOG § 34 Rn. 3). Das **Mittel** der Benachrichtigung ist **nicht näher vorgegeben**. So kann sie telefonisch, per Fax oder anders erfolgen. Grundsätzlich ist die Benachrichtigung vom Betroffenen selbst vorzunehmen. Unter Umständen ist es aber geboten, dass die Polizeibehörde **aktiv** an der Benachrichtigung mitwirkt, etwa indem sie ein Telefon o.Ä. zur Verfügung stellt (vgl. BeckOK PolR Hessen/Leggereit HSOG § 34 Rn. 3).

Der Begriff des **Angehörigen i.S.d. § 34 Abs. 2 S. 1 HSOG** ist weit auszulegen. Er umfasst alle dem Betroffenen nahestehenden Personen (vgl. BeckOK PolR Hessen/Leggereit HSOG § 34 Rn. 3 m.w.N. auch zur Gegenmeinung). Das können neben den näheren auch entferntere Verwandte sein, z.B. Pflegeeltern, Schwager etc. (vgl. Meixner/Fredrich Rn. 5).

Unter einer **„Person des Vertrauens“** versteht man solche Menschen, die nach dem subjektiven Empfinden des Festgehaltenen für die Nachricht in Frage kommen, also sein besonderes Vertrauen genießen. Das können Freunde, Berufskollegen, Seelsorger, Vorgesetzte, Rechtsanwälte oder andere Personen sein (vgl. BeckOK PolR Hessen/Leggereit HSOG § 34 Rn. 3).

Wenn der **Zweck der Freiheitsentziehung** durch die Benachrichtigung **gefährdet** wird, besteht eine Ausnahme von der Benachrichtigungspflicht (vgl. **§ 34 Abs. 2 S. 1 Hs. 2 HSOG**). Das ist in der Praxis schwer vorstellbar. Es könnte etwa in dem unwahrscheinlichen Fall tatsächlicher Anhaltspunkte dafür bejaht werden, dass aufgrund der Kontaktaufnahme ein Befreiungsversuch stattfinden könnte.

Nach **§ 34 Abs. 2 S. 2 HSOG** ist die polizeiliche Benachrichtigungspflicht unabhängig von der des Richters. Die Polizei darf nicht unter Hinweis auf die richterliche Benachrichtigungspflicht auf die eigene Benachrichtigung verzichten (vgl. § 34 Abs. 2 S. 2 HSOG i.V.m. Art. 104 Abs. 4 GG i.V.m. § 432 FamFG; vgl. auch § 114 Abs. 2 Nr. 6 StPO).

Nach **§ 34 Abs. 2 S. 3 HSOG** kann die **Polizeibehörde** auch verpflichtet sein, **selbst die Benachrichtigung vorzunehmen**. Das kann vorkommen, wenn die betroffene Person unter starkem Drogen- oder Alkoholeinfluss steht, oder sich (sonst) in einem die freie **Willensbestimmung ausschließenden Zustand** befindet. Immer ist zudem der **mutmaßliche Wille** des Betroffenen zu berücksichtigen, der im Einzelfall gegen eine Benachrichtigung sprechen kann (vgl. dazu auch BeckOK PolR Hessen/Leggereit HSOG § 34 Rn. 9 ff.).
Bei **minderjährigen Personen** oder bei solchen, für die ein Betreuer bestellt ist (vgl. §§ 1896 ff. BGB) muss die Polizeibehörde unverzüglich eine sorgeberechtigte Person i.S.d. §§ 1626 ff. BGB oder den Betreuer (im Rahmen seines Aufgabenkreises) benachrichtigen, vgl. **§ 34 Abs. 2 S. 4 HSOG**. Einen Ermessensspielraum hat die Polizeibehörde in diesen Fällen nicht. Schließlich enthält Abs. 3 einige Bestimmungen, die die **Art der Unterbringung** der festgehaltenen Person betreffen. Soweit es sich bei ihnen um so genannte Sollvorschriften handelt, darf von ihrer Wahrung abgesehen werden, wenn ein von der Regel abweichender Ausnahmefall vorliegt. Abweichungen sind aber regelmäßig auf absolut unumgängliche Fälle zu beschränken.

Bsp.: Herr A und Frau B sollen zur Verhinderung gemeinsam geplanter Sachbeschädigungen gem. § 32 Abs. 1 Nr. 2 HSOG für einige Stunden in Gewahrsam genommen werden, es steht dazu jedoch nur ein Raum und keine Ausweichmöglichkeit zur Verfügung. Die beiden können, soweit keine durchgreifenden Bedenken dagegen bestehen, ausnahmsweise in demselben Raum untergebracht werden.

§ 34 Abs. 3 S. 3 HSOG schreibt vor, dass der festgehaltenen Person nur solche **Beschränkungen** auferlegt werden dürfen, die der Zweck der Freiheitsentziehung oder die Ordnung im Gewahrsam erfordert. Nach Ziff. 34.3 VVHSOG können z.B. Sachen einbehalten werden, ohne dass dafür die Voraussetzungen des § 40 (Nr. 3) HSOG vorliegen müssten (vgl. im Einzelnen BeckOK PolR Hessen/Leggereit § 34 Rn. 14 ff.).
§ 34 Abs. 3 S. 4 HSOG erlaubt die Möglichkeit der Beobachtung mittels **offener Bildübertragung**. Die Regelung soll Selbstgefährdungen oder gar Selbsttötungen in polizeilichen Gewahrsamsräumen verhindern helfen. Voraussetzung für die Beobachtung in diesem Sinne sind tatsächliche Anhaltspunkte (vgl. zum Begriff oben Rn. 153) dafür, dass die Maßnahme zum Schutz der Person erforderlich ist. Eine routinemäßige Beobachtung mittels Bildübertragung ist dadurch ausgeschlossen. Entscheidend ist vielmehr stets der Einzelfall.

218 § 35 HSOG regelt die **Höchstdauer der Freiheitsentziehung**. **Abs. 1 S. 1 Nr. 1** ist dabei als Ausprägung des Verhältnismäßigkeitsprinzips zu verstehen, da eine Maßnahme, für die es keinen Grund mehr gibt, den Grundsätzen dieses Prinzips nicht genügen kann.

§ 35 Abs. 1 S. 1 Nr. 2 HSOG entspricht der Regelung des Art. 19 Abs. 2 S. 1 HessVerf., wonach jeder Festgenommene binnen 24 Stunden seinem **Richter zuzuführen** ist. Das ist eine durch § 35 Abs. 1 Nr. 4 HSOG bestimmte Frist, wonach die betroffene Person nach Ablauf des folgenden Tages zu entlassen ist, wenn nicht vorher eine **richterliche Entscheidung ergangen** ist.

Bsp.: A wird am Montag um 0.01 Uhr von der Polizei aufgegriffen und soll wegen unmittelbar bevorstehender Begehung einer Straftat im Gewahrsam gehalten werden. Nach Art. 104 Abs. 2 S. 3 GG dürfte er – wenn eine richterliche Entscheidung nicht eingeholt werden kann – maximal bis Dienstag 24 Uhr festgehalten werden. Nach der spezialgesetzlich geregelten Höchstdauer des § 35 Abs. 1 S. 1 Nr. 2 HSOG i.V.m. Art. 19 Abs. 2 S. 1 HessVerf. müsste er aber spätestens bis Dienstag 0.01 Uhr dem Richter zugeführt werden.

Wegen des in Art. 104 Abs. 2 S. 1 GG, § 33 Abs. 1 S. 1 HSOG geregelten Richtervorbehalts bei Freiheitsentziehungen liegt nicht nur die Frage der Zulässigkeit, sondern gem. **§ 35 Abs. 1 Nr. 3 HSOG** insbesondere auch die Fortdauer einer Freiheitsentziehung in der Entscheidungskompetenz des Richters. Dem entsprechend muss die Freiheitsentziehung sofort beendet werden, wenn sie durch richterliche Entscheidung für unzulässig erklärt wird.

Die Zeitgrenze des **§ 35 Abs. 1 Nr. 4** S. 1 HSOG spiegelt die Regelung des Art. 104 Abs. 2 S. 3 GG wider. Danach muss spätestens bis zum Ablauf des Tages nach dem Ergreifen (also nach maximal 48 Stunden) die festgehaltene Person entlassen werden, wenn nicht vorher eine **Entscheidung des Richters** i.S.d. Art. 104 Abs. 2 S. 1 oder 2 GG ergangen ist. Anders als in § 35 Abs. 1 Nr. 2 HSOG reicht hier also eine Zuführung zum Richter nicht aus. Es ist vielmehr auch dessen Entscheidung erforderlich, wenn die Polizeibehörde den Betroffenen – weiter – festhalten will. 219

Bsp.: A wird am Freitag um 17 Uhr von der Polizei in Gewahrsam genommen. Gem. § 35 Abs. 1 Nr. 2 HSOG wäre er spätestens am Samstag um 17 Uhr zu entlassen, wenn er nicht zuvor einem Richter zugeführt werden konnte. Im Fall einer geglückten Zuführung müsste der Richter aber auch seine Entscheidung treffen, denn ansonsten müsste die Polizei den Festgehaltenen gem. § 35 Abs. 1 Nr. 4 HSOG spätestens am Samstag um 24 Uhr entlassen.

Gem. § 35 Abs. 2 HSOG darf eine Freiheitsentziehung, die allein einer Identitätsfeststellung dient, nicht länger als zwölf Stunden dauern.

Bsp.: A, dessen Identität der Polizei unbekannt ist, wird, nachdem er eine Platzverweisung wiederholt nicht befolgt hat, von der Polizei am Montag um 3 Uhr nachts gem. § 32 Abs. 1 Nr. 3 HSOG in Gewahrsam genommen. Da die Freiheitsentziehung nicht allein der Identitätsfeststellung dient, muss A nicht bereits um 15 Uhr entlassen werden (§ 35 Abs. 2 HSOG), sondern kann im Extremfall bis zum Mittwoch um drei Uhr nachts festgehalten werden (§ 35 Abs. 1 Nr. 4 S. 2 HSOG).

8. Durchsuchung und Untersuchung von Personen (§ 36 HSOG)

a) Begriffe und Grundsätzliches zur Durchsuchung und Untersuchung nach § 36 HSOG

Die Ermächtigungsgrundlagen des § 36 HSOG gliedern sich in Eingriffe bezüglich zwei verschiedener Rechtsgüter: Während die Befugnisse nach den Absätzen 1 bis 3 (Abs. 4 ist lediglich eine besondere Verfahrensvorschrift) allein eine Durchsuchung von Personen und damit einen Eingriff in das Recht auf informationelle Selbstbestimmung i.S.d. des Art. 2 Abs. 1 i.V.m. Art. 1 GG erlauben, gestattet § 36 Abs. 5 HSOG eine körperliche Untersuchung, die bereits einen Eingriff in die körperliche Unversehrtheit nach Art. 2 Abs. 2 S. 1 GG darstellt (vgl. dazu im Einzelnen BeckOK PolR Hessen/Leggereit HSOG § 36 Rn. 4 ff.). Abzugrenzen sind die Ermächtigungsgrundlagen zum einen von den Durchsuchungen im Sinne des § 18 Abs. 4 HSOG, die lediglich auf eine Feststellung der Identität zielen dürfen sowie von Durchsuchungen von Sachen im Sinne des § 37 HSOG, der allein eine Durchsuchung von körperlichen Gegenständen (gleichgültig ob beweglich oder unbeweglich) erlaubt, zum anderen aber auch von Durchsuchungen i.S.d. § 38 HSOG, die sich allerdings nur auf Wohnungen i.S.d. § 38 Abs. 1 HSOG beziehen dürfen. 220

Bsp.: Die **Untersuchung** von Personen im Sinne des § 36 Abs. 5 HSOG zielt namentlich darauf ab, Informationen über das Körperinnere des Adressaten zu erhalten, wobei das bloße Betrachten der Körperoberfläche (etwa das Suchen nach Muttermalen oder Narben) sowie Zugänge zum Körperinneren über Mund, Nase und Ohren noch nicht zur Unter-, sondern zur Durchsuchung zu zählen sind (vgl. OVG Saarlouis, Urt. v. 30.11.2007-3 R 9/06; VGH München, NVwZ-RR 1999, 310). Zur **Durchsuchung** einer Person zählen auch die Fälle, in denen die von der betreffenden Personen getragenen Kleidungsstücke durchsucht werden. Werden also die

Taschen der von A getragenen Hose von der Polizei durchsucht, so handelt es sich dabei um die Durchsuchung einer Person nach § 36 Absätze 1 bis 4 HSOG. Wird hingegen der über dem Arm des A hängende Mantel durchsucht, so handelt es sich um eine Durchsuchung von Sachen im Sinne des § 37 HSOG. Diese Bestimmung greift auch bei der Durchsuchung von Leichen; nach § 36 Abs. 1-4 HSOG können nur lebende Menschen durchsucht werden. Die gleiche Ermächtigungsgrundlage greift, wenn die Beamten ein nicht befriedetes und/oder nicht mit Wohn- und Nebenräumen, Arbeits-, Betriebs- und Geschäftsräumen verbundenes Grundstück durchsuchen (hier gilt nicht etwa § 38 HSOG, vgl. dort die Legaldefinition der Wohnung gem. Abs. 1).

b) Durchsuchung nach § 36 Abs. 1 Nr. 1 HSOG

221 Die Möglichkeit, Personen nach § 36 Abs. 1 HSOG zu durchsuchen, wird sowohl den Gefahrenabwehr- wie auch den Polizeibehörden eröffnet, sodass die sachliche Zuständigkeit der Polizei- und Ordnungsbehörden neben den Voraussetzungen des § 1 Abs. 1 S. 1 HSOG auch einen Eilfall i.S.d. § 2 S. 1 HSOG bzw. die Beachtung des Grundsatzes der Erstbefassung verlangt. Voraussetzung für einen Eingriff nach **§ 36 Abs. 1 Nr. 1 HSOG** ist zunächst, dass die Durchsuchung auf eine **Sicherstellung von Sachen** (also körperlichen Gegenständen, vgl. § 90 BGB) nach § 40 HSOG abzielt. Dabei beschränkt sich § 36 Abs. 1 Nr. 1 HSOG nicht etwa auf Sachen, die nur nach § 40 Nr. 1 HSOG sichergestellt werden dürfen (so aber § 38 Abs. 2 Nr. 1 HSOG), sondern umfasst alle vier Alternativen der in § 40 HSOG genannten Sicherstellungen. Die in § 36 Abs. 1 Nr. 1 HSOG genannten Tatsachen als wahr unterstellt müssen selbstverständlich zu einer formell und materiell rechtmäßigen Sicherstellung der Sachen führen können. Sachen, die hingegen auch bei Bestätigung der in § 36 Abs. 1 Nr. 1 HSOG genannten Tatsachen nicht sichergestellt werden dürften, verbieten eine darauf gestützte Durchsuchung einer Person. **„Tatsachen, die die Annahme rechtfertigen“** sind nicht bereits dann gegeben, wenn Indizien aufgrund polizeilicher Erfahrung die Möglichkeit einer Sicherstellung in Aussicht stellen, sondern es müssen **gewusste (beweisbare) Fakten unter Einbeziehung des polizeilichen Erfahrungswissens** den Schluss auf die Möglichkeit einer Sicherstellung mit einer **gewissen Wahrscheinlichkeit** zulassen. Der Begriff „Tatsachen, die die Annahme rechtfertigen“ ist somit um Nuancen enger als der der „tatsächlichen Anhaltspunkte“, etwa in § 13 Abs. 1 Nr. 1 HSOG. Der minimale Unterschied ist jedoch kaum noch darstellbar und dürfte somit in der Praxis kaum eine Rolle spielen.

Bsp.: Der Polizei ist bekannt, dass die gewaltbereite rechte Szene plant, an einem bestimmten Tag massiv Ausländer zu bedrohen bzw. zu verfolgen. An diesem Tag trifft sie eine Gruppe von vier „Skinheads“ an, die unter anderem Baseballschläger mit sich führen. Hier liegen Tatsachen vor (Zugehörigkeit zur rechten Szene, Mitführen von Baseballschlägern), die unter Einbeziehung des polizeilichen Erfahrungswissens (hier: konkrete Erkenntnisse der Polizei unter Berücksichtigung der bisherigen Erfahrungen mit „Skinheads“) den Schluss auf die Möglichkeit einer Sicherstellung mit einer gewissen Wahrscheinlichkeit zulassen.

Die Voraussetzung, dass die Person Sachen **„mit sich führt“**, ist erfüllt, wenn die zu durchsuchende Person einen direkten – also unmittelbaren und sofortigen – Zugriff auf die Sachen hat. Bei der hier in Rede stehenden Durchsuchung von Personen wird dies regelmäßig ohne Weiteres bejaht werden können, im Rahmen des § 37 Abs. 1 Nr. 1 HSOG (Durchsuchung von Sachen) kann die Begründung dieses Tatbestandsmerkmals im Einzelfall durchaus Schwierigkeiten bereiten.

c) Durchsuchung nach § 36 Abs. 1 Nr. 2 HSOG

222 Die Ermächtigungsgrundlage des **§ 36 Abs. 1 Nr. 2 HSOG**, die sich an § 32 Abs. 1 Nr. 1 HSOG anlehnt, gibt den Gefahrenabwehr- und Polizeibehörden die Möglichkeit, Personen zu durchsuchen, die sich in **hilfloser Lage** befinden. Damit eröffnet das

Gesetz insbesondere die Möglichkeit, Personen der genannten Gruppe nach Sachen zu durchsuchen, die zur Aufhebung der hilflosen Lage beitragen können. Hierbei ist in erster Linie an Medikamente zur Behandlung der hilflosen Person zu denken. Ob die Gefahr von der hilflosen Person selbst verursacht wurde oder nicht, ist für das Vorliegen der Voraussetzungen von § 36 Abs. 1 Nr. 2 HSOG ohne Belang (siehe oben Rn. 204).

Bsp.: Der A bricht ohne erkennbaren Grund auf offener Straße zusammen und ist nicht mehr ansprechbar. Nachdem der herbeigeeilte Polizeibeamte P den A in die stabile Seitenlage gebracht hat, durchsucht er ihn nach Medikamenten bzw. Hinweisen auf eine Krankheit des A. Die Maßnahme ist nach § 36 Abs. 1 Nr. 2 HSOG gerechtfertigt.

Der **richtige Adressat** einer Durchsuchung nach **§ 36 Abs. 1 Nr. 1 oder 2 HSOG** ergibt sich nicht etwa aus den §§ 6, 7, 9 HSOG; vielmehr enthalten die Bestimmungen jeweils einen **spezialgesetzlich geregelten Normadressaten**, nämlich die Person, die die Sachen mit sich führt bzw. die sich in hilfloser Lage befindet.

d) Durchsuchung nach § 36 Abs. 2 Nr. 1 HSOG

§ 36 Abs. 2 HSOG gestattet unter weiteren Voraussetzungen – nur – den Polizeibehörden (die sachliche Zuständigkeit richtet sich somit grundsätzlich allein nach § 1 Abs. 1 S. 1 HSOG) die Durchsuchung von Personen. Die Bestimmung grenzt solche Durchsuchungen eindeutig von der Zielrichtung des § 18 Abs. 4 HSOG ab, der Durchsuchungen von Personen lediglich zum Zwecke der Identitätsfeststellung erlaubt. 223

Bsp.: A, der des Nachts in einer Wohngegend herum randaliert, wird von der Polizei nach Ausweispapieren durchsucht. Als Ermächtigungsgrundlage kommt lediglich § 18 Abs. 4 HSOG, nicht jedoch § 36 HSOG in Betracht.

Maßnahmen nach **§ 36 Abs. 2 HSOG** sind – anders als Maßnahmen nach § 36 Abs. 1 HSOG - nicht zum Zwecke der Identitätsfeststellung erlaubt. Darauf weist der Wortlaut des § 36 Abs. 2 HSOG hin („außer in den Fällen des § 18 Abs. 4 HSOG"). 224
Nach **§ 36 Abs. 2 Nr. 1 HSOG** kann eine Person durchsucht werden, wenn sie nach diesem Gesetz (vgl. § 18 Abs. 4, § 25 Abs. 1 S. 4, § 32 HSOG) oder nach anderen Rechtsvorschriften **festgehalten werden kann**. Liegen die Voraussetzungen für ein rechtmäßiges Festhalten nicht vor, so darf auch eine Durchsuchung der Person nicht durchgeführt werden. Zielrichtung der Bestimmung ist es insbesondere, gefährliche Gegenstände bei der Person aufzufinden, um zu verhindern, dass sich die Person während der freiheitsentziehenden Maßnahme verletzt, tötet, Polizeibeamte bzw. Dritte angreift oder mit dem Gegenstand fremde Sachen beschädigt bzw. die Flucht erleichtert. Die Bestimmung korreliert daher unmittelbar mit § 40 Nr. 3 HSOG.

Bsp.: A, der zur Durchsetzung einer Platzverweisung nach § 32 Abs. 1 Nr. 3 HSOG in Gewahrsam genommen werden soll, wird nach gefährlichen Gegenständen durchsucht, wobei die Polizeibeamten ein Messer mit einer 20 Zentimeter langen Klinge entdecken. Die Maßnahme ist von der Befugnisnorm des § 36 Abs. 2 Nr. 1 HSOG gedeckt, obwohl zum Zeitpunkt der Durchsuchung ein Festhalten noch nicht gegeben war, wohl aber die rechtlichen Voraussetzungen dafür vorlagen. In dieser Phase des bloßen Anhaltens ist die Durchsuchung als rechtmäßig anzusehen, weil sie auf ein rechtmäßiges Festhalten abzielt und nur so ein effektiver Schutz der oben genannten Rechtsgüter zu gewährleisten ist.

e) Durchsuchung nach § 36 Abs. 2 Nrn. 2 u. 3 HSOG

Die **Nummern 2 und 3 des § 36 Abs. 2 HSOG** entsprechen von den Voraussetzungen den Nummern 1, 3 und 4 des § 18 Abs. 2 HSOG (vgl. dazu näher oben Rn. 164, 166 ff.). Während dort Sinn und Zweck der Durchsuchung immer auf eine Identitäts- 225 feststellung gerichtet sein muss, zielt eine Durchsuchung nach § 36 Abs. 2 Nrn. 2 bis 3 HSOG auf ein Auffinden von Gegenständen ab, mit denen die dort genannten Personen und Sachen gefährdet werden könnten. Während die **Nrn. 3 und 4 des § 36 Abs. 2 HSOG** immerhin **„tatsächliche Anhaltspunkte"** verlangen, die auf die betroffene Person bezogen eine Durchsuchung erforderlich machen, knüpft **§ 36 Abs. 2 Nr. 2 HSOG** lediglich an den **Aufenthalt einer Person an einem bestimmten Ort** an, ohne darüber hinaus Voraussetzungen zu verlangen, die auf eine besondere Gefährlichkeit der Person schließen lassen. Es sind demzufolge an eine Durchsuchung nach § 36 Abs. 2 Nr. 2 HSOG als im Vergleich zur Identitätsfeststellung wesentlich gravierenderer Grundrechtseingriff auf der Ebene der Verhältnismäßigkeitsprüfung gehobene Anforderungen zu stellen.

Bsp.: A, der als Geschäftsreisender mit Gepäck am Kasseler Hauptbahnhof eintrifft, kann nicht ohne Weiteres nach § 36 Abs. 2 Nr. 2 HSOG durchsucht werden. Eine solche Maßnahme wäre unverhältnismäßig, weil für deren Notwendigkeit keine ausreichenden Anhaltspunkte zu erkennen sind.

Auch Durchsuchungen nach **§ 36 Abs. 2 Nr. 5 HSOG** dürfen exklusiv nur von Polizeibehörden durchgeführt werden. Nach dem Wortlaut dieser Befugnisnorm muss die durchsuchte Person nach § 17 HSOG oder einer vergleichbaren Vorschrift zur Gezielten Kontrolle ausgeschrieben sein. Die Ermächtigungsgrundlage des § 17 hat der hessische Gesetzgeber mit Gesetz vom 28.9.2015 (GVBl. I 355) in das HSOG aufgenommen. Das war eine Reaktion auf die anwachsenden Gewalttaten extremistischer und terroristischer Straftäter (vgl. Reg.-Begr. LT-Drs. 19/1979, 35). „Vergleichbare Rechtsvorschriften" i.S.d. § 36 Abs. 2 Nr. 5 HSOG sind etwa Art. 99 SDÜ oder § 25 BWPolG. Nach § 17 Abs. 3 HSOG sind Maßnahmen im Rahmen der Gezielten Kontrolle nur zulässig, wenn die besonderen rechtlichen Voraussetzungen für diese Maßnahmen erfüllt sind. Das hat zu den Ergänzung der §§ 18 Abs. 2 Nr. 7, 36 Abs. 2 Nr. 5 und 37 Abs. 2 Nr. 5 HSOG geführt.

f) Durchsuchung nach § 36 Abs. 3 HSOG

226 Eine der für die **Eigensicherung** der Polizeibeamten wesentlichen Bestimmungen des HSOG ist die Ermächtigungsgrundlage des **§ 36 Abs. 3 HSOG**. Auch wenn die Vorschrift neben den Polizeivollzugsbeamten ebenso Dritte vor Gefahren für Leib und Leben schützen will, so dürfte diese Befugnisnorm insbesondere in der Praxis vorrangig im Rahmen der Eigensicherung Anwendung finden. Die Bestimmung befugt allein die **Polizeibehörden** zur Durchsuchung von Personen, als Zuständigkeitsvorschrift kommt somit in erster Linie § 1 Abs. 1 S. 1 HSOG in Frage. Erste Voraussetzung für die Durchsuchung ist danach, dass die **Identität** der zu durchsuchenden Person nach dem HSOG (insbesondere § 18) oder anderen Rechtsvorschriften (z.B. § 163 b StPO) **festgestellt werden soll**.

Diese Voraussetzung beinhaltet selbstverständlich, dass die beabsichtigte Identitätsfeststellung formell und materiell rechtmäßig ergehen kann.

Bsp.: Die Polizeibeamten A und B wollen die Identität des C feststellen, obwohl keine Hinweise dafür bestehen, dass bei C die Voraussetzungen für eine solche Identitätsfeststellung gegeben sind. Die vor der Identitätsfeststellung durch die Beamten durchgeführte Durchsuchung des C nach Waffen gem. § 36 Abs. 3 HSOG ist demzufolge rechtswidrig.

Fraglich ist, ob der auf die Zukunft der Identitätsfeststellung abstellende Wortlaut der Bestimmung auch auf die Fallgestaltungen auszudehnen ist, in denen die **Identitätsfeststellung bereits durchgeführt wurde** und sich erst durch sie der Anlass für eine Durchsuchung begründet.

Bsp.: Die Polizeibeamten A und B stellen die Identität des C nach § 18 Abs. 2 Nr. 4 HSOG fest, wobei sich C unerwartet als gefährlicher und gesuchter Terrorist erweist.

Nach dem Wortlaut des § 36 Abs. 3 HSOG ist eine Durchsuchung des C nach Waffen zweifelhaft, weil dessen Identität nicht mehr „festgestellt werden soll", sondern bereits festgestellt wurde. In derartig gelagerten Fällen, in denen die Durchsuchung zum Zwecke der Eigensicherung gerade anlässlich einer bereits erfolgten Identitätsfeststellung geboten erscheint, muss unter der wegen des Zwecks der Eigensicherung gebotenen extensiven Auslegung diese Befugnisnorm auch hier Anwendung finden. Auf den Zeitpunkt der – rechtmäßigen – Identitätsfeststellung kommt es somit grundsätzlich nicht an.

Der Wortlaut des § 36 Abs. 3 HSOG könnte suggerieren, dass die Durchsuchung nur unter der Voraussetzung einer Gefahr für Leib und Leben von Polizeivollzugsbeamten oder Dritten, also lediglich bei Wahrscheinlichkeit des Schadenseintritts im Einzelfall zulässig sei. Die Durchsuchung ist jedoch bereits dann erlaubt, wenn sie nach den **„Umständen"** zum Schutz gegen eine Gefahr für Leib oder Leben erforderlich ist (vgl. dazu VG Frankfurt a.M. BeckRS 2013, 52910 zu § 14 Abs. 6 HSOG). Bei der Beurteilung solcher Umstände hat der Polizeibeamte den **gesamten momentan verwertbaren Lebenssachverhalt** zu berücksichtigen, um die Erforderlichkeit der Durchsuchung zu beurteilen. In Betracht kommen z.B. unkooperatives Verhalten, schlechte, nächtliche, unübersichtliche Sichtverhältnisse, entlegene Orte, Ergebnisse eines Datenabgleichs, Mitnahme im Dienstfahrzeug usw. Konkrete Tatsachen bzw. tatsächliche Anhaltspunkte werden für die Durchsuchung vom Gesetzgeber angesichts der hochrangigen zu schützenden Rechtsgüter von Leib und Leben sowie der in Situationen der Eigensicherung oftmals unklaren Sachlage nicht verlangt.

Bsp.: Die Polizeibeamten A und B wollen die Identität des C aufgrund eines bloßen Gefahrenverdachts feststellen, Anhaltspunkte dafür, dass C die Beamten oder Dritte mit gefährlichen Werkzeugen oder Explosivmitteln angreifen wird, sind nicht gegeben. Dennoch können die gegebenen Umstände eine Durchsuchung des C erforderlich machen: So mag etwa das äußere Erscheinungsbild des C, sein auffälliges Verhalten oder Ähnliches die Durchsuchung rechtfertigen, ohne dass tatsächliche Anhaltspunkte oder konkrete Tatsachen eine solche Maßnahme stützen würden.

Man wird allerdings eine Durchsuchung nach § 36 Abs. 3 HSOG jedenfalls dann für rechtswidrig zu erklären haben, wenn die durchsuchte Person unter realistischen Umständen keine ernst zu nehmende Gefahr für die Polizeibeamten oder Dritte darstellen kann.

Bsp.: A will seine Geldbörse, die von der Polizei gefunden und gem. § 40 Nr. 2 HSOG sichergestellt wurde, auf der Polizeidienststelle abholen. Zum Zwecke der Herausgabe an den Berechtigten wollen die Beamten zunächst die Identität des A feststellen. Eine vorausgehende Durchsuchung des A nach § 36 Abs. 3 HSOG wäre jedoch nach den Umständen nicht geboten.

Rechtsfolge des § 36 Abs. 3 HSOG ist die Durchsuchung der Person, also insbesondere der von ihr getragenen Kleidung, nach Waffen im Sinne des § 1 WaffG sowie nach anderen gefährlichen Werkzeugen und Explosivmitteln.
Der **richtige Adressat** der Durchsuchung ergibt sich aus dem Wortlaut des § 36 Abs. 3 HSOG. Es ist jeweils die Person, deren Identität festgestellt werden soll. Diese spezialgesetzliche Adressatenbestimmung verdrängt folglich die allgemeinen Regelungen der §§ 6-9 HSOG.

g) Besondere Verfahrens- und Formvorschriften für Durchsuchungen nach § 36 HSOG

227 **§ 36 Abs. 4 HSOG** nimmt als **besondere Verfahrensvorschrift** Rücksicht auf das Schamgefühl des Betroffenen. Als Ausnahme von dem Gebot, dass Durchsuchungen von Personen lediglich von gleichgeschlechtlichen Personen oder von Ärztinnen oder Ärzten durchgeführt werden dürfen, nennt § 36 Abs. 4, 2. Hs. HSOG eine Gefahr für Leib oder Leben, die die sofortige Durchsuchung erforderlich macht. Es reicht demzufolge nicht aus, dass im Zeitpunkt einer beabsichtigten Durchsuchung kein gleichgeschlechtlicher Polizeibeamter vor Ort ist; zur Not muss – wenn die sofortige Durchsuchung nicht zur Abwehr von Gefahren für Leib oder Leben erforderlich ist – eine entsprechende Beamtin bzw. ein entsprechender Beamter geordert werden.

Bsp.: Die männlichen Polizeibeamten A und B wollen die C nach möglichen Drogen in ihrer Kleidung durchsuchen. Da keine sofortige Durchsuchung zur Abwehr von Gefahren für Leib oder Leben erforderlich ist, muss sie von einer Kollegin des A und des B durchgeführt werden.

h) Untersuchung und andere Eingriffe nach § 36 Abs. 5 HSOG

228 Die Befugnisnorm des **§ 36 Abs. 5 S. 1 HSOG** erlaubt die körperliche **Untersuchung** (zum Begriff s.o. Rn. 220) von Personen und andere Eingriffe, wie insbesondere die Entnahme von Blutproben. Zielrichtung der Befugnisnorm ist in erster Linie das Auffinden von gefährlichen Gegenständen im Körperinneren einer Person. Von der Untersuchung werden deshalb auch diejenigen Fälle erfasst, die über die ohne Weiteres zugänglichen Körperöffnungen hinausgehen. Das ist insbesondere auch eine Nachschau in After oder Scheide (vgl. OVG Saarlouis, Urt. v. 30.11.2007-3 R 9/06, vgl. zur Abgrenzung von Durchsuchung und Untersuchung VGH München, NVwZ-RR 1999, 310). Die im Jahr 2009 (GVBl. I 635) eingeführte Möglichkeit, auch Blutproben zu entnehmen und andere körperliche Eingriffe durchzuführen, dient der Eigensicherung von Polizeivollzugsbeamten und soll eine Befugnisnorm zur Überprüfung von Infektionen durch Angreifer (z.B. mit dem HIV-Virus) bieten. Sie findet aber auch Anwendung bei Verletzungen Dritter.

Voraussetzung für die Untersuchung von Personen, mit der insbesondere in das Recht auf körperliche Unversehrtheit im Sinne des Art. 2 Abs. 2 S. 1 GG eingegriffen wird, ist zunächst eine konkrete (d.h.: eine im einzelnen Falle bestehende, vgl. zum Begriff oben Rn. 73 ff.) **Gefahr für Leib oder Leben** einer Person. In der Praxis wird eine körperliche Untersuchung in aller Regel auf das Auffinden von im Körperinneren der betroffenen Person befindlichen Stoffen und Zubereitungen im Sinne des BtMG abzielen.

Bsp.: A wird am Frankfurter Flughafen aufgegriffen, weil aufgrund polizeilicher Erkenntnisse die Gefahr besteht, dass A als Kurier für den Schmuggel von Heroin fungiert. Eine Untersuchung des A in Form einer Röntgenaufnahme seines Magen- und Darminhaltes wäre durch § 36 Abs. 5 S. 1 HSOG gerechtfertigt.

Der Eingriff muss zudem **aus ärztlicher Sicht erforderlich** sein. Dieses Erfordernis soll laienhafte, unbegründete Annahmen als Grundlage für den u.U. schwerwiegenden Eingriff ausschließen. Schließlich darf **kein Nachteil für die Gesundheit** des Betroffenen zu befürchten sein. Er muss mit an Sicherheit grenzender Wahrscheinlich auszuschließen sein (vgl. Meyer-Goßner/Schmitt/Schmitt StPO § 81a Rn. 17). Ein Nachteil für die Gesundheit wird immer dann anzunehmen sein, wenn das körperliche Wohlbefinden erheblich über die Untersuchungs- oder Eingriffsdauer hinauswirkt (vgl. Meyer-Goßner/Schmitt/Schmitt StPO § 81a Rn. 17).

§ 36 Abs. 5 S. 2–5 HSOG enthalten besondere Verfahrens- und Formvorschriften bzgl. des Vorgehens bei körperlichen Untersuchungen und anderen körperlichen Eingriffen. Nach § 36 Abs. 5 S. 2 HSOG bedürfen die Maßnahmen grundsätzlich einer richterlichen Anordnung. Die Ausnahme des § 36 Abs. 5 S. 4 HSOG, wonach auch die Polizeibehörden selbst die Anordnung der Maßnahmen treffen dürfen, setzt eine Gefahr im Verzug voraus, d.h., dass eine solche Anordnung nur dann rechtmäßig ist, wenn die Beteiligung des Richters den Schutz von Leib oder Leben der Person möglicherweise in Frage stellt. 229

Nach § 36 Abs. 5 S. 4 HSOG dürfen die Maßnahmen stets nur von Ärztinnen oder Ärzten durchgeführt werden. Eine Ausnahme wie sie § 36 Abs. 4, 2. Hs. HSOG in den Fällen der Erforderlichkeit einer sofortigen Durchsuchung vorsieht, enthält § 36 Abs. 5 S. 4 HSOG nicht. Dies kann im Einzelfall unbefriedigend sein, zumal die körperliche Untersuchung nach § 36 Abs. 5 S. 1 HSOG zumindest eine Gefahr für Leib, Leben oder Freiheit der zu untersuchenden Person voraussetzt.

Bsp.: Die B, die offensichtlich Heroin in völlig dilettantischer Weise in ihrer Scheide versteckt hat, sodass zu befürchten ist, dass es jeden Augenblick zu Gefahren für Leben oder körperliche Unversehrtheit der B kommen kann, dürfte nach dem Wortlaut des § 36 Abs. 5 S. 5 HSOG nicht durch Beamtinnen der Polizei von den gefährlichen Drogen befreit werden, sondern es müsste zunächst eine Ärztin oder ein Arzt angefordert werden.

§ 35 Abs. 5 S. 6 HSOG konkretisiert den Zweckbindungsgrundsatz des Datenschutzrechts und lässt eine Verwendung der nach § 35 Abs. 5 HSOG gewonnenen personenbezogenen Daten nur zu dem Zweck zu, zu dem sie erhoben wurden, wobei unter bestimmten Voraussetzungen Ausnahmen zur Abwehr schwerer Gesundheitsgefährdungen zugelassen werden.

Richtiger Adressat von Untersuchungen im Sinne des § 36 Abs. 5 S. 1 HSOG ist nach der Änderung des HSOG durch Gesetz vom 14.12.2009 nicht mehr ein spezialgesetzlich geregelter Normadressat, sondern der Adressat nach §§ 6, 7 oder 9 HSOG. 230

9. Durchsuchung von Sachen (§ 37 HSOG)

a) Begriffe und Grundsätzliches zur Durchsuchung von Sachen nach § 37 HSOG

Die Absätze 1 und 2 des § 37 HSOG enthalten Befugnisnormen für die Durchsuchung von Sachen, d.h. für alle körperlichen Gegenstände (vgl. § 90 BGB), die nicht zum Zwecke der Identitätsfeststellung durchsucht werden (vgl. dann § 18 Abs. 4 HSOG), nicht unter § 36 HSOG fallen – wie die von der zu durchsuchenden Person getragene Kleidung – und keine Wohnungen im Sinne des § 38 Abs. 1 HSOG sind (einschließlich des dort genannten anderen befriedeten Besitztums). Die Ermächtigungsgrundlagen rechtfertigen in erster Linie Eingriffe in das Recht auf informationelle Selbstbestimmung (Art. 1 Abs. 1 i.V.m. Art. 2 Abs. 1 GG), aber auch auf Besitz und Eigentum (Art. 14 GG). Unter einer **Durchsuchung** versteht man ein ziel- und zweckgerichtetes Suchen durch staatliche Organe nach Sachen, Personen oder zur Ermittlung eines Sachverhaltes, um etwas aufzuspüren (vgl. Pieroth/Schlink/Kniesel, § 18 Rn. 1). Unter dem Begriff **„Sache“** versteht man jeden körperlichen Gegenstand i.S.d. § 90 BGB. Das können Taschen, Koffer, Rucksäcke oder andere Behältnisse sein, aber auch Kfz und deren Inhalte. Wohnwagen, Wohnmobile, Zelte oder Schiffe fallen unter § 37 HSOG, wenn sie nicht bewohnt werden, andernfalls unter § 38 231

HSOG. Grundstücke fallen unter § 37 HSOG, wenn sie nicht unter den Wohnungsbegriff des § 38 Abs. 1 HSOG fallen, also etwa dann, wenn sie nicht eingefriedet sind.

§ 37 Abs. 1 HSOG erlaubt sowohl den **Gefahrenabwehr-** (d.h. den Verwaltungs- und Ordnungsbehörden, vgl. § 1 Abs. 1 S. 1 HSOG) **sowie den Polizeibehörden** die Durchsuchung von Sachen. Für die Zuständigkeit der Polizeibehörden ist somit neben den Voraussetzungen des § 1 Abs. 1 S. 1 HSOG grundsätzlich ein Eilfall i.S.d. des § 2 S. 1 HSOG erforderlich.

Der **richtige Adressat der Durchsuchung von Sachen** richtet sich in keinem der drei Fälle des § 37 Abs. 1 HSOG nach den §§ 6, 7, 9 HSOG. Das ergibt sich insbesondere in den Fällen des § 37 Abs. 1 Nrn. 2 und 3 HSOG daraus, dass Voraussetzung für die Durchsuchung dort lediglich Tatsachen sind, die eine bestimmte Annahme rechtfertigen. Die Schwelle des Einschreitens liegt für die Gefahrenabwehr- und Polizeibehörden somit deutlich unterhalb einer konkreten Gefahr, die allerdings Voraussetzung für eine Bejahung von Adressaten im Sinne der §§ 6, 7, 9 HSOG darstellt. Mit Blick auf diese systematische Interpretation der Nrn. 2 und 3 des § 37 Abs. 1 HSOG ist somit davon auszugehen, dass richtiger Adressat **immer der Inhaber der tatsächlichen Gewalt über die Sache** ist, weil regelmäßig allein in dessen Besitzrecht (Art. 14 GG) und sein Recht auf informationelle Selbstbestimmung (Art. 1 Abs. 1 GG i.V.m. Art. 2 Abs. 1 GG; vgl. näher zu den beeinträchtigten Grundrechten BeckOK PolR Hessen/Leggereit HSOG § 37 Rn. 3 f.) eingegriffen wird. Dies bestätigt auch ein Blick auf § 37 Abs. 3 HSOG, der als zu schützenden Adressaten lediglich auf den Inhaber der tatsächlichen Gewalt (und nicht etwa auch auf den Eigentümer) abstellt. Diese Gedanken sind entsprechend auf den Adressaten nach § 37 Abs. 1 Nr. 1 HSOG anzuwenden, der immer die Person ist, die nach § 36 HSOG durchsucht werden darf.

b) Durchsuchung von Sachen nach § 37 Abs. 1 Nr. 1 HSOG

232 § 37 Abs. 1 Nr. 1 HSOG setzt zunächst voraus, dass die zu durchsuchende Sache von einer Person **mitgeführt** wird. Die Person muss somit **unmittelbaren Zugriff** auf die Sache haben (vgl. Meixner/Fredrich, § 36 Rn. 4).

Bsp.: A wird gem. § 36 HSOG rechtmäßig nach Waffen durchsucht. Sein Kraftfahrzeug steht einige Kilometer entfernt vor seinem Wohnhaus. Da A keinen unmittelbaren Zugriff auf das Fahrzeug hat, es somit auch nicht mitgeführt wird im Sinne des § 37 Abs. 1 Nr. 1 HSOG, darf eine zeitgleich von den Kollegen durchgeführte Durchsuchung des Kraftfahrzeugs nicht auf § 37 Abs. 1 Nr. 1 HSOG gestützt werden.

Weitere Voraussetzung für die Durchsuchung nach § 37 Abs. 1 Nr. 1 HSOG ist es, dass die die Sache mitführende Person **nach § 36 HSOG durchsucht werden darf.** Das setzt selbstverständlich auch voraus, dass die Durchsuchung der Person nach § 36 HSOG formell und materiell rechtmäßig wäre. Hinsichtlich der Frage, ob die Person erst durchsucht werden soll oder bereits durchsucht wurde (vgl. zur ähnlichen Problematik oben zu § 36 Abs. 3 HSOG, Rn. 226), erfasst der Wortlaut des § 37 Abs. 1 Nr. 1 HSOG wohl noch beide Fallkonstellationen. Allerdings wird man verlangen müssen, dass bei einer bereits durchgeführten Durchsuchung der Person nach § 36 HSOG die Durchsuchung der Sache nach § 37 HSOG im engen zeitlichen und sachlichen Zusammenhang damit zu erfolgen hat.

Bsp.: A erleidet auf der Straße einen epileptischen Anfall. Um A zu helfen, durchsucht der Polizeibeamte B die Kleidung des A nach Medikamenten (vgl. § 36 Abs. 1 Nr. 2 HSOG). Führt A eine Tasche mit sich, so ist die Durchsuchung der Tasche nach Medikamenten ebenfalls durch das HSOG gerechtfertigt (vgl. § 37 Abs. 1 Nr. 1). Eine Durchsuchung der Tasche am darauf folgenden Tage bei gesundheitlich stabilem Zustand des A wäre indes rechtswidrig, weil ein enger zeitlicher und sachlicher Zusammenhang mit der vorangegangenen Durchsuchung nach § 36 HSOG nicht herzustellen ist.

c) Durchsuchung von Sachen nach § 37 Abs. 1 Nr. 2 HSOG

Die Ermächtigungsgrundlage des § 37 Abs. 1 Nr. 2 HSOG rechtfertigt die Durchsuchung von Sachen, um dort gegen ihren Willen sich befindende **Personen zu befreien**. Sie korreliert daher mit der Bestimmung des § 38 Abs. 4 HSOG, wobei sich die letztgenannte Vorschrift allein auf Wohnungen im Sinne des § 38 Abs. 1 HSOG bezieht, während sich die Person im Sinne des § 37 Abs. 1 Nr. 2 HSOG in einer Sache aufhalten muss, also z.B. in einem Kfz, einem ausgemusterten Wohnwagen oder sonst in einem Behältnis (Kiste, Erdloch usw.), die nicht als Wohnung zu qualifizieren ist. 233

Wegen der im Zeitpunkt der Durchsuchung von den Behörden zu treffenden unsicheren Prognoseentscheidung, ob sich in der Sache tatsächlich eine widerrechtlich festgehaltene bzw. hilflose Person befindet, verlangt der Gesetzgeber **keine konkrete Gefahr** im Sinne des § 11 HSOG, sondern lässt es vielmehr ausreichen, dass **„Tatsachen die Annahme rechtfertigen"**. Solche Tatsachen sind nicht bereits dann gegeben, wenn Indizien aufgrund polizeilicher Erfahrung die Möglichkeit eines bestimmten Sachverhalts in Aussicht stellen, sondern es müssen gewusste Fakten unter Einbeziehung des polizeilichen Erfahrungswissens den Schluss auf einen solchen Sachverhalt mit einer gewissen Wahrscheinlichkeit zulassen. Der Begriff „Tatsachen, die die Annahme rechtfertigen" ist somit um Nuancen enger als der im HSOG auch verwendete Begriff der „tatsächlichen Anhaltspunkte" (vgl. etwa § 13 Abs. 1 Nr. 1 HSOG). Der minimale Unterschied ist jedoch kaum noch darstellbar und dürfte somit in der Praxis kaum eine Rolle spielen.

Voraussetzung für eine Durchsuchung nach § 37 Abs. 1 Nr. 2 HSOG ist weiterhin, dass die Person **widerrechtlich festgehalten wird oder hilflos** ist. Die Bestimmung erfasst mithin nicht nur Fälle, in denen eine Person Opfer einer in der Regel strafrechtlich relevanten Freiheitsberaubung wird, sondern auch Sachverhalte, in denen eine Person sich aus eigener Kraft nicht selbst befreien kann, wobei es hier auf ein (Mit-) Verschulden der Person nicht ankommt.

Bsp.: Die Polizei erfährt durch einen anonymen Hinweis, dass auf einem Schrottplatz in einem der dort gelagerten Zugwaggons eine Person als Geisel gehalten werde. Die Polizei darf gem. § 37 Abs. 1 Nr. 2 HSOG die Waggons durchsuchen, um die Geisel zu befreien.

d) Durchsuchung von Sachen nach § 37 Abs. 1 Nr. 3 HSOG

Nach § 37 Abs. 1 Nr. 3 HSOG ist die Durchsuchung einer Sache darüber hinaus dann rechtmäßig, wenn **Tatsachen die Annahme rechtfertigen** (zum Begriff s.o. zu § 37 Abs. 1 Nr. 2 HSOG, Rn. 233), dass sich in ihr oder an ihr eine andere Sache befindet, die **sichergestellt** werden darf. Die Bestimmung ist erforderlich, um Sachen aufzufinden, die gem. § 40 HSOG von den Gefahrenabwehr- und Polizeibehörden in Verwahrung genommen werden sollen. Die Vorschrift dürfte in der Praxis eine untergeordnete Rolle spielen, denn Sachen dürfen nach § 37 Abs. 1 Nr. 1 HSOG bereits dann durchsucht werden, wenn sie von Personen mitgeführt werden, die ihrerseits durchsucht werden dürfen (vgl. zum Anwendungsbereich des § 37 Abs. 1 Nr. 3 HSOG im Einzelnen BeckOK PolR Hessen/Leggereit HSOG § 37 Rn. 10 f.). 234

Voraussetzung für die Durchsuchung ist insbesondere, dass eine Sicherstellung der gesuchten Sache formell und materiell rechtmäßig wäre. Dabei ist davon auszugehen, dass sich die Sicherstellung allein auf die präventive Ermächtigungsgrundlage des § 40 HSOG zu stützen hat; eine Durchsuchung nach repressiv sicherzustellenden Sachen hat indes nach den Bestimmungen der StPO (§§ 102 ff.) zu erfolgen (vgl. Rachor in Lisken/Denninger E Rn. 616).

Bsp.: Die Polizeibeamten A und B nehmen den volltrunkenen C gem. § 32 Abs. 1 Nr. 1 HSOG in Gewahrsam. Aus der von ihm mitgeführten Tasche ragen mehrere Griffe heraus, die offenbar zu Werkzeugen gehören. Damit C sich während des Gewahrsams nicht verletzen bzw. Sachen beschädigen kann, durchsuchen A und B die Tasche, um die Werkzeuge für die Dauer des Gewahrsams nach § 40 Nr. 3 HSOG sicherzustellen. Da die Sicherstellung hier eindeutig präventive Zielrichtung besitzt und somit auf das HSOG zu stützen ist, ist die Durchsuchung der Tasche durch § 37 Abs. 1 Nr. 3 HSOG gerechtfertigt.

e) Zuständigkeit, Voraussetzungen und Adressaten nach § 37 Abs. 2 HSOG

235 Die Befugnisnormen des § 37 Abs. 2 Nrn. 1 bis 4 HSOG kennzeichnen zwei Besonderheiten: Zum einen ermächtigen sie allein die Polizeibehörden zur Durchsuchung von Sachen, d.h., die Zuständigkeit richtet sich allein nach § 1 Abs. 1 S. 1 HSOG, und ein Rückgriff auf § 2 S. 1 HSOG (so genannter Eilfall) ist entbehrlich. Zum andern enthalten alle vier Ziffern eine Erlaubnis zum Einschreiten unterhalb der Gefahrenschwelle, nämlich bereits dann, wenn Tatsachen eine bestimmte Annahme rechtfertigen (vgl. § 37 Abs. 2 Nr. 1 und 3 HSOG) oder wenn tatsächliche Anhaltspunkte für einen bestimmten Sachverhalt die Durchsuchung erlauben (vgl. § 37 Abs. 2 Nrn. 2 und 4 HSOG). Folgerichtig normiert der Gesetzgeber in allen Ermächtigungsgrundlagen des § 37 Abs. 2 HSOG spezielle Normadressaten, sodass eine Prüfung der §§ 6, 7, 9 HSOG hier nicht erforderlich ist.

f) Durchsuchung von Sachen nach § 37 Abs. 2 HSOG

236 **§ 37 Abs. 2 Nr. 1 HSOG** verlangt **Tatsachen, die die Annahme rechtfertigen** (zum Begriff s.o. Rn. 233), dass sich in der Sache eine Person befindet, die in **Gewahrsam** genommen werden darf. Voraussetzung ist deshalb zunächst, dass auch der Gewahrsam rechtmäßigerweise durchgeführt werden darf. Die Ermächtigungsgrundlage erlaubt demzufolge nicht nur die Durchsuchung von Sachen, in denen sich Personen im Sinne des § 32 Abs. 1 Nr. 1 HSOG (Schutzgewahrsam) aufhalten, so wie es eine Fallgestaltung des § 37 Abs. 1 Nr. 2 HSOG („hilflos") sein kann, sondern es kommen hier durchaus auch Polizeipflichtige in Betracht, die eine Gefahr selbst unmittelbar herbeiführen (Fälle des § 32 Abs. 1 Nrn. 2 bis 4, Absätze 2 und 3 HSOG). In Betracht kommen auch Personen, die nach § 18 Abs. 4 HSOG oder § 25 Abs. 1 S. 4 HSOG oder aufgrund von Vorschriften außerhalb des HSOG festgehalten werden dürfen (vgl. etwa § 62 AufenthG für die Abschiebungshaft). Sie müssen aber eine **präventive Zielrichtung** haben. Deshalb kommen freiheitsentziehende Maßnahmen z.B. nach § 127 StPO oder eine Sicherungshaft nicht als Grundlage für § 37 Abs. 2 Nr. 1 HSOG in Betracht. Durchsuchungen von Sachen zu repressiven Zwecken sind auf repressive Befugnisnormen – namentlich auf §§ 102 ff. StPO – zu stützen.

Bsp.: Der zwölfjährige A, der von der Polizei gesucht wird, weil er seinen Eltern davongelaufen ist, wird von den Beamten aufgrund von glaubhaften Hinweisen aus der Bevölkerung in einer Bauruine vermutet. Da A von der Polizei gem. § 32 Abs. 2 HSOG in Gewahrsam genommen werden darf, ist auch eine Durchsuchung des Gebäudes rechtlich nicht zu beanstanden.

237 **§ 37 Abs. 2 Nr. 2 HSOG** erlaubt die Durchsuchung von Sachen, wenn sie sich an einem der in § 18 Abs. 2 Nr. 1 HSOG genannten **gefährlichen Orte** befindet (zu diesen siehe oben die Erläuterungen zu § 18 Abs. 2 Nr. 1 HSOG, Rn. 164). Es reichen somit **tatsächliche Anhaltspunkte** für die in § 18 Abs. 2 Nr. 1 HSOG genannten Fallkonstellationen aus. Damit ist gewährleistet, dass die Polizeibehörden die erforderlichen Maßnahmen auch mittels einer Durchsuchung von Sachen an den gefährlichen

Orten ergreifen können, ohne dass bereits die Schwelle einer konkreten Gefahr überschritten sein muss.

Ähnlich wie § 37 Abs. 2 Nr. 2 HSOG arbeitet auch die **Nr. 3** dieser Bestimmung mit einem Verweis auf 18 Abs. 2 (hier: Nr. 3) HSOG. Die Polizeibehörden können danach Sachen durchsuchen, wenn sie sich in einem sogenannten **gefährdeten Objekt** oder in dessen unmittelbarer Nähe befinden. Allerdings verlangt § 37 Abs. 2 Nr. 3 HSOG über die „tatsächlichen Anhaltspunkte" i.S.d. Nr. 2 hinaus so genannte **„Tatsachen, die die Annahme rechtfertigen"**, dass mit diesen Sachen Straftaten begangen werden sollen. Die am Ende des § 37 Abs. 2 Nr. 3 HSOG genannte Erweiterung der Voraussetzungen auf „Anhaltspunkte" wird in der Praxis kaum weiterhelfen, zumal die geplanten Straftaten i.S.d. Bestimmung mit „Tatsachen" begründet werden müssen. 238

Die mit Gesetz vom 22.12.2000 geänderte Bestimmung des **§ 37 Abs. 2 Nr. 4, 1. Hs. HSOG** erlaubt über die Durchsuchung von **Fahrzeugen** in Fallkonstellationen des § 18 Abs. 2 Nr. 5 HSOG (Identitätsfeststellung an Kontrollstellen) hinaus nun auch die Durchsuchung von Fahrzeugen in den Fällen des § 18 Abs. 2 Nr. 6 HSOG (Identitätsfeststellung auf Verkehrswegen mit erheblicher Bedeutung für die grenzüberschreitende Kriminalität), der ebenfalls mit Gesetz vom 22.12.2000 in das HSOG aufgenommen wurde. Im Falle des § 37 Abs. 2 Nr. 4, 1. Hs. HSOG müssen aber über die Voraussetzungen des § 18 HSOG hinaus **tatsächliche Anhaltspunkte die Annahme rechtfertigen**, dass sich in oder an dem Fahrzeug eine Sache befindet, die **sichergestellt** werden darf. Der Gesetzgeber hat hier also hinsichtlich der Voraussetzungen über die Verhältnismäßigkeit hinaus ein Korrektiv für die nur vagen Tatbestandsvoraussetzungen des § 18 Abs. 2 Nrn. 5 und 6 HSOG geschaffen (vgl. dazu näher BeckOK PolR Hessen/Leggereit HSOG § 37 Rn. 13 f.). Zudem müssen im Falle angenommener grenzüberschreitender Kriminalität (Fälle des § 18 Abs. 2 Nr. 6 HSOG) Lageerkenntnisse und die polizeiliche Erfahrung, durch ein dokumentiertes Verfahren nachvollziehbar gemacht werden (vgl. dazu näher BeckOK PolR Hessen/Leggereit HSOG § 37 Rn. 14). 239

Nach **§ 37 Abs. Nr. 5 HSOG** kann – exklusiv – die Polizeibehörde eine Sache durchsuchen, wenn sie von einer Person mitgeführt wird, die zur Gezielten Kontrolle nach § 17 HSOG oder vergleichbaren Vorschriften ausgeschrieben ist. Die Befugnis erstreckt sich auch auf ausgeschriebene Kraftfahrzeuge. In einem solchen Fall können auch die sich an oder in dem Fahrzeug befindlichen Sachen durchsucht werden. Zum Begriff des „Mit-sich-Führens" s.o. Rn. 221. 239a
Die Zulässigkeit der Ausschreibung zur Gezielten Kontrolle ergibt sich aus § 17 HSOG (vgl. dazu Näheres oben Rn. 170a, 225). Als vergleichbare Vorschriften kommen zzt. namentlich Art. 99 SDÜ oder § 25 BWPolG in Betracht.

g)Besondere Verfahrens- und Formvorschriften für Durchsuchungen von Sachen

§ 37 Abs. 3 HSOG normiert **Verfahrens- und Formvorschriften**, indem die Bestimmung zum einen das Recht des Besitzers der zu durchsuchenden Sachen auf **Anwesenheit während der Durchsuchung** statuiert und im Falle seiner Abwesenheit nach Möglichkeit das Hinzuziehen von vertretungsberechtigten Personen oder anderen Zeugen bestimmt. Beamte der Gefahrenabwehr- und Polizeibehörden scheiden für diesen Zweck aber aus, da sie selbst durch die Norm geschützt werden sollen. Das Anwesenheitsrecht kann allerdings durch eine Platzverweisung i.S.d. § 31 HSOG beschränkt werden, soweit die Voraussetzungen dieser Vorschrift erfüllt sind. Darüber hinaus ist dem Besitzer auf dessen Verlangen hin eine **Bescheinigung über die Durchsuchung** und ihren Grund zu erteilen. Ähnlich wie die Vorschrift des § 39 240

Abs. 4 HSOG soll § 37 Abs. 3 HSOG über die Rechte des von der Durchsuchung betroffenen Bürgers hinaus auch die durchsuchenden Beamten rechtlich absichern, indem diesen für den Fall von Anschuldigungen durch den Polizeipflichtigen Zeugen zum Nachweis des Sachverhalts der Durchsuchung zur Seite stehen.

Bsp.: Die Polizeibeamten A und B durchsuchen in Anwesenheit von Zeugen das Fahrzeug des C. Später behauptet C wahrheitswidrig, die Beamten hätten sein Fahrzeug schwer beschädigt, und er verlangt dafür Schadensersatz. Hier können A und B auf die von ihnen hinzugezogenen Zeugen im Sinne des § 37 Abs. 3 S. 2 HSOG zurückgreifen und damit den von C behaupteten Sachverhalt widerlegen.

10. Betreten und Durchsuchen von Wohnungen (§§ 38 f. HSOG)

a) Begriffe und Grundsätzliches

241 § 38 HSOG ist eine spezialgesetzlich geregelte Ermächtigungsgrundlage für Eingriffe in das als hochrangig anzusiedelnde Recht auf **Unverletzlichkeit der Wohnung im Sinne des Art. 13 GG**. Vom **Wohnungsbegriff** erfasst werden alle in der **Legaldefinition des § 38 Abs. 1 HSOG** genannten Räume einschließlich befriedeter Grundstücke, die mit den Räumen in Verbindung stehen. Das bedeutet, dass der vom Gesetzgeber gewählte Wohnungsbegriff in Übereinstimmung mit der Rechtsprechung des Bundesverfassungsgerichts (vgl. BVerfGE 32, 54 ff.) über den sogenannten „engen Wohnungsbegriff" hinausgeht. Dieser definiert die Wohnung als jede tatsächlich bewohnte Räumlichkeit, die zum Aufenthalt von Menschen bestimmt und geeignet ist (vgl. Meixner/Fredrich, § 38 Rn. 2). Unter diesen Wohnungsbegriff können zunächst Küche, Wohnzimmer, Schlafzimmer usw., auch Wohnwagen, Hotelzimmer, bewohnte Garagen, Schiffe, Hausboote usw. fallen. Darüber hinaus fallen unter den in der Legaldefinition des § 38 Abs. 1 HSOG deklaratorisch wiedergegebenen verfassungsrechtlichen Wohnungsbegriff des Art. 13 GG Nebenräume wie Dachspeicher, Keller, Flure und Ähnliches. Von der Rechtsprechung des BVerfG ebenfalls anerkannt sind die in § 38 Abs. 1 HSOG genannten Arbeits-, Betriebs- und Geschäftsräume, also solche Räume, die regelmäßig in weniger eindeutiger Weise von der Öffentlichkeit abgeschottet sind als die Wohnräume im engeren Sinne. Sie sind aber verfassungsrechtlich auch nicht so intensiv geschützt wie die anderen oben erwähnten Wohnungen; sie orientieren sich in ihrer Einschränkbarkeit vielmehr an den weiten Schranken des Art. 2 Abs. 1 GG (vgl. Rachor in: Lisken/Denninger, E Rn. 629). Das ist z.B. bei Kaufhäusern, Gaststätten, Kinos, Schwimmbädern u.Ä. der Fall (vgl. zu diesen Räumen und zu dem Streit, ob sie überhaupt dem Schutzbereich des Art. 13 GG unterliegen Rachor in: Lisken/Denninger, E Rn. 630).

242 **Schrankenregelungen** zur Unverletzlichkeit der Wohnung enthält **Art. 13 GG in den Absätzen 2 und 7**. Während Art. 13 Abs. 7 GG Einschränkungen insbesondere in Form eines Betretens der Wohnung im Wesentlichen nur in den Fällen einer dringenden Gefahr für die öffentliche Sicherheit und Ordnung erlaubt, lässt der Wortlaut des Art. 13 Abs. 2 GG ein Durchsuchen von Wohnungen ohne materiellrechtliche Voraussetzungen zu. Vom Richter anzuordnende Durchsuchungen von Wohnungen sind danach also insbesondere dann materiellrechtlich nicht zu beanstanden, wenn im Rahmen der Anordnung die sogenannten verfassungsrechtlichen Schranken-Schranken wie insbesondere der Verhältnismäßigkeits- und der Bestimmtheitsgrundsatz (vgl. BVerfGE 51, 97, 113; 57, 346, 356; 71, 64, 65) hinreichend Berücksichtigung finden. Diese Interpretation der Gesetzesvorbehalte des Art. 13 GG würde indes dazu führen, dass Eingriffe in Form von Durchsuchungen als der intensiveren

Beeinträchtigung des Grundrechts unter geringeren Voraussetzungen zulässig wären als das bloße Betreten von Wohnungen, obwohl der erstgenannte Eingriff Letzteren zwangsläufig beinhalten muss. Es wird daher zutreffend der Standpunkt vertreten, dass beim Durchsuchen von Wohnungen erst recht die Voraussetzungen des Art. 13 Abs. 7 GG für ein Betreten vorliegen müssen (vgl. etwa Wittgruber, § 38 Rn. 9). Beide Eingriffe im Sinne des § 38 HSOG sind somit grundsätzlich allein unter der Voraussetzung einer dringenden Gefahr für die öffentliche Sicherheit und Ordnung verfassungskonform (vgl. zum Ganzen Rachor in: Lisken/Denninger E Rn. 629).

Bsp.: Polizeibeamter P hat beobachtet, wie der minderjährige M Süßigkeiten von geringem Wert an einem Kiosk gestohlen hat. P gelingt es, M bis zu dessen Wohnungseingang verfolgen. Da aus präventiver Sicht jedoch keine dringende Gefahr für die öffentliche Sicherheit und Ordnung gegeben ist, scheidet nicht nur ein Betreten der Wohnung, sondern erst recht eine Durchsuchung nach § 38 HSOG zum Zwecke der Rückführung der Sachen an ihren Eigentümer bereits wegen der Schrankenregelungen des Art. 13 GG aus.

Unter Berücksichtigung dieser Schrankenregelung hat der Gesetzgeber im Anschluss an die Legaldefinition des Wohnungsbegriffs (§ 38 Abs. 1 HSOG) in den **Absätzen 2–4 und 6–7 unterschiedliche Ermächtigungsgrundlagen** zur Verfügung gestellt, die in ihren Voraussetzungen und Rechtsfolgen jeweils weitestgehend aufeinander abgestimmt sind. Dabei ist zunächst zu beachten, dass der Gesetzgeber die Eingriffsbestimmungen einerseits nach der zuständigen Behörde, andererseits nach der Rechtsfolge des jeweiligen Absatzes differenziert. So sind Eingriffe nach den **Absätzen 3 und 4 ausdrücklich den Polizeibehörden vorbehalten** (sodass in diesen Fällen für die Begründung der sachlichen Zuständigkeit kein Eilfall i.S.d. § 2 S. 1 HSOG erforderlich ist), und Maßnahmen nach Absätzen 6 und 7 haben sich wegen ihrer gesetzlich eingeräumten geringeren Eingreifschwelle auf das bloße Betreten zu beschränken, was auch die Pflicht zum Öffnen der Wohnung umfasst (a.A. Puttler, JA 2001, 669, 672). **243**

Dabei versteht man unter dem **Begriff des Betretens** das Eintreten einschließlich des Verweilens und Umschauens, während ein darüber hinaus gehendes ziel- und zweckgerichtetes Suchen nach Personen, Sachen oder Zuständen, das also dem Auffinden von etwas Verborgenem dient, bereits als ein **Durchsuchen** zu qualifizieren ist (vgl. BVerfGE 51, 97; 75, 83; 76, 83; BVerwGE 47, 31; VG Karlsruhe, Urt. v. 20.11.2011-9 K 2215/10; OLG Celle, NVwZ 2003, 894; OVG Hamburg, DVBl. 1997, 665, 666).

Bsp.: Der Polizeibeamte P tritt in eine Wohnung ein, um sich nach einem gefährlichen Serientäter zu erkundigen. Solange der Beamte etwa im Wohnungskorridor steht und lediglich einen Blick durch die geöffnete Tür in die Küche wirft, handelt es sich noch nicht um eine Durchsuchung, sondern lediglich um ein Betreten. Öffnet der Beamte hingegen die Toilettentür, weil er dahinter verdächtige Geräusche vernommen hat, so ist die Schwelle zur Durchsuchung bereits überschritten.
Betritt die Polizei eine Wohnung, um Nachschau zu halten, ob sich dort Verletzte befinden oder einen Lebensmittel verarbeitenden Betrieb zur Brand- oder Seuchenbekämpfung oder ein Bordell zum Auffinden einer Person, die sich gerade dort als Kunde aufhält, so liegt regelmäßig lediglich ein Betreten, aber keine Durchsuchung vor, solange die Nachschau nicht dem Auffinden einer verborgenen Person oder einer verborgenen Sache dient (vgl. dazu etwa VGH München BeckRS 2015, 50370 Rn. 40; VG Frankfurt, NVwZ-RR 2004, 748).

Adressat der Maßnahmen ist jeweils der Inhaber der Wohnung, wie sich bereits aus dem Wortlaut des § 38 Abs. 2, 3 u. 4 HSOG ergibt (was sinngemäß auch für die Absätze 6 und 7 gilt). §§ 6, 7 und 9 HSOG sind demzufolge als Vorschriften über die polizeipflichtige Person nicht zu prüfen, die Gefahr muss nicht vom in seinen Rechten beeinträchtigten Wohnungsinhaber ausgehen, sondern bei ihm handelt es sich **244**

um einen gegenüber den allgemeinen Adressatenbestimmungen spezialgesetzlich geregelten Normadressaten.

Bsp.: In Abwesenheit des Wohnungsinhabers W dringen aus seiner Wohnung seltsame Geräusche, die nach dem Verüben von Gewalttaten klingen. Die herbeigeeilte Polizei durchsucht die Wohnung, findet allerdings lediglich ein Liebespaar im Schlafzimmer des W vor, das es sich dort – die unverschlossene Wohnungstür ausnutzend – für ein Stündchen „gemütlich" gemacht hat. Hier ist W unabhängig von den Voraussetzungen der §§ 6, 7, 9 HSOG richtiger Adressat der polizeilichen Maßnahme (Eingriff in den Schutzbereich des Art. 13 GG).

245 Gemeint ist mit dem **Inhaber der Wohnung** der jeweilige unmittelbare Besitzer i.S.d. § 854 BGB, wobei es auf eine Rechtmäßigkeit des Besitzes oder gar den Unterzeichner eines Mietvertrages nicht ankommt. Vielmehr ist entscheidend, wer in der jeweiligen Wohnung faktisch wohnt. Bei mehreren Inhabern der Wohnung müssen grundsätzlich alle dem Betreten bzw. Durchsuchen der Wohnung zustimmen, anderenfalls wird die Ermächtigungsgrundlage des § 38 HSOG benötigt.

Bsp.: Die Polizei möchte die Wohnung eines Ehepaares wegen einer Familienstreitigkeit betreten. Die Ehefrau stimmt dem zu, der Ehemann, der sich auf der Toilette eingeschlossen hat, widerspricht dem lautstark. Hier greifen die Beamten in das Grundrecht der Ehefrau aus Art. 13 GG nicht ein, da sie durch ihre ausdrückliche Einwilligung wirksam darauf verzichtet hat. Entsprechend dem Grundsatz vom Vorbehalt des Gesetzes ist somit mangels Grundrechtseingriffs weder eine Ermächtigungsgrundlage noch überhaupt ein belastender Verwaltungsakt erforderlich.
Bezüglich des Mannes – hinsichtlich dessen die Ehefrau im konkreten Fall keine Einwilligung und damit erst recht keinen Grundrechtsverzicht erklären konnte – liegt ein Grundrechtseingriff in Art. 13 GG vor; die Beamten benötigen deshalb für den belastenden Verwaltungsakt gegenüber dem Ehemann die Ermächtigungsgrundlage des § 38 HSOG.

b) Betreten und Durchsuchen nach § 38 Abs. 2 Nr. 2 HSOG

246 Angesichts der Schrankenregelung des Art. 13 Abs. 7 GG ist **„klassische" Ermächtigungsgrundlage des § 38 HSOG dessen Abs. 2 Nr. 2**. Die hier genannte Paraphrasierung des Begriffs der dringenden Gefahr i.S.d. Art. 13 Abs. 7 GG setzt eine **gegenwärtige Gefahr für Leib, Leben oder Freiheit einer Person oder für Sachen von bedeutendem Wert** voraus. Dabei ist die Gegenwärtigkeit der Gefahr nach gängiger Auffassung dann gegeben, wenn die Gefahr für die genannten Rechtsgüter mit hoher (bzw. an Sicherheit grenzender) Wahrscheinlichkeit unmittelbar bevorsteht bzw. in allernächster Zukunft zu erwarten ist (vgl. BVerwGE 45, 51, 58; OVG Münster, Beschl. v. 30.10.2012-5 B 669/12; OLG Frankfurt, NVwZ 2002, 626, 627; OLG Düsseldorf, NVwZ 2002, 629; OVG Münster, DVBl. 1973, 922, 924). Dazu gehören selbstverständlich auch Fälle, in denen sich die Gefahr bereits realisiert hat und noch andauert (vgl. OVG Münster, Beschl. v. 30.10.2012-5 B 669/12). Ein konkreter Zeitrahmen lässt sich angesichts der Vielzahl denkbarer Fälle nicht bestimmen, der Begriff ist vielmehr flexibel zu handhaben. Entscheidend ist angesichts des Willens des Gesetzgebers, nur eilbedürftige Fälle der Ermächtigungsgrundlage des § 38 Abs. 2 Nr. 2 HSOG zuzuweisen, indem geprüft wird, ob im konkreten Einzelfall die Behörde mit ihrem Eingriff noch hätte warten können, ohne den Zweck der Maßnahme zu gefährden, sodass durchaus Fälle denkbar erscheinen, in denen eine gegenwärtige Gefahr selbst dann gegeben ist, wenn der Eintritt des Schadens noch Stunden, vielleicht sogar Tage in der Zukunft liegt.

Bsp.: Terroristen haben in einer Wohnung nach eigenen Angaben eine hochexplosive Zeitbombe versteckt, und drohen mit der Zündung in drei Tagen, wenn nicht bestimmte Forderungen erfüllt würden. Wenn die Polizei hier mit hinreichender Wahrscheinlichkeit von einer ganz bestimmten Wohnung ausgeht, in der die Bombe liegen könnte, so darf sie diese Wohnung sicherlich sofort betreten und durchsuchen, um den Sprengsatz zu entfernen. Hier wäre von einer gegenwärtigen Gefahr auszugehen, da mit dem gefahrenabwehrenden Handeln nicht mehr gewartet werden konnte, ohne die Maßnahme selbst zu gefährden: Hätten die Beamten mit dem Betreten und Durchsuchen gewartet und hätte sich dann die Annahme der Polizei bzgl. der „richtigen“ Wohnung als falsch herausgestellt, so wäre die Durchsuchung anderer Wohnungen möglicherweise zu spät gekommen.

§ 38 Abs. 2 Nr. 1, Abs. 3 u. 4 sowie 6 u. 7 HSOG halten weitere Ermächtigungsgrundlagen bereit, die aber angesichts des Gesetzesvorbehalts des Art. 13 Abs. 7 GG allesamt rechtlich umstritten sind (vgl. dazu insgesamt ausführlich: Rachor in: Lisken/Denninger, E 647 ff.). Dies wird bezüglich der Abs. 2 Nr. 1, Abs. 3 u. 4 sowie 6 daraus hergeleitet, dass Art. 13 Abs. 7 GG eine dringende Gefahr voraussetze, während die genannten Ermächtigungsgrundlagen Tatsachen ausreichen lassen, die eine gewisse Annahme rechtfertigen (zum Begriff s.o. Rn. 221), also unterhalb der Schwelle der von der Verfassung verlangten konkreten, dringenden Gefahr anzusiedeln sind. Bezüglich des § 38 Abs. 2 Nr. 1 HSOG kommt hinzu, dass dieser nicht einmal eine Gefahr für ein besonders wichtiges Rechtsgut verlangt, sondern eine gegenwärtige Gefahr i.S.d. § 40 Nr. 1 HSOG ausreichen lässt (s.o. das Beispiel mit dem Minderjährigen und den Süßigkeiten, Rn. 242). Angesichts der oben dargestellten Schranken des Art. 13 Abs. 7 GG erscheint die Kritik an diesen Ermächtigungsgrundlagen berechtigt. 247

c) Sonstige Eingriffe nach § 38 HSOG

Umstritten ist mit Blick auf Art. 13 Abs. 7 GG zudem die Ermächtigungsgrundlage des **§ 38 Abs. 7 HSOG**, die für ein Betreten eine **abstrakte Gefahr** (vgl. § 1 Abs. 1 S. 1 HSOG: „Gefahrenabwehr“) ausreichen lässt. Diese Kritik erscheint indes überzogen (so wohl auch: Meixner/Fredrich, § 38, Rn. 21 ff.; a.A.: Rachor in: Lisken/Denninger E Rn. 659; Hornmann, § 38 Rn. 35, der eine verfassungskonforme Auslegung der Bestimmung vorschlägt). Soweit es sich dabei überhaupt um von Art. 13 GG geschützte Räume handelt (vgl. Jarass/Pieroth, Art. 13 Rn. 4), kommt diesen im Falle des Betretens – und nur dazu ermächtigt § 38 Abs. 7 HSOG – ohnehin nur ein reduzierter Grundrechtsschutz des Art. 13 GG zugute (vgl. BVerwG, NJW 2005, 454). Die vom BVerfG (E 32, 54, 77) dafür genannten Voraussetzungen (verkürzt: 1. Ermächtigungsgrundlage, 2. erlaubter Zweck – hier: Gefahrenabwehr, 3. gesetzliches Erkennenlassen von Zweck und Umfang des Betretens, 4. Betreten nur zu bestimmten Zeiten) können m.E. als von § 38 Abs. 7 HSOG schon erfüllt angesehen werden. Insbesondere die immer wieder gegen die Verfassungsmäßigkeit von § 38 Abs. 7 HSOG ins Feld geführte 3. Voraussetzung des BVerfG wird durch die Beschränkung auf Fälle der Gefahrenabwehr erfüllt. Man vergleiche diese Bestimmung nur mit der m.E. tatsächlich verfassungswidrigen Vorschrift des § 49 S. 3 HKJBG. Zur wesentlichen Voraussetzung der öffentlichen Zugänglichkeit von Räumen und Grundstücken i.S.d. § 38 Abs. 7 HSOG vgl. OVG Berlin (Urt. v. 10.9.2009-1 B 29.09). 248

d) Besondere Verfahrens- und Formvorschriften für das Betreten und Durchsuchen von Wohnungen

Besondere Verfahrens- bzw. Formvorschriften enthalten **§ 38 Abs. 5** (grundsätzliches Verbot des Betretens und Durchsuchens von Wohnungen zur **Nachtzeit**; Ausnahmen sind denkbar im Rahmen des § 38 Abs. 2 Nr. 2 und Abs. 4 sowie der speziell geregelten Absätze 6 und 7) und § 39 HSOG. 249

Bei letztgenannter Vorschrift (die lediglich auf Fälle der Durchsuchung Anwendung findet) ist neben dem **Anwesenheitsrecht des Wohnungsinhabers**, der **Bekanntgabe des Grundes** und der **Niederschrift** über die Wohnungsdurchsuchung insbesondere der auf Art. 13 Abs. 2 GG beruhende **Richtervorbehalt** des § 39 Abs. 1

HSOG zu beachten, wonach Durchsuchungen von Wohnungen nur ausnahmsweise im Fall einer Gefahr im Verzuge ohne richterliche Anordnung durchgeführt werden dürfen. Der Richtervorbehalt begründet eine Pflicht der Gerichte, tagsüber uneingeschränkt erreichbar zu sein. Das gilt auch außerhalb der Dienstzeiten. Während der Nachtzeiten besteht diese Pflicht nur dann, wenn dafür grundsätzlich ein praktischer Bedarf besteht (vgl. dazu BVerfG NJW 2001, 1121 (1123); Hornmann, Rn. 8). Nach der Rechtsprechung des BVerfG ist der Begriff der **Gefahr im Verzuge eng auszulegen**. Sie ist immer dann anzunehmen, wenn die vorherige Einholung der richterlichen Anordnung den Erfolg der Maßnahme – hier also der Durchsuchung – gefährden würde (BVerfG, NJW 2002, 1333 ff., 2303 ff.; BVerfGE 51, 97, 111). Sie muss mit Tatsachen begründet werden, die auf den Einzelfall bezogen sind. Reine Spekulationen, hypothetische Erwägungen oder lediglich auf polizeiliche Alltagserfahrung gestützte, fallunabhängige Vermutungen reichen nicht aus.

Bsp.: Im Kühlhaus einer Fleischerei hängen nach Angaben eines Beschäftigten schon seit längerer Zeit Teile von Rindern, die gesetzeswidrig nicht auf BSE untersucht wurden. Über ein Durchsuchen der Räume nach dem fraglichen Fleisch darf grundsätzlich nur der Richter entscheiden. Ohne Tatsachen, die die Befürchtung begründen könnten, dass das Fleisch abhandenkommt, bevor der Richter entschieden hat, liegt keine Gefahr im Verzuge vor.

Eine Gefahr im Verzuge liegt nicht vor, wenn die Behörde deren Voraussetzungen selbst herbeiführt. Das ist etwa dann der Fall, wenn sie bei der Herbeiführung der richterlichen Entscheidung unnötig zögert (vgl. BVerfG NJW 2001, 1121 (1123)) oder sich ohne Not dem Betroffenen zu erkennen gibt und deshalb keine Zeit mehr für Einholung der richterlichen Entscheidung bleibt (vgl. OLG Düsseldorf, Beschl. v. 23.06.2016 - 3 RVs 46/16). Die Behörde darf zudem den Versuch, das Gericht zu erreichen, nicht vorzeitig abbrechen (OLG Düsseldorf, Beschl. v. 23.06.2016 - 3 RVs 46/16: 15 Minuten lang zur Mittagszeit sind zu kurz).

11. Sicherstellung (§§ 40 ff. HSOG)

a) Begriffe und Grundsätzliches

250 Das **Wesen der Sicherstellung** i.S.d. §§ 40 ff. HSOG liegt darin, dem Eigentümer bzw. Besitzer einer Sache (vgl. § 90 BGB oder eines Tieres, vgl. § 7 Abs. 1 S. 2 HSOG) die **Verfügungsgewalt zu entziehen** (so: VGH Kassel NVwZ 1987, 909; VGH Kassel DVBl. 1995, 370; zur Sicherstellung eines Radarwarngeräts vgl. VGH Mannheim, NVwZ-RR 2003, 117 f.; a.A.: VGH München BayVBl. 1989, 437) oder die Sache für den Berechtigten zu sichern und ein neues, öffentlich-rechtliches Verwahrungsverhältnis zu begründen (vgl. BeckOK PolR Hessen/Leggereit HSOG § 40 Rn. 27-28). Dabei reicht es – wie bei anderen Standardmaßnahmen auch – aus, die Sicherstellung anzuordnen. Ob sie dann auch faktisch durchgeführt wird oder gar zwangsweise durchgesetzt werden muss, spielt für die rechtliche Einordnung des Grundverwaltungsaktes zunächst keine Rolle.

Bsp.: Der Polizeibeamte fordert die Jugendlichen auf, ihm die Ecstasy-Pillen auszuhändigen (Sicherstellung durch Anordnung). Begründet der Polizeibeamte die Verwahrung, indem er die Pillen vom Tisch an sich nimmt, so ist dies ebenfalls von der Rechtsfolge des § 40 HSOG erfasst. Muss er die Pillen mit Gewalt den Jugendlichen entreißen, so hat er die Sicherstellung (Grundverwaltungsakt) mit unmittelbarem Zwang (§§ 52 Abs. 1 S. 1 i.V.m. § 55 Abs. 1, 2 HSOG) durchgesetzt.

Auch wenn durch die Sicherstellung zwar die (momentanen) Besitz-, grundsätzlich aber nicht die Eigentumsverhältnisse an der Sache verändert werden, liegt ein **Eingriff in den Schutzbereich des Art. 14 GG** vor.

Bsp.: Dem volltrunkenen A nimmt die Polizei seinen Autoschlüssel weg, damit er nicht am Straßenverkehr teilnehmen kann. Den Schlüssel erhält A am nächsten Tag zurück. Da auch der Besitz vom Schutzbereich des Art. 14 Abs. 1 S. 1 GG erfasst wird, liegt ein Eingriff in das Eigentum i.S.d. dieser Verfassungsnorm vor.

Auch unbewegliche Sachen – wie Gebäude – können sichergestellt werden. So können z.B. Personen durch Versiegelung eines Hauses gehindert werden, dieses zu betreten (vgl. Meixner/Fredrich § 40 Rn. 5). Presseerzeugnisse dürfen wegen Art. 5 Abs. 1 S. 2, 3 GG nur dann nach dem HSOG sichergestellt werden, wenn es sich um eine nicht pressespezifische Gefahr handelt, also die Gefahr nicht vom Inhalt des Presseerzeugnisses ausgeht.

Bsp.: Ein offensichtlich vom Lieferanten auf einem Autobahnrastplatz vergessener Karton mit Büchern wird von der Polizei sichergestellt, um die Sachen dem Berechtigten zurückzugeben.

Die Befugnisnorm steht sowohl den Gefahrenabwehr- wie auch den Polizeibehörden zur Verfügung, sodass für die sachliche Zuständigkeit der Polizei- und Ordnungsbehörden neben § 1 Abs. 1 HSOG der Eilfall i.S.d. § 2 S. 1 HSOG, ggf. auch der Grundsatz der Erstbefassung zu prüfen ist.

Beim von der Polizei angeordneten **Abschleppen von Kraftfahrzeugen** liegt **regelmäßig keine Sicherstellung** vor, sondern es handelt sich – zumindest nach hessischem Polizeirecht – bei dem Vorgang des Entfernens um eine sog. **unmittelbare Ausführung i.S.d. § 8 HSOG**, jedenfalls dann, wenn der Fahrzeugführer nicht erreichbar ist (vgl. VGH Kassel, NVwZ-RR 99, 24 ff. und NVwZ 2000, 102; vgl. zur Rspr. des VGH Kassel: Remmert, NVwZ 2000, 642 ff.; s.a. VG Bayreuth, Urt. v. 25.9.2012 – B 1 K 10.551; VG Gießen, NVwZ-RR 2003, 212 ff.). Ist der KFZ-Führer zum Zeitpunkt des Erlasses der Grundverfügung oder zum Zeitpunkt des Abschleppens vor Ort, so ist von einer Ersatzvornahme i.S.d. § 49 HSOG auszugehen (vgl. VGH Kassel, a.a.O.). In beiden Fällen ist nämlich das Handeln des Polizeibeamten nicht auf eine Entziehung der Sachherrschaft des Fahrzeugführers über die Sache oder die Sicherung des Fahrzeugs gerichtet, sondern auf die Abwehr einer Gefahr für Leib und Leben anderer Verkehrsteilnehmer bzw. das geschriebene Recht (Straßenverkehrsvorschriften; zum Abschleppen von Hinterhöfen als „öffentlichem Verkehrsgrund" vgl. VG Schleswig, NVwZ 2000, 460; zum Abschleppen wegen Behinderung der Grundstückszufahrt vgl. OVG Koblenz, NJW 1999, 3573).

Nur ausnahmsweise liegt eine Sicherstellung des KFZ vor, insbesondere dann, wenn das KFZ abgeschleppt wird, um es vor dem Zugriff – unberechtigter – Dritter zu schützen (Möller/Warg, Rn. 410 ff. mit z.T. abw. Meinung; VG Frankfurt, NJW 2000, 3224; s.a. VG Darmstadt, NVwZ-RR 2001, 796 f.).

b) Sicherstellung nach § 40 Nr. 1 HSOG

Die wohl **gebräuchlichste Befugnisnorm für die Sicherstellung ist § 40 Nr. 1 HSOG**. Sie setzt eine **gegenwärtige (und konkrete) Gefahr** voraus (s.o. zu § 38 HSOG, Rn. 246). Das heißt, dass eine Sache nur dann sichergestellt werden darf, wenn die Gefahr unmittelbar bevorsteht oder der Schaden schon eingetreten ist und noch andauert. 251

Bsp.: Ein Jugendlicher läuft durch die Kasseler Innenstadt und schwenkt dabei eine Reichskriegsflagge (ohne Hakenkreuz). Da hier die öffentliche Ordnung bereits gestört ist (und die

Störung noch andauert), liegt eine gegenwärtige Gefahr i.S.d. § 40 Nr. 1 HSOG vor. Die Flagge kann sichergestellt werden.

Dabei spielt es keine Rolle, ob die Gefahr bereits von der Sache selbst ausgeht – ausgebüxte giftige Schlange – oder ob erst ihr Gebrauch durch den Menschen sie gefährlich macht – sichergestellter Autoschlüssel (vgl. Möller/Warg Rn. 401).

Auch hier gilt (wie bereits im Rahmen des § 38 HSOG ausgeführt, vgl. Rn. 246), dass die **Gegenwärtigkeit** der Gefahr dann gegeben ist, wenn mit der Maßnahme **nicht mehr gewartet werden kann**, ohne dass die Abwehr der Gefahr in Frage gestellt würde. Die Gefahr kann also durchaus bereits gegenwärtig sein, wenn der Eintritt des Schadens noch Stunden, möglicherweise sogar Tage in der Zukunft liegt.

Bsp.: Polizeibeamte finden in einem PKW Bauteile für einen Sprengsatz, der nach ihren Informationen erst in zwei Tagen gezündet werden soll. Die Teile können (unbeschadet des § 40 Nr. 4 HSOG) nach § 40 Nr. 1 HSOG sichergestellt werden; es liegt eine gegenwärtige Gefahr vor, weil mit der Maßnahme nicht mehr gewartet werden kann, ohne dass die Abwehr der Gefahr in Frage gestellt würde. Vgl. auch zur Bejahung einer gegenwärtigen Gefahr in Fällen, in denen **Radarwarngeräte** geschäftlich angeboten wurden, deren Verwendung nur zu rechtswidrigen Zwecken infrage kam (VGH Mannheim NVwZ-RR 2003, 117; sa VGH München NJW 2008, 1549: bereits im Kfz angebrachtes Gerät, auch unverkabelt).

c) Sicherstellung nach § 40 Nr. 2 HSOG

252 Die zweite Möglichkeit der **Sicherstellung** bietet **§ 40 Nr. 2 HSOG**, um den Berechtigten vor Beschädigung oder Verlust einer Sache zu schützen. Trotz der subjektiven Formulierung (um... zu...) bleibt es nicht allein der Willensrichtung der handelnden Beamten überlassen, ob die Tatbestandsvoraussetzungen des § 40 Nr. 2 HSOG erfüllt sind; vielmehr muss die Wahrscheinlichkeit (konkrete Gefahr i.S.d. § 11 HSOG) bestehen, dass es ohne das Einschreiten der Behörde zu einem Schaden oder Verlust kommen wird.

Bsp.: Die Beamten entdecken an einem verkaufsoffenen Samstag in der belebten Frankfurter Innenstadt ein Cabriolet mit offenem Verdeck. Sie befürchten, dass das Fahrzeug gestohlen wird und lassen es abschleppen. Die Maßnahme ist von § 40 Nr. 2 HSOG nicht gedeckt: Es ist nicht wahrscheinlich, dass das Fahrzeug in der konkreten Situation gestohlen wird, nur weil das Verdeck offen ist (vgl. zu einem ähnlichen Fall VG Frankfurt, NJW 2000, 3324, das im dortigen Fall allerdings überzogene Anforderungen an die Voraussetzungen des § 40 Nr. 2 HSOG stellt).

Im Rahmen des § 40 Nr. 2 HSOG sind durchaus Fälle denkbar, in denen die Beamten zum **Schutz privater Rechte** handeln, nämlich dann, wenn der Verlust oder die Beschädigung der Sache nicht durch einen Straftatbestand herbeigeführt wird. In solchen Fällen müssen im Rahmen der sachlichen Zuständigkeit die erschwerten Voraussetzungen des **§ 1 Abs. 3 HSOG** erfüllt sein.

Bsp.: Das kleine Hündchen des Modezaren M ist ausgebüxt. Die Beamten fangen es ein und nehmen es zunächst mit zur Dienststelle, damit dem zarten Geschöpf im Straßenverkehr nichts zustößt. Es liegt hier ein Fall des Schutzes privater Rechte vor, wobei die Voraussetzungen des § 1 Abs. 3 HSOG für die Zuständigkeit der Beamten eindeutig erfüllt sind.

Richtiger Adressat i.S.d. § 40 Nr. 2 HSOG ist grundsätzlich die Person, die die Gefahr für Besitz oder Eigentum herbeigeführt hat, also der Verhaltensstörer nach § 6 HSOG. Rührt die Gefahr aus dem Zustand der Sache, kommt auch § 7 HSOG in Betracht, ggfs. kann auch auf den Nichtstörer nach § 9 HSOG zurückgegriffen werden (vgl. dazu auch BeckOK PolR Hessen/Leggereit HSOG § 40 Rn. 14).

d) Sicherstellung nach § 40 Nr. 3 HSOG

§ 40 Nr. 3 HSOG soll insbesondere im **polizeilichen Gewahrsam** gehaltenen Personen die Möglichkeit nehmen, mit gefährlichen Gegenständen sich selbst oder Andere an Leben oder Gesundheit oder auch nur Sachen zu beschädigen. Die Aufnahme dieser Befugnisnorm in das HSOG war erforderlich, weil Personen im polizeilichen Gewahrsam nicht lückenlos beaufsichtigt werden können und daher immer zu befürchten ist, dass sie mit gefährlichen Sachen Gefahren verursachen können (vgl. als Beispiel etwa den Sachverhalt in BGH, Urt. v. 7.1.2010-4 StR 413/09). 253

Voraussetzung des § 40 Nr. 3 HSOG ist einerseits, dass die Person **festgehalten** wird, wobei es keine Rolle spielt, ob die Rechtsgrundlage aus dem HSOG (hier abschließend: § 18 Abs. 4, § 25 Abs. 1 S. 4, § 32 HSOG) oder anderen Gesetzen entnommen wird (z.B. § 127 StPO). Zum Begriff des Festhaltens in Abgrenzung zum bloßen Anhalten s.o. zur Befragung, Rn. 154 f.

Bsp.: A wird von der Polizei zum Zwecke der Identitätsfeststellung angehalten. Schon nach einigen Sekunden zieht A plötzlich einen sog. Totschläger und bedroht die Beamten. Geistesgegenwärtig entreißt einer der Beamten sofort dem A die Sache.
Hier wäre eine Sicherstellung nach § 40 Nr. 1 HSOG einschlägig, § 40 Nr. 3 HSOG scheidet als Befugnisnorm aus, weil A im Zeitpunkt der Sicherstellung noch nicht festgehalten wird.

Auf die Rechtmäßigkeit des Festhaltens kommt es nicht an (argumentum ad absurdum, vgl. BeckOK PolR Hessen/Leggereit HSOG § 40 Rn. 11). Weitere Voraussetzung des § 40 Nr. 3 HSOG ist es, dass die festgehaltene Person oder ein anderer die Sache zu einem der genannten Zwecke **„verwenden kann"**. Der Verzicht des Gesetzgebers auf jegliche Gefahrenbegriffe macht deutlich, dass es **nicht auf eine Wahrscheinlichkeit des Schadenseintritts ankommt**, sondern es vielmehr entscheidend ist, ob die Sache zur Verwirklichung eines der Zwecke **objektiv geeignet** ist (z.B. Gürtel zum Strangulieren, Stecknadeln zur Verletzung, Mobiltelefone zum Verständigen von Fluchthelfern usw.). Das führt konsequenterweise dazu, hier den Adressaten der Maßnahme nicht nach den allgemeinen Bestimmungen der §§ 6, 7, 9 HSOG zu prüfen, sondern von einem **spezialgesetzlich geregelten Normadressaten**, nämlich der Person, die festgehalten wird, auszugehen.

Letztlich läuft der offene Tatbestand darauf hinaus, bei objektiver Eignung der Sachen zu einem der genannten Zwecke deren Sicherstellung bereits im Rahmen einer abstrakten Gefahr zuzulassen, d.h. schon dann, wenn der Beamte zum Zwecke der Gefahrenabwehr handelt.

Bsp.: Beim nach § 32 Abs. 2 HSOG Festgehaltenen dessen Comic-Heft sicherzustellen, wäre sicher nicht ohne Weiteres von § 40 Nr. 3 HSOG gedeckt.

Schließlich setzt § 40 Nr. 3 HSOG voraus, dass die Sache von der festgehaltenen Person **mitgeführt** wird, das heißt, dass sie jederzeit und ohne große Schwierigkeit auf sie einwirken kann (vgl. etwas enger: Rachor in: Lisken/Denninger E Rn. 700). Diese Voraussetzung dürfte in Fällen des § 40 Nr. 3 HSOG regelmäßig erfüllt sein.

Bsp.: A wird gem. § 32 Abs. 1 Nr. 2 HSOG in Gewahrsam genommen. Es besteht kein Grund, sein Messer, das in seinem KFZ deponiert ist, nach § 40 Nr. 3 HSOG sicherzustellen, da er es während der Dauer des Gewahrsams nicht mit sich führt.

e) Sicherstellung nach § 40 Nr. 4 HSOG

§ 40 Nr. 4 HSOG erlaubt schließlich eine Sicherstellung, wenn **tatsächliche Anhaltspunkte** die Annahme rechtfertigen, dass sie zur Begehung einer **Straftat oder Ordnungswidrigkeit** gebraucht oder verwertet werden soll. Zum Begriff der tatsächli- 254 chen Anhaltspunkte, vgl. Rn. 153. Ob der Adressat der Maßnahme **schuldhaft handelt, ist unerheblich** (vgl. Meixner/Fredrich, § 40 Rn. 12). Die Eingreifschwelle der Polizei wird demzufolge bei bevorstehenden Straftaten und Ordnungswidrigkeiten deutlich herabgesetzt; ein Einschreiten erfordert keine konkrete Gefahr. Demzufolge ist auch ein Adressat nicht nach §§ 6, 7, 9 HSOG erforderlich, sondern er ergibt sich als **spezialgesetzlich geregelter Normadressat** unmittelbar aus der Befugnisnorm des § 40 Nr. 4 HSOG (jede Person, die Eigentümer und/oder Besitzer der Sache ist). Unter Gebrauch i.S.d. Befugnisnorm ist der Einsatz der Sache zur Verwirklichung, unter Verwertung die Verwendung der Sache zur Vorbereitung der Tat zu verstehen.

Bsp.: In letzter Zeit kam es in der Stadt KS vermehrt zu Wohnungseinbrüchen in der frühen Abendzeit. Eines Tages im Dezember gegen 17 Uhr trifft die Polizei drei Jugendliche an, die eine Brechstange und einen Bolzenschneider mit sich führen und dafür widersprüchliche Erklärungen abgegeben. Die Polizei stellt die Sachen nach § 40 Nr. 4 HSOG sicher, weil tatsächliche Anhaltspunkte die Annahme rechtfertigen, dass die Gegenstände für eine Straftat nach § 244 Abs. 1 Nr. 3 StGB evtl. i.V.m. § 244 a StGB gebraucht werden sollen. Im Rahmen der Verhältnismäßigkeit und unter Berücksichtigung der Umstände des Einzelfalles könnte evtl. auch eine Taschenlampe sichergestellt werden, da sie zur Begehung der Straftat zumindest verwertet, also zur Vorbereitung der Tat verwendet werden soll.

f) Besondere Verfahrens- und Formvorschriften für die Sicherstellung und § 43a HSOG

255 Als **besondere Verfahrens- und Formvorschriften** sind die zahlreichen Bestimmungen der **§§ 41-43 HSOG** zu beachten (vgl. dazu im Einzelnen die ausführlichen VVHSOG und BeckOK PolR Hessen/Leggereit HSOG § 41-43). Insbesondere sind danach sichergestellte Sachen grundsätzlich (siehe zu den Ausnahmen § 41 Abs. 1 S. 2 und 3 HSOG etwa bei großen Tieren – z.B. Elefanten –, vgl. zu ihnen aber auch die systemfremd anmutende repressive Möglichkeit der Einziehung i.S.d. § 43 a Abs. 4 S. 3 HSOG bei gefährlichen Tieren) in **Verwahrung** zu nehmen (vgl. § 41 Abs. 1 S. 1 HSOG), und es ist **Wertminderungen vorzubeugen** (vgl. § 41 Abs. 3 HSOG; vgl. zu etwaigen Amtshaftungsansprüchen OLG Schleswig, NVwZ 2000, 234 ff.). Grundsätzlich sind sichergestellte Sachen herauszugeben, sobald der Grund für die Sicherstellung weggefallen ist (vgl. § 43 Abs. 1 S. 1 HSOG). Dies gilt aber insbesondere dann nicht, wenn durch die Herausgabe erneut die Voraussetzungen für eine Sicherstellung eintreten würden (vgl. § 42 Abs. 1 S. 3 HSOG; s.a. § 42 Abs. 4 HSOG).

Bsp.: Stellt die Polizei Reichskriegsflaggen sicher und ist zu besorgen, dass der Eigentümer sie nach Herausgabe wieder in der Öffentlichkeit zeigen wird, so ist eine Herausgabe der Flaggen nach § 42 Abs. 1 S. 3 HSOG ausgeschlossen (vgl. VGH Kassel, Beschl. v. 2.12.1999, Az.: 2 E 814/94 (2)).

Die **Kosten** für die Sicherstellung einschließlich der Kosten der Verwertung, Unbrauchbarmachung und Vernichtung sichergestellter Sachen fallen dem Verhaltens- bzw. Zustandsstörer zur Last (vgl. § 43 Abs. 3 HSOG).
§ 43a HSOG enthält ein repressives Verbot mit Befreiungsvorbehalt und einen Bußgeldtatbestand für das nicht gewerbsmäßige Halten gefährlicher Tiere wild lebender Arten. Eigene Befugnisnormen für gefahrenabwehrende Rechtseingriffe enthält § 43a HSOG nicht. Insoweit ist auf die Bestimmung der §§ 11 ff. HSOG zurückzugreifen. Von der in § 43a Abs. 1 S. 2 HSOG gegebenen Legaldefinition werden laut einer vom Land Hessen herausgegebenen Liste bspw. **folgende Tiere** erfasst: bestimmte Insekten, Spinnentiere (zB Skorpione), Spinnen (zB Vogelspinnen), Froschlurche, Reptilien (alle Krokodile, bestimmte Echsen, Schlangen und Schildkröten), Menschenaf-

fen (Gorillas, Orang-Utans, Schimpansen) und Raubtiere (insbes. Großkatzen und Bären).
Da § 43a HSOG keine eigenen Befugnisnormen zur Durchsetzung von Verboten enthält, ist insbesondere auf §§ 40 ff. HSOG zurückzugreifen und die damit gegebene Möglichkeit, gefährliche Tiere sicherzustellen. Als ultima ratio kommt auch eine Tötung des Tieres in Betracht, vgl. § 42 Abs. 4 Nr. 1 HSOG (s.a. Hornmann HSOG Rn. 23). Zuständig ist für solche Maßnahmen die Bezirksordnungsbehörde (das Regierungspräsidium), im Eilfall nach § 2 S. 1 HSOG auch die Polizeibehörde. § 43a Abs. 4 HSOG bestimmt Fehlverhalten als Ordnungswidrigkeiten, die mit einer Geldbuße bis zu 5000 € geahndet werden können.

12. Moderne Datenerhebung und -verarbeitung

a) Begriffe und Grundsätzliches

Seit dem sogenannten **Volkszählungsurteil des BVerfG** vom 15.12.1983 (vgl. **256** BVerfGE 65, 1 ff.), wonach dem Bürger ein **Recht auf informationelle Selbstbestimmung** zusteht, das auf dem allgemeinen Persönlichkeitsrecht fußt (vgl. insbes. zu polizeilichen Maßnahmen BayVerfGH, NVwZ 2006, 1284 ff.; VG Freiburg, NVwZ-RR 2006, 322 ff.) und wonach grundsätzlich er selbst über die Preisgabe und Verwendung seiner personenbezogenen Daten entscheiden kann, finden sich datenschutzrechtliche Bestimmungen in zahlreichen Gesetzen, die insbesondere dem Vorbehalt des Gesetzes und dem Prinzip der Verhältnismäßigkeit Rechnung tragen sollen (vgl. dazu OVG Hamburg, NVwZ-RR 2009, 878, 880).

Während bis dahin die Erhebung und Verarbeitung personenbezogener Daten im Allgemeinen als eingriffsloses Verwaltungshandeln des Staates eingeordnet wurde (vgl. Götz, § 7 Rn. 9), ist seit dieser Entscheidung anerkannt, dass ein solches Verhalten der öffentlichen Verwaltung einer gesetzlichen Befugnisnorm bedarf (vgl. Götz, § 7, Rn. 9). Seitdem wurden neben dem **BundesdatenschutzG** (Geltungsbereich grds.: Eingriffe durch öffentliche Stellen des Bundes sowie durch nicht öffentliche Stellen) nicht nur die **Datenschutzgesetze der einzelnen Bundesländer** geschaffen, die insbesondere allgemeine Regelungen sowie Begriffsbestimmungen enthalten, sondern auch der so genannte **bereichsspezifische Datenschutz**, der – wie die Normen §§ 13–29 HSOG für die Gefahrenabwehr – den Datenschutz für bestimmte Materienbereiche speziell, und damit vorrangig, regelt (so z.B. auch für das Sozialrecht, Strafverfahrensrecht, Schulrecht, Gesundheitsrecht und Telekommunikationsrecht, wichtig für die Gefahrenabwehr s. insbesondere § 31 Hess. MeldeG i.V.m. § 8 Hess. MeldedatenübermittlungsVO sowie §§ 14, 16, 22 AZRG).

Dabei ist eine gewisse Überinterpretation des Volkszählungsurteils nicht zu verkennen, wenn man etwa bedenkt, dass der Datenschutz im HSOG über 20 Paragrafen vereinnahmt (mit seit Jahren steigender Tendenz), äußerst umstrittene Eingriffe, wie die des Verbringungsgewahrsams, allenfalls in den Verwaltungsvorschriften des HSOG ihren Niederschlag finden (vgl. dort etwa Ziffer 32.1.2) und selbst die explizite Regelung über den sog. finalen Rettungsschuss (§ 60 Abs. 2 S. 2 HSOG) jahrelang auf sich warten ließ.

Unter **personenbezogenen Daten** versteht man Einzelangaben über persönliche **257** und sachliche Verhältnisse einer bestimmten oder bestimmbaren natürlichen Person (Betroffener, vgl. § 2 Abs. 1 HDSG).

Bsp.: Der Polizeibeamte P ermittelt die Telefonnummer einer Person, die er zu einer bestimmten polizeilichen Angelegenheit befragen möchte. Er erhebt (wenn auch relativ harmlose) Angaben über sachliche Verhältnisse (Telefonanschluss) einer bestimmten Person.

258 **Bestimmbar** ist die Person, wenn die Identität im Zeitpunkt der Datenerhebung oder -verarbeitung noch nicht feststeht, aber mit vertretbarem Aufwand eindeutig bestimmt werden kann.

Bsp.: Der Polizeibeamte P ermittelt die Telefonnummer des Geschäftsführers der X-GmbH, dessen Identität er noch nicht kennt. P erhebt personenbezogene Daten über eine (über das Handelsregister) bestimmbare Person.

259 Unter **Datenverarbeitung** insgesamt versteht man namentlich das Erheben, Speichern, Übermitteln, Sperren und Löschen von Daten, wobei jeder dieser Tätigkeiten im HSOG besondere Regelungen zugewiesen sind (vgl. §§ 13 ff. HSOG).

b) Allgemeine datenschutzrechtliche Grundsätze

260 Datenerhebung ist das Beschaffen von Daten über den Betroffenen (§ 2 Abs. 2 Nr. 2 HDSG). Insbesondere diese Form der Datenverarbeitung erfordert das Beachten allgemeiner datenschutzrechtlicher Grundsätze, die auch im bereichsspezifischen Datenschutz des HSOG normiert sind.

261 So ist bei der Erhebung von personenbezogenen Daten zum einen der **Zweckbestimmungsgrundsatz** des § 13 Abs. 5 HSOG zu beachten, wonach die Erhebung zu unbestimmten oder noch nicht bestimmbaren Zwecken unzulässig ist. Die Vorschrift soll verhindern, dass personenbezogene Daten ohne konkreten Bezug zur Gefahrenabwehr sozusagen auf Vorrat oder aufs Geratewohl erhoben werden.

Bsp.: Der Polizeibeamte erhebt personenbezogene Daten über Obdachlose in der Innenstadt der hessischen Stadt KS, ohne dazu einen konkreten Anlass mit Bezug zur Gefahrenabwehr zu haben. Seinem jüngeren Kollegen erklärt er, man wisse ja nie, was die Betroffenen noch so alles anstellen würden. Die Maßnahmen widersprechen der Bestimmung des § 13 Abs. 5 HSOG und sind damit rechtswidrig.

262 § 13 Abs. 6 HSOG schreibt darüber hinaus den sogenannten **Unmittelbarkeitsgrundsatz** bei der Datenerhebung vor. Danach sind personenbezogene Daten grundsätzlich bei der betroffenen Person zu erheben.

Bsp.: Der Polizeibeamte P möchte gern wissen, ob der A ein Muttermal am Oberschenkel hat. P muss sich grundsätzlich bei A selbst erkundigen, nicht bei dessen Nachbarn, Arbeitskollegen oder Arzt.

§ 13 Abs. 6 HSOG lässt allerdings Ausnahmen insbesondere dann zu, wenn die Umgehung des Offenheitsgrundsatzes im Interesse des Betroffenen liegt oder die Daten allgemein zugänglichen Quellen entnommen werden können.

Bsp.: Der Polizeibeamte möchte wissen, ob A noch in der X-Straße 10 wohnt und schaut zu diesem Zwecke auf das Klingelschild oder in das Telefonbuch. Der Unmittelbarkeitsgrundsatz wäre dann nicht verletzt.

263 Zu beachten ist weiter der so genannte **Offenheitsgrundsatz** des § 13 Abs. 7 HSOG. Danach müssen sich die Gefahrenabwehr- und Polizeibehörden bei der Datenerhebung zu erkennen geben, sie müssen also grundsätzlich mit „offenem Visier" arbeiten.

Bsp.: Der Polizeibeamte P möchte gern von A wissen, ob er Beobachtungen gemacht habe, die zum Ergreifen eines Serienmörders führen könnten. Er ruft deshalb unter einem Vorwand bei A an und befragt diesen unter Vorspiegelung einer falschen Identität. Die Befragung wäre rechtswidrig, weil ein Verstoß gegen § 13 Abs. 7 HSOG vorliegt.

Allerdings lässt auch der Offenheitsgrundsatz zahlreiche Ausnahmen zu. Sie sind immer dann zulässig, wenn bei offenem Vorgehen die Erfüllung der behördlichen Aufgaben erheblich gefährdet würde oder wenn anzunehmen ist, dass dies dem überwiegenden Interesse des Betroffenen entspricht.

Bsp.: Polizeibeamte wollen während eines Fußballspiels herausfinden, wie sich eine Hooligangruppe, von der wahrscheinlich Gewalttaten ausgehen werden, in den nächsten Minuten verhalten wird. Einer der Polizeibeamten stellt sich in Zivilkleidung zu den Hooligans und belauscht diese. Die Maßnahme verstößt nicht gegen den Offenheitsgrundsatz, denn anders wäre die Datenerhebung kaum möglich.

Weitere Ausnahmen sind als Abweichungen von den allgemeinen Grundsätzen der **264** Datenerhebung selbstverständlich zulässig, wenn dies spezialgesetzlich geregelt ist (Lex specialis derogat Legi generali). Das ist namentlich der Fall in den Bestimmungen der §§ 15 Abs. 1 Nr. 2 HSOG (Einsatz technischer Mittel) und § 16 HSOG (Einsatz von V- und VE-Personen).

Schließlich ist die **Hinweispflicht** des § 13 Abs. 8 HSOG zu beachten, wonach unabhängig davon, ob die personenbezogenen Daten bei der betroffenen Person oder bei Dritten erhoben werden, insbesondere ein Hinweis auf eine bestehende oder nicht bestehende Auskunftspflicht zu erfolgen hat, es sei denn, der Hinweis würde die Erfüllung der dienstlichen Aufgaben gefährden oder erheblich erschweren.

c) Wesentliche Eingriffsbefugnisse

Zu den **wichtigsten Eingriffsgrundlagen des modernen Datenschutzes** im Rah- **265** men des hessischen Polizeirechts zählen zunächst die allgemeinen Bestimmungen zur Erhebung personenbezogener Daten (§ 13 Abs. 1 und 2 HSOG, seit 2015 ergänzt um Regelungen zur Zuverlässigkeitsprüfung nach §§ 13a und b HSOG), die Erhebung bei öffentlichen Veranstaltungen, Ansammlungen, Versammlungen und Aufzügen sowie an öffentlichen Orten und Einrichtungen (§ 14 HSOG), Observation und Einsatz technischer Mittel (§ 15 HSOG), die Telekommunikationsüberwachung (§ 15a HSOG), die Telekommunikationsüberwachung an informationstechnischen Systemen (§ 15 b HSOG), der Datenabgleich (§ 25 HSOG) sowie die so genannte Rasterfahndung nach § 26 HSOG mit je nach Eingriffstiefe unterschiedlichsten Tatbestandsvoraussetzungen (vgl. zu den Anforderungen BVerfG, NJW 2006, 1939).

So erlaubt § 13 Abs. 1 Nr. 1 HSOG die Erhebung personenbezogener Daten dann, **266** wenn u.a. eine Einwilligung des Betroffenen vorliegt oder zumindest fingiert werden kann. **§ 13 Abs. 1 Nr. 2 HSOG** schon dann, wenn die Erhebung personenbezogener aus allgemein zugänglichen Quellen erfolgt. § 13 Abs. 1 Nr. 3 HSOG erlaubt sie, wenn die dort genannten, § 18 Abs. 1 HSOG nachempfundenen Voraussetzungen – insbesondere die einer (konkreten) Gefahr für die öffentliche Sicherheit oder Ordnung – erfüllt sind, ohne dass es darüber hinaus auf die Adressateneigenschaft des Betroffenen nach §§ 6, 7, 9 HSOG ankäme. Zudem können personenbezogene Daten nach dem der Bestimmung des § 18 Abs. 2 HSOG nachempfundenen § 13 Abs. 2 HSOG auch unterhalb der Schwelle einer konkreten Gefahr erhoben werden (zum Begriff der „tatsächlichen Anhaltspunkte" s.o. Rn. 153). Die für § 13 Abs. 2 Nr. 1 HSOG und § 18 Abs. 2 Nr. 1 a HSOG bestimmte Legaldefinition des Begriffs „erheblicher Straftaten" enthält § 13 Abs. 3 HSOG.

§ 14 HSOG enthält neben der neueren Bestimmung zur Datenerhebung mittels **Bild- 267 übertragung an öffentlichen zugänglichen Orten und besonders gefährdeten öffentlichen Einrichtungen** (Abs. 3 und 4; vgl. ausführlich zur Baden-Württembergischen Parallelvorschrift VGH Mannheim, NVwZ 2004, 498 ff.) auch zwei Befugnisnormen zur **Datenerhebung bei oder im Zusammenhang mit öffentlichen Veranstaltungen oder Ansammlungen (Abs. 1), Versammlungen oder Aufzügen (Abs. 2)** unterhalb der Schwelle einer konkreten Gefahr. Mit dem 8. HSOG-Änderungsgesetz vom 15.12.2004 wurde § 14 Abs. 5 in das HSOG aufgenommen. Die Vorschrift erlaubte die **automatisierte Erhebung personenbezogener Daten – nämlich die von KFZ-Kennzeichen** – zum Zwecke des Abgleichs mit dem Fahndungsbestand (§ 25 Abs. 1 S. 3 HSOG). So wünschenswert eine solche Eingriffsbefugnis aus Sicht der Polizeibehörden auch gewesen sein mag, darf hier nicht übersehen werden, dass sowohl die Erhebung als auch der anschließende Abgleich der personenbezogenen Daten praktisch voraussetzungslos und rein routinemäßig erlaubt wurden (vgl. zu diesem Komplex auch OVG Hamburg, NVwZ-RR 2009, 878, 881). Insoweit begegnete die Ermächtigungsgrundlage des § 14 Abs. 5 HSOG von Anfang an auch dann verfassungsrechtlichen Bedenken, wenn sie in S. 2 das unverzügliche Löschen der Daten vorschrieb und somit die Eingriffstiefe der auf diese Norm sich stützenden Maßnahmen gering war. Das Bundesverfassungsgericht zog daraus mit seinem Urteil vom 11.3.2008 (GVBl. I, 2008, S. 722) die Konsequenz und erklärte die Bestimmung als für mit Art. 2 Abs. 1 i.V.m. Art. 1 Abs. 1 GG unvereinbar und nichtig. Mit Gesetz vom 14.12.2009 hat der Gesetzgeber § 14 a ins HSOG eingeführt, der erneut „automatische Kennzeichenlesesysteme" zulässt. Allerdings dürfen diese nicht mehr flächendeckend, sondern grundsätzlich nur noch zur Abwehr einer konkreten Gefahr, nicht längerfristig und nicht dauerhaft eingesetzt werden. Durch die engeren Voraussetzungen und dezidierte Verfahrensvorschriften in § 14 a HSOG hat der Gesetzgeber auf die Rechtsprechung des Bundesverfassungsgerichts reagiert.

Zum **Zwecke der Eigensicherung** ist es den Polizeibehörden gem. § 14 Abs. 6 HSOG auch gestattet, Personen, deren Identität nach diesem Gesetz oder anderen Rechtsvorschriften – also auch repressiven Bestimmungen wie § 163 b StPO – festgestellt werden soll, **offen zu beobachten und dies aufzuzeichnen**, insbesondere wenn dies zum Zwecke der Eigensicherung notwendig erscheint. Erlaubt sind sowohl Bild- als auch Tonaufnahmen. Die Maßnahme ist allerdings auf öffentlich zugängliche Orte beschränkt und soll mit ihrem Abschreckungscharakter den Adressaten der Identitätsfeststellung davon abhalten, Polizeibeamte oder Dritte anzugreifen.

268 Die Befugnisnormen für die recht eingriffsintensiven Maßnahmen der Datenerhebung durch Observation und Einsatz technischer Mittel (Legaldefinitionen vgl. **§ 15 Abs. 1 Nrn. 1 u. 2 HSOG**) mit ihren umfangreichen besonderen Verfahrens- und Formvorschriften befinden sich in § 15 Abs. 2 S. 1, Abs. 4, Abs. 6 S. 1, Abs. 7 S. 1 HSOG. Zwar sind die dort genannten Maßnahmen neben dem Vorliegen einer konkreten Gefahr für Leib, Leben (oder Freiheit) einer Person i.S.d. § 15 Abs. 2 S. 1 Nr. 1, Abs. 4 (präventiver großer Lauschangriff), Abs. 6 S. 1 HSOG auch bereits unterhalb der Schwelle einer konkreten Gefahr zulässig (zum Begriff der „tatsächlichen Anhaltspunkte" i.S.d. § 15 Abs. 2 Nrn. 2, 3, 4 HSOG s.o. zu § 12 HSOG, Rn. 153), doch wird die Einschreitschwelle in letzteren Fällen dadurch angehoben, dass es sich um Fälle handelt, die dem Bereich der Kapitalverbrechen oder der organisierten Kriminalität und nicht etwa dem Durchschnitts- oder gar Bagatellbereich zuzuordnen sind.

269 Es liegt aufgrund des § 38 Abs. 7 HSOG nahe, die Observation schon bei jeder Art von Gefahr zuzulassen (vgl. § 15 Abs. 4 S. 6 HSOG – so wohl noch Meixner, 7. A., § 15 Rn. 12). Das ist allerdings deshalb nicht haltbar, weil dann die Observation in solchen Räumen unter geringeren Voraussetzungen zulässig wäre als nach § 15 Abs. 2 HSOG, also z.B. in einem Park. Daher sollte in öffentlich zugänglichen Räumen § 15 Abs. 2 (analog) angewendet werden (so nunmehr auch Meixner/Fredrich seit der 9. A., § 15 Rn. 12).

Bsp.: A und B planen den Diebstahl eines KFZ. Die Polizei erhält diesbezüglich Hinweise und observiert die beiden in öffentlich zugänglichen Räumen.
Lösung: Bei Anwendung des § 38 Abs. 7 HSOG über § 15 Abs. 4 S. 2 HSOG wäre die Observation zulässig, obwohl eine solche Maßnahme im Freien nach § 15 Abs. 2 HSOG unzulässig wäre. Unter analoger Anwendung letztgenannter Bestimmung muss demnach auf die Observation verzichtet werden.

§ 15 a HSOG erlaubt in seinen Absätzen 1-4 nun auch ausdrücklich präventive Eingriffe in das Recht auf das Brief-, Post- und Fernmeldegeheimnis i.S.d. Art. 10 GG (vgl. auch § 10 HSOG). Diese präventive Eingriffsbefugnis (vgl. zu den repressiven Möglichkeiten insbesondere § 100 a StPO) erlaubt den Polizeibehörden den Zugang insbesondere zu **Inhalten von Telefonaten inklusive des Standortes der Telefonierenden** (§ 15 a Abs. 1 HSOG) sowie Auskunft über Verkehrsdaten und über Inhalte im Kommunikationsnetz (noch) gespeicherter Daten (insbesondere aus Mailboxen oder E-Mails) (§ 15 a Abs. 2 HSOG, vgl. im einzelnen Wittgruber, § 15 a, Rn. 26). Formen der Telekommunikation sind nicht nur Verbindungen per Festnetz- oder Mobiltelefon, sondern insbesondere auch Bild- und Textübermittlungen per Mobiltelefon, Fax und Telex sowie digitale Nachrichtenübermittlungen über das Internet, beispielsweise per E-Mail. Inhalte der Telekommunikation sind insbesondere Gesprächsinhalte, Töne, Bilder oder Zeichen (vgl. Wittgruber, § 15 a, Rn. 6). Unter Verkehrsdaten versteht man insbesondere die Zeitpunkte von Beginn und Ende, die Nummern der Anschlüsse sowie bei mobilen Geräten die Standortkennung (vgl. Wittgruber, § 15 a, Rn. 7). Bestandsdaten (die zur Begründung oder Änderung des Vertragsverhältnisses erhoben werden) sind insbesondere Name, Anschrift und Rufnummern.

Zulässig ist zudem ein von der Polizeibehörde selbst betriebenes Gerät – so genannter IMSI-Catcher (International Mobile Subscriber Identity) –, das die Ortung von Mobiltelefonen und die Ermittlung von Geräte- und Kartennummern zulässt (§ 15 a Abs. 3 HSOG). Mit der Kartennummer können die Telefonnummer und die Identität des Nutzers beim Netzbetreiber ermittelt werden. Die Gerätenummer kann dann von Interesse sein, wenn ein Mobiltelefon mit wechselnden SIM-Karten betrieben wird (vgl. zum Ganzen Wittgruber, § 15a, Rn. 35).

Mit Gesetz zur Änderung des HSOG vom 14.12.2009 wurde in § 15 a Abs. 4 HSOG zudem die Möglichkeit geschaffen, zur Abwehr einer gegenwärtigen Gefahr für Leib, Leben oder Freiheit einer Person Telekommunikationsverbindungen durch den Einsatz technischer Mittel zu unterbrechen oder zu verhindern. Damit kann z.B. die Kommunikation eines Täters mit seinen Gehilfen unterbunden werden. § 15a Abs. 5-7 enthält besondere Verfahrensvorschriften.

Ebenfalls mit Gesetz vom 14.12.2009 neu eingefügt wurde die Befugnis, eine Telekommunikationsüberwachung an informationstechnischen Systemen durchzuführen (§ 15 b HSOG). Auch hier erlaubt somit der Gesetzgeber präventive Eingriffe in das Recht auf das Brief-, Post- und Fernmeldegeheimnis i.S.d. Art. 10 GG (vgl. auch § 10 HSOG). Es kann sein, dass im Zusammenhang mit dem Installieren der Überwachungssoftware auf einen Rechner auch ein Eingriff in das Recht auf Unverletzlichkeit der Wohnung i.S.d. Art. 13 GG vorliegt, wenn nämlich dazu ein vorheriges Betreten der Wohnung erfolgt (vgl. Wittgruber, § 15b, Rn. 2). Mit § 15b HSOG wurde die Möglichkeit geschaffen, ohne Wissen der betroffenen Person durch Überwachung und Aufzeichnung laufender Telekommunikationsvorgänge in informationstechnische Systeme einzugreifen. Eine Eingriffsnorm für sog. Online-Durchsuchungen stellt § 15b HSOG nicht dar (vgl. § 15 b Abs. 1 Nr. 1 HSOG; Wittgruber, § 15b, Rn. 1).

Die Rechtsgrundlage war erforderlich geworden, um gerade den technischen Neuerungen um die sog. Voice-over-IP-Telefonie gerecht zu werden. Mit ihr soll nicht nur der Nutzung moderner Kommunikationstechnologien im Terrorismusbereich, sondern auch in der organisierten Kriminalität und anderen Segmenten der Schwerstkriminalität entgegengetreten werden. Insbesondere durch die Verwendung von Verschlüsselungen oder Anonymisierungen wurden die bisher gängigen Telekommunikationsüberwachungen erschwert oder unmöglich gemacht.

Die Maßnahme ist nur zulässig, wenn dies zur Abwehr einer gegenwärtigen Gefahr für Leib, Leben oder Freiheit einer Person unerlässlich ist und u.a. die zahlreichen Verfahrensvorschriften der neuen Bestimmung gewahrt werden. Nach § 15 b HSOG kommen als Adressaten solcher Maßnahmen nur Verantwortliche i.S.d. §§ 6 und 7 HSOG sowie unvermeidbar betroffene andere Personen in Betracht. Das schließt einen Rückgriff auf nicht verantwortliche Personen i.S.d. § 9 HSOG aus.

270 Kein Fall der Datenerhebung, sondern ein besonderer Fall der Datenverwendung (Meixner/Fredrich § 25 Rn. 3) ist der Eingriff in das Recht auf informationelle Selbstbestimmung durch **Datenabgleich**, **§ 25 Abs. 1 S. 1–3 HSOG**. Da ein Abgleich personenbezogener Daten nach dieser Bestimmung nur mit den Dateien der Polizei erfolgen darf, die Daten im positiven Fall der Polizei demnach ohnehin schon bekannt waren, ist der Eingriff von eher geringer Intensität. Entsprechend niedrig ist die tatbestandliche Eingreifschwelle der Vorschrift: Der Abgleich personenbezogener Daten ist daher den Polizeibehörden schon dann erlaubt, wenn es sich bei der betroffenen Person um einen Verhaltens- oder Zustandsstörer i.S.d. §§ 6, 7 HSOG oder um eine Person i.S.d. § 13 Abs. 2 Nr. 1 HSOG handelt.

Bsp.: Die Polizei stoppt einen Raser, der mit 100 km/h sein Fahrzeug durch eine geschlossene Ortschaft lenkte. Der Fahrzeugführer ist Verhaltensstörer, die über ihn vor Ort erhobenen personenbezogenen Daten (Personalien) können gem. § 25 Abs. 1 S. 1 HSOG mit den polizeilichen Dateien abgeglichen werden.

Darüber hinaus erlaubt **§ 25 Abs. 1 S. 2 HSOG** den Polizeibehörden den Datenabgleich bereits bei tatsächlichen Anhaltspunkten (zum Begriff s.o. zur Befragung, Rn. 153), die für die Erfüllung einer bestimmten polizeilichen Aufgabe sprechen. Schließlich dürfen die Polizeibehörden routinemäßig, d.h. ohne weitere tatbestandliche Voraussetzungen sämtliche im Rahmen ihrer Aufgabenerfüllung erlangten Daten mit dem sogenannten Fahndungsbestand abgleichen, **§ 25 Abs. 1 S. 3 HSOG**.

Bsp.: Die Polizeibeamten erheben im Rahmen einer routinemäßigen Kontrolle personenbezogene Daten eines Kraftfahrers (Personalien). Diese dürfen sie ohne weitere Voraussetzungen mit den polizeilichen Dateien abgleichen, allerdings nach § 25 Abs. 1 S. 3 HSOG nur mit dem Fahndungsbestand.

Diese Bestimmung dürfte nach Einführung des Informationssystems POLAS in die hessische EDV keine Rolle mehr spielen, da ein gesonderter Abruf des Fahndungsbestandes nach diesem System technisch nicht mehr vorgesehen ist.

Über den Datenabgleich selbst hinaus, erlaubt **§ 25 Abs. 1 S. 4 HSOG** (neben § 18 Abs. 4 und § 32 HSOG) den Polizeibehörden eine Freiheitsentziehung, indem sie die angehaltenen Personen für die Dauer des Datenabgleichs auch festhalten darf.

Auch die Gefahrenabwehrbehörden sind – unter den Voraussetzungen des § 20 HSOG – zum Datenabgleich, nicht aber zu freiheitsentziehenden Maßnahmen befugt, § 25 Abs. 2 HSOG.

271 **§ 26 HSOG** gestattet den Polizeibehörden „besondere Formen des Datenabgleichs", die so genannte **Rasterfahndung,** wonach die Übermittlung personenbezogener Daten bestimmter Personengruppen von öffentlichen – nicht notwendigerweise polizeilichen – oder nicht öffentlichen Stellen verlangt werden kann, um sie dann mit anderen Datenbeständen – wiederum nicht notwendigerweise polizeilichen – automatisiert abzugleichen. Hier liegt gegenüber dem Datenabgleich i.S.d. § 25 HSOG ein deutlich intensiverer Eingriff vor, da zum einen nicht nur einzelne Personen, sondern ganze Personengruppen vom Datenabgleich betroffen sind und darüber hinaus der Abgleich nicht allein innerhalb der polizeilichen Dateien vorgenommen wird. Infolgedessen sind die tatbestandlichen Anforderungen des § 26 Abs. 1 S. 1 HSOG – sowie die der besonderen Verfahrens- und Formvorschriften der Abs. 2-5 – entsprechend hoch. Allerdings ist das ursprünglich in der Vorschrift enthaltene Tatbestandsmerkmal der Gegenwärtigkeit der Gefahren (zum Begriff s.o. zu § 38 Abs. 2 Nr. 2 HSOG, Rn. 246) nach dem 11. September 2001 (Anschlag auf das New Yorker World Trade Center) vom Gesetzgeber gestrichen worden, nachdem die Rechtsprechung z.T. die Gegenwärtigkeit i.S.d. des § 26 Abs. 1 HSOG a.F. aufgrund weiterer Gefahren durch extremistische Islamisten und damit die Zulässigkeit der Anforderung von Daten bei hessischen Hochschulen verneint hatte (vgl. OLG Frankfurt, NVwZ 2002, 626, 627; anders m.E. zu Recht OLG Düsseldorf, NVwZ 2002, 629, 630; vgl. zur Prüfungspflicht der Hochschulen VGH Kassel, NVwZ 2003, 755; vgl. zur Antragsbefugnis angeblich von der Rasterfahndung Betroffener HessStGH, NVwZ 2006, 685 ff.).

Mit seiner Entscheidung vom 4.4.2006 hat das Bundesverfassungsgericht zudem entschieden, dass eine Rasterfahndung materiell nur bei Vorliegen einer konkreten Gefahr für hochrangige Rechtsgüter wie den Bestand oder die Sicherheit des Bundes oder eines Landes oder für Leib, Leben und Freiheit einer Person zulässig sei. Im Vorfeld der Gefahrenabwehr scheide eine solche Rasterfahndung aus (BVerfGE 115, 320 ff.). Die zuletzt gültige Regelung des § 26 Abs. 1 S. 1 HSOG, wonach die Rasterfahndung bereits bei Vorliegen „tatsächlicher Anhaltspunkte“ gestattet war, wurde dieser Rechtsprechung mit Gesetz zur Änderung des HSOG vom 14.12.2009 angepasst.

H. Verwaltungszwang

I. Allgemeines/Rechtsgrundlagen

272 Kommt der Adressat eines Gebotes oder Verbotes zur Gefahrenabwehr diesem nicht freiwillig nach, muss es möglich sein, die Gebote und Verbote zwangsweise durchzusetzen.

Ausgehend vom allgemeinen Verwaltungs- und Vollstreckungsrecht gilt auch hier, dass die Verwaltung mit dem Erlass eines Verwaltungsaktes einen **vollstreckbaren Titel** schafft, den sie selbst durchsetzen kann. Dabei ist das Gefahrenabwehrrecht, insbesondere im Bereich polizeilichen Handelns, ein klassisches Feld der Anwendung staatlichen Zwangs. Der unmittelbare Zwang durch die Polizei bis hin zum Schusswaffengebrauch ist die extremste Form staatlichen Zwangs, sie dokumentiert das „Gewaltmonopol des Staates".

Wenn die Gefahrenabwehrverfügung auch Grundlage bzw. Voraussetzung einer zwangsweisen Durchsetzung ist, so folgt das Recht zur Durchsetzung nicht unmittelbar aus dem Verwaltungsakt, sondern es bedarf wie jeder staatliche Eingriff in Rechte des Bürgers besonderer **Ermächtigungsgrundlagen**. In Hessen finden sich die Vollstreckungsvorschriften zum einen im **Hessischen Verwaltungsvollstreckungsgesetz (HVwVG)** in der Fassung vom 12.12.2008 (GVBl. 2009 I S. 2), zum anderen in den **§§ 47 ff. HSOG**.

Zwischen den genannten Gesetzen gilt folgende **Abgrenzung**:

- Die §§ 47 ff. HSOG gelten für die Durchsetzung von **Verwaltungsakten der Ordnungs- und Polizeibehörden**, soweit sie sich auf die Vornahme einer **Handlung, Duldung oder Unterlassung** beziehen, vgl. § 47 Abs. 1 HSOG, § 1 Abs. 2 S. 1 HVwVG.
- Die Vollstreckung von Maßnahmen der **allgemeinen Verwaltungsbehörden** (vgl. § 82 HSOG) erfolgt nach den Regeln des HVwVG, ebenso die Vollstreckung von Verwaltungsakten der Ordnungs- und Polizeibehörden wegen **Geldforderungen** (vgl. § 1 Abs. 2 S. 2 HVwVG).

Auch die Durchsetzung ordnungsbehördlicher oder polizeilicher Standardmaßnahmen erfolgt nach den Vorschriften der §§ 47 ff. HSOG. Dies gilt auch für Standardmaßnahmen, die neben der Verfügung bereits Vollstreckungselement beinhalten (z.B. §§ 18, 19, 36, 37 40 HSOG). So ist z.B. das Anhalten, Festhalten, Durchsuchen bzw. die Wegnahme in diesen Standardmaßnahmen enthalten; die Standardbefugnisse decken damit diese Tätigkeiten, nicht aber ihre zwangsweise Durchsetzung bei Widerstand. Diese kann nur über §§ 47 ff. HSOG erfolgen.

Bsp.: Wird im Rahmen einer Identitätsfeststellung eine Person angehalten, durchsucht und zur Dienststelle mitgenommen, ist dies von § 18 HSOG abgedeckt. Weigert sich die Person, die Maßnahmen durchführen zu lassen, kann die Standardmaßnahme mit Mitteln des Verwaltungszwangs nach §§ 47 ff. HSOG durchgesetzt werden.

II. Voraussetzungen

273 Voraussetzung für die Anwendung von Verwaltungszwang ist grundsätzlich ein **vollstreckungs- bzw. durchsetzungsfähiger Verwaltungsakt** (§ 47 Abs. 1 HSOG, § 2 HVwVG).

Dies ist er, wenn der Verwaltungsakt **unanfechtbar** ist oder ein **Rechtsbehelf keine aufschiebende Wirkung** hat, so bei Anordnung der sofortigen Vollziehung oder in den Fällen, in denen kraft Gesetzes die aufschiebende Wirkung entfällt (vgl. § 80 Abs. 2 VwGO).

Bei Maßnahmen von Polizeibehörden kommt insbesondere dem **§ 80 Abs. 2 Ziff. 2 VwGO** Bedeutung zu. In der Regel handelt es sich um **unaufschiebbare Anordnungen und Maßnahmen von Polizeivollzugsbeamten**, wenn die Polizei im Rahmen ihrer Eilzuständigkeit nach § 2 HSOG tätig wird.

Bsp.:

- Polizeibeamter verweist Passanten von einem Platz, da eine Bombendrohung vorliegt.
- Polizeibeamter verbietet einem Passanten, eine Eisfläche zu betreten.

Neben diesem formellen Aspekt muss der vollstreckbare Verwaltungsakt einen **vollstreckbaren Inhalt** haben. Dies setzt ein Gebot oder Verbot einer Handlung, Duldung oder Unterlassung („Gefahrenabwehrverfügung") voraus; feststellende und gestaltende Verwaltungsakte sind nicht vollstreckbar. Der vollstreckbare Inhalt setzt eine **hinreichende Bestimmtheit** voraus. Ist aus der Gefahrenabwehrverfügung heraus nicht erkennbar, worin das Verbot oder Gebot besteht, folgt daraus zwangsläufig die fehlende zwangsweise Durchsetzbarkeit.

Der zu vollstreckende Verwaltungsakt muss vor allem **wirksam** sein. Er muss dem Betroffenen bekannt gegeben und er darf nicht nichtig sein (vgl. § 43 Abs. 1 und Abs. 3 HVwVfG).

Dagegen ist die **Rechtmäßigkeit des zu vollstreckenden Verwaltungsaktes** 274 grundsätzlich nicht Vollstreckungsvoraussetzung (vgl. dazu Brühl, JUS 1997, 1021, 1023 m.w.N.). Dafür spricht zum einen der Wortlaut der vollstreckungsrechtlichen Vorschriften, zum anderen der **Gedanke der Rechtssicherheit**, jedenfalls soweit es die Vollstreckung bestandskräftiger Verwaltungsakte betrifft. Fehlt allerdings die Bestandskraft, muss der Gedanke der Rechtssicherheit zurücktreten. Bei der Frage der Rechtmäßigkeit des Verwaltungsaktes erscheint es deshalb sachgerecht, wie folgt zu differenzieren:

- Ist die **Gefahrenabwehrverfügung unanfechtbar**, überwiegt der Gedanke der Rechtssicherheit, auf die Rechtmäßigkeit kommt es nicht weiter an. Der Betroffene hatte hier Gelegenheit, eine Überprüfung vornehmen zu lassen (vgl. Götz, § 13 Rn. 8; BVerwG, NJW 1984, 2591, 2592; VG Köln, NVwZ RR 2012, 233; Knemeyer, Rn. 358).
- Erfolgt die Vollstreckung nach der Anordnung der sofortigen Vollziehung oder der in § 80 Abs. 2 VwGO genannten gesetzlichen Fälle fehlender aufschiebender Wirkung und hat eine Überprüfung noch nicht stattgefunden und ist der **Verwaltungsakt noch nicht unanfechtbar**, so ist die Rechtmäßigkeit der Verwaltungsentscheidung Vollstreckungsvoraussetzung (vgl. Götz/Geis, § 13 Rn. 8; VGH Kassel, NVwZ 1982, 514, 515; a.A. Schenke, Rn. 541, wohl auch BVerwG NVwZ 2009, 122).

Unabhängig davon kann und sollte eine Behörde die Frage der Rechtmäßigkeit der Grundverfügung im Rahmen ihres Ermessens bei der Durchführung des Verwaltungszwanges berücksichtigen. Die zwangsweise Durchsetzung eines bekanntermaßen rechtswidrigen Verwaltungsaktes ist aus rechtsstaatlichen Gründen kaum haltbar.

Die **Zuständigkeit** für die Durchführung des Zwangs liegt grundsätzlich bei der Be- 275 hörde, die den Grundverwaltungsakt erlassen hat (vgl. § 47 Abs. 3 HSOG; § 68

Abs. 1 HVwVG). Hat den Grundverwaltungsakt eine oberste Ordnungs- oder Polizeibehörde erlassen, ist eine Delegation möglich (vgl. § 47 Abs. 3 S. 2 HSOG, § 68 Abs. 1 HVwVG). Die Zuständigkeit der Polizei erweitert sich im Bereich von Zwangsmaßnahmen durch die Fälle der **Vollzugshilfe**, vgl. § 47 Abs. 3 S. 2, i.V.m. § 44 HSOG.

Bsp.: Die Straßenverkehrsbehörde, die selbst über keine Hilfspolizeibeamten verfügt, bittet die Polizei um zwangsweise Einziehung (Wegnahme) eines Führerscheins.

III. Verfahren

276 Im **Verfahrensablauf** ist zu differenzieren. Das Verfahren läuft in der Regel in Stufen ab, sog. **gestrecktes Vollstreckungsverfahren**. Dem Erlass der Grundverfügung folgt die **Androhung** des Zwangsmittels sowie die **Festsetzung und Anwendung** des Zwangsmittels (dreistufiges Verfahren).

Zwangsverfahren

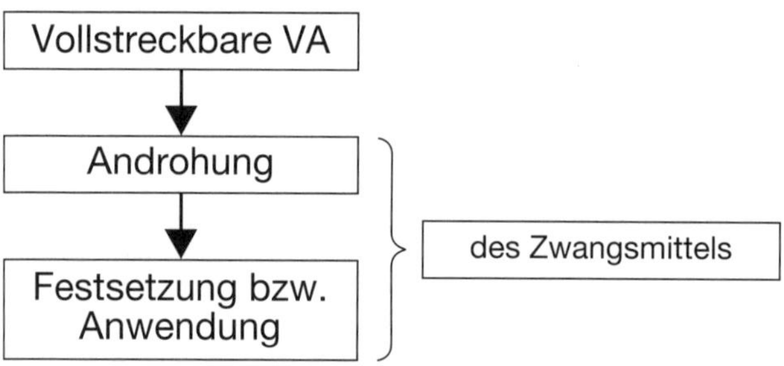

Von einem zweistufigen Verfahren ist die Rede, wenn die Androhung entbehrlich ist oder die Festsetzung entfallen kann. Daneben gibt es sog. **einstufige Verfahren**, so der sog. **Sofortvollzug**, § 47 Abs. 2 HSOG (gelegentlich werden dazu auch Fälle der unmittelbaren Ausführung, § 8 Abs. 1 HSOG gerechnet; zur Abgrenzung vgl. Rn. 282).

1. Gestrecktes Verfahren

a) Androhung des Zwangsmittels

277 Ausgangspunkt ist ein vollstreckbarer Verwaltungsakt. Erforderlich ist weiter die **Androhung** des Zwangsmittels, die grundsätzlich Voraussetzung für die Rechtmäßigkeit der Durchsetzung ist (vgl. § 53 HSOG; § 69 HVwVG). Der Androhung soll eine **Warnfunktion** für den Adressaten zukommen. Ausnahmsweise kann auf die Androhung unter den Voraussetzungen von § 53 Abs. 1 S. 4 HSOG bzw. § 72 HVwVG **verzichtet** werden. Im Gefahrenabwehrrecht kann dies insbesondere bei der Abwehr einer gegenwärtigen akuten Gefahr der Fall sein.

Die Androhung stellt selbst einen **Verwaltungsakt** dar, der **selbstständig anfechtbar** ist; allerdings tritt keine aufschiebende Wirkung ein (vgl. § 16 HessAG VwGO). Die Androhung unterliegt im Übrigen den allgemeinen Rechtmäßigkeitsanforderungen an Verwaltungsakte.

Eine Androhung kann zeitlich nach dem Grundverwaltungsakt ergehen, kann aber auch mit ihm verbunden werden. Sie soll dies, wenn einem Rechtsbehelf keine aufschiebende Wirkung zukommt (vgl. § 53 Abs. 2 HSOG). Bei der Anordnung der sofortigen Vollziehung ist also gleichzeitig eine Androhung des Zwangsmittels mit aufzunehmen.

Die Androhung unterliegt bestimmten **Anforderungen**:

- Sie hat grundsätzlich **schriftlich** zu erfolgen, wobei § 53 Abs. 1 HSOG („Soll") nicht so streng ist wie § 69 HVwVG. Bei mündlichen Verwaltungsakten von Vollzugsbeamten erfolgt auch die Androhung mündlich. Im Falle einer schriftlichen Androhung ist eine **Zustellung** erforderlich (vgl. § 53 Abs. 6 HSOG; § 69 Abs. 1 Nr. 3 HVwVG).
- Erforderlich ist weiter die Bestimmung einer **angemessenen Frist**.

  Bsp.: Dem Hauseigentümer H. wird der Abriss des Wohnhauses aufgegeben, wobei im Rahmen der Androhung eine Frist von zwei Tagen vorgesehen ist. Hier dürfte es sich um keine angemessene Frist im Sinne der Vorschriften handeln.

- Eine angemessene Fristsetzung muss dem Pflichtigen die Möglichkeit lassen, vor Ablauf der Frist Rechtsschutz zu erlangen (vgl. § 69 Abs. 2 HVwVG).
  Problematisch ist die Fristsetzung (aus Sicht der Behörde), wenn sie die Androhung mit dem Grundverwaltungsakt verbinden will, einem eventuellen Widerspruch gegen den Grundverwaltungsakt aber aufschiebende Wirkung zukommt.
  Zu fordern ist hier, dass das Fristende nach Ablauf der Widerspruchsfrist liegen muss, da zuvor der Verwaltungsakt nicht vollstreckbar ist (vgl. auch OVG Schleswig, NVwZ RR 1992, 444, 446; Möller/Warg, Rn. 217).
  Im Falle eines Widerspruchs kann dies dazu führen, dass der Termin gegenstandslos wird (die Behörde muss in solchen Fällen ggf. einen neuen Termin setzen.).
  Daraus zu folgern, dass in solchen Fällen ein datenmäßig festgelegtes Fristende unangemessen bzw. wegen der Ungewissheit (eventueller Widerspruch) zu unbestimmt sei (so OVG Münster BRS 44 Nr. 209, 444, 446), ist nicht zwingend (vgl. auch Kritik bei Möller/Warg, Rn. 217).
  Entbehrlich ist die Fristsetzung, wenn es um die Erzwingung einer Duldung oder Unterlassung geht (vgl. § 53 Abs. 1 S. 3 HSOG).

  Bsp.: Ladeninhaber L. wird aufgefordert, seinen Laden ab sofort unter Beachtung der Ladenschlusszeiten geschlossen zu halten.

- Notwendig ist schließlich die Androhung eines **konkreten Zwangsmittels**, wobei beim Zwangsgeld eine bestimmte Höhe, bei der Ersatzvornahme die voraussichtlichen Kosten zu nennen sind. Dabei besteht die Möglichkeit, **mehrere Zwangsmittel** anzudrohen. In diesem Fall ist anzugeben, in welcher **Reihenfolge** die Mittel angewandt werden sollen (§ 53 Abs. 3 HSOG).

  Bsp.: Die Ordnungsbehörde droht vorrangig ein Zwangsgeld an. Für den Fall, dass dies nicht zum Erfolg führt, droht sie mit der Ersatzvornahme.

b) Festsetzung des Zwangsmittels

Die Festsetzung liegt zeitlich zwischen der Androhung und der Anwendung des Zwangs; sie erfolgt, wenn der Adressat trotz Fristablauf der Aufforderung nicht nachkommt. Auch die Festsetzung stellt einen **Verwaltungsakt** dar, der angefochten werden kann. Auch hier tritt keine aufschiebende Wirkung ein (§ 16 Hess AG VwGO). **278**

Ob eine ausdrückliche Festsetzung erfolgen muss, hängt vom Zwangsmittel ab. Ausdrücklich vorgesehen ist sie nur für das Zwangsgeld (vgl. § 50 HSOG, § 56 HVwVG). Hier macht eine Festsetzung auch Sinn, die Festsetzung erfolgt i.d.R. mit dem Leistungsbescheid.

In Fällen der Ersatzvornahme und der Anwendung unmittelbaren Zwangs ist eine Festsetzung nicht ausdrücklich vorgesehen, wird aber z.T. gefordert (vgl. Pausch/Dölger, S. 267 f). Soweit gesetzlich nicht verlangt, ist eine förmliche Festsetzung entbehrlich. Es reicht, wenn dem Betroffenen mitgeteilt wird, dass nunmehr das Zwangsmittel angewandt werden soll, womit eine zusätzliche Warnfunktion erfüllt wird (vgl. Brühl, JUS 1997, 1021 ff.).

c) Anwendung des Zwangsmittels

279 Die Anwendung steht am Ende des Verfahrens. Die Art und Weise bestimmt sich nach der Art des Zwangsmittels. Sie liegt beim Zwangsgeld in der Festsetzung und zwangsweisen Beitreibung des Betrages, bei der Ersatzvornahme und beim unmittelbaren Zwang in der Durchführung der gebotenen Handlung bzw. in der Anwendung des Zwanges.

Bsp.:

- Abriss eines illegalen Gebäudes durch eine beauftragte Firma,
- Abschleppen eines Pkw durch einen beauftragten Abschleppunternehmer,
- Schusswaffengebrauch durch Polizeibeamte.

Die **rechtliche Qualifizierung** der Anwendung des Verwaltungszwangs ist nicht immer eindeutig. So wird vertreten, bei der Anwendung handele es sich wiederum um Verwaltungsakte (so BVerwGE 26, 161, 164; Mussmann, S. 277), was bei Anwendung von unmittelbarem Zwang oder der Durchführung einer Ersatzvornahme etwas „gekünstelt" und vom Rechtsschutzgedanken her geprägt zu sein scheint. Richtigerweise sollte man in derartigen Handlungen Realakte mit Eingriffscharakter sehen (vgl. Schenke, Rn. 553, 575; VGH Kassel, NVwZ 1982, 514).

280 Wichtig für das Verständnis der Zwangsmittel und ihrer Anwendung ist, dass Zwangsmittel der Durchsetzung eines Verwaltungsaktes dienen und sog. **Beugemittel** sind; sie sind **keine Sanktionen** für begangenes Unrecht. Daraus folgt, dass Zwangsmittel (z.B. das Zwangsgeld) **wiederholt** (ggf. auch erhöht) werden können. Ferner kann nach einer erfolglosen Zwangsgeldfestsetzung auf ein anderes Mittel des Verwaltungszwangs (z.B. unmittelbarer Zwang) zurückgegriffen werden kann (vgl. § 48 Abs. 3 HSOG; § 71 HVwVG).

Daraus folgt weiter, dass die Zwangsanwendung **einzustellen** ist, wenn der Erfolg erreicht ist bzw. nicht mehr erreicht werden kann (vgl. § 3 HVwVG). Die Beitreibung von Zwangsgeld unterbleibt, wenn der Adressat die gebotene Handlung ausführt (vgl. § 50 Abs. 3 HSOG).

Bsp.: A. soll eine Gefahrenstelle absichern. Er tut dies erst nach einer Zwangsgeldandrohung und der Festsetzung. Hier kann nach § 50 Abs. 3 HSOG keine Beitreibung mehr erfolgen.

Dieser Grundsatz ist beim Zwangsgeld allerdings problematisch, wenn das Zwangsgeld auf ein zeitlich begrenztes Unterlassen bzw. Verbot zielt.

Bsp.:

- A. soll unter Beachtung des Feiertagsgesetzes an einem Feiertag bestimmte Tätigkeiten unterlassen.
- Verbot, während einer Festveranstaltung Getränke zu verkaufen.

Kommt der Adressat in diesen Fällen dem Verbot nicht nach, müsste die Festsetzung bzw. Beitreibung unterbleiben, da der beabsichtigte Erfolg nicht mehr erreicht werden kann und ein weiterer Verstoß nicht mehr möglich ist (vgl. Rasch, DVBl. 1980, 1022). Ähnlich ist die Situation bei einem befristeten Gebot.

Dieses Ergebnis ist unbefriedigend. Entscheidend ist dabei, dass die Pflichtverletzung während der Zeit erfolgte, in der die vollstreckbare Verfügung galt. Wäre hier eine Festsetzung bzw. Beitreibung nicht mehr möglich, bestünde die Gefahr, dass dem Zwangsgeld keine Wirkung zukommt und es damit als Beugemittel wirkungslos wäre (vgl. OVG Magdeburg, DÖV 1996, 926; VGH Kassel, NVwZ RR 1995, 118, 120; OVG Münster, Beck RS 2010 49942; VG Köln, NVwZ RR 2012, 233; Brühl, JUS 1998, 65, 66 m.w.N.).

2. Sofortvollzug

a) Begriff und Voraussetzungen

Von dem sog. „gestreckten Verfahren" sieht das HSOG in § 47 Abs. 2 eine Ausnahme vor, die die Behörde zur unmittelbaren Zwangsanwendung berechtigt. Dieser sog. **„Sofortvollzug"** darf nicht mit der Möglichkeit der sofortigen Vollziehung nach § 80 Abs. 2 VwGO verwechselt werden. **281**

§ 47 Abs. 2 HSOG ermöglicht die Zwangsanwendung, ohne dass ein durchsetzbarer Grundverwaltungsakt vorliegt. Auch fehlt es an einer Androhung des Zwangsmittels (vgl. § 53 Abs. 1 S. 4 HSOG). Der Gesetzgeber geht davon aus, dass die Möglichkeit bestehen muss, akuten Gefahrensituationen mit Zwangsmaßnahmen zu begegnen, ohne das sog. „gestreckte Verfahren" durchzuführen.

Voraussetzung für den **Sofortvollzug** ist, dass die unmittelbare Zwangsanwendung zur Gefahrenabwehr erforderlich ist. Dies ist insbesondere der Fall, wenn Maßnahmen gegen Personen nach §§ 6 bis 9 HSOG nicht bzw. nicht rechtzeitig möglich sind oder keinen Erfolg versprechen.

Bsp.:

- Polizeibeamte schlagen eine Wohnungstür ein, um eine Person zu retten.
- Ein Polizeibeamter erschießt einen freilaufenden Hund, der ein Kind angreift.

Wäre dagegen der Erlass einer Verfügung unter der Anordnung der sofortigen Vollziehung bei gleichzeitiger Androhung des Zwangsmittels möglich, ist ein Sofortvollzug nicht zulässig (OVG Münster NVwZ RR 2008, 437).

Voraussetzung ist weiter, dass die Ordnungs- oder Polizeibehörde „innerhalb ihrer Befugnisse handelt". Damit müssen die Voraussetzungen für den Erlass eines Verwaltungsaktes, der hier allerdings wegen der Eilbedürftigkeit unterbleiben kann, vorliegen (vgl. Meixner-Fredrich, § 47 Rn. 18). Die Rechtmäßigkeit eines solchen fiktiven Grundverwaltungsaktes beinhaltet, dass die Behörde zuständig wäre und die materiellen Rechtmäßigkeitsvoraussetzungen gegeben wären (vgl. Möller/Warg, Rn. 234).

Daneben muss das gewählte Zwangsmittel, in der Regel geht es um die Anwendung des unmittelbaren Zwangs, von seinen Voraussetzungen her vorliegen und sachgerecht angewandt werden.

b) Abgrenzung zur unmittelbaren Ausführung

282 Die Ausführungen zeigen, dass die Voraussetzungen des Sofortvollzuges nach § 47 Abs. 2 HSOG weitgehend mit denen der unmittelbaren Ausführung nach § 8 Abs. 1 HSOG übereinstimmen. Die unmittelbare Ausführung kommt inhaltlich einer vollstreckungsähnlichen Maßnahme und damit dem § 47 Abs. 2 recht nahe, da in beiden Fällen keine vollstreckbare Grundverfügung vorliegt.

Diese Ähnlichkeit der beiden Institute führt in der Praxis zu **Abgrenzungsschwierigkeiten** zwischen der unmittelbaren Ausführung und dem Sofortvollzug (vgl. Pausch/Dölger, S. 270 ff.; Schoch, JUS 1995, 312; VGH Kassel, NVwZ RR 1999, 23; Götz, § 12 Rn. 14 ff.).

Zum Teil wird in § 47 Abs. 2 HSOG eine Ergänzung zu § 8 Abs. 1 HSOG gesehen (so Meixner/Fredrich, § 47 Rn. 16). Im Grunde genommen erscheint eine von beiden Regelungen überflüssig; es werden theoretische Abgrenzungsprobleme aufgebaut, die zu nicht immer überzeugenden Abgrenzungsangeboten führen (vgl. Maurer/Waldhoff, § 20 Rn. 25; Rachor in Lisken/Denninger, E Rn. 818). Dafür spricht auch, dass einige Bundesländer nur jeweils eine der beiden Regelungen vorsehen.

Ausgehend davon, dass der Sofortvollzug zum Vollstreckungsrecht gehört und die unmittelbare Ausführung eine Primärmaßnahme der Gefahrenabwehr auf der Zugriffsebene darstellt, gebührt ihr zunächst der Vorrang (so auch VGH Kassel, NVwZ RR 1999, 23, 25). Soweit danach der § 8 Abs. 1 HSOG ausreicht, geht er der Anwendung des § 47 Abs. 2 HSOG vor (vgl. Kugelmann, DÖV 1997, 153, 156, 158).

Aussagen über einen Anwendungsvorrang ersetzen aber nicht die **Abgrenzung beider Institute.** Will man die Abgrenzung vornehmen, bietet sich folgender Ansatz an:

§ 47 Abs. 2 HSOG hat vorrangig die Zwangsanwendung im Auge, insbesondere bei behördlichen oder polizeilichen Handeln **gegen den Willen des Betroffenen**. § 47 Abs. 2 HSOG erfasst Fälle zwangsweiser Beugung des Willens, vor allem bei der Durchsetzung unvertretbarer Handlungen und der Anwendung des unmittelbaren Zwangs (Meixner/Fredrich, § 47 Rn. 16).

Bsp.:

- Ein Polizeibeamter erschießt einen freilaufenden aggressiven Hund.
- Ein Polizeibeamter überwältigt mittels körperlicher Gewalt ohne vorherige Ansprache und Androhung einen Geiselnehmer.

Die **unmittelbare Ausführung nach § 8 HSOG** geht von dem Fall aus, dass der Verantwortliche nicht anwesend oder nicht willensbildungsfähig ist bzw. nicht erreicht werden kann; die Durchführung der Maßnahme (vertretbare Handlung) stellt in der Regel keinen Fall einer Willensbeugung dar (vgl. Knemeyer, Rn. 344; Pausch/Dölger, S. 270f f.; kritisch zu diesem Ansatz Schoch in Schoch (Hrsg.) Rn. 288).

Bsp.:

- Die Polizei lässt einen Pkw abschleppen, Halter bzw. Fahrer sind nicht erreichbar.
- Die Behörde lässt einen umsturzgefährdeten Baum fällen, während der Eigentümer im Urlaub weilt.

IV. Zwangsmittel

283 Für die zwangsweise Durchsetzung von Verwaltungsakten durch Ordnungs- und Polizeibehörden sieht das HSOG die drei klassischen Zwangsmittel **Ersatzvornahme, Zwangsgeld und unmittelbaren Zwang** vor. Die in § 51 HSOG normierte **Ersatz-**

zwangshaft ist keine eigenständige Form (vgl. § 48 HSOG), sondern Ersatz für das nicht beitreibbare Zwangsgeld.

Für die Durchsetzung von Gefahrenabwehrverfügungen der allgemeinen Verwaltungsbehörden greifen die Vorschriften des Verwaltungsvollstreckungsgesetzes (vgl. §§ 74 ff. HVwVG); auch hier gibt es die Ersatzvornahme (§ 74 HVwVG) und das Zwangsgeld (§ 76 HVwVG), ferner speziellere Zwangsformen (Wegnahme § 77 HVwVG; Zwangsräumung § 78 HVwVG; Vorführung § 78 HVwVG).

1. Zwangsgeld

Das **Zwangsgeld** (§ 50 HSOG; § 76 HVwVG) stellt keine Strafe bzw. kein Bußgeld **284** dar, sondern ist ein Beugemittel (vgl. oben Rn. 280). Es soll auf den Adressaten einwirken und ihn zwingen, einer Handlung, Duldung oder Unterlassung nachzukommen. Das Zwangsgeld kommt vor allem bei der Durchsetzung sog. **unvertretbarer Handlungen** (Handlungen, die nur vom Pflichtigen erbracht werden können, vgl. § 76 Abs. 1 HVwVG) in Betracht.

Das HSOG enthält, anders als früher das HVwVG bei sog. vertretbaren Handlungen, keinen ausdrücklichen Vorrang für die Ersatzvornahme (nach § 76 Abs. 1 S. 2 HVwVG in der Fassung bis 17.12.2003 sollte Zwangsgeld bei sog. vertretbaren Handlungen nur eingesetzt werden, wenn die Ersatzvornahme untunlich war).

Damit kommt das Zwangsgeld grundsätzlich auch im Bereich vertretbarer Handlungen in Betracht; im Rahmen polizeilicher Tätigkeit hat es aber kaum praktische Bedeutung. Das Zwangsgeld ist in bestimmte **Höhe** anzudrohen (§ 53 Abs. 5 HSOG) und festzusetzen, wobei sich der gesetzliche Rahmen zwischen **10 und 50 000 Euro** bewegt.

Die **Höhe des Zwangsgeldes** ist nach pflichtgemäßem Ermessen zu bestimmen. Maßgebliche **Gesichtspunkte** sind (vgl. Vahle, DVP 1997, 58, 60).

- der Grundsatz der Verhältnismäßigkeit (zur Angemessenheit vgl. VGH Kassel NVwZ RR 1995, 118)
- Dauer/Umfang des pflichtwidrigen Verhaltens
- Bedeutung der Sache
- Leistungsfähigkeit des Betroffenen
- Vorteil aus pflichtwidrigem Verhalten

Die **Ersatzzwangshaft** (§ 51 HSOG, § 76 a HVwVG) ist kein eigenständiges Zwangs- **285** mittel. Sie setzt den erfolglosen Versuch voraus, ein Zwangsgeld beizutreiben, stellt also die Fortsetzung der Vollstreckung eines Zwangsgeldes auf Antrag der Verwaltung **durch die Verwaltungsgerichte** dar. Ersatzzwangshaft kann auch dann greifen, wenn offensichtlich ein Zwangsgeld keinen Erfolg haben würde (vgl. VV HSOG zu § 51).

Die Ersatzzwangshaft spielt in der Praxis keine große Rolle. Mit Blick auf den gravierenden Eingriff und Aspekte der Verhältnismäßigkeit, die eine strenge Prüfung erforderlich machen (vgl. VG Oldenburg, NJW 1988, 580; OVG Münster, NJW 2006, 2563; OVG Münster, NVwZ RR 2009, 516), sollte man dies nicht bedauern.

2. Ersatzvornahme

286 Die Ersatzvornahme (§ 49 HSOG; § 74 HVwVG) kommt zur Durchsetzung sog. **vertretbarer Handlungen** (Handlungen, die auch ein anderer als der Verpflichtete vornehmen kann, § 74 Abs. 1 S. 1 HVwVG) in Betracht. Sie dient der Durchsetzung von Handlungspflichten, nicht aber von Unterlassungs- oder Duldungspflichten.

Sie ist möglich in der Form der sog. **Selbstvornahme** durch die Verwaltung oder in Form der sog. **Fremdvornahme** durch die Beauftragung Dritter.

Bsp.:

- Beseitigung von Hindernissen durch Polizeibeamte selbst.
- Abschleppen eines Pkw durch einen beauftragten Abschleppunternehmer.

Folge der Ersatzvornahme ist, dass der Pflichtige die **Kosten** tragen muss. Dabei setzt die Rechtmäßigkeit des Kostenbescheides eine rechtmäßige Ersatzvornahme voraus. Die Höhe der voraussichtlichen Kosten sind nach § 53 Abs. 4 HSOG bzw. § 74 Abs. 3 HVwVG vorher anzudrohen. Dabei führt der Umstand, dass die tatsächlichen Kosten die zunächst in der Androhung veranschlagten voraussichtlichen Kosten erheblich übersteigen, nicht zur Rechtswidrigkeit eines späteren Heranziehungsbescheides (BVerwG, DÖV 1984, 887).

Die Regelungen der § 53 HSOG und § 74 HVwVG stellen abschließende Kostengrundlagen für die Kosten der Ersatzvornahme dar. Ein Rückgriff, z.B. auf die Vorschriften der Geschäftsführung ohne Auftrag, ist nicht möglich (vgl. BGH, DVBl 2004, 516).

3. Unmittelbarer Zwang

a) Allgemeines

287 Der unmittelbare Zwang war in Hessen früher in einem eigenständigen Gesetz über den unmittelbaren Zwang geregelt, er ist heute Bestandteil des HSOG (§ 52, §§ 54 ff.). Unmittelbarer Zwang ist die **Einwirkung auf Personen oder Sachen** durch

- körperliche Gewalt
- ihre Hilfsmittel
- Waffen

(vgl. § 55 Abs. 1 HSOG) zur Erreichung von Handlungen, Duldungen oder Unterlassungen (außer zur Abgabe einer Erklärung, § 52 Abs. 2 HSOG). Dabei regelt § 52 HSOG, wann der unmittelbare Zwang in Betracht kommt, die §§ 54 ff. HSOG regeln die **Art und Weise** der Anwendung. Sie stellen keine Befugnisnormen dar, sondern setzen eine Ermächtigung voraus (vgl. § 54 Abs. 1 HSOG).

Die Befugnis zur Anwendung unmittelbaren Zwangs kann sich aus dem HSOG, § 47, aber auch aus anderen Rechtsvorschriften ergeben. § 54 Abs. 1 HSOG stellt klar, dass die Vorschriften über die Art und Weise der Zwangsanwendung auch bei Zwangsanwendung **nach andern Rechtsvorschriften** gelten (z.B. §§ 25 ff. IfSG, § 57 ff. AufenthG)

Die §§ 54 ff. HSOG gelten nicht nur für präventive Maßnahmen, sondern auch für **Verfolgung von Straftaten und Ordnungswidrigkeiten**, soweit die StPO die zwangsweise Durchsetzung zulässt, selbst aber keine Regelungen über den unmittelbaren Zwang enthält, § 3 Abs. 2 HSOG.

Einen **gesetzlichen Ausschluss der Anwendung** unmittelbaren Zwanges enthält § 52 Abs. 2 HSOG. Danach ist unmittelbarer **Zwang zur Abgabe einer Erklärung** ausgeschlossen. Dies steht im Einklang mit § 12 Abs. 4 HSOG, verbotene Methoden zur Erlangung von Auskünften (vgl. dazu Rn. 157). Das Verbot umfasst selbstverständlich auch die Androhung unmittelbaren Zwangs zur Erlangung von Erklärungen bzw. Auskünften. Zwangsanwendung und Androhung stellen einen Verstoß gegen Art. 1 Abs. 1 S. 1 GG und Art. 104 Abs. 1 S. 2 GG sowie Art. 3 EMRK dar, sie sind selbst zur Abwehr akuter Gefahren für Leib und Leben nicht zulässig (vgl. dazu den „Fall Daschner", LG Frankfurt, NJW 2005, 692 ff; Rachor in Lisken/Denninger E Rn. 916 ff. m.w.N).

Anwendungsberechtigt sind nur die Polizeibehörden (§ 52 HSOG), Vollzugsbe- **288**
dienstete nach Maßgabe von § 63 HSOG oder sonstige Personen im Sinne von § 63 Abs. 2 HSOG. Soweit Verwaltungs- oder Ordnungsbehörden nicht selbst berechtigt sind zur Anwendung des unmittelbaren Zwanges, kann **Vollzugshilfe** durch Polizeibehörden erfolgen, § 44 Abs. 2 HSOG (vgl. zur Vollzugshilfe Rn. 35).

Als „schärfstes" Zwangsmittel erfordert die Anwendung des unmittelbaren Zwangs nach dem **Grundsatz der Verhältnismäßigkeit**, dass andere Zwangsmittel nicht in Betracht kommen oder keinen Erfolg versprechen bzw. unzweckmäßig erscheinen, § 52 Abs. 1 S. 1 HSOG. Daneben erfordert der Grundsatz der Verhältnismäßigkeit eine Abstufung innerhalb der Anwendung des unmittelbaren Zwangs, wobei der **Schusswaffengebrauch als ultima ratio** am Ende stehen muss (vgl. § 60 Abs. 1).

Trotz klarer Definitionen in § 55 HSOG kann es bei **Einwirkung auf Sachen** im Ein- **289**
zelfall zu **Abgrenzungsproblemen zwischen unmittelbarem Zwang und Ersatzvornahme** kommen (vgl. Möller/Warg, Rn. 198 m.w.N.). In Fällen, in denen ein Dritter beauftragt wird, liegt sicher eine Ersatzvornahme vor.

Bsp.:

- Türöffnung durch Schlüsseldienst;
- Barrikadenräumung durch beauftragte Bauunternehmen.

Weniger eindeutig sind die Fälle bei Einwirkung auf Sachen durch die Verwaltung bzw. Polizei selbst.

Bsp.:

- Gewaltsames Öffnen einer Tür durch Polizeibeamte;
- „Abräumen" eines Hindernisses mit Polizeifahrzeugen;
- Versiegelungen von Räumen (VGH Kassel, NJW 1973, 1855; OVG Münster, DÖV 1996, 81).

Nach herrschender Meinung soll bei der Einwirkung auf Sachen eine Ersatzvornahme vorliegen, wenn die Behörde die dem eigentlich Pflichtigen obliegende Handlung selbst ausführt und damit die Gefahr beseitigt, Zwang, wenn der Pflichtige selbst unter Druck der Zwangsanwendung den behördlichen Forderungen nachkommt (vgl. Drews/Wacke/Vogel/Martens, S. 541; a.A. Möller/Warg, Rn. 198, der bei Handlungen der Behörde mit eigenen Kräften grundsätzlich von Ersatzvornahme ausgeht, es sei denn, besondere Mittel des unmittelbaren Zwangs werden angewandt).

Entscheidend für die Abgrenzung dürfte sein, welche Verpflichtung für den Betroffenen bestand. Lautet z.B. die polizeiliche Aufforderung, eine Tür zu öffnen und schlägt die Polizei die Tür danach gewaltsam ein, liegt unmittelbarer Zwang gegen Sachen vor.

Ergeht dagegen die Aufforderung an den Betroffenen, eine Tür einzuschlagen, kommt der Betroffene dem aber nicht nach, stellt die gewaltsame Öffnung durch die Polizei eine Ersatzvornahme dar.

Anders als bei der Einwirkung auf Sachen stellt die direkte Einwirkung auf Personen (z.B. Räumung eines besetzten Hauses; Abdrängen von Personen von einem Platz) immer unmittelbaren Zwang dar.

b) Körperliche Gewalt und ihre Hilfsmittel

290 Körperliche Gewalt ist jede unmittelbare körperliche Einwirkung auf Personen oder Sachen.

Bsp.:

- Anwendung des Polizeigriffs durch Polizeibeamte;
- Einschlagen einer Fensterscheibe (vgl. VV HSOG Nr. 55.2. zu § 55 HSOG).

§ 55 Abs. 3 HSOG nennt als **Hilfsmittel** Fesseln, Wasserwerfer, technische Sperren usw., enthält aber **keine abschließende Aufzählung**. So kommen neben den im Gesetz genannten auch andere Mittel, z.B. Brechstangen, in Betracht (vgl. VV zu § 55 HSOG).

291 Für **Waffen** enthält § 55 Abs. 4 zunächst eine **abschließende Aufzählung**. Zugelassen sind danach Reiz- oder Betäubungsstoffe, Schlagstock, Pistole, Revolver, Gewehr und Maschinenpistole. Der zunächst abschließende Charakter der Aufzählung wurde allerdings durch das Achte HSOG-Änderungsgesetz vom 15.12.2004 mit dem neu eingefügten § 55 Abs. 4 S. 2 HSOG aufgeweicht. Danach können andere Waffen durch Verwaltungsvorschrift zugelassen werden, wenn sie keine größeren Wirkungen als Schusswaffen nach Satz 1 haben (ein Einsatz z.B. von Maschinengewehren oder Handgranaten ist danach nicht möglich). Trotz dieser Einschränkung ist die Regelung mit Blick auf den Grundsatz vom Gesetzesvorbehalt (vgl. BVerfGE 34, 165, 192) und dem des sog. Parlamentsvorbehalts bei für das Gemeinwesen wesentlichen Regelungen nicht ganz unproblematisch.

c) Schusswaffengebrauch

292 Der Einsatz von Schusswaffen stellt die schärfste Form der unmittelbaren Zwangsanwendung dar. Er darf – **als letztes Mittel** – nur erfolgen, wenn andere Zwangsmittel keinen Erfolg versprechen bzw. unzweckmäßig sind. Ihre Anwendung stellt in der Praxis erhöhte Anforderungen an die Polizeibeamten (vgl. auch VV HSOG zu § 60).

Das Gesetz normiert in §§ 60 ff. HSOG **Voraussetzungen bzw. Einschränkungen** für den Schusswaffengebrauch. Dazu zählen

- die Erfolglosigkeit anderer Maßnahmen (§ 60 Abs. 1 S. 1 HSOG) und
- der Vorrang des Schusswaffengebrauchs gegen Sachen (§ 60 Abs. 1 S. 2 HSOG)

Daneben bestehen Einschränkungen hinsichtlich bestimmter **Personengruppen**:

- Schusswaffengebrauch gegen Kinder, § 60 Abs. 3 HSOG
- gegen Unbeteiligte, § 60 Abs. 4 HSOG
- gegen Personen in einer Menschenmenge, § 63 HSOG

Beschränkungen ergeben sich auch aus dem Zweck und der Zielrichtung des Schusswaffengebrauchs (vgl. § 61 Abs. 1 HSOG).

So darf nach § 60 Abs. 2 S. 1HSOG ein Schusswaffengebrauch nur erfolgen, um **angriffs- oder fluchtunfähig** zu machen. Diese Einschränkung ist mit dem Achten HSOG-Änderungsgesetz erweitert worden. Nach § 60 Abs. 2 S. 2 HSOG ist auch **ein**

Schuss, der mit an Sicherheit grenzender Wahrscheinlichkeit tödlich wirken wird, zulässig, wenn er das einzige Mittel zur Abwehr einer gegenwärtigen Lebensgefahr oder einer gegenwärtigen Gefahr für schwerwiegende Verletzungen der körperlichen Unversehrtheit ist (**sog. finaler Rettungsschuss**).

Bsp.: Die Polizei tötet einen Geiselnehmer mit einem gezielten Schuss, um das Leben der **293**
Geisel zu retten.

Die Aufnahme einer solchen Regelung als auch die Frage der Anwendung war und ist nicht unumstritten. Die verfassungsrechtliche und rechtspolitische Diskussion – geht es doch um das Recht auf menschliches Leben – ist zu führen (vgl. dazu Götz/Geis, § 13 Rn. 51; Rachor in Lisken/Denninger, E Rn. 997 ff.; Drews/Wacke/Vogel/Martens, S. 549 ff.).

Aus diesem Grund hatte der hessische Gesetzgeber lange gezögert, die Möglichkeit eines gezielt tödlichen Schusses im HSOG zu verankern. Der jetzige § 60 Abs. 2 S. 2 HSOG folgt dem § 41 Abs. 2 S. des MEPolG aus dem Jahre 1976.

Trotz vorhandener Bedenken ist nicht zu verkennen, dass auch in der Vergangenheit ohne ausdrückliche Regelung in Ausnahmesituationen ein gezielt tödlicher Schuss von der Praxis als zulässig erachtet wurde (vgl. frühere VV zu § 60 HSOG). Mit Einführung einer gesetzlichen Regelung ist diese Unsicherheit für die handelnden Beamten insoweit beendet, als das Gesetz jetzt eine eindeutige gesetzliche Ermächtigungsgrundlage enthält. In letzter Konsequenz bedeutet dies auch, dass ein gezielt tödlicher Schuss angeordnet werden kann und dieser Anordnung nachzukommen ist (siehe § 56 HSOG). Für den handelnden Beamten schafft die Ermächtigung einen Rechtfertigungsgrund für die Tötung eines Menschen.

Die gesetzliche Verankerung sollte nicht dazu führen, den „finalen Rettungsschutz" häufiger in Erwägung zu ziehen. Bei Prüfung der Voraussetzungen muss ein besonders strenger Maßstab gelten. Er muss das **einzige und letzte Mittel** zur Abwehr einer gegenwärtigen Lebensgefahr bzw. schwerwiegenden Körperverletzung sein. Hier findet der Grundsatz der Verhältnismäßigkeit in seinem Teilaspekt der Erforderlichkeit ausdrücklich Niederschlag in der Befugnisnorm. Den der Verhältnismäßigkeit ebenso innewohnenden **Aspekt der Angemessenheit** (vgl § 4 Abs. 2 HSOG) hat der Gesetzgeber in solchen Fällen bejaht, er ist freilich nicht unproblematisch. Die gezielte Tötung eines Menschen greift in das Recht auf Leben (Art 2 Abs. 2 S. 1GG) und die Menschenwürde (Art. 1 Abs. 1 GG) massiv ein. Dem stehen entsprechende Grundrechte der bedrohten Opfer gegenüber, was zur Abwägung Leben gegen Leben führt.

Die Entscheidung für das eine Leben gegen das andere rechtfertigt sich allein aus dem Umstand, dass der „Adressat" einer solchen Maßnahme die Situation selbst herbeigeführt hat und sie jederzeit durch Aufgabe abwenden könnte. Er ist in der Lage, den Ablauf zu bestimmen. Dies mindert das Gewicht des gegen den Verantwortlichen gerichteten Grundrechtseingriff (vgl. BVerfG 1 BvR 357/05 v. 15.2. 2006 Absch. Nr. 140 ff.).

Daraus folgt, dass ein gezielt tödlicher Schuss nur gegen den verantwortlichen Täter möglich ist. Es ist nicht zulässig, Nichtverantwortliche zu töten, um andere Leben zu retten (vgl. BVerfG 1 BvR 357/05 v. 15.2.2006 Absch.Nr. 122 ff.).

Problematisch ist es nach diesem Begründungsansatz, wenn sich der Einsatz zwar gegen einen „Täter" richtet, dieser aber nicht in der Lage ist, die Tragweite seines Handelns zu erfassen bzw. sein Handeln zu steuern, z.B. bei Schuldunfähigkeit im strafrechtlichen Sinne. Zwar sind solche Überlegungen dem Gefahrenabwehrrecht eher fremd und bei der Klärung der Verantwortlichkeit nach § 6 HSOG grundsätzlich nicht zu berücksichtigen, im Rahmen der Angemessenheitsprüfung eines finalen Rettungsschusses sollten sie aber relevant sein.

Unabhängig von der gesetzlichen Regelung eines Rettungsschusses können für den handelnden Beamten die **Notwehr – bzw. Notstandsrechte** und damit die Rechtfertigungsgründe nach § 32 und § 34 StGB (vgl. § 54 Abs. 2 HSOG) in Betracht kommen. Diese Vorschriften ermöglichen eine strafrechtliche Rechtfertigung des Handelns, stellen aber keine Befugnisnormen für hoheitliches Handeln dar (vgl. zur Problematik Götz, § 13 Rn. 51 ff.). Liegen allerdings Rechtfertigungsgründe vor, soll die Maßnahme auch im öffentlichen Recht als rechtmäßig angesehen werden (vgl. OLG Celle, NJW RR 2001, 1033).

294 Wie alle Zwangsmittel bedarf auch der Schusswaffengebrauch einer **Androhung**, auf die nur ausnahmsweise bei gegenwärtiger Gefahr für Leib und Leben verzichtet werden kann (§ 58 Abs. 2 HSOG). Zum Inhalt einer mündlichen Androhung des Schusswaffengebrauchs enthält die VV HSOG zu § 58 HSOG Hinweise; als Androhung gilt auch die Abgabe eines **Warnschusses** (§ 58 Abs. 1 S. 3 HSOG).

V. Rechtsschutz

295 Der Rechtsschutz gegen Zwangsmaßnahmen hängt vom **Rechtscharakter** der jeweiligen Maßnahme ab. **Androhung** von Zwangsmitteln und **Festsetzung** des Zwangsgeldes sind **Verwaltungsakte**, gegen die zunächst **Widerspruch und Anfechtungsklage** zulässig sind. Dies gilt auch für Kostenforderungen für die Kosten einer Ersatzvornahme. Dabei ist zu beachten, dass nach § 16 Hess AG VwGO den Rechtsbehelfen keine aufschiebende Wirkung zukommt.

Sieht man in der **Anwendung** der Ersatzvornahme und des unmittelbaren Zwangs **Realakte** (vgl. Rn. 279), kommt als Rechtsbehelf eine **Leistungsklage** (auf Unterlassen der Zwangsanwendung) in Betracht (vgl. auch Schenke, Rn. 575; Maurer/Waldhoff, § 20 Rn. 24).

In der Praxis, insbesondere im Bereich polizeilicher Zwangsanwendung, geht es oft um eine **nachträgliche Überprüfung** der Rechtmäßigkeit, da der Zwang i.d.R. bereits vollzogen ist und sich die Maßnahme u.U erledigt hat. In diesen Fällen sind weder Widerspruch und Anfechtungsklage (bei erledigten Verwaltungsakten) noch eine Leistungsklage (bei Realakten) zulässig. Hatte die zugrundeliegende Zwangsmaßnahme Verwaltungsaktscharakter hat, kommt für den Rechtsschutz die sog. **Fortsetzungsfeststellungsklage** (§ 113 Abs. 1 S. 2 VwGO analog) in Betracht. Geht man von einem Realakt aus, eine allgemeine **Feststellungsklage** nach § 43 VwGO (vgl. Rn. 131, 136).

Gegenstand der rechtlichen Überprüfung im Rechtsbehelfsverfahren ist grundsätzlich nur die Zwangsmaßnahme, nicht aber die Rechtmäßigkeit der zugrunde liegenden Grundverfügung.

Damit kann i.d.R. nicht mehr geltend gemacht werden, der der Vollstreckung zugrunde liegende Verwaltungsakt sei fehlerhaft gewesen. Dies würde die Anfechtungsfristen der VwGO und die Bestandskraft von Verwaltungsakten gegenstandslos machen. Ausnahmen bestehen dort, wo es an einer Bestandskraft fehlt und dem Betroffenen die Möglichkeit einer Überprüfung der Rechtmäßigkeit des Grundverwaltungsaktes bisher nicht möglich war (vgl. dazu Rn. 274 m.w.N.).

Übersicht: Verwaltungszwang

Rechtsgrundlagen	■ **HSOG**, §§ 47 ff für Verwaltungsakte der Ordnungs- und Polizeibehörden, die auf Vornahme einer Handlung, Duldung oder Unterlassung gerichtet sind ■ **HVwVG** für Verwaltungsakte der allg. Verwaltungsbehörden und Verwaltungsakte der Ordnungs- und Polizeibehörden wegen Geldforderungen
Zwangsmittel (nach HSOG)	■ **Ersatzvornahme**, § 49 Vornahme einer vertretbaren Handlung durch die Behörde selbst oder einen beauftragten Dritten ■ **Zwangsgeld** § 50 **Ersatzzwangshaft** § 51 wenn Zwangsgeld uneinbringlich ■ **unmittelbarer Zwang** § 52, §§ 54 ff Einwirkung auf Personen oder Sachen durch – körperliche Gewalt – Hilfsmittel körperlicher Gewalt – Waffen
Verfahren	■ grds. sog. **gestreckte Verfahren** Grund VA → Androhung des Zwangsmittels → Festsetzung / Anwendung ■ **Verkürzte Verfahren** Verzicht auf Androhung § 53 Abs. 1 S. 2 HSOG ■ **Sofortvollzug** § 47 Abs. 2 HSOG

VI. Exkurs: Abschleppen von Fahrzeugen

1. Rechtsgrundlage

Die Aufnahme der unmittelbaren Ausführung in das HSOG geht auf Abschleppfälle zurück, in denen ohne das Institut der unmittelbaren Ausführung jedenfalls für eine Kosteneinforderung eine Rechtsgrundlage fehlen würde (vgl. LT-Drucks. 12/1482, S. 4; VGH Kassel, NJW 1987, 904; vgl. auch Rn. 132). **296**

Gerade die Abschleppfälle verdeutlichen aber auch die Nähe der unmittelbaren Ausführung zu Vollstreckungsmaßnahmen und die damit verbundenen **Abgrenzungsprobleme**. So ist die rechtliche Zuordnung eines Abschleppvorgangs von den genauen Modalitäten des Einzelfalls abhängig (vgl. Mühl in Möstl/Mühl, § 8 Rn. 25 ff.).

Eine erste Weichenstellung geht von der **Zielrichtung** des Abschleppvorgangs aus. Steht der Vorgang im Zusammenhang mit **Strafverfolgung** (z.B. Spuren- bzw. Beweissicherung), handelt es sich in der Regel um eine **strafprozessuale Sicherstellung bzw. Beschlagnahme**, die hier nicht näher betrachtet werden soll. Erfolgt der **Abschleppvorgang aus präventiven Gründen**, greift das HSOG auch als Grundlage für den Abschleppvorgang ein (die StVO selbst enthält keine entsprechenden Befugnisnormen). Unproblematisch sind zunächst die Fälle, in denen das Abschleppen erfolgt, nachdem Fahrer bzw. Halter zur Beseitigung ausdrücklich aufgefordert wurden, dieser Aufforderung aber nicht nachkommen.

Bsp.: Polizeibeamter fordert einen Kraftfahrer auf, das Fahrzeug aus der Feuerwehrzufahrt zu entfernen. Dieser ignoriert die Aufforderung und geht seinen Einkäufen nach. Der Polizeibeamte ruft daraufhin das Abschleppunternehmen an.

In diesem Fall stellt die Abschleppanordnung und der Abschleppvorgang einen klaren Fall der **Ersatzvornahme** nach § 49 HSOG dar (vgl. Rn. 286); mit dem Abschleppen wird ein Verwaltungsakt – die Aufforderung, das Fahrzeug wegzufahren – vollstreckt. Die Abschleppkosten sind Kosten der Ersatzvornahme, die der Verantwortliche nach § 49 HSOG zu tragen hat.

297 Ähnlich sind Fälle zu sehen, in denen das Abschleppen wegen **Missachtung von Verkehrszeichen** angeordnet wird und Fahrer bzw. Halter abwesend sind.

Bsp.: Mitarbeiter der Straßenverkehrsbehörde lassen ein im Halteverbot (Zeichen 283, § 41 Abs. 2 Nr. 8 StVO) abgestelltes Fahrzeug abschleppen.

Hier stellt das **Verkehrszeichen einen Verwaltungsakt** (zum Rechtscharakter von Verkehrszeichen vgl. Maurer/Waldhoff, § 9 Rn. 34 ff.) dar. Das Zeichen enthält (nach ganz h.M.) nicht nur ein Halteverbot, sondern gleichzeitig das Gebot, das Fahrzeug aus dem Haltverbot fortzubewegen. Die Anordnung des Abschleppens ist **zwangsweise Durchsetzung dieses Verwaltungsaktes** und damit eine Ersatzvornahme (vgl. BVerwGE 102, 316; VGH Kassel, NVwZ 1987, 910; VGH Kassel, NVwZ RR 1999, 23, 24).

Dieser Ansatz gilt nach der Rechtsprechung auch bei Missachtung von Parkzeitregelungen durch Parkuhren (BVerwG, NVwZ 1988, 623) bzw. Parkscheinautomaten (vgl. VGH Kassel, NVwZ RR 1999, 23).

Diese zunächst klar erscheinende Verwaltungsaktrechtsprechung bekommt Probleme, wenn das Verkehrszeichen vom Verantwortlichen nicht wahrgenommen werden konnte.

Bsp.:

- Als der Verkehrsteilnehmer das Fahrzeug abstellt, besteht kein Halteverbot. Eine Beschilderung wird erst später als mobiles Halteverbotsschild im Zusammenhang mit Straßenbauarbeiten aufgestellt (vgl. VGH Mannheim, NJW 1991, 1698).
- Ein Fahrzeug wird aus einem Halteverbotsbereich abgeschleppt. Da der Fahrer nicht zu ermitteln ist, wendet sich die Behörde hinsichtlich der Kosten an den Halter, der nicht gefahren und damit nicht in der Lage war, das Verbotszeichen wahrzunehmen (vgl. VGH Mannheim, VBl. BW 1996, 32).

In diesen Fällen fehlt es nach Ansicht des VGH Mannheim für die Anwendung vollstreckungsrechtlicher Regelungen an der Voraussetzung eines vollstreckbaren Verwaltungsaktes, weil jedenfalls gegenüber den Betroffenen die Verkehrszeichen mangels Wahrnehmungsmöglichkeit keine „innere Wirksamkeit“ erlangen konnten. Der Abschleppvorgang könne deshalb diesen Personen gegenüber nicht als Ersatzvornahme angesehen werden, sondern stelle eine unmittelbare Ausführung dar. Auch der Hessische VGH (vgl. VGH Kassel, NVwZ RR 1999, 23, 25) scheint dies so zu sehen. Die Problematik löst sich, wenn man mit der Rechtsprechung des BVerwG davon ausgeht, dass öffentlich bekannt gemachte Verkehrszeichen auch gegenüber Verkehrsteilnehmern vollstreckt werden können, die des Verkehrszeichen selbst nicht wahrgenommen haben (vgl. BVerwG, NJW 1997, 1021).

298 Die Charakterisierung des Abschleppvorgangs als Vollstreckung eines Verkehrszeichens bereitet ferner in den Fällen Probleme, in denen die Abschleppanordnung nicht durch die Straßenverkehrsbehörde, sondern durch die Polizei erfolgt. Sieht man im Abschleppen eine Ersatzvornahme, läge die **Zuständigkeit** nämlich bei der den Verwaltungsakt erlassenden Behörde, der Straßenverkehrsbehörde (vgl. Götz/

Geis § 14 Rn. 31). Aus Sicht der handelnden Polizeibeamten geht es nicht um die Vollstreckung eines straßenverkehrsbehördlichen Verwaltungsaktes; für die Polizei stellt sich der Vorgang deshalb als eine Form der unmittelbaren Ausführung dar (so bereits VGH Kassel, NVwZ RR 1995, 29; VGH Kassel, NVwZ RR 1999, 23; Meixner/Fredrich, § 8 Rn. 3).

Neben den genannten Beispielen greift § 8 Abs. 1 HSOG – unmittelbare Ausführung – vor allem in den Fällen, in denen es an einem vollstreckbaren Verwaltungsakt offensichtlich fehlt. Dies sind all die Fälle, in denen wegen eines **Verstoßes gegen die Straßenverkehrsordnung** selbst (also nicht gegen Verkehrszeichen) bzw. aus Gründen sonstiger Gefahrenlagen abgeschleppt wird.

Bsp.:

- Abschleppen von Fahrzeugen, die auf Geh- bzw. Radwegen parken;
- Abschleppen von Fahrzeugen, die in gefährlichen Kurven abgestellt sind.

Der Vollständigkeit halber ist noch darauf hinzuweisen, dass ein Abschleppvorgang **299**
zur Gefahrenabwehr auch eine **Sicherstellung** gemäß § 40 HSOG darstellen kann. Entscheidend ist, wie bereits dargestellt, die Zielrichtung des Abschleppens. Steht die **Begründung amtlichen Gewahrsams** am Fahrzeug im Vordergrund, so liegt eine Sicherstellung vor. Dies ist der Fall, wenn es der Behörde gerade darum geht, sich des Fahrzeugs zu bemächtigen, um es z.B. vor fremdem Zugriff zu schützen oder gezielt den Fahrer bzw. Halter von der Sachherrschaft auszuschließen (vgl. Meixner/Fredrich, § 40 Rn. 4 m.w.N.).

Bsp.: Die Polizei findet ein als gestohlen gemeldetes Fahrzeug im Straßengraben. Um eine weitere Beschädigung zu verhindern, lässt die Polizei den Pkw abschleppen und nimmt ihn in Verwahrung.

In diesem Fall geht es um eine Sicherstellung nach § 40 Nr. 2 HSOG (nach der Rechtsprechung des hessischen VGH allerdings um eine Sicherstellung im Wege der unmittelbaren Ausführung, wenn der Gewahrsamsinhaber nicht bekannt bzw. erreichbar ist, vgl. VGH Kassel, Urt. v. 18.5.1999, 11 UE 4648/96).

Mit Blick auf die oben dargestellte z.T. schwierige Einordnung gibt es Stimmen, die im Abschleppen und Verbringen eines Fahrzeuges grundsätzlich eine Sicherstellung sehen und keine vollstreckungsrechtliche Maßnahme (vgl. Götz/Geis, § 8 Rn. 66).

Eine Sonderregelung, auf die ein Abschleppvorgang gestützt werden kann, enthält **300**
schließlich § 17 a HStrG. Danach können im Falle einer **straßenrechtlichen Sondernutzung** ohne Erlaubnis (vgl. § 16 HStrG) bzw. verbotswidrig abgestellte **Autowracks** nach § 17 a Abs. 1 S. 2 HStrG durch die für die Erlaubnis zuständige Behörde selbst oder durch beauftragte Dritte auf Kosten des Pflichtigen abgeschleppt werden. Die Vorschrift enthält insofern eine spezielle Regelung einer unmittelbaren Ausführung, die dem § 8 HSOG vorgeht.

2. Verhältnismäßigkeit des Abschleppens

Auch wenn eine Ermächtigung zum Abschleppen eines Fahrzeuges vorhanden ist, **301**
berechtigt dies die Behörden nicht dazu, in jedem Fall abzuschleppen.

Die Maßnahme unterliegt wie jede Maßnahme der Gefahrenabwehr dem Grundsatz der Verhältnismäßigkeit, § 4 HSOG (vgl. auch Rn. 119 ff.). Dabei ist ein Abschleppen des Fahrzeugs i.d.R. die **geeignete Maßnahme**, um eine Gefahrenlage zu beseitigen. Begrenzungen ergeben sich unter den Aspekten der Erforderlichkeit und der

Angemessenheit (Verhältnismäßigkeit i.e.S.). Mit diesen hat sich die Rechtsprechung immer wieder beschäftigt.

Nicht erforderlich und damit unverhältnismäßig ist danach das Abschleppen, wenn der Aufenthalt des Fahrers/Halters bekannt und er in „greifbarer Nähe" ist (vgl. BVerwGE 102, 313, 319 f; VG Gießen, NJW 2001, 2346).

Bsp.: Steht das Fahrzeug vor dem Wohnhaus des der Behörde bekannten Fahrers oder Halters und könnte dieser durch anklingeln erreicht werden, ist ein Abschleppen nicht erforderlich (im Grunde ist in diesem Fall bereits fraglich, ob überhaupt die Voraussetzungen z.B. einer unmittelbaren Ausführung vorlagen).

Die Anforderungen an solche **Nachforschungspflichten** sind allerdings nach der Rechtsprechung nicht sehr hoch. Ist der Verbleib des Fahrers/Halters unklar und der Erfolg weiterer Nachforschungen ungewiss bzw. mit nicht abzusehenden Verzögerungen verbunden, kann abgeschleppt werden. Es ist **keine regelmäßige Halteranfrage** erforderlich (vgl. BVerwG, VRS 2002, 309).

Hinterlässt ein Fahrer seine **„Handynummer"** im Fahrzeug, garantiert dies nicht zwingend die sofortige Erreichbarkeit. Das OVG Hamburg (NJW 2001, 3647) geht zwar davon aus, dass ein solches „Angebot" des abwesenden Fahrers zu beachten sei, verlangt aber den konkreten Hinweis, wo sich der Fahrer aufhält. Zurückhaltender dazu das BVerwG (DVBL 2002, 1560, 1561), das unter Verweis auf seine frühere Rechtsprechung auch bei vorhandener „Handynummer" nicht unbedingt eine Pflicht zur Nachforschung sieht. Das BVerwG betont in seiner Entscheidung auch den **spezial- und generalpräventiven Zweck**, den die Abschlepppraxis habe und der mit in die Verhältnismäßigkeitsprüfung einzubeziehen sei.

Die Frage der Erreichbarkeit wird in dem genannten „Handy-Fall" von den Gerichten als Verhältnismäßigkeitsproblem erörtert. Ist ein Fahrer durch konkrete Angaben tatsächlich kurzfristig erreichbar, berührt dies aber nicht nur die Rechtsfolgenseite im Rahmen der Verhältnismäßigkeit, sondern bereits die tatbestandsmäßigen Voraussetzungen für ein Abschleppen. So setzt eine unmittelbare Ausführung voraus, dass an den Verantwortlichen keine Verfügung ergehen kann, da er nicht erreichbar ist. Ist aber die Erreichbarkeit gegeben, ist kein Raum für die Maßnahme (vgl. auch Schwabe, Anmerkung zum Beschluss des BVerwG v. 18.2.2002, DVBL 2002, 1561 f; Schenke Rn. 731; zur **Einhaltung von Wartezeiten** siehe auch BVerwG BeckRS 2014, 5201).

302 Eine Frage der Erforderlichkeit ist es, ob ein Fahrzeug abgeschleppt und bei der Behörde oder dem Betriebshof eine Abschleppunternehmers abgestellt werden darf, wenn die Gefahrenlage auch durch geringfügiges **Umsetzen des Fahrzeugs** zu beseitigen war.

Bsp.: Das eine Feuerwehrzufahrt blockierende Fahrzeug kann um 5 Meter versetzt werden, ohne den Verkehr dort zu behindern.

In diesem Fall ist ein Abschleppen i.d.R. nicht erforderlich und damit unverhältnismäßig (vgl. Schenke, Rn. 720). Allerdings ist immer der Einzelfall zu prüfen. So muss gewährleistet sein, dass das Fahrzeug nach dem Umsetzen keiner Gefährdung ausgesetzt und für den Fahrer einfach auffindbar ist (vgl. BVerwG, VRS 2002, 309).

303 Neben der Erforderlichkeit kommt es auf die **Angemessenheit des Abschleppens** an. Eine Maßnahme darf nach § 4 Abs. 2 HSOG nicht zu einem Nachteil führen, der zu dem erstrebten Erfolg außer Verhältnis steht.

Für die Praxis bedeutsam ist unter diesem Aspekt, ob allein der Verstoß gegen Verkehrszeichen bzw. Vorschriften ausreicht, ein Abschleppen zu rechtfertigen oder ob darüber hinaus eine konkrete Behinderung vorliegen muss.

Während nach der früheren Rechtsprechung ein bloßer Verstoß allein nicht ausreichte (vgl. BVerwGE 90, 189, 193), ist die Tendenz, von Bagatellverstößen abgesehen, heute „abschleppfreundlicher". Dabei fließen auch **general- bzw. spezialpräventive** Überlegungen ein.

So lässt die Rechtsprechung bei einem Verstoß gegen ein Halteverbot (Zeichen 283 StVO) allein den Normverstoß ohne Nachweis einer konkreten Behinderung ausreichen, um ein Fahrzeug abzuschleppen (vgl. VGH Kassel, NVwZ RR 1995, 29; NVwZ RR 1999, 23).

Die Rechtsprechung stellt zunehmend auf eine **Funktionsbeeinträchtigung** (z.B. von Behindertenparkplätzen) ab, wodurch eine konkrete Behinderung entbehrlich wird (anders OVG Lüneburg zu nächtlichen Parken in einer Fußgängerzone, NVwZ RR 1989, 647 f.). Freilich ist nach wie vor der Einzelfall zu betrachten.

Beispiele aus der Rechtsprechung sind:

- Überschreiten der Parkzeit (VGH Kassel, NVwZ RR 1999, 23; OVG Hamburg, DVBL 1983, 1066; VGH München, NJW 1999, 113);
- Parken auf Schwerbehindertenparkplatz (VGH München, NJW 1996, 1979);
- Parken auf Busparkplatz (OVG Münster, NJW 1999, 1275);
- (vgl. mit weitern Beispielen aus der Rechtsprechung Schenke, Rn. 710 ff.; Fischer, JUS 2002, 226 ff.).

3. Abschleppkosten

Die Kosten des Abschleppens von Fahrzeugen stehen i.d.R. im Mittelpunkt rechtlicher Betrachtungen. Dabei geht es um die Erstattungsfähigkeit und damit um die Fragen, **wer** trägt letztlich die **Kosten** und in **welchem Umfang**. **304**

Die Kosten einer Abschleppmaßnahme entstehen zunächst bei der Behörde, sei es, dass die Behörde mit eigenen Mitteln selbst ein Fahrzeug abschleppt oder von einem beauftragten Abschleppunternehmer abschleppen lässt.

Um diese Kosten gegenüber Dritten, insbesondere den Verantwortlichen geltend zu machen, bedarf es einer rechtlichen Grundlage.

Je nachdem, ob sich der Abschleppvorgang als Fall einer unmittelbaren Ausführung, einer Ersatzvornahme oder einer Sicherstellung darstellt, kommen die jeweiligen **Kostenregelungen** der **§ 8 Abs. 2** (vgl. Rn. 135), **§ 49** (vgl. Rn. 286) bzw. **§ 43 Abs. 3 HSOG** (vgl. Rn. 255) als Grundlage zur Anwendung.

Nach allen Vorschriften ist die Rechtmäßigkeit der Abschleppmaßnahme Voraussetzung einer Kostenforderung durch die Behörde.

Kosten i.S. der genannten Vorschriften sind nur die durch den Abschleppvorgang der Behörde besonders entstandenen Kosten, z.B. Kosten aus der Beauftragung eines Abschleppunternehmers, nicht der mit jeder Amtshandlung verbundene Verwaltungsaufwand, der über entsprechende Gebührenregelungen geltend zu machen ist (vgl. Rn. 326). Für die Abschleppkosten ist grundsätzlich der verkehrsübliche Preis zugrunde zu legen (Meixner/Fredrich, § 8 Rn. 14; zu den Kosten einer Leerfahrt vgl. BVerwG BeckRS 2014, 52601).

Die genannten Rechtsgrundlagen erlauben es, auch **Verwahrungskosten** (z.B. Kosten für die Unterstellung von Fahrzeugen) in die Erstattungspflicht aufzunehmen, da sowohl § 8 Abs. 2 als auch § 49 Abs. 1 HSOG auf § 43 HSOG und damit auf Verwahrungs- und Verwertungskosten verweisen.

305 Durch die Verweisung auf § 43 HSOG besteht auch in allen Abschleppfällen ein **behördliches Zurückbehaltungsrecht** am Fahrzeug; die Herausgabe des Fahrzeuges kann von der Zahlung der Kosten abhängig gemacht werden (§ 43 Abs. 3 S. 3 HSOG). Über § 43 Abs. 3 HSOG besteht auch die Möglichkeit, Dritten die **Verwahrung** des Fahrzeugs zu **übertragen** und diese zu ermächtigen, Kostenzahlungen für die Behörden in Empfang zu nehmen.

Bsp.: Die Straßenverkehrsbehörde beauftragt einen Abschleppunternehmer mit dem Abschleppen und der Verwahrung eines Fahrzeugs sowie der Entgegennahme der entstandenen Kosten.

Ob darüber hinaus auch die Ausübung des behördlichen **Zurückbehaltungsrechts auf Dritte übertragen** werden kann (so Meixner/Fredrich, § 43 Rn. 10; VV HSOG 43.3.2 zu § 43 HSOG) erscheint bedenklich.

Das Gesetz nennt ausdrücklich nur die Ermächtigung zur Zahlungsannahme (Inkassovollmacht). Die Ausübung des Zurückbehaltungsrechts liegt im Ermessen der Behörde. Ein Beharren auf ein Zurückbehaltungsrecht kann aber im Einzelfall unverhältnismäßig und damit ermessensfehlerhaft sein, z.B. gegenüber Behinderten, bei unverhältnismäßigen Kostenfolgen für Fahrkarten, Übernachtungen usw. . Dies erfordert eine behördliche Entscheidung, die nicht auf einen Abschleppunternehmer übertragen werden kann. Von daher muss sichergestellt sein, dass bei Verwahrung durch den Abschleppunternehmer jederzeit – auch telefonisch – eine behördliche Entscheidung über die Herausgabe des Fahrzeugs eingeholt werden kann.

4. Kostenschuldner

306 Zu klären bleibt die Frage, **wer** letztlich die **Kosten zu tragen hat**. Beim Abschleppen in Form der unmittelbaren Ausführung und der Sicherstellung sehen sowohl § 8 Abs. 2 als auch § 43 Abs. 3 HSOG vor, dass die nach §§ 6 oder 7 HSOG **Verantwortlichen** zum Kostenersatz verpflichtet sind.

Damit sind entweder der Fahrer als Verhaltensverantwortlicher oder Halter bzw. Eigentümer als Zustandsverantwortliche kostenpflichtig. Sind die Personen nicht identisch, steht die Auswahl grundsätzlich im **Auswahlermessen** der Behörde (vgl. Rn. 96, 115). Dabei wird im Normalfall mit Blick auf die Verhältnismäßigkeit i.d.R. der Fahrer vorrangig heranzuziehen sein. Ist der Fahrer nicht oder nur mit unverhältnismäßigem Aufwand ermittelbar, können die Kosten dem Halter bzw. Eigentümer auferlegt werden. Dient eine Sicherstellung dem Eigentumsschutz, bietet sich vorrangig der Eigentümer als Kostenträger an.

Die „Haftung" des Fahrzeugeigentümers i.S. der Zustandsverantwortlichkeit nach § 7 HSOG endet mit der Veräußerung und Eigentumsübertragung am Fahrzeug. Wird das Fahrzeug später aufgefunden und zur Gefahrenabwehr abgeschleppt, können die Kosten dem früheren Eigentümer/Halter weder über die Zustandsverantwortlichkeit noch über eine Verhaltensverantwortlichkeit auferlegt werden. Dies gilt auch dann, wenn er gegen die Pflicht aus § 27 Abs. 3 S. 1 StVO verstoßen hat, Name und Anschrift des Erwerbers festzustellen und der Zulassungsstelle zu melden (vgl. VGH Kassel, DÖV 1999, 918; a.A. OVG Münster, NVBL 2003, 320).

Bsp.: Ein schrottreifer PKW wird von Unbekannten „wild" abgestellt. Die Behörde lässt das Fahrzeug zur Gefahrenabwehr abschleppen und möchte die Kosten dafür dem früheren Halter auferlegen, der über den Erwerber keine Angaben machen kann.

Stellt sich der Abschleppvorgang als **Fall einer Ersatzvornahme** dar, hat nach § 49 HSOG die „betroffene Person" die Kosten zu tragen. „Betroffener" der Ersatzvornahme ist derjenige, an den sich der vollstreckbare Verwaltungsakt (z.B. das Verkehrszeichen) richtet, d.h. der Adressat des Verwaltungsaktes. Dies ist sicher der **Fahrer** des Fahrzeugs. 307

Dagegen erscheint die **Kostenpflicht des Halters/Eigentümers** nicht ganz unproblematisch, da er ja den Verwaltungsakt in Form des Verkehrszeichens selbst nicht wahrgenommen hat (vgl. zur Problematik Rn. 297).

Geht man mit der Rechtsprechung des BVerwG (NJW 1997, 1021) davon aus, dass Verkehrszeichen auch gegenüber denjenigen wirksam werden und vollstreckt werden können, die das Zeichen selbst nicht wahrgenommen haben, ist es grundsätzlich möglich, auch den Halter über § 49 HSOG die Kosten aufzuerlegen (vgl. auch Fischer, JUS 2003, 446, 448).

Verlangt man für die **Wirksamkeit eines Verkehrszeichens** die persönliche Wahrnehmung (so VGH Mannheim, VBLBW 1996, 32), können die Abschleppkosten jedenfalls nicht als Kosten einer Ersatzvornahme gegenüber dem Halter erhoben werden.

Um hier dennoch zu einer Kostenpflicht des Halters zu kommen, setzt dieser Ansatz beim Rechtscharakter der Maßnahme an. So soll sich der Abschleppvorgang mit Blick auch den Fahrer als Vollstreckung eines Verwaltungsaktes und damit als Ersatzvornahme darstellen, gegenüber dem Halter aber als eine unmittelbare Ausführung. Kosten einer unmittelbaren Ausführung trägt auch der Zustandsverantwortliche.

Die Abschleppkosten können gegenüber dem Kostenschuldner durch **Leistungsbescheid** (Verwaltungsakt) geltend gemacht werden und gegebenenfalls im **Verwaltungsvollstreckungsverfahren beigetrieben** werden. Dies gilt unabhängig vom rechtlichen Charakter der Abschleppmaßnahme (vgl. § 8 Abs. 2 S. 4, § 43 Abs. 3 S. 7 und § 49 Abs. 2 S. 2 HSOG). 308

5. Entschädigungs-/Ersatzansprüche

Kommt es beim Abschleppvorgang oder der anschließenden Verwahrung zu Schäden am Fahrzeug, wird die Frage relevant, ob der Geschädigte Ansprüche gegen die Behörde bzw. den hinter ihr stehenden Verwaltungsträger hat. 309

Solche **Ansprüche** können sich einmal **aus § 64 HSOG** ergeben (vgl. Rn. 310 ff.). Dies ist der Fall, wenn die Voraussetzungen für ein rechtmäßiges Abschleppen nicht vorlagen oder ein Schaden durch unsachgemäße Behandlung oder Verwahrung des Fahrzeuges durch Mitarbeiter der Behörde verursacht wird.

Bsp.: Die Verkehrsbehörde schleppt ein Fahrzeug selbst ab und beschädigt es dabei; Sie versetzt das Fahrzeug an einen bekanntermaßen diebstahlgefährdeten Ort.

In solchen Fällen ergeben sich **Ansprüche auch aus der Amtshaftung**, § 839 BGB i.V.m. Art. 34 GG. Ansatz ist das schuldhafte pflichtwidrige Verhalten von Behördenmitarbeiter.

Eine Amtshaftung und damit die Haftung des Hoheitsträgers greift aber auch dann, wenn ein Schaden durch **schuldhaftes rechtswidriges Handeln eines privaten Abschleppunternehmers** bzw. seiner Mitarbeiter eintritt. Bedient sich die Behörde eines privaten Unternehmers statt selbst tätig zu werden, muss sie sich das Verhalten des Unternehmers im Rahmen der Amtshaftung zurechnen lassen (so BGH, JZ 1993, 1001 ff.).

Denkbar sind ferner Ansprüche aus den gewohnheitsrechtlich anerkannten Entschädigungsgrundsätzen des **enteignungsgleichen/enteignenden Eingriffs** (vgl. Maurer/Waldhoff, § 27 Rn. 87 ff.).

Tritt ein Schaden während der Verwahrung ein (z.B. Beschädigung des Fahrzeugs auf dem Abstellplatz), kommen schließlich Ansprüche aus einem öffentlich rechtlichen Schuldverhältnis – **öffentlich rechtliches Verwahrungsverhältnis** – wegen **Verletzung quasivertraglicher Pflichten** in analoger Anwendung von § 280 BGB in Betracht (vgl. Schenke, Rn. 160, 727).

Übersicht: Abschleppen von Fahrzeugen

Anlass, Zusammenhang	Nach mündl./ schriftl. Aufforderung, dass Fahrzeug zu entfernen	Aufgrund Verstoßes gegen Verkehrszeichen / Verkehrsregelungen bei Abwesenheit von Fahrer / Halter	Aufgrund Verstoßes gegen die StVO oder bei sonstiger Gefahrenlagen, Abwesenheit von Fahrer / Halter	Mit dem Ziel, Fahrzeug in Gewahrsam zu nehmen
Beispiele	Polizist fordert Kraftfahrer auf, sein Fahrzeug wegzufahren/ Halter erhält Bescheid, sein nicht mehr zugelassenes Fahrzeug zu entfernen	Halten im Halteverbot, Erhebliche Überschreitung von Parkzeiten bei Parkuhren, Parkautomaten	Parken auf Rad- oder Gehwegen, Halten in gefährlicher Kurve	Polizei findet gestohlenes offenes Fahrzeug am Straßenrand
Rechtscharakter der Abschleppanordnung	Ersatzvornahme, da zwangsweise Durchsetzung der vorherigen Anordnung	i.d.R. Ersatzvornahme, da zwangsweise Durchsetzung des Verkehrszeichens (VA)	Unmittelbare Ausführung	Sicherstellung bzw. Sicherstellung im Weg der unmittelbaren Ausführung, wenn Gewahrsamsinhaber nicht bekannt bzw. erreichbar
		Ausnahmen: → (VGH Kassel)	Verkehrszeichen nicht wahrnehmbar, Abschleppanordnung durch Polizei	
Rechtsgrundlage der Maßnahme **Für Kostenforderung**	§ 49 HSOG § 49 HSOG	§ 49 HSOG § 49 HSOG	§ 8 Abs. 1 HSOG § 8 Abs. 2 HSOG	§ 40 HSOG ev. i.V.m. § 8 Abs. 1 HSOG § 43 Abs. 3 HSOG

I. Erstattungs- und Ersatzansprüche

I. Allgemeines

Infolge von Gefahrenabwehrmaßnahmen kann es bei Bürgern zu Beeinträchtigungen 310
von Rechtspositionen und zu Schäden kommen

Bsp.:
- Einweisung von Obdachlosen in die Wohnung eines Vermieters;
- Körperschaden infolge polizeilicher Zwangsanwendung.

In solchen Fällen ist zu klären, ob und in welchem Umfang Erstattungs- oder Ersatzansprüche bestehen.

Die Maßnahmen der Gefahrenabwehr sind durchweg hoheitliche Maßnahmen, so dass keine privatrechtlichen Ansprüche greifen, sondern der Bereich der sog. **„Staatshaftung"** betroffen ist. Damit ist an Ansprüche aus Amtshaftung, sog. enteignungsgleichem bzw. enteignenden Eingriff und Aufopferungsansprüche zu denken. Das Gefahrenabwehr- und Polizeirecht enthält daneben **eigene Ausgleichsregeln**, in Hessen die **§§ 64 ff. HSOG**. Auch finden sich z.T. speziellere gesetzliche Regelungen (z.B. § 60 IfSG, §§ 15 ff.TierGesG, § 51 GewO), die dem HSOG gegebenenfalls vorgehen.

Das Polizei- und Ordnungsrecht sieht – so auch § 64 HSOG – eine Entschädigung bei der Inanspruchnahme Nichtverantwortlicher und eine Eingriffshaftung bei rechtswidrigen Eingriffen vor. Entsprechend ist zwischen rechtmäßigen und rechtswidrigen Maßnahmen zu unterscheiden.

II. Ausgleich bei rechtmäßigen Maßnahmen

1. Ansprüche des Verantwortlichen

Rechtmäßige Maßnahmen der Gefahrenabwehr **gegen den Verantwortlichen** lö- 311
sen in der Regel keine Entschädigungs- oder Ersatzansprüche aus, da der rechtmäßig in Anspruch genommene Verantwortliche kein Sonderopfer bringt, sondern lediglich in die Schranken seiner Rechte verwiesen wird.

Geht von einer Sache oder einem Grundstück eine Gefahr aus, so wird mit der Inanspruchnahme des Eigentümers die Sozialbindung des Eigentums lediglich konkretisiert (vgl. BVerwGE 38, 209 ff.).

Nicht ganz so einfach ist dieser Ansatz in Fällen sog. atypischer Risiken, in denen der Eigentümer quasi „selbst Opfer" wird (vgl. oben Rn. 93).

Bsp.: Ölunfall auf dem Grundstück des B. durch abstürzende Sportmaschine.

Hier wird z.T. vertreten, dem Eigentümer, der selbst Opfer ist, Entschädigungsansprüche zuzubilligen (vgl. Friauf, in Schmidt-Aßmann, 11. Aufl. Rn. 93).

2. Ansprüche Nichtverantwortlicher

312 § 64 Abs. 1 S. 1 HSOG gewährt einen Ausgleich bei rechtmäßigem Verwaltungshandeln nur in Fällen der Inanspruchnahme nach § 9 HSOG, d.h. bei der **Inanspruchnahme Nichtverantwortlicher**.

Es wird deutlich, dass § 64 HSOG insoweit eine gesetzliche Ausgestaltung des allgemeinen Aufopferungsgedankens darstellt. Der in Anspruch genommene Nichtverantwortliche bringt ein **Opfer für die Allgemeinheit**. Inanspruchnahme bedeutet nur eine zielgerichtete hoheitliche Verpflichtung, der zufällig Betroffene fällt nicht darunter.

§ 64 Abs. 3 HSOG gewährt diesen Anspruch auch Personen, die freiwillig (unentgeltlich) mit Zustimmung der Behörde mitgewirkt haben, **„freiwilliger Nothelfer"**.

Bsp.:

- Ein Passant beteiligt sich bei Rettungsmaßnahmen.
- Ein Passant erklärt sich bereit, einen Verletzten ins Krankenhaus zu fahren.

(In diesen Fällen bestehen im Übrigen auch Ansprüche aus gesetzlicher Unfallversicherung, vgl. §§ 2 Abs. 1 Nr. 11 a, 13 a, c SGB VII.)

3. Ansprüche des Anscheinsstörers

313 § 64 Abs. 1 S. 1 HSOG wird in der Rechtsprechung z.T. auch bei der **Inanspruchnahme des sog. Anscheinsstörers** oder in Fällen des Gefahrenverdachts herangezogen (VGH Mannheim, NVwZ RR 1991, 24, 26; BGH, NJW 1994, 2355). Dabei wird der Anscheinsstörer einem Nichtverantwortlichen gleichgesetzt und ihm ein Anspruch zuerkannt in den Fällen, in denen der **Anschein nicht in zurechenbarer Art und Weise gesetzt** wurde.

Bsp.: Aufgrund falscher Zeugenangaben hat es den Anschein, A sei verantwortlich, was sich nachträglich als falsch herausstellt.

Umgekehrt wird der Anscheinsstörer als Verantwortlicher angesehen, wenn ihm der Anschein oder der Verdacht zugerechnet werden kann (vgl. oben Rn. 101; Drews/Wacke/Vogel/Martens, S. 668, 669; OLG Köln, DÖV 1996, 86).

Bsp.:

- A spielt laute Tonbänder ab und erwirkt damit den Eindruck, in seiner Wohnung geschehe eine Straftat.
- Ein Grundstückseigentümer lagert gefährliche Chemikalien auf seinem Grundstück und erweckt den Verdacht, eine Gewässerverunreinigung gehe von seinem Grundstück aus.

Diese differenzierte Betrachtungsweise, die die Rechtsprechung auf der **„sekundären Ebene"** der Ersatzansprüche vornimmt, ist nicht unumstritten (vgl. Knemeyer, Rn. 299), erscheint aber sachgerecht. Bei der Frage, ob jemand in Anspruch zu nehmen ist (sog. Primärebene), ist eine „ex ante Betrachtung" geboten (vgl. Rn. 75); bei der Ausgleichsfrage ist dies nicht zwingend.

Verlangt man bereits auf der Eingriffsebene für die Annahme einer Anscheinsverantwortlichkeit, dass der Anschein durch eigenes Verhalten gesetzt wird (Schenke, Rn. 256), braucht es auf der Ausgleichsebene keiner entsprechenden Anwendung; derjenige, der den Anschein nicht selbst gesetzt hat, ist Nichtverantwortlicher i.S. von § 9 HSOG und hat damit den Erstattungsanspruch als Nichtverantwortlicher (vgl. Schenke, Rn. 679, 685).

Umgekehrt soll nach dieser Auffassung für den Fall, dass die Anscheinsgefahr bzw. der Anschein unmittelbar verursacht wurde, der Verursacher auch als Verantwortlicher behandelt werden.

Für den in der Praxis besonders relevanten Bereich des Bodenschutzes gilt die spezielle Regelung des **§ 24 Abs. 1 S. 2 BBodSchG**. Nach § 9 Abs. 2 BBodSchG kann z.B. der Grundstückseigentümer bereits bei Verdachtsfällen in Anspruch genommen werden. Bestätigt sich der Verdacht nicht, sind dem zu Unrecht Herangezogenen die Kosten nach § 24 Abs. 1 BBodSchG zu erstatten, wenn er die den Verdacht begründeten Umstände nicht zu vertreten hat. **314**

III. Ausgleich bei rechtswidrigen Maßnahmen

§ 64 Abs. 1 S. 2 HSOG gewährt Ersatzansprüche bei **rechtswidrigen Maßnahmen** der Gefahrenabwehr- oder Polizeibehörden. Dabei ist es unerheblich, ob der Schaden beim Verantwortlichen, Nichtverantwortlichen oder einer sonstigen Person eintritt. Auf **Verschulden** kommt es nicht an. Anders als in § 45 des Musterentwurfs zum Polizeigesetz wird deutlich, dass der Anspruch nicht nur bei polizeilichen Maßnahmen, sondern auch bei Maßnahmen der allgemeinen Verwaltung und Ordnungsverwaltung greift. Entscheidend ist, dass es sich um Maßnahmen im Bereich konkreter Gefahrenabwehr handelt. **315**

Das Gesetz verwendet in § 64 Abs. 1 S. 2 HSOG den Begriff der **Maßnahme**. Dies stellt gegenüber den Instituten des allgemeinen Staatshaftungsrechts, wo von **Eingriffen** die Rede ist, eine gewisse Erweiterung dar (vgl. BGH, NJW 1987, 1945). Unter Maßnahmen fallen sowohl Verwaltungsakte als auch Realakte. Dagegen soll eine behördliche **Untätigkeit** (**Unterlassen**) nach h.M. keine Haftung nach diesen Vorschriften auslösen (vgl. BGH, NJW 1971, 1172, 1173).

Dafür spricht zunächst der Wortlaut. Der Begriff Maßnahme verbindet sich gemeinhin mit einem aktiven Tun, ferner der Rückblick auf das allgemeine Staatshaftungsrecht, welches staatliche Eingriffe voraussetzt. Auf der anderen Seite ist eine derartige Differenzierung aus Sicht des Geschädigten kaum verständlich. Sie widerspricht auch der sonst im Rechtsleben vorgenommen Gleichstellung zwischen Tun und Unterlassen bei Vorliegen einer Garantenpflicht (vgl. Schenke, NJW 1991, 1777, 1788).

Die Maßnahme muss **rechtswidrig** sein. Dabei ist unerheblich, worauf die Rechtswidrigkeit beruht, so dass sowohl formelle als auch materielle Fehlerhaftigkeit von Bedeutung ist. **316**

Für die Rechtswidrigkeit der Maßnahme kommt es zunächst darauf an, ob die getroffene Entscheidung bzw. das Handeln fehlerhaft ist (sog. **Handlungsunrecht**). Zum Teil wird vertreten, dass letztlich das sog. **Erfolgsunrecht** im Vordergrund stehe, wonach auf einen zu missbilligenden Erfolg abzustellen sei (vgl. Vahle, DVP 1989, 379).

Bsp.: Ein Polizeibeamter macht unter Beachtung aller Rechtsvorschriften von der Schusswaffe Gebrauch. Die Kugel prallt ab und trifft einen zufällig vorbeikommenden Passanten.

In diesem Fall stellt sich der Schusswaffengebrauch zunächst als rechtmäßig dar, wohl aber nicht der Erfolg, die Verletzung eines unbeteiligten Dritten.

Hier bieten sich drei Lösungsmöglichkeiten an:

- Analoge Anwendung von § 64 Abs. 1 S. 1 HSOG (vgl. Möller/Warg, S. 220; w);
- Anwendung von § 64 Abs. 1 S. 2 HSOG unter Abstellen auf das sog. Erfolgsunrecht (vgl. Vahle, DVP 1989, 379);
- Rückgriff auf den allgemeinen Aufopferungsanspruch bzw. Ansprüche aus enteignenden/enteignungsgleichem Eingriff (vgl. Rachor, in Lisken/Denninger M Rn. 40).

317 Liegt nicht nur rechtswidriges Handeln, sondern auch **schuldhaftes Verwaltungshandeln** vor, ist in der Regel eine Amtspflichtverletzung gegeben und damit eventuelle **Ansprüche aus Amtshaftung** nach § 839 BGB, Artikel 34 GG. Diese stehen neben den Ansprüchen aus § 64 Abs. 1 S. 2 HSOG, es besteht **Anspruchskonkurrenz**, vgl. § 64 Abs. 4 HSOG. Über die Amtshaftung kann auch Schadensersatz bei pflichtwidriger Untätigkeit in Betracht kommen (vgl. BGHZ 130; 332).

Dagegen werden Ansprüche aus enteignungsgleichem Eingriff bzw. aus allgemeiner Aufopferung von der speziellen Regelung des § 64 HSOG verdrängt, die letztlich Ausfluss dieser Rechtsgedanken ist (vgl. BGH, DVBl. 1979, 116). Bleiben die Ansprüche aus § 64 HSOG allerdings hinter den allgemeinen Grundsätzen zurück, ist ein Rückgriff auf diese möglich.

Zielt das Begehren nicht auf Geldausgleich, sondern **Wiederherstellung rechtmäßiger Zustände**, kommt u.U. ein **Folgenbeseitigungsanspruch** in Betracht. Dies ist kein Ausgleichsanspruch im Sinne des § 64 HSOG; er ist auch außerhalb des HSOG bisher nicht kodifiziert, aber allgemein anerkannt (vgl. Maurer/Waldhoff, § 30 Rn. 1 ff.).

Bsp.: Anspruch eines wegen drohender Obdachlosigkeit in Anspruch genommenen Wohnungseigentümers auf Aufhebung einer rechtswidrigen Einweisungsverfügung von Obdachlosen.

IV. Inhalt, Art und Umfang des Ausgleichs

318 Der Anspruch nach § 64 HSOG zielt grundsätzlich auf den Ersatz des unmittelbaren **Vermögensschadens** (§ 65 HSOG). Daneben sieht § 65 Abs. 1 S. 2 HSOG einen Ausgleich für entgangenen Gewinn und Nutzungsausfälle vor, beschränkt diese aber gleichzeitig auf den Ausfall des gewöhnlichen Verdienstes oder des gewöhnlichen Nutzungsentgeltes. Darüber hinausgehende **mittelbare Schäden** sollen nur in Fällen unbilliger Härte ausgeglichen werden.

Schmerzensgeld ist unter den Voraussetzungen des § 65 Abs. 2 ausgleichbar, setzt also eine Körper- bzw. Gesundheitsverletzung oder eine freiheitsentziehende Maßnahme voraus.

Der Ausgleich ist nicht auf Naturalrestitution, sondern auf **Geldausgleich**, § 65 Abs. 3 HSOG, gerichtet, wobei unter den Voraussetzungen von § 65 Abs. 3 S. 2 bis 5 HSOG auch eine **Rente** möglich ist. Eine ergänzende Sonderregelung für mittelbar Geschädigte findet sich in § 66 HSOG, wobei es um **Bestattungskosten und Unterhalt** geht. Im Übrigen sind nach § 65 Abs. 5 HSOG bei der Ausgleichsbemessung die Umstände des Einzelfalles (z.B. Schutz der geschädigten Person, Mitverschulden) zu berücksichtigen.

Der Ausgleichsanspruch **verjährt** gemäß § 67 HSOG in **drei Jahren** seit Kenntniserlangung des Schadens und der entschädigungspflichtigen Körperschaft, spätestens in 30 Jahren nach Kenntnis vom Eintritt des schädigenden Ereignisses.

§ 65 Abs. 5 HSOG enthält Bemessungsgrundsätze für die Ermittlung der Ausgleichszahlung.

Der **Anspruch** aus § 64 HSOG ist **ausgeschlossen**, soweit die Maßnahme zum Schutz der Person oder des Vermögens des Geschädigten getroffen wurde (§ 64 Abs. 2 HSOG). Entscheidend ist dafür nicht die Absicht der Behörde; die Maßnahme muss objektiv zum Schutz der Rechtsgüter geeignet sein und darf diese nicht rechtswidrig verletzen, womit sich der Ausschluss vorrangig auf Fälle des § 64 Abs. 1 S. 1 HSOG bezieht. 319

Bsp.: Muss die Polizei zur Rettung eines Wohnungseigentümers die Wohnungstür gewaltsam öffnen, so kann dieser keinen Ersatz für die beschädigte Tür verlangen.

V. Anspruchsgegner

Ausgleichspflichtig und damit Anspruchsgegner ist nach § 68 Abs. 1 HSOG grundsätzlich die Körperschaft, in deren Dienst derjenige bzw. diejenige steht, der/die die Maßnahme getroffen hat, sog. **Anstellungskörperschaft**. 320

Bei polizeilichem Handeln ist dies das Land Hessen, bei Handlungen allgemeiner Verwaltungsbehörden die Gemeinde bzw. der Landkreis. Handeln Bürgermeister, Oberbürgermeister oder Landrat als Ordnungsbehörde, verbleibt es bei der Haftung der Gemeinde, der Stadt bzw. des Landkreises. Zwar nehmen Bürgermeister und Landräte in diesen Fällen ihre Aufgaben als Auftragsangelegenheiten wahr (siehe § 4 Abs. 2 HGO bzw. HKO), sie agieren aber als kommunale Behörden, ihr Handeln ist den Kommunen bzw. Landkreisen zuzurechnen.

Anders ist der Fall, wenn ein Bediensteter für die Behörde einer anderen Körperschaft handelt. In diesem Fall ist die andere Körperschaft ausgleichspflichtig (§ 68 Abs. 2 HSOG).

Handelt z.B. die Polizei im Rahmen von Vollzugshilfe gemäß § 44 HSOG, ist grundsätzlich die ersuchende Behörde ausgleichspflichtig. Sie hat unter den Voraussetzungen von § 68 Abs. 3 HSOG einen eventuellen **Erstattungsanspruch** gegenüber der Anstellungskörperschaft (Land Hessen).

Bsp.: Polizeibeamte räumen unter Anwendung unmittelbaren Zwangs ein besetztes Haus. Ist die Räumungsverfügung vom Magistrat der Stadt ergangen, ist diese für eventuelle Schäden, die unter den Voraussetzungen des § 64 HSOG ausgleichspflichtig wären, gegenüber dem Geschädigten ausgleichspflichtig.
Ggf. hat die Stadt einen Erstattungsanspruch gegen das Land, wenn die Schäden allein aus einer rechtswidrigen Anwendung des unmittelbaren Zwangs durch die handelnden Polizeibeamten resultieren.

Der ausgleichspflichtigen Körperschaft steht nach § 69 HSOG auch ein **Rückgriff gegen den Verantwortlichen** zu, wenn sie in den Fällen des § 64 Abs. 1 S. 1 oder Abs. 3 HSOG Ausgleich geleistet hat.

Bsp.: Rückgriff gegen in eine Wohnung eingewiesene Obdachlose bei Zahlung von Nutzungsentgelten an Vermieter.

Dabei haften mehrere nebeneinander verantwortliche Personen gesamtschuldnerisch (vgl. § 69 Abs. 2 HSOG).

VI. Rechtsweg

321 § 70 HSOG stellt klar, dass bei Ansprüchen auf Schadensausgleich (§§ 64 bis 67 HSOG) der **ordentliche Rechtsweg** (Zivilgerichte) gegeben ist (vgl. auch Artikel 14 Abs. 3 S. 4 GG; Artikel 34 S. 3 GG; § 40 Abs. 2 VwGO). Dabei hängt es von der Höhe des Streitwertes ab, ob das Amtsgericht oder das Landgericht zuständig ist (vgl. § 23 Nr. 1 GVG).

Anders sieht es bei dem Erstattungsanspruch nach § 68 Abs. 3 HSOG und dem Rückgriffsanspruch nach § 69 HSOG aus, die beide vor die **Verwaltungsgerichte** gehen. Als zulässige Klageart kommt die allgemeine **Leistungsklage** in Betracht.

Übersicht: Erstattung- und Ersatzansprüche nach § 64 HSOG

<table>
<tr><td colspan="3">■ Schaden, Rechtsbeeinträchtigung durch Gefahrenabwehrmaßnahme
■ Keine spezialgesetzliche Regelung (z.B. § 60 IfSG, §§ 66 Tier SeuchG))
■ Ev. Ansprüche nach § 64 HSOG</td></tr>
<tr><td colspan="2">Bei rechtmäßiger Maßnahme,
§ 64 I S. 1 HSOG</td><td>Bei rechtswidriger Maßnahme,
§ 64 I S. 2 HSOG</td></tr>
<tr><td colspan="2"></td><td>↓</td></tr>
<tr><td>Gegen Verantwortlichen
nach §§ 6, 7 HSOG
↓
kein Ausgleichsanspruch</td><td>Inanspruchnahme nach § 9 HSOG
↓
Ausgleich nach §§ 64 ff. HSOG</td><td>■ Ausgleich nach § 64 ff. HSOG
■ Bei schuldhaften Handeln daneben Amtshaftungsansprüche (vgl. § 64 IV)</td></tr>
<tr><td colspan="3">■ Inhalt, Art, Umfang des Ausgleichs, § 65 HSOG
■ Ausgleichspflichtiger → grundsätzlich die Anstellungskörperschaft, § 68 I HSOG
■ Ev. Rückgriff gegen Verantwortliche, § 69 HSOG
■ Rechtsweg § 70 HSOG</td></tr>
</table>

J. Kosten der Gefahrenabwehr

I. Kosten und Kostenträger

Wie bei jeder Verwaltungstätigkeit entstehen auch bei der Gefahrenabwehr Kosten. 322
Das HSOG enthält in den §§ 104 ff. Aussagen zu diesen Kosten.

Kosten i.S. dieser Vorschriften sind die **Personal- und Sachkosten** für die Gefahrenabwehr sowie die **Ausgaben**, die durch die Tätigkeiten der zuständigen Behörden entstehen (siehe § 104 HSOG).

Hinsichtlich der Kosten sind zwei Fragen von Interesse: Wer ist **Kostenträger**, d.h. welcher Verwaltungsträger trägt die Kosten und kann der Verwaltungsträger **Kostenersatz von Dritten** verlangen?

Die §§ 104 ff. HSOG regeln die **Kostenträgerschaft**. Sie ordnen die Kosten grundsätzlich den Aufgabenträgern zu. Danach fallen die bei den allgemeinen **Verwaltungsbehörden** (vgl. § 2 S. 2 HSOG) entstehenden Kosten den sie tragenden Gemeinden, Städten und Landkreisen zu (vgl. § 105 HSOG). Die **Kosten der Polizei** trägt das Land (§ 108 HSOG). Bei den **allgemeinen Ordnungsbehörden** fallen die Kosten den hinter den Behörden (vgl. § 85 Abs. 1 HSOG) stehenden Verwaltungsträgern zur Last. Handeln Bürgermeister, Oberbürgermeister bzw. Landräte als örtliche bzw. Kreisordnungsbehörde, sind Kostenträger die Gemeinden und Städte bzw. die Landkreise; Kosten, die bei den Regierungspräsidien oder den Ministerien entstehen, trägt das Land (vgl. § 106 HSOG).

II. Kostenersatz

Zur Frage, ob und in welchem Umfang ein Kostenträger **Kostenersatz von Dritten**, 323
insbesondere von den für Maßnahmen Verantwortlichen verlangen kann, enthalten die §§ 104 ff. HSOG keine Aussagen.

Bei Kostenersatzansprüchen ist zu unterscheiden zwischen den Kosten bestimmter Maßnahmen mit entsprechenden Kostenregelungen im HSOG und der Erhebung allgemeiner Verwaltungskosten (Verwaltungsgebühren, Auslagen).

Ersatzpflichtig für Kosten ist grundsätzlich der Verantwortliche, nicht die durch eine behördliche Maßnahme geschützte Person. Für „Opfer" ist eine behördliche Leistung grundsätzlich kostenlos (vgl. Götz/Geis, § 14 Rn. 2.). Für die Geltendmachung der Kosten bedarf es allerdings einer gesetzlichen Ermächtigung.

1. Kostenersatz nach HSOG

Das HSOG begründet Kostenersatzansprüche für **Kosten der unmittelbaren Aus-** 324
führung (§ 8 Abs. 2 HSOG), Kosten einer **Ersatzvornahme** (§ 49 HSOG), Kosten einer **Sicherstellung** einschließlich Verwertungs- bzw. Verwahrungskosten (§ 43 Abs. 3 HSOG) und **Kosten des unmittelbaren Zwangs** (§ 52 Abs. 1, S. 3).

Die Behörden bzw. Verwaltungsträger können die ihnen durch die genannten Maßnahmen entstandenen Kosten von den Verantwortlichen bzw. der durch die Ersatzmaßnahme betroffenen Person ersetzt verlangen. Voraussetzung ist die Rechtmäßigkeit der jeweiligen Maßnahme.

Es handelt sich bei diesen Ansprüchen um öffentlich rechtliche Ansprüche gegen Kostenverursacher außerhalb des Abgabenrechts, die kraft Gesetzes entstehen.

Dabei müssen die **Kosten durch die Maßnahmen verursacht** sein. Dies sind insbesondere Kosten für beauftragte Dritte (z.B. Abschleppunternehmer), aber auch eigene Kosten bei besonderem Personal- und Sachaufwand (z.B. Überstunden, Gutachterkosten, vgl. VGH Kassel, NVwZ 1988, 655, 656).

Bei den Kosten der unmittelbaren Ausführung und über die Verweisung in § 52 Abs. 1 HSOG für Kosten des unmittelbaren Zwangs haften mehrere Verantwortliche gesamtschuldnerisch (vgl. Rn. 135). Gerade bei der Ausübung von Zwang gegenüber mehreren Verantwortlichen können aber hohe Kosten anfallen. Um hier das Kostenrisiko für den Einzelnen nicht unberechenbar werden zu lassen, ist eine gesamtschuldnerische Inanspruchnahme für die Gesamtkosten i.d.R. abzulehnen (vgl. Götz, § 14 Rn. 28).

325 Nicht zu diesen Kosten zählt der allgemeine Verwaltungsaufwand (z.B. anteilige Dienstbezüge der Beamten, vgl. Meixner/Fredrich, § 8 Rn. 14). Dieser kann nur über Gebühren abgerechnet werden, wofür es entsprechender gebührenrechtlicher Grundlagen bedarf (vgl. Rn. 326).

Die genannten Maßnahmekosten können im Verwaltungsvollstreckungsverfahren nach den Vorschriften des HVwVG beigetrieben werden, womit klargestellt ist, dass die Kosten gegenüber dem Kostenschuldner durch Verwaltungsakt festgesetzt werden können. Widerspruch und Anfechtungsklage gegen solche Kostenbescheide haben nach h.M. (vgl. VGH Kassel, NJW 1980, 1248; Götz/Geis, § 14 Rn. 6 m.w.N.) aufschiebende Wirkung. Es sind keine Kosten i.S. von § 80 Abs. 2 S. 1 Nr. 1 VwGO, sie dienen nicht der Deckung des allgemeinen Finanzbedarfs.

Die genannten Kostenvorschriften sind für die relevanten Maßnahmekosten abschließend. Liegen die Voraussetzungen nicht vor, können diese Kosten nicht auf anderer Grundlage geltend gemacht werden (vgl. Meixner/Fredrich, § 8 Rn. 17 unter Hinweis auf die VGH-Rspr.; vgl. auch BGH, NJW 2004, 513).

2. Ersatz von Verwaltungskosten, Gebühren

326 Wie dargestellt, bietet das HSOG für die Erhebung allgemeiner Verwaltungskosten keine Grundlage. Als gesetzliche Grundlage kommt das **Verwaltungskostengesetz** (HVwKostG) in Betracht. Es dient als Grundlage sowohl für Amtshandlungen von Landesbehörden als auch kommunaler Gefahrenabwehrbehörden (vgl. § 2 HVwKostG). Um danach für Amtshandlungen im Rahmen der Gefahrenabwehr Gebühren erheben zu können, müssen gebührenpflichtige Tatbestände vorhanden sein.

Grundlage für die Gebührenerhebung bietet die **VwKostO** für Amtshandlungen im Geschäftsbereich des Hessischen Ministerium des Innern und Sport mit einem **Verwaltungskostenverzeichnis** (GVBl. 2012 S. 356), dass für Gefahrenabwehrbehörden entsprechende Anwendung finden soll (vgl. Meixner/Fredrich, § 8 Rn. 14). Nur die Amtshandlungen, die im Kostenverzeichnis enthalten sind, können eine Gebührenerhebung auslösen.

Prüfungsschema Rechtmäßigkeit einer Gefahrenabwehrverfügung

Vorüberlegung

- Handelt es sich um einen Verwaltungsakt (Gebot/Verbot) auf dem Gebiet der Gefahrenabwehr?
- Welche Ermächtigungsgrundlage kommt in Betracht, Spezialgesetz, Standardmaßnahme nach HSOG oder Generalklausel, § 11 HSOG?

Formelle Rechtmäßigkeit

- **Zuständigkeit**
  - sachlich (Spezialgesetz oder §§ 1, 2 HSOG, ggf. i.V.m. Grundsatz der Erstbefassung; siehe auch § 89 HSOG i.V.m. HSOG-DVO)
  - örtlich (vgl. §§ 100, 101 HSOG)
  - instanziell (vgl. z.B. für Ordnungsbehörden § 89 Abs. 2 HSOG; für die Polizeibehörden § 5 HSOG-DVO, §§ 91 Abs. 2, 94, 98 Abs. 1 Nr. 1 HSOG)
- **Form- und Verfahrensvorschriften**
  - besondere Anforderungen aus Spezialgesetz oder HSOG, z.B. bei Standardmaßnahmen
  - allgemeine Anforderungen an Verwaltungsakte nach dem HVwVfG (vgl. §§ 10, 37 Abs. 2 HVwVfG), ferner:
  - eventuelle Begründung bei schriftlicher Verfügung, § 39 HVwVfG,
  - Anhörung nach § 28 HVwVfG
  - (beachte Heilungsmöglichkeiten nach § 45 HVwVfG)
- Ordnungsgemäße **Bekanntgabe**, § 41 HVwVfG

Materielle Rechtmäßigkeit

- **Ermächtigungsgrundlage**
  - Wirksamkeit (nur zu prüfen, wenn Anlass besteht)
  - Tatbestandsvoraussetzungen (z.B. konkrete Gefahr für öffentliche Sicherheit bei § 11 HSOG)
- **Adressat** der Verfügung (nach Spezialgesetz oder §§ 6 ff HSOG)
- **Allgemeine Rechtmäßigkeitsvoraussetzungen**
  - inhaltliche Bestimmtheit der Verfügung (§ 37 HVwVfG)
  - rechtliche und tatsächliche Möglichkeit
  - Verhältnismäßigkeit, § 4 HSOG:
    - Geeignetheit
    - Erforderlichkeit
    - Angemessenheit
- **Ermessensausübung** (vgl. § 5 HSOG)
  - Entschließungs- und Auswahlermessen (Mittel, Adressat)
  - Keine Ermessensfehler (Nichtgebrauch, Überschreitung, Fehlgebrauch)

Prüfungsschema Rechtmäßigkeit der unmittelbaren Ausführung, § 8 HSOG

Vorüberlegung

- Handelt es sich um eine Maßnahme der Gefahrenabwehr?
- Eventuelle Abgrenzung zu Vollstreckungsmaßnahmen (Ersatzvornahme, Sofortvollzug) .

Formelle Rechtmäßigkeit

- **Zuständigkeit**
- Unverzügliche **Unterrichtung** der betroffenen Person
- Bei anschließender Verwahrung Beachtung **formaler Anforderungen**, § 8 Abs. 2 i.V.m. §§ 41 ff. HSOG

Materielle Rechtmäßigkeit

- **Ermächtigungsgrundlage**, § 8 Abs. 1 HSOG i.V.m. Befugnisnorm (z.B. § 11 HSOG)
  - Rechtmäßigkeit der Maßnahme, die unmittelbar ausgeführt wird (fiktiver GrundVA)
  - Verantwortlicher kann nicht rechtzeitig erreicht bzw. in Anspruch genommen werden
  - Dringlichkeit der Maßnahme
- **Verhältnismäßigkeit** der unmittelbaren Ausführung
  - Geeignetheit
  - Erforderlichkeit
  - Angemessenheit
- **Ermessen** bezüglich der unmittelbaren Ausführung

Prüfungsschema Rechtmäßigkeit einer Gefahrenabwehrverordnung

Ermächtigungsgrundlage

- Spezialgesetz (z.B. § 9 HGastG für SperrzeitVO)
- HSOG, §§ 71 ff.

Formelle Rechtmäßigkeit

- **Zuständigkeit**, Verbands- und Organzuständigkeit
  - nach § 72 HSOG, Ministerien, Regierungspräsidien
  - nach § 73 HSOG, Landkreise, Kreistage
  - nach § 74 HSOG, Gemeinden, Gemeindevertretung
- **Form und Verfahren**
  - Formerfordernisse nach § 78 HSOG
  - Bei kommunalen VO Beachtung kommunalrechtlicher Form- und Verfahrensvorschriften nach HGO, HKO
  - Ordnungsgemäße Verkündung

Materielle Rechtmäßigkeit

- **Ermächtigungsgrundlage**, §§ 71 ff HSOG
  - abstrakte Gefahrenlage
  - für öffentliche Sicherheit oder Ordnung
- **Adressaten** müssen ordnungspflichtig sein
- **Inhaltliche Rechtmäßigkeit** der Vorschriften
  - Bestimmtheit
  - Kein Widerspruch zu höherrangigem Recht und anderen Rechtsverordnungen, § 75 Abs. 2 HSOG,
  - Keine vorhandene Regelung auf höherer Stufe, vgl. § 75 Abs. 2 HSOG,
- **Verhältnismäßigkeit**, § 4 HSOG
- **Ermessensausübung** (§ 5 HSOG), keine Ermessensfehler

Prüfungsschema Rechtmäßigkeit einer Vollstreckungs- bzw. Zwangsmaßnahme

Vorüberlegung

- Geht es um Zwangsanwendung im präventiven Bereich? (ev. Abgrenzung zur unmittelbaren Ausführung)
- Greift HVwVG oder HSOG als Grundlage?

Formelle Rechtmäßigkeit

- **Zuständigkeit**
  - grds. Behörde, die Verwaltungsakt erlassen hat (§ 47 Abs. 3 HSOG, § 68 Abs. 1 HVwVG)
  - eventuell Vollzugshilfe (§ 47 Abs. 3 i.V.m. § 44 HSOG)
- **Form- und Verfahrensvorschriften**
  - besondere, vgl. § 57, §§ 41-43 i.V.m. 49, 50 HSOG
  - nach HVwVfG (vgl. §§ 37, 39 und für die Anhörung § 28 Abs. 1 und Abs. Nr. 5)
  - ordnungsgemäße Androhung der Zwangsmittels (vgl. §§ 53, 58 HSOG; § 69 HVwVG)

Materielle Rechtmäßigkeit

- **Ermächtigungsgrundlage**, § 47 HSOG bzw. § 2 HVwVG i.V.m. mit Vorschriften über das jeweilige Zwangsmittel
  - vollstreckbarer Grundverwaltungsakt
  - Rechtmäßigkeit des Grundverwaltungsaktes? (ist strittig)
  - Richtiges Zwangsmittel (§§ 48 ff HSOG, §§ 74 ff HVwVG), Voraussetzungen des Zwangsmittels (vgl. etwa §§ 49, 50, 52, 59 – 62 HSOG)
- **Adressat** (grds. Identität des Adressaten der Grundverfügung und des Zwanges)
- **Allgemeine Rechtmäßigkeitsanforderungen**
  - insbesondere Verhältnismäßigkeit (§ 4 HSOG)
  - u.U. hinreichende Bestimmtheit (z.B. bei Zwangsgeldfestsetzung)
- **Richtige Ermessensausübung** (§ 5 HSOG)

Fall 1: Gefährlicher Schäferhund

Widerspruch gegen Leinengebot; Zulässigkeit des Widerspruchs; Hundeverordnung; Rechtmäßigkeit des Leinengebotes.

Sachverhalt

Heiner H. ist Halter eines kräftigen Schäferhundes namens Rex. Rex ist in der Vergangenheit mehrfach dadurch aufgefallen, dass er Radfahrer und Jogger verfolgt und angesprungen hat. Trotz verschiedener Vorkommnisse lehnt es H. ab, Rex an die Leine zu nehmen, da dies dem natürlichen Bewegungsdrang des Hundes widerspreche. Mit Vorliebe lässt H. Rex in unmittelbarer Nähe seiner Wohnung in dem kleinen Stadtpark der hessischen Stadt S frei herumlaufen.

An einem sonnigen Tag im Mai ist H. wieder einmal mit Rex unterwegs. Als der Hund eine Radfahrerin wahrnimmt und zur Verfolgung ansetzt, gerät diese so in Panik, dass sie ihr Fahrrad in eine Dornenhecke lenkt und in die Hecke stürzt. Sie zieht sich dabei nicht unerhebliche Verletzungen an der Haut zu, ferner wird ihre Bekleidung beschädigt.

Zwischen ihr und H. kommt es zu einer verbalen Auseinandersetzung, nach dem H. meinte, "sie müsse wohl noch lernen, auf zwei Rädern zu fahren".

Der in der Nähe im Streifenwagen sitzende Polizeibeamte P. konnte den Vorfall beobachten und begibt sich zum Ort des Geschehens. Er fordert H. unter Hinweis auf die Hess. Hundeverordnung und den gerade beobachteten Vorfall auf, den Hund sofort an die Leine zu nehmen. H. kommt dieser Aufforderung nach einigen Worten des Protestes nach. Auch Rex ist davon nicht angetan, sondern wird nun erst recht aggressiv und springt nicht nur den Polizeibeamten, sondern auch andere vorbeikommende Passanten an. H. ist, wohl auch wegen der Länge der Hundeleine, nicht in der Lage, Rex daran zu hindern.

Daraufhin fordert P. den H. auf, die Parkanlage mit Rex sofort zu verlassen, schreibt einen Vermerk über die Vorkommnisse und gibt eine Durchschrift davon im Rathaus der Stadt S ab mit dem Hinweis, die Verwaltung möge das Nötige veranlassen.

Die Verwaltung entschließt sich zum Handeln.

Vier Tage nach dem Vorfall im Park erhält H. ein Schreiben des Oberbürgermeisters der Stadt (Ordnungsbehörde), in dem H. unter Hinweis auf die bisherigen Vorkommnisse aufgefordert wird, seinen Schäferhund Rex zukünftig (ab Bekanntgabe der Anordnung) nur noch angeleint (mit einer max. 2 Meter langen Leine) außerhalb seines Besitztums oder seiner Wohnung auszuführen.

H. ist empört und legt umgehend schriftlich Widerspruch gegen die Anordnung des Oberbürgermeisters ein.

Prüfen Sie die Erfolgsaussicht des Widerspruchs!

Lösung

Der Widerspruch des H ist erfolgreich, wenn der Widerspruch zulässig und begründet ist.

I. Zulässigkeit des Widerspruchs

1. Die Zulässigkeit setzt voraus, dass der **Verwaltungsrechtsweg** gegeben ist. Mangels spezialgesetzlicher Zuweisung greift die Generalklausel des § 40 VwGO analog. Voraussetzung ist danach eine **öffentlich rechtliche Streitigkeit** nicht verfassungsrechtlicher Art.

Der Widerspruchsführer wendet sich gegen das behördliche Leinengebot, welches auf der HundeVO bzw. dem HSOG basiert. Es handelt sich um eine einseitige hoheitliche Anordnung, die Beteiligten stehen sich in einem Über- Unterordnungsverhältnis gegenüber (vgl. Subordinationstheorie), die zugrunde liegenden Normen berechtigen ausschließlich Träger hoheitlicher Gewalt (vgl. Zuordnungstheorie). Damit handelt es sich um eine öffentlich rechtliche Streitigkeit. Diese ist auch nicht verfassungsrechtlicher Art.

Da auch keine andere rechtliche Zuweisung vorliegt, ist der Verwaltungsrechtsweg gem. § 40 VwGO analog eröffnet.

2. Der Widerspruch müsste **statthaft** sein. H wendet sich gegen das behördlich angeordnete Leinengebot, er möchte, dass dies aufgehoben wird. Das behördliche Gebot stellt einen Verwaltungsakt i.S. § 35 HVwVfG dar. Der Widerspruch ist hier in Form des **Anfechtungswiderspruchs** nach § 68 Abs. 1 VwGO statthaft.

3. Form und Frist des Widerspruchs (vgl. § 70 VwGO) sind beachtet.

4. Mangels gegenteiliger Angaben im Sachverhalt ist davon auszugehen, dass die allgemeinen Zulässigkeitsvoraussetzungen (Beteiligtenfähigkeit, Handlungsfähigkeit) gegeben sind.

5. Voraussetzung für die Zulässigkeit ist schließlich, dass H **widerspruchsbefugt** ist gem. § 42 Abs. 2 VwGO analog.

H ist **Adressat** eines ihn belastenden Verwaltungsaktes. Daraus folgt die Möglichkeit einer eventuellen Rechtsverletzung (vgl. sog. Adressatentheorie).

Damit ist der Widerspruch des H zulässig.

II. Begründetheit des Widerspruchs

Der Widerspruch des H ist begründet, wenn der angefochtene Verwaltungsakt rechtswidrig und H dadurch in seinen Rechten verletzt ist (§ 113 Abs. 1 S. 1 VwGO analog).

Die Entscheidung des Oberbürgermeisters der Stadt ist rechtswidrig, wenn die an formellen oder materiellen Fehlern leidet.

1. Die **formelle Rechtmäßigkeit** setzt die Zuständigkeit der Behörde und die Beachtung von Form- und Verfahrensvorschriften voraus.

Es handelt sich um eine Maßnahme der Gefahrenabwehr im Zusammenhang mit gefährlichen Hunden. Die **Zuständigkeit** folgt hier aus § 16 der Gefahrenabwehrverordnung über das Halten und Führen von Hunden (HundeVO) i.V.m. § 85 HSOG. Danach ist der Bürgermeister bzw. hier der Oberbürgermeister als **örtliche Ordnungsbehörde** zuständig. Dies gilt auch, wenn die Maßnahme letztlich auf § 11 HSOG gestützt werden sollte (vgl. Rn. 146). Die örtliche Zuständigkeit folgt aus § 100 HSOG.

Die Maßnahme stellt einen Verwaltungsakt i.S. von § 35 HVwVfG dar, der grundsätzlich an keine besonderen **Formen** gebunden ist (vgl. §§ 10 und 37 Abs. 2 HVwVfG).

Der Verwaltungsakt muss allerdings den Anforderungen des § 37 Abs. 3 HVwVfG und, da eine schriftliche Anordnung ergangen ist, der **Begründungspflicht** nach § 39 Abs. 1 HVwVfG genügen. Davon ist hier auszugehen.

Das Leinengebot stellt für den Hundehalter eine belastende Maßnahme dar, die in seine Rechte eingreift. Deshalb ist nach § 28 Abs. 1 HVwVfG grundsätzlich eine vorherige **Anhörung** geboten.

Der Sachverhalt enthält keine Hinweise auf eine Anhörung des H durch die Ordnungsbehörde.

Evtl. konnte hier auf eine ausdrückliche Anhörung verzichtet werden unter den Voraussetzungen von § 28 Abs. 2 HVwVfG. Nach den vorliegenden Erkenntnissen der Behörde ist der Schäferhund gefährlich, es kann jederzeit zu einem neuen Zwischenfall kommen, zumal sich der Hundehalter nicht gerade einsichtig gezeigt hat. Von daher war wegen der Gefahr im Verzuge eine sofortige Entscheidung notwendig (§ 28 Abs. 2 Nr. 1 HVwVfG). Auf die Anhörung konnte deshalb verzichtet werden.

Von einer ordnungsgemäßen **Bekanntgabe** des Verwaltungsaktes (§ 41 HVwVfG) ist auszugehen.

2. **Materielle Rechtmäßigkeitsvoraussetzung** der behördlichen Anordnung ist zunächst, dass eine Ermächtigungsgrundlage für die belastende Maßnahme vorhanden ist (Gesetzesvorbehalt).

Eine **Ermächtigungsgrundlage** könnte sich aus der HundeVO ergeben.

Die HundeVO sieht in § 9 Abs. 1 einen Leinenzwang für gefährliche Hunde vor, diese Vorschrift enthält allerdings ein generelles Gebot an Hundehalter, keine ausdrückliche Ermächtigung zum Eingreifen für die Behörde. § 9 Abs. 1 HundeVO ist **keine Befugnisnorm**.

Befugnisse verleiht aber § 9 Abs. 3 HundeVO. Danach kann die zuständige Behörde das Führen an der Leine anordnen, wenn Tatsachen die Annahme rechtfertigen, dass der Hund eine über das natürliche Maß hinausgehende Aggressivität und Gefährlichkeit aufweist. Die unstrittigen Vorkommnisse im Park belegen, dass Rex dazu neigt, Menschen zumindest anzuspringen und zu verfolgen. Dies zeugt von einer erhöhten Aggressivität und Gefährlichkeit gegenüber Menschen, die Wahrscheinlichkeit weiterer Vorfälle ist groß. Damit greift § 9 Abs. 3 HundeVO als Ermächtigungsgrundlage für das ausgesprochene Leinengebot.

(Hinweis: Soweit eine Gefahrenabwehrverordnung nur Gebote und Verbote, aber keine eigenen Befugnisnormen enthält bzw. Zweifel an deren Rechtmäßigkeit bestehen, ist die Maßnahme auf § 11 HSOG zu stützen, vgl. auch Rn. 146).

Rechtmäßigkeitsvoraussetzung ist weiter, dass H **richtiger Adressat** der Gefahrenabwehrmaßnahme ist.

Nach dem § 6 ff. HSOG sind die Maßnahmen an die **Verantwortlichen** für die Gefahr zu richten.

Die Gefahr geht hier von dem Schäferhund aus, dessen Halter H ist. Als Halter hat er die tatsächliche Sachherrschaft über den Hund; er ist wohl auch Eigentümer des Tieres. H ist damit nach § 7 HSOG verantwortlich, **Zustandsverantwortlichkeit**. Da er selbst den Hund bisher unangeleint ausführt, kann er ferner auch als **Verhaltensverantwortlicher** nach § 6 HSOG in Anspruch genommen werden.

Weitere Voraussetzung für die Rechtmäßigkeit des Leinengebotes sind die hinreichende Bestimmtheit, die Möglichkeit und die Verhältnismäßigkeit der angeordneten Maßnahme.

Von einer **hinreichenden Bestimmtheit** der behördlichen Entscheidung ist auszugehen; es ist dem H auch tatsächlich und rechtlich möglich, der Anordnung nachzukommen.

Verhältnismäßig ist die Anordnung, wenn sie geeignet, erforderlich und angemessen ist (vgl. § 5 HSOG).

Das Leinengebot ist **geeignet**, die von dem Hund ausgehenden Gefahren zu reduzieren. **Mildere Mittel**, die einen ähnlichen Erfolg versprechen, sind nicht erkennbar. Die Vorgabe zur Leinenlänge nach § 9 Abs. 1 HundeVO sinnvoll und gerechtfertigt. Schließlich überwiegt hier das Interesse der Öffentlichkeit am Schutz vor dem gefährlichen Hund die individuellen Interessen des Hundehalters. Auch unter Tierschutzaspekten ist die Maßnahme **angemessen** und damit insgesamt verhältnismäßig.

Die behördliche Maßnahme beruht auf § 9 Abs. 3 HundeVO und steht damit im pflichtgemäßen **Ermessen** der Behörde. Hinweise auf Ermessensfehler sind aus dem Sachverhalt nicht erkennbar.

Damit ist die Maßnahme insgesamt nicht zu beanstanden. Das ausgesprochene Leinengebot ist rechtmäßig.

Ergebnis:

Der Widerspruch des H ist damit unbegründet, er hat keine Aussicht auf Erfolg.

Fall 2: Sturmschaden

Formelle und materielle Rechtmäßigkeit eines Verwaltungsaktes; Zustandsverantwortlichkeit; Rechtmäßigkeit einer Vollstreckungsmaßnahme; Kosten der Ersatzvornahme.

Sachverhalt

Im Juni 2004 kommt es in großen Teilen Deutschlands zu starken Gewittern und Stürmen. So auch in der hessischen Stadt S, wo das Unwetter bisher unbekannte Ausmaße annimmt und zahlreiche Schäden verursacht.

Im Garten des E wird ein Obstbaum vom Sturm erfasst und fast entwurzelt. Der Baum neigt sich stark zur Straße hin. E befürchtet, dass der Baum beim nächsten Sturm auf die Straße fallen könnte. Es handelt sich um eine nicht sehr stark befahrene Straße, die überwiegend von Anliegern des Wohngebietes benutzt wird.

E ruft bei der Stadtverwaltung im Rathaus an, schildert den Sachverhalt und empfiehlt dem städtischen Mitarbeiter, durch das Gartenamt oder die Feuerwehr den Baum zu beseitigen. Der Mitarbeiter des Magistrats der Stadt verweist darauf, dass aufgrund zahlreicher und zum Teil erheblicherer Schäden die Kräfte von Gartenamt und Feuerwehr voll im Einsatz seien und kurzfristig wegen vordringlicherer Arbeiten nicht kommen könnten. Er fordert schließlich den E auf, den Baum selbst zu beseitigen oder durch andere, z.B. eine Gartenbaufirma, beseitigen zu lassen. E selbst sei verantwortlich und deshalb zur Beseitigung verpflichtet. E weist dies empört zurück, er selbst sei Opfer des Unwetters. Der Baum habe sich in tadellosem Zustand befunden, es handele sich um ein unvorhersehbares Ereignis, an dem E völlig schuldlos sei.

Dennoch belässt es der Städtische Mitarbeiter bei der Aufforderung an E und verlangt mit Blick auf eine akute Gefahrenlage und die damit verbundene "Notstandssituation" die Beseitigung seitens des E bis spätestens 21.30 Uhr. Für die Nacht sei weiterer Sturm angekündigt, es sei deshalb nicht vertretbar, länger zuwarten. Die sofortige Vollziehung dieser Aufforderung ordnet er an. Sollte E dieser Aufforderung nicht nachkommen, werde die Stadt eine Firma mit der Sicherung bzw. eventuellen Beseitigung beauftragen und die Kosten in Höhe von voraussichtlich 300 Euro dem E in Rechnung stellen. Der städtische Mitarbeiter gibt dem E vorsorglich Telefonnummern geeigneter Gartenbaufirmen, die auch kurzfristig einsatzbereit sind.

E lehnt das "Ansinnen" des Mitarbeiters der Stadt ab; er sei seinen Verpflichtungen mit dem Anruf bei der Stadt nachgekommen, der Rest sei Sache der Stadt.

Als E gegen 22 Uhr aus dem Kino nach Hause kommt, kann er gerade noch beobachten, wie die zwischenzeitlich von der Stadt beauftragte Gartenbaufirma die zersägten Baumteile abfährt. Eine vorherige Begutachtung durch einen Mitarbeiter des Gartenamtes hatte ergeben, dass der Baum mit großer Wahrscheinlichkeit bei starken Windböen auf die Straße fallen werde. Durch reine Absicherungsmaßnahmen wäre dies nicht zu verhindern.

1. Prüfen Sie gutachtlich die Rechtmäßigkeit der telefonischen Aufforderung des Mitarbeiters der Stadt.
2. Die Gartenbaufirma stellt der Stadt für ihre Tätigkeit 250 Euro in Rechnung. Kann die Stadt diese Kosten gegenüber E geltend machen?

Lösung

Aufgabe 1

Vorüberlegung:

Bei der telefonischen Aufforderung handelt es sich um eine Maßnahme der Gefahrenabwehr. Mangels spezialgesetzlicher Regelungen kommt als Grundlage das HSOG in Betracht.

Die Aufforderung ist rechtmäßig, wenn sie formell und materiell rechtmäßig ergangen ist.

I. Formelle Rechtmäßigkeit

1. Es müsste die **zuständige Behörde** gehandelt haben. Die Aufforderung erfolgte durch einen Mitarbeiter des **Magistrats** der Stadt mit dem Ziel der Gefahrenabwehr. Mangels spezieller gesetzlicher Regelung greift das HSOG als Grundlage ein. Nach § 2 S. 2 HSOG ist die Gefahrenabwehr vorrangig Aufgabe der allgemeinen Verwaltungsbehörde. Diese Aufgabe wird vom Magistrat der Stadt wahrgenommen (vgl. § 82 Abs. 2 HSOG). Damit war der Mitarbeiter zuständig, es hat die **sachlich zuständige Behörde** gehandelt.

Die **örtliche Zuständigkeit** ergibt sich aus § 100 HSOG.

2. Die Anordnung darf nicht an **Form- oder Verfahrensfehlern** leiden.

Form- und Verfahrensanforderungen ergeben sich aus dem Rechtscharakter der Maßnahme. Die Aufforderung beinhaltet ein Gebot gegenüber dem E, es handelt sich um einen Verwaltungsakt i.S. von § 35 HVwVfG. Damit greifen die Form- und Verfahrensvorschriften des HVwVfG.

Verwaltungsakte können nach § 37 Abs. 2 HVwVfG auch **mündlich** ergehen, mündliche Verwaltungsakte sind an keine besonderen Formen gebunden. Damit war eine Telefonische Aufforderung möglich.

Von den Verfahrensvorschriften ist bei belastenden Verwaltungsakten vor allem § 28 HVwVfG zu beachten. Nach § 28 Abs. 1 HVwVfG ist der Betroffene grundsätzlich **anzuhören**, bevor ein in seine Rechte eingreifender Verwaltungsakt erlassen wird. Nach dem Sachverhalt haben der Verwaltungsmitarbeiter und E über die Angelegenheit am Telefon gesprochen, E hatte Gelegenheit, sich zu den Tatsachen zu äußern. Damit ist von einer Anhörung, die formlos erfolgen kann, auszugehen.

Hinweise auf Verfahrensfehler liegen nach dem Sachverhalt nicht vor.

3. Die **Bekanntgabe** des Verwaltungsaktes erfolgte hier telefonisch, was nach § 41 HVwVfG möglich ist.

Als Zwischenergebnis ist festzuhalten, dass die Aufforderung formellen Rechtmäßigkeitsanforderungen genügt.

II. Materielle Rechtmäßigkeit

1. Bei der Aufforderung an E handelt es sich um eine belastende Maßnahme, die einer gesetzlichen Ermächtigung bedarf.

Als **Ermächtigungsgrundlage** kommt mangels speziellerer Regelung die gefahrenabwehrrechtliche Generalklause, **§ 11 HSOG**, in Betracht.

Voraussetzung ist eine **konkrete Gefahr für die öffentliche Sicherheit oder Ordnung**.

Zur **öffentlichen Sicherheit** gehört dabei auch der Schutz subjektiver Rechtsgüter wie Leben Gesundheit und Eigentum. Fällt ein Baum auf eine öffentliche Straße, können dadurch Leben und Gesundheit von Passanten gefährdet werden. Auch kann es bei Unfällen zu erheblichen Sachschäden und damit Eigentumsbeeinträchtigungen z.B. an Fahrzeugen kommen.

Nach den telefonischen Schilderungen des E und der angekündigten weiteren Sturmwarnung konnte der städtische Mitarbeiter mit hinreichender Wahrscheinlichkeit davon ausgehen, dass der Baum auf die Straße fallen konnte. Diese Einschätzung hat sich bei der späteren Begutachtung bestätigt. Damit lag eine **konkrete Gefahr** für die öffentliche Sicherheit vor.

2. E muss der **richtige Adressat** für die Anordnung sein. Nach §§ 6 ff HSOG sind Maßnahmen der Gefahrenabwehr an die **Verantwortlichen** zu richten.

Die Gefahr geht von dem Baum aus, der auf dem Grundstück des E steht. E ist Besitzer und Eigentümer des Baumes und des Grundstücks. Damit ist er **Zustandsverantwortlicher** nach § 7 Abs. 1 und 2 HSOG und durfte herangezogen werden. Auf ein **Verschulden** des E kommt es in diesem Zusammenhang nicht an.

3. Die Aufforderung gegenüber E muss den **allgemeinen Rechtmäßigkeitsanforderungen** an Verwaltungsakte genügen.

Dazu zählt die hinreichende **Bestimmtheit** des Verwaltungsaktes (vgl. § 37 Abs. 1 HVwVfG). Dem E wurde telefonisch die Beseitigung des Baumes aufgegeben, womit die Maßnahme eindeutig bezeichnet war. Der Zusatz, dass E dies selbst tun oder durch ein Gartenbauunternehmen vornehmen lassen kann, berührt nicht die hinreichende Bestimmtheit des Gebotes.

Es muss für E die **rechtliche und tatsächliche Möglichkeit** bestehen, dem Gebot nachzukommen. Es sind keine Gründe ersichtlich, die einer Umsetzung der behördlichen Aufforderung durch E entgegenstehen.

Die Anordnung muss schließlich **verhältnismäßig** sein (vgl. § 4 HSOG). Das Beseitigungsgebot muss eine geeignete, erforderliche und angemessene Maßnahme zur Gefahrenabwehr darstellen.

Mit einer Beseitigung des Baumes wird die Gefahrenquelle beseitigt, d.h. die Maßnahme ist geeignet. Andere ebenso geeignete Maßnahmen bestanden nach der Sachlage nicht. Die kurze Fristsetzung war angesichts der Sturmwarnung geboten. Die Interessen des E müssen hier gegenüber dem Schutzinteresse der Allgemeinheit und potenziell gefährdeter Personen zurücktreten. Die Anordnung war damit verhältnismäßig.

4. Da Maßnahmen nach § 11 HSOG im **Ermessen** der Behörde stehen, muss sie **ermessensfehlerfrei** gehandelt haben. Hinweise auf Ermessensfehler gibt der Sachverhalt nicht. Unter Ermessensgesichtspunkten ist es sachgerecht, es dem E

zu überlassen, den Baum selbst zu beseitigen oder durch eine Firma beseitigen zu lassen (vgl. auch § 5 Abs. 2 HSOG, Wahl der Mittel).

Damit ist festzuhalten, dass die Aufforderung auch materiell rechtmäßig ergangen ist. Die behördliche Entscheidung ist rechtens.

Aufgabe 2

Die Stadt kann die Kosten gegenüber E geltend machen, wenn sie einen Erstattungsanspruch hat.

Nach dem Sachverhalt ist davon auszugehen, dass die Beseitigung des Baumes auf Veranlassung der Behörde durch eine Gartenbaufirma der zwangsweisen Durchsetzung der telefonischen Aufforderung gegenüber E diente. Als Grundlage der Kostenerhebung kommen deshalb Vorschriften des Verwaltungszwangs- hier einer **Ersatzvornahme** – in Betracht.

Dabei geht es um die Durchsetzung eines Gebotes der allgemeinen Verwaltungsbehörde – Magistrat der Stadt –, so dass als Grundlage das HVwVG und nicht die §§ 47 ff HSOG greift (vgl. § 1 HVwVG, § 47 Abs. 1 HSOG).

Erstattungsanspruch aus § 74 HVwVG

Nach § 74 Abs. 1 HVwVG erfolgt eine Ersatzvornahme auf Kosten des Pflichtigen. Voraussetzung der Kostenforderung ist danach, dass es sich bei den 250 Euro um **Kosten** einer **rechtmäßigen Ersatzvornahme** handelt.

I. Rechtmäßige Ersatzvornahme

Die Ersatzvornahme muss formell und materiell rechtmäßig erfolgt sein.

1. Sie ist **formell rechtens**, wenn die zuständige Behörde unter Beachtung bestehender Form- und Verfahrensvorschriften gehandelt hat.

Zuständigkeit für die Vollstreckung ist nach § 68 Abs. 1 HVwVG die Behörde, die den Verwaltungsakt erlassen hat, also der Magistrat der Stadt. Dieser kann die Maßnahme selbst oder wie geschehen durch Dritte vornehmen lassen.

Die Ersatzvornahme stellt, anders als z.B. die Festsetzung des Zwangsgeldes, keinen Verwaltungsakt, sondern einen Realakt dar. Die formalen Anforderungen an einen Verwaltungsakt sind daher nicht zu prüfen.

Vollstreckungsvoraussetzung nach § 69 Abs. 1 HVwVG ist allerdings, dass eine schriftliche **Androhung** mit Fristsetzung erfolgt ist und diese zugestellt wurde. Hier erfolgte die Androhung wie die Aufforderung selbst nur mündlich.

§ 72 HVwVG erlaubt Abweichungen von dieser Regel und damit auch eine mündliche Androhung, wenn Verwaltungsakte der Gefahrenabwehr zur Abwehr einer gegenwärtigen Gefahr vollstreckt werden. Dies ist hier der Fall.

2. Als **materielle Rechtmäßigkeitsvoraussetzung** bedarf die Ersatzvornahme einer **Ermächtigung**. Diese bietet § 74 HVwVG i.V.m. § 2 HVwVG.

Voraussetzung ist danach zunächst ein **vollstreckbarer Verwaltungsakt** (vgl. § 2 HVwVG). Vollstreckungsgrundlage ist hier die telefonische Anordnung, die einen rechtmäßigen (s.o.) Verwaltungsakt darstellt. Fraglich ist, ob dieser vollstreckbar war.

Nach dem Sachverhalt hat der Behördenmitarbeiter in dem Telefonat die sofortige Vollziehung angeordnet und dabei die "Notstandssituation" betont. Unter diesen Voraussetzungen würde ein Widerspruch seitens des E gegen die Beseitigungsaufforderung keine aufschiebende Wirkung haben (vgl. § 80 Abs. 2 Nr. 4 und Abs. 3 VwGO). Damit ist der Verwaltungsakt vollstreckbar.

Die Ersatzvornahme ist hier das **richtige Zwangsmittel**, da es sich um eine vertretbare Handlung handelt. § 74 HVwVG sieht auch vor, dass die Vornahme durch einen beauftragten Dritten erfolgen kann.

Die Ersatzmaßnahme richtet sich **gegen E**, der auch Adressat des zugrunde liegenden Verwaltungsaktes war.

Die Ersatzvornahme war hier geeignet, erforderlich und angemessen, um den Verwaltungsakt durchzusetzen. Sie ist damit **verhältnismäßig**; auch liegen keine **Ermessensfehler** vor.

Danach handelt es sich um eine rechtmäßige Ersatzvornahme.

II. Kosten der Ersatzvornahme

Bei den 250 Euro handelt es sich um Auslagen, die der Stadt durch die Beauftragung der Gartenbaufirma entstanden sind. Dies sind Kosten der Ersatzvornahme. Diese hat nach § 74 HVwVG der Pflichtige, hier der E, zu tragen.

Die Kosten der Beseitigung können danach gegenüber E geltend gemacht werden.

Fall 3: Abgeschleppter PKW

Kosten einer unmittelbaren Ausführung; Rechtmäßigkeit der unmittelbaren Ausführung; Zuständigkeit der Polizei; Verhältnismäßigkeit des Abschleppens.

Sachverhalt:

Student S fährt mit seinem PKW zum nahe gelegenen Baggersee, um dort zu baden. Der See liegt etwa 800 m von der Straße entfernt und ist nur zu Fuß erreichbar. S stellt deshalb seinen Wagen an der Straße ab. Er findet allerdings nur noch einen "Parkplatz" im Bereich einer engen, unübersichtlichen Kurve. Da schon mehrere Autos dort abgestellt sind, stellt S seine Bedenken zurück und den Wagen im Bereich der Kurve ab und geht zum See.

Nachdem wegen der abgestellten Fahrzeuge ein geordneter Begegnungsverkehr im engen Kurvenbereich nicht mehr möglich ist, lässt die herbeigerufene Polizei sämtliche Wagen im Kurvenbereich durch ein beauftragtes Abschleppunternehmen abschleppen.

Zurück vom Baden sucht S sein Fahrzeug vergeblich. Auf telefonische Anfrage bei der Polizei erfährt er, dass sein Fahrzeug auf dem Hof des Abschleppunternehmers A stehe und dort gegen Zahlung der Abschlepp- und Unterstellkosten abgeholt werden könne.

Um den Kosten zu entgehen, schleicht sich S heimlich auf das Gelände des A und nimmt seinen PKW ohne Zahlung der Abschleppkosten mit.

Nach 14 Tagen erhält er vom Präsidium für Technik, Logistik und Verwaltung einen Kostenbescheid über Abschleppkosten und Unterstellkosten.

S weigert sich zu zahlen. Er meint, dass Abschleppen sei überflüssig gewesen. Man hätte die Badegäste darauf hinweisen können, dann hätte er den Wagen schon selbst weggefahren.

Prüfen Sie die Rechtmäßigkeit des Kostenbescheides.

Lösung

Der Kostenbescheid ist rechtmäßig, wenn er formell und materiell rechtmäßig ergangen ist.

I. Formelle Rechtmäßigkeit des Kostenbescheides

Der Kostenbescheid ist formell rechtmäßig, wenn die zuständige Behörde unter Beachtung der Form- und Verfahrensvorschriften gehandelt hat.

1. Der Kostenbescheid erging durch das Präsidium für Technik, Logistik und Verwaltung. Bei den Kosten handelt es sich um Kosten einer Abschleppmaßnahme der Polizei im Rahmen der Gefahrenabwehr. Die Abschleppmaßnahme könnte einen Fall einer unmittelbare Ausführung (§ 8 HSOG) oder einer Ersatzvornahme (§ 49 HSOG) darstellen.

Für die Erhebung der Kosten derartiger Maßnahmen ist nach § 8 Abs. 2 Nr. 2 Durchführungsverordnung (HSOG-DVO) das Präsidium für Technik, Logistik und Verwaltung (geplant ist eine Umbenennung in "Hessisches Präsidium für Technik") **zuständig**.

2. Der Kostenbescheid stellt einen Verwaltungsakt im Sinne von § 35 HVwVfG dar. Anhaltspunkte für **formale Fehler** finden sich im Sachverhalt nicht.

Der Kostenbescheid enthält eine belastende Regelung. Für belastende Maßnahmen ist nach § 28 Abs. 1 HVwVfG grundsätzlich eine **Anhörung** vorgesehen. Diese Anhörung kann allerdings formlos erfolgen. Nach dem Sachverhalt fand zumindest ein Telefongespräch mit S statt, in dem er auch auf die Kostenfolge hingewiesen wurde. Da auch die Anhörung nicht formgebunden ist, kann dieses Gespräch als Anhörung im Sinne von § 28 gewertet werden (Im Übrigen kann nach § 45 Abs. 1 Nr. 3 HVwVfG die erforderliche Anhörung mit heilender Wirkung nachgeholt werden).

Von einer ordnungsgemäßen **Bekanntgabe** des Kostenbescheides (§ 41 HVwVfG) ist auszugehen.

II. Materielle Rechtmäßigkeit des Kostenbescheides

1. Als belastende Maßnahme bedarf der Kostenbescheid einer **gesetzlichen Ermächtigung**. Mangels spezialgesetzlicher Grundlagen ist an Kostenregelungen im HSOG zu denken, da die Abschleppmaßnahme der Gefahrenabwehr diente.

Das Abschleppen eines Fahrzeuges durch die Polizei selbst oder wie hier durch ein beauftragtes Unternehmen kann ein Fall der **unmittelbaren Ausführung nach § 8 HSOG**, unter Umständen aber auch ein Fall einer **Ersatzvornahme nach § 49 HSOG** sein. Eine Ersatzvornahme läge aber nur dann vor, wenn der Abschleppvorgang der zwangsweisen Durchsetzung eines Verwaltungsaktes gedient hätte (vgl. § 47 HSOG). Hier wurde der S vorher nicht durch Verwaltungsakt zum Wegfahren aufgefordert, auch nicht durch entsprechende Verkehrszeichen.

Da S nicht anwesend war, konnte gegen Ihn kein Verwaltungsakt ergehen. Damit liegt ein typischer **Fall einer unmittelbaren Ausführung** nach § 8 Abs. 1 HSOG vor.

Voraussetzung für die Rechtmäßigkeit der Kostenerhebung ist, dass die unmittelbare Ausführung rechtmäßig ist, es um Kosten der unmittelbaren Ausführung geht und S richtiger Kostenschuldner ist.

a) Rechtmäßigkeit der unmittelbaren Ausführung

Die unmittelbare Ausführung müsste formell und materiell rechtmäßig erfolgt sein.

Voraussetzung dafür ist zunächst die **Zuständigkeit der Polizei**. Maßnahmen zur Verkehrssicherung obliegen grundsätzlich den Straßenverkehrsbehörden. Hier war die Polizei aber vor Ort. Nach dem Sachverhalt lag eine Verkehrsbehinderung und Verkehrsgefährdung vor, deren Beseitigung keinen Aufschub duldete. Von daher kann sich die Polizei auf Ihre **"Eilzuständigkeit"** (vgl. § 2 S. 1 HSOG, § 44 Abs. 2 StVO) stützen, da Mitarbeiter der Straßenverkehrsbehörde nicht vor Ort waren.

Die unmittelbare Ausführung – das Abschleppen der Fahrzeuge – stellt keinen Verwaltungsakt dar, so dass die **formalen Anforderungen** an Verwaltungsakte nach dem HVwVfG nicht zu prüfen sind.

Allerdings sieht § 8 Abs. 1 HSOG als eigene Verfahrensanforderung die **unverzügliche Unterrichtung** der betroffenen Personen vor. Diese ist nicht formgebunden; sie erfolgte hier, als S sich telefonisch bei der Polizei meldete, um sich nach dem Verbleib seines Pkws zu erkundigen (vgl. auch VV HSOG zu § 8, Nr. 8.1.2).

Die **materielle Rechtmäßigkeit** der unmittelbaren Ausführung setzt voraus, dass eine entsprechende Anordnung gegen eine verantwortliche Person nicht ergehen konnte, bei Anwesenheit aber rechtmäßig hätte ergehen können.

S war nicht anwesend und für die Polizei auch nicht kurzfristig erreichbar.

Als Grundlage für eine Anordnung gegenüber S, wäre er vor Ort gewesen, kommt § 11 HSOG in Betracht. Voraussetzung ist eine **konkrete Gefährdung der öffentlichen Sicherheit** oder Ordnung.

Nach dem Sachverhalt kam es zu Verkehrsbehinderungen im Kurvenbereich. Es war kein geordneter Begegnungsverkehr mehr möglich. Unter diesen Voraussetzungen ist die Wahrscheinlichkeit von Unfällen gegeben. Eine konkrete **Gefährdung subjektiver Rechtsgüter**, wie Gesundheit und Eigentum, lag damit vor.

Zu bedenken ist ferner, dass das Parken im Kurvenbereich einen Verstoß gegen § 12 StVO und damit eine Ordnungswidrigkeit nach § 49 StVO darstellt. Damit lag neben der Gefährdung subjektiver Rechtsgüter auch eine **Beeinträchtigung der objektiven Rechtsordnung** vor. Eine konkrete Gefahr für die öffentliche Sicherheit war gegeben.

Als Fahrer und Halter des Fahrzeugs war S für die Gefahrenlage **verantwortlich** (§§ 6, 7 HSOG).

Eine Aufforderung gegenüber S, dass Fahrzeug aus dem Kurvenbereich zu entfernen, wäre eine geeignete und erforderliche Anordnung und damit verhältnismäßige Maßnahme der Gefahrenabwehr gewesen.

S war aber nicht anwesend und auch nicht ohne erheblichen Aufwand kurzfristig erreichbar. § 8 Abs. 1 HSOG eröffnet in diesem Fall die Möglichkeit, das Fahrzeug anstelle des eigentlich Pflichtigen selbst oder durch eine beauftragte dritte Person – hier das Abschleppunternehmen –abschleppen zu lassen. Die Voraussetzungen einer unmittelbaren Ausführung nach § 8 Abs. 1 HSOG lagen vor.

Diese unmittelbare Ausführung musste **verhältnismäßig** gewesen sein. Das Abschleppen war **geeignet**, die Gefahrensituation zu beseitigen. Unter dem Aspekt der **Erforderlichkeit** der Maßnahme ist der Einwand des S, die Polizei hätte die Badegäste aufsuchen müssen, eventuell beachtlich. Dabei ist aber zu bedenken, dass der See 800 Meter von der Straße entfernt liegt und die "Suche" nach Fahrzeugführern für die Polizei nur unter unverhältnismäßigem Aufwand möglich gewesen wäre. Die Beauftragung des Abschleppunternehmens war deshalb erforderlich, andere, weniger gravierende Mittel standen nicht zur Verfügung.

Schließlich war es **angemessen,** die Fahrzeuge abschleppen zu lassen. Die Sicherheit von Verkehrsteilnehmern überwiegt die Interessen der betroffenen Badegäste.

Als **Zwischenergebnis** bleibt damit festzuhalten, dass die Abschleppmaßnahme als ein Fall einer unmittelbaren Ausführung nach § 8 HSOG rechtens erfolgte.

b) Kosten der unmittelbaren Ausführung

Die Rechtmäßigkeit des Kostenbescheides setzt weiter voraus, dass es sich bei den geltend gemachten Kosten um Kosten der unmittelbaren Ausführung i.S. § 8 Abs. 2 HSOG handelt.

Die Kosten sind durch die Beauftragung des Abschleppunternehmens entstanden und damit Kosten der unmittelbaren Ausführung.

Daneben verlangt die Behörde von S aber auch **"Unterstellkosten"** für den PKW. Dabei handelt es sich um Kosten, die erst durch die anschließende **Verwahrung des Fahrzeugs** entstanden sind. Durch den Verweis in § 8 Abs. 2 HSOG auf die §§ 41 -43 HSOG können auch diese Kosten geltend gemacht werden.

c) Schließlich muss S **richtiger Kostenschuldner** sein. Dies ist nach § 8 Abs. 2 HSOG der nach §§ 6 ff HSOG **Verantwortliche**. Verantwortlich für die Gefahrenlage war hier der S (s.o.), er hat damit die Kosten zu tragen.

Als **Zwischenergebnis** ist festzuhalten, dass die Behörde die Kosten gegenüber S geltend machen konnte.

2. Die Geltendmachung der Kosten ist auch **verhältnismäßig**, auch sind nach dem vorliegenden Sachverhalt **keine Ermessensfehler** ersichtlich.

3. Das Präsidium für Technik, Logistik und Verwaltung kann diese **Kosten durch Verwaltungsakt** geltend machen, was sich aus § 8 Abs. 2 S. 4 HSOG ergibt.

Ergebnis:

Der vorliegende Kostenbescheid gegenüber S ist formell und materiell rechtmäßig.

Fall 4: Schiffschaukel

Rechtmäßigkeit polizeilicher Verfügungen; Generalklausel; Anhörung; Bestimmtheitsgrundsatz; Adressatenauswahl; Möglichkeit zur Befolgung von Verwaltungsakten; Verhältnismäßigkeit; Ermessen

Sachverhalt

A ist Betreiber einer Schiffschaukel auf einem Jahrmarkt. Die Schaukel erfreut sich großer Beliebtheit, da A damit wirbt, dass sich die Schaukel bei heftigem Schwung durch die Fahrgäste überschlagen könne. Polizeibeamter P, der einen Streifengang über den Jahrmarkt macht, sieht, wie sich bei heftigem Schwung die Schiffschaukel überschlägt, sodass die Benutzer Gefahr laufen, herauszufallen.

Ohne A vorher anzuhören, ordnet P gegenüber A an, die Schiffschaukel sofort zu stoppen und nicht so viele Gäste auf einmal in die Schaukel zu lassen, um damit eine Gefahr für Leib und Leben auszuschließen. A meint, er sei nicht der richtige Ansprechpartner, die Gefahr werde allein von den Benutzern verursacht. Selbst wenn nur eine einzelne Person die Schaukel besteige, sei es für ihn aus tatsächlichen, technischen Gründen nicht möglich, diese Person an einem Überschlag zu hindern. P bleibt bei seinen Anordnungen.

Sind die Anordnungen rechtmäßig?

Vermerk:

Sollten Sie Maßnahmen für rechtswidrig halten, sind die nicht angesprochenen Prüfungs-
punkte im Rahmen eines Hilfsgutachtens zu erörtern!

Lösung zum „Schiffschaukel-Fall"

A. Anordnung, die Schiffschaukel sofort zu stoppen

Die Maßnahme greift in die Grundrechte des A ein. In Betracht kommen Art. 12 Abs. 1 GG in Form der Berufsausübungsfreiheit und Art. 14 Abs. 1 GG, weil A zumindest Besitzer der Schiffschaukel ist und nunmehr nicht mehr uneingeschränkt über die Schaukel verfügen kann. Die Maßnahme des P stellt präventives Handeln dar, weil er mit ihr – zumindest schwerpunktmäßig – Schäden für Leib und Leben der Insassen abwenden will. Bei der Anordnung des P handelt es sich um einen Verwaltungsakt - VA - (vgl. § 35 S. 1 HVwVfG)[1], weil sie eine unmittelbare Rechtswirkung auf A ausübt. Als Ermächtigungsgrundlage für diesen VA kommt § 11 HSOG in Betracht.

Die Maßnahme ist rechtmäßig, wenn gegen sie aus formeller und materieller Sicht keine Bedenken bestehen.

I. Formelle Rechtmäßigkeit

1. Voraussetzung für die formelle Rechtmäßigkeit ist zunächst, dass P für den Erlass des VA sachlich, örtlich und instanziell zuständig ist. Die **sachliche Zuständigkeit** ergibt sich hier aus §§ 1 Abs. 1 S. 1, 2 S. I HSOG i.V.m. dem Grundsatz der Erstbefassung. Danach ist die Polizeibehörde zuständig, wenn eine Gefahr für die öffentli-

1 §§ ohne Gesetzesangabe sind solche des HVwVfG.

che Sicherheit oder Ordnung besteht (§ 1 Abs. 1 S. 1 HSOG), die Abwehr der Gefahr durch andere Behörden, die Aufgaben der Gefahrenabwehr zu erfüllen haben, nicht oder nicht rechtzeitig möglich erscheint (§ 2 S. 1 HSOG) und die Polizeibehörde sich als erste Stelle mit der Angelegenheit befasst hat.

Es müsste also zunächst die öffentliche Sicherheit oder Ordnung tangiert sein. Unter der **öffentlichen Sicherheit** versteht man den Staat mit seinen Einrichtungen und deren Funktionsfähigkeit, die Individualrechtsgüter des Bürgers (wie Leib, Leben, Freiheit, Ehre etc.) sowie das gesamte geschriebene Recht. P erkennt, wie beim Überschlagen der Schaukel, die Benutzer Gefahr laufen, herauszufallen. Es geht hier also um den Schutz der Individualrechtsgüter Leben und Gesundheit der Benutzer (vgl. Art 2 Abs. 2 S. 1 GG). Die bloße **Selbstgefährdung** der Insassen hindert ein Einschreiten der Polizei nicht. Gefährdet ein Bürger bewusst seine eigene Gesundheit ernsthaft oder sogar sein eigenes Leben, überschreitet er die Grenzen seines Grundrechts aus Art. 2 Abs. 1 GG und kann von den zuständigen Hoheitsträgern an seinem Verhalten gehindert werden (im Einzelnen umstritten).

Es liegt auch eine Gefahr für die genannten Individualgüter vor. Unter Gefahr i.S.d. § 1 Abs. 1 S. 1 HSOG (**abstrakte Gefahr**) versteht man eine Sachlage, die nach allgemeiner Lebenserfahrung typischerweise mit Wahrscheinlichkeit zu einem Schaden für die Schutzgüter der öffentlichen Sicherheit oder Ordnung führt. Diese Wahrscheinlichkeit ist hier aufgrund der Beobachtungen des P zu bejahen, denn typischerweise kann es mit einiger Wahrscheinlichkeit zu Verletzungen bei der Nutzung von Fahrgeschäften auf Jahrmärkten kommen. Da zudem sofort einzuschreiten war und die für die Maßnahme originär zuständige Behörde nicht vor Ort war, sind auch die Voraussetzungen des § 2 S. 1 HSOG erfüllt. Nach dem sog. Grundsatz der Erstbefassung wird zudem die Ordnungsbehörde aus der sachlichen Zuständigkeit verdrängt.

Gegen die **örtliche** (vgl. § 101 HSOG) und **instanzielle** (vgl. § 5 Abs. 1 S. 1 HSOG-DVO) **Zuständigkeit** des P bestehen keine Bedenken.

2. P müsste die einschlägigen **Verfahrensvorschriften** beachtet haben. In Betracht kommt hier ein Verstoß gegen § 28 Abs. 1. Danach muss, bevor ein belastender VA erlassen wird, dem Adressaten Gelegenheit gegeben werden, sich zu den erheblichen Tatsachen zu äußern. Das ist ausweislich des Sachverhalts nicht geschehen. Eine **Anhörung** könnte allerdings entbehrlich sein, weil die Voraussetzungen des § 28 Abs. 2 Nr. 1 erfüllt sind. Unter einer **Gefahr im Verzug** versteht man eine Sachlage, in der die Befolgung einer Verfahrensvorschrift – hier des § 28 Abs. 1 HVwVfG – den Zweck der Maßnahme vereiteln könnte. Im vorliegenden Fall hat P bereits beobachtet, dass die Benutzer aus der Schaukel fallen konnten. Hätte P vor seiner Anordnung eine Anhörung durchgeführt, wären die Benutzer der Schaukel möglicherweise zu Schaden gekommen. Eine sofortige Entscheidung wegen Gefahr im Verzuge erschien somit erforderlich.

3. Gegen Form- und Verfahrensvorschriften im weiteren Sinne, insbesondere die Form im engeren Sinne (gem. § 37 Abs. 2 grds. formfrei) und das Begründungserfordernis (bei mündlichen VA grds. entbehrlich, vgl. § 39 Abs. 1) bestehen keine Bedenken. Auch wusste A genau, was von ihm verlangt wird, sodass der Bestimmtheitsgrundsatz nach § 37 Abs. 1, 3 HVwVfG gewahrt ist. Ebenso ist eine Bekanntgabe (§ 41) erfolgt. Die Anordnung ist somit formell rechtmäßig ergangen.

II. Materielle Rechtmäßigkeit

1. Hinsichtlich der materiellen Rechtmäßigkeit bedarf die Anordnung als belastender VA zunächst einer Ermächtigungsgrundlage. Mangels speziellerer Normen kommt hier nur § 11

HSOG in Betracht. Die öffentliche Sicherheit ist tangiert, wie oben in der sachlichen Zuständigkeit bereits ausgeführt. Anders als § 1 Abs. 1 S. 1 HSOG verlangt aber § 11 HSOG nicht nur eine abstrakte, sondern eine **konkrete Gefahr**. Das bedeutet, dass der befürchtete Schadenseintritt nicht nur typisiert erfolgen kann, sondern dass er im konkret zu beurteilenden Einzelfall wahrscheinlich ist. Das ist hier der Fall, denn P beobachtet, dass sich die Schiffschaukel überschlägt, sodass die Insassen herausfallen können. Es liegt somit eine konkrete Gefahr für die öffentliche Sicherheit vor. Die Rechtsfolge des § 11 HSOG wurde eingehalten, denn die Anordnung, die Schaukel sofort zu stoppen, ist erforderlich, um die Gefahren abzuwehren.

2. Fraglich ist, ob A der richtige **Adressat** der Maßnahme ist. Er könnte Verhaltensstörer i.S.d. § 6 Abs. 1 HSOG sein. Dann müsste A die Gefahr unmittelbar durch sein Verhalten verursachen. Dafür spricht, dass A nicht nur für den Zustand seiner Schiffschaukel verantwortlich ist (vgl. § 7 HSOG), sondern durch aktives Tun die Gefahr mitverursacht (Werbung für den Überschlag, Einlass der Fahrgäste, Lösen einer eventuellen Absperrvorrichtung, eventuelles Anstoßen der Schaukel etc.). Aber selbst wenn man das Verhalten des A als nur mittelbaren Beitrag zur Verursachung der Gefahr wertet, ist er unter dem Aspekt des so genannten „**Zweckveranlassers**" als Verhaltensstörer zu qualifizieren. Danach gilt, dass derjenige, der gerade das störende Verhalten anderer Personen herbeiführen will oder es in Kauf nimmt, selbst Verhaltensstörer im Sinne des § 6 Abs. 1 HSOG ist. So liegt der Fall hier. Aufgrund der technischen Herrichtung (Möglichkeit des Überschlags) und der Werbung für den Überschlag der Schiffschaukel zeigt A, dass er die Gefahr zumindest in Kauf nimmt. Er ist somit Zweckveranlasser und damit Verhaltensstörer i.S.d. § 6 Abs. 1 HSOG.

Daneben sind aber auch die jeweiligen Benutzer der Schiffschaukel Verhaltensstörer gemäß § 6 Abs. 1 HSOG, da sie durch ihr Verhalten (Schwung nehmen) die Gefahr unmittelbar verursachen. Es stellt sich deshalb die Frage, welchen dieser in Betracht kommenden Störer P in Anspruch nehmen durfte. Grundsätzlich gilt, dass bei Vorhandensein mehrerer Störer die **Störerauswahl** im Ermessen der Polizei liegt. Maßstab ist dabei der so genannte **Effektivitätsgrundsatz** sowie der **Verhältnismäßigkeitsgrundsatz**. Hier spricht für ein Heranziehen des A vor allem der Effektivitätsgrundsatz: P kann A akustisch besser erreichen als die Fahrgäste. Darüber hinaus verfügt A über die erforderlichen Kenntnisse der technischen Gegebenheiten der Schaukel (eventuelle Bremse etc.). Schließlich ist A auch in der Lage, den Einsatz von Hilfsmitteln zu beurteilen (eventuelle Zuhilfenahme eines Mikrofons o. Ä.).

Die Auswahl des A ist deshalb rechtlich nicht zu beanstanden.

3. Fraglich ist, ob die allgemeinen Rechtmäßigkeitsvoraussetzungen erfüllt sind.

Dazu müsste die Maßnahme zunächst dem Prinzip der **Verhältnismäßigkeit** im weiteren Sinne (Geeignetheit, Erforderlichkeit, Angemessenheit) entsprechen, vgl. § 4 Abs. 1 u. 2 HSOG. Gegen die Geeignetheit zur Gefahrenabwehr bestehen keine Bedenken. Zwar macht A ausweislich des Sachverhalts geltend, er könne aus technischen Gründen selbst eine einzelne Person nicht am Überschlag hindern. Offensichtlich verfügt er also über keinerlei Bremsvorrichtung. Er war daher aus tatsächlichen Gründen gar nicht in der Lage, die Schaukel „sofort" zu stoppen. Eine Auslegung der Anordnung ergibt aber, dass der Polizeibeamte nicht augenblicklich, sondern lediglich unverzüglich - also ohne schuldhaftes Zögern - gemeint haben kann. Das folgt schon daraus, dass auch bei Vorhandensein einer Bremse das Stoppen der Schaukel nicht vom einen auf den anderen Moment möglich ist. Die Anordnung war somit geeignet, zum Schutz von Leib und Leben beizutragen.

Sie war auch erforderlich, also von mehreren geeigneten Maßnahmen die mildeste, da weniger einschneidende Maßnahmen hier nicht in Betracht kamen. Die Anordnung war auch angemessen (verhältnismäßig i.e.S.), weil der Eingriff in die Rechte des A (Art. 12, 14 GG) nicht erkennbar außer Verhältnis zu den zu schützenden Rechtsgütern der Insassen stand (Art. 2 Abs. 2 S. 1 GG). Die allgemeinen Rechtmäßigkeitsanforderungen sind somit erfüllt.

4. **Ermessensfehler** (Ermessensnichtgebrauch, Ermessensüberschreitung, Ermessensfehlge-brauch) sind nicht ersichtlich, vgl. § 5 Abs. 1 HSOG.

Die Anordnung war daher rechtmäßig.

B. Die Anordnung, nicht mehr so viele Gäste auf einmal in die Schiffschaukel zu lassen, stellt ebenfalls einen Eingriff in Art. 12 und 14 GG sowie präventives Handeln in Form eines VA dar. Als Ermächtigungsgrundlage kommt auch hier nur die Generalklausel des § 11 HSOG in Betracht.

I.Formelle Rechtmäßigkeit

1.Die Zuständigkeit des P ist gegeben (s.o. A.I.1.).

2. Hinsichtlich der Verfahrensvorschriften bestehen Bedenken bezüglich der fehlenden Anhörung gemäß § 28 Abs. 1.

Die Anhörung könnte gemäß § 28 Abs. 2 Nr. I entbehrlich gewesen sein. Dann müsste eine Gefahr im Verzuge vorgelegen haben. Das wäre der Fall, wenn die Durchführung der Anhörung den Zweck der von A zu erlassenden Anordnung in Frage stellen würde. Dies ist aber hier - anders als bei der ersten Anordnung - nicht der Fall. Einer solchen Annahme steht nämlich entgegen, dass P nach dem Stoppen der Schaukel ausreichend Zeit hatte, den A zu der zweiten Anordnung anzuhören. Eine unmittelbare Gefahr lag jetzt nicht mehr vor. Die Voraussetzungen des § 28 Abs. 2 Nr. 1 sind nicht gegeben. Andere Gründe für die Entbehrlichkeit der Anhörung nach § 28 Abs. 2 sind nicht ersichtlich. Der VA ist somit formell rechtswidrig.

(Anmerkung: Hier hätte man mit guter Begründung - z.B. unter Zuhilfenahme des § 45 Abs. 1 Nr. 3 - auch zu einem anderen Ergebnis gelangen können).

Hilfsgutachten:

3. Hinsichtlich der formellen Rechtmäßigkeit ist außerdem die inhaltliche Bestimmtheit der Anordnung gemäß § 37 Abs. 1 zweifelhaft. Durch die Anordnung „nicht mehr so viele Gäste auf einmal" in die Schiffschaukel zu lassen wird dem A nicht eindeutig und unzweifelhaft vorgegeben, was er zu tun hat. Die zulässige Anzahl der Gäste bleibt vielmehr offen, sodass der A sich kein Bild darüber machen kann, was von ihm verlangt wird. Die Anordnung entspricht daher nicht den Anforderungen des § 37 Abs. 1.

Die Anordnung ist auch aus diesem Grund - formell - rechtswidrig.

4.Sonstige Fehler bezüglich der formellen Rechtmäßigkeit sind nicht erkennbar.

II. Materielle Rechtmäßigkeit

1. Ermächtigungsgrundlage für die Anordnung ist § 11 HSOG. Die Voraussetzungen sind erfüllt (s.o. A II. 1).

2. A ist auch richtiger Adressat der Maßnahme, denn er ist Verhaltensstörer i.S.d. § 6 HSOG (sog. Zweckveranlasser, s.o. A II. 2.). P hat hinsichtlich der Störerauswahl auch rechtmäßig von seinem Ermessen Gebrauch gemacht. Insbesondere der Effektivitätsgrundsatz spricht hier für A als Adressaten und gegen die künftigen, potenziellen Fahrgäste. Im letzteren Fall müsste P ständig bei der Schiffschaukel bleiben und immer wieder neue VA aussprechen.

3. Zweifelhaft ist aber, ob die Maßnahme verhältnismäßig im weiteren Sinne ist. Bedenken bestehen insbesondere gegen die Geeignetheit der Maßnahme, die Gefahr für die öffentliche Sicherheit abzuwehren (vgl. § 4 Abs. 1 HSOG).

Eine Maßnahme ist geeignet, wenn Sie zumindest die Abwehr der Gefahr fördert, also nicht völlig untauglich ist. Vorliegend könnte man der Ansicht sein, eine Verringerung der Benutzer fördere die Gefahrenabwehr insofern, als auch die Zahl der gefährdeten Personen verringert werde. Andererseits ist zu berücksichtigen, dass das Menschenleben ein absolutes Gut ist, das sich mengenmäßig nicht „aufrechnen" lässt. Es kommt hinzu, dass bei der anzunehmenden Vielzahl der noch durchzuführenden Fahrten letztlich doch eine unbestimmte Anzahl von Menschenleben gefährdet würde. Schließlich ist zu berücksichtigen, dass dem Staat nach der Rechtsprechung des Bundesverfassungsgerichts die Pflicht obliegt, Menschenleben zu schützen, was mit der Anordnung nicht gewährleistet ist. Die Maßnahme ist somit nicht geeignet, die Gefahr abzuwehren.

Sie ist daher auch aus diesem Grunde rechtswidrig.

Bedenken gegen die Erforderlichkeit (noch mildere Mittel kamen nicht in Betracht) bestehen nicht. Auch die Angemessenheit der Anordnung ist gegeben, weil der Eingriff in die Rechte des A (Art. 12, 14 GG) nicht erkennbar außer Verhältnis zu den zu schützenden Rechtsgütern potenzieller Insassen stand (vgl. Art. 2 Abs. 2 S. 1 GG).

4. Fraglich ist, ob die Entscheidung des P ermessensfehlerfrei ergangen ist, vgl. § 5 HSOG. In Betracht kommt hier ein Ermessensfehlgebrauch, der unter anderem dann zu bejahen ist, wenn der Entscheidung falsche Fakten zugrunde liegen. P ging bei seiner Anordnung offensichtlich davon aus, dass bei einer Verringerung der Personenzahl in der Schiffschaukel ein Überschlag nicht mehr möglich sei. Wie jedoch die glaubhafte Aussage des A zeigt, ist dies nicht der Fall. Der Entscheidung lagen somit falsche Fakten zugrunde. P hätte vermutlich anders entschieden, wenn er die zutreffenden Fakten gekannt hätte.

Die Entscheidung ist deshalb ermessensfehlerhaft und auch aus diesem Grunde rechtswidrig.

Ergebnis: Die Anordnung, die Schiffschaukel sofort zu stoppen ist rechtmäßig. Die Anordnung, nicht so viele Gäste auf einmal in die Schiffschaukel zu lassen hingegen ist rechtswidrig.

Maßnahmen zur Identitätsfeststellung; einfache körperliche Gewalt und Fesselung; Platzverweis; Gewahrsam; Sicherstellung

Sachverhalt

An einem Samstagmittag wird die Polizei in die Kasseler Innenstadt gerufen, weil dort vor einem Cafe ein Mann - A - Passanten anbettelt, wodurch sich nicht nur die Passanten, sondern auch die Kunden des Cafes gestört fühlen. A spricht die vorbeigehenden Leute zunächst ruhig an, um nach Geld zu fragen, reagiert aber bei Ablehnung äußerst aggressiv, indem er die Leute laut schreiend etwa in der Weise beschimpft: „Los raus mit der Kohle, so eine Sauerei, was soll denn die Scheiße?" und Ähnliches. Die Schwelle zur Beleidigung wird dabei aber von A nicht überschritten.

Als die Beamten vor Ort eintreffen, ist A gerade wieder dabei, hinter einem Passanten herzulaufen und ihn anzubrüllen. Die Beamten halten A an und fragen ihn nach seinen Personalien. Da A seine Mitwirkung verweigert, durchsuchen ihn die Beamten nach Ausweispapieren, werden aber nicht fündig. Deshalb weisen sie A darauf hin, dass sie ihn zwecks Identitätsfeststellung mit zur Dienststelle nehmen müssten. Daraufhin dreht A durch, indem er einen der Beamten mit Fausthieben angreift, während der andere A von seinem Kollegen wegreißt und ihn in den sog. Polizeigriff nimmt. Da die Beamten den A mit ihrem Dienstfahrzeug zur Dienststelle verbringen wollen, legen sie ihm zuvor Handschellen an.

Nachdem die Identität auf der Dienststelle nach ca. ½ Stunde festgestellt ist, wollen die Beamten A wieder entlassen, sprechen jedoch zuvor gegenüber A ein Betretungsverbot bzgl. der Fußgängerzone bis zum Ladenschluss (noch ca. 2 Stunden) aus. A meint dazu nur lapidar: „Können sie vergessen!". Daraufhin halten die Beamten den A noch weitere zwei Stunden im Gewahrsam, nachdem sie ihm die Senkel seiner Schnürstiefel sowie den Gürtel seiner Hose weggenommen haben.

Sind die von den Beamten ergriffenen Maßnahmen rechtmäßig?

Lösung zum Fall „Pöbelnder Bettler"

I. Maßnahmen zur Identitätsfeststellung (Anhalten und Befragen nach Personalien, Durchsuchen nach Ausweispapieren, Sistieren zur Dienststelle sowie Festhalten auf der Dienststelle zum Zwecke der Identitätsfeststellung)

Die Maßnahmen zur Identitätsfeststellung stellen präventives Handeln in Form eines Verwaltungsakts dar, vgl. § 35 S. 1 HVwVfG. Zwar ist spätestens nach dem Angriff des A auf die Beamten auch an repressive Eingriffe durch die Polizisten zu denken (wegen § 113 und § 223 StGB); doch gilt bei sog. doppelfunktionalen Maßnahmen die Schwerpunkttheorie, wonach sich die Maßnahmen in erster Linie nach den Ermächtigungsgrundlagen richten, die dem Schwerpunkt des polizeilichen Handelns zuzurechnen sind. Das dürfte hier - trotz der auch vorliegenden repressiven Zielrichtung - zunächst die Prävention (Verhinderung weiterer Störungen durch A) sein. Ermächtigungsgrundlage ist somit § 18 Abs. 1, 3, 4 und 5 HSOG.

1. Formelle Rechtmäßigkeit

Erste Voraussetzung für die formelle Rechtmäßigkeit ist die **sachliche Zuständigkeit** der Beamten. Sie richtet sich hier nach § 1 Abs. 1 S. 1 HSOG (die Sistierung zur Dienststelle, die Durchsuchung und das Festhalten betreffend) und zusätzlich § 2 S. 1 HSOG (das Anhalten und das Befragen betreffend). Es müsste demnach zunächst eine Gefahr für die öffentliche Sicherheit oder Ordnung vorliegen. Eine Beeinträchtigung der **Sicherheitsgüter** (Staat mit seinen Einrichtungen, Individualrechtsgüter des Bürgers, geschriebenes Recht) scheidet aus, da A offenbar noch kein geschriebenes Recht (insbesondere in Form von Straftaten oder Ordnungswidrigkeiten) verletzt bzw. zu verletzen droht. Ebenso scheiden die Individualrechtsgüter der Passanten (insbesondere Leib, Leben und Ehre) und der Staat mit seinen Einrichtungen als verletzte Sicherheitsgüter aus.

Es könnte aber die **öffentliche Ordnung** betroffen sein. Darunter versteht man die Gesamtheit der ungeschriebenen Regeln, deren Befolgung nach der jeweils herrschenden Anschauung unerlässliche Voraussetzung ist für ein gedeihliches, menschliches Zusammenleben, insbesondere dann, wenn das zu beurteilende Verhalten nicht ignoriert werden kann. Das ist hier der Fall. Durch das aggressive Betteln des A werden die betroffenen Passanten so belästigt, dass dieses Verhalten des A nicht ohne weiteres ignoriert werden kann und ein Unterlassen seines Vorgehens unabdingbar erscheint für ein Zusammenleben in der oben beschriebenen Art. Die öffentliche Ordnung ist damit betroffen. Es besteht auch die Gefahr, dass A sein Verhalten fortsetzt. ###Eine unter § 1 Abs. 1 S. 1 HSOG fallende abstrakte Gefahr versteht man eine Sachlage###, wonach ein Schaden für die öffentliche Sicherheit oder Ordnung typischerweise wahrscheinlich ist. Das ist hier der Fall, denn A wird wahrscheinlich auch andere Passanten in der beschriebenen Weise anbetteln. Somit liegt eine Gefahr für die öffentliche Ordnung bevor.

Hinsichtlich des Anhaltens und Befragens ist zudem ein **Eilfall** i. S. d. des § 2 S. 1 HSOG erforderlich. Ein solcher Eilfall liegt vor, da bei einem Rückgriff auf die originär zuständige Behörde der A noch weitere Passanten anbetteln wird. Auch ist der **Grundsatz der Erstbefassung** erfüllt, wonach die Polizei- und nicht die Ordnungsbehörden zuständig sind, wenn sie sich zuerst mit der Angelegenheit befasst haben. Die Beamten waren somit sachlich zuständig.

Gegen die **örtliche** (§ 101 HSOG) und die **instanzielle** (§ 5 Abs. 1 HSOG-DVO) **Zuständigkeit** bestehen vorliegend keine Bedenken.

Die hinsichtlich der Identitätsfeststellung einschlägigen **besonderen Verfahrensvorschriften** des § 13 Abs. 5 bis 8 HSOG sind gewahrt. Ebenso sind die Voraussetzungen des § 18 Abs. 6 HSOG erfüllt; zwar wurde dem A der Grund für die Identitätsfeststellung nicht ausdrücklich genannt, allerdings wusste A genau, warum seine Personalien überprüft werden sollten. Ein gesonderter Hinweis auf den Grund der Maßnahme erscheint somit als reiner Formalismus und ist deshalb überflüssig. Hinsichtlich der Durchsuchung des A muss noch die besondere Verfahrensvorschrift des § 36 Abs. 4 HSOG erfüllt sein. Dies ist hier der Fall, da es sich bei allen Beteiligten offensichtlich um Männer handelt. Schließlich müssten auch die besonderen Verfahrensvorschriften der §§ 33 bis 35 HSOG gewahrt sein, da ein Festhalten gegeben ist: Die Identitätsfeststellung dauerte nämlich über das übliche Zeitmaß hinaus (ca. eine Viertelstunde) an, sodass bereits von einer freiheitsentziehenden Maßnahme ausgegangen werden muss. Gegen die Wahrung der §§ 33 – 35 HSOG bestehen aber vorliegend keinerlei Bedenken. Insbesondere konnte von der Einholung einer richterlichen Entscheidung abgesehen werden, weil von vornherein anzunehmen war, dass der Grund für das Festhalten schon vor der Möglichkeit einer solchen Entscheidung wegfallen würde, vgl. § 33 Abs. 1 S. 2 HSOG. Innerhalb von etwa einer halben Stunde ist eine richterliche Entscheidung nicht zu erwarten.

Hinsichtlich der **allgemeinen Verfahrens- und Formvorschriften**, namentlich der Bestimmtheit und Form (§ 37 HVwVfG), der Begründungspflicht (§ 39 HVwVfG: nur bei schriftlichen Verwaltungsakten) und der Bekanntgabe (§ 41 HVwVfG) bestehen keine Bedenken. Von einer Anhörung in Form der Gelegenheit des A zur Stellungnahme im Sinne des § 28 Abs. 1 HVwVfG kann ausgegangen werden.

Die Maßnahmen sind daher formell rechtmäßig ergangen.

2. Materielle Rechtmäßigkeit

Da es sich bei den Maßnahmen zur Identitätsfeststellung um belastende Verwaltungsakte handelt, ist eine gesetzliche Ermächtigungsgrundlage erforderlich. Hier kommt hinsichtlich des Anhaltens und Befragens § 18 Abs. 1 i. V. m. Abs. 3 HSOG in Frage, bzgl. des Durchsuchens, Sistierens und des Festhaltens § 18 Abs. 1, 4 und 5 HSOG.

Die Voraussetzung des § 18 Abs. 1 HSOG (konkrete Gefahr für die öffentliche Ordnung) liegt vor: Eine **konkrete Gefahr** ist gegeben, wenn der Schadenseintritt für die öffentliche Sicherheit oder Ordnung im Einzelfall wahrscheinlich ist. Das ist aus den in der sachlichen Zuständigkeit dargestellten Gründen zu bejahen. A würde sicherlich noch weitere Passanten belästigen. Auf die dortigen Ausführungen kann daher verwiesen werden. Hinsichtlich des Durchsuchens, Sistierens und Festhaltens müssen darüber hinaus die Voraussetzungen des **§ 18 Abs. 5 HSOG** erfüllt sein. Dies ist hier der Fall: Ausweislich des Sachverhalts verweigert A jegliche Mitwirkung bei seiner Identitätsfeststellung, die Maßnahme wäre deshalb ohne diese Maßnahmen nur unter erheblichen Schwierigkeiten durchzuführen gewesen.

A ist auch richtiger Adressat, denn er ist Verhaltensstörer i. S. d. des **§ 6 Abs. 1 HSOG**.

Es war dem A auch rechtlich und tatsächlich möglich, an seiner Identitätsfeststellung mitzuwirken.

Die Identitätsfeststellung war auch **geeignet**, die Gefahr für die öffentliche Ordnung abzuwehren: Zwar ist eine Identitätsfeststellung in den seltensten Fällen geeignet, eine Gefahr vollständig zu beseitigen, jedoch hätte sie hier das Ziel erreicht, den A aus seiner Anonymität herauszuholen, dadurch eine Hemmschwelle bei ihm aufzubauen und ihn damit vor zukünftigen Verstößen gegen die öffentliche Ordnung abzuschrecken. Die Maßnahmen waren auch **erforderlich**, es gab jeweils keine gleich geeignete, mildere Maßnahme um das Ziel der Identitätsfeststellung zu erreichen. Schließlich war die Identitätsfeststellung (Eingriff in das Recht auf informationelle Selbstbestimmung, Art. 1 Abs. 1 i. V. m. Art. 2 Abs. 1 GG und die Freiheit der Person) auch angemessen, sie steht wegen der Kürze der Zeit (ca. 30 Minuten) nicht im krassen Missverhältnis zur Beseitigung der Gefahren für die öffentliche Ordnung. **Ermessensfehler** (Ermessensnichtgebrauch, Ermessensüberschreitung, Ermessensfehlgebrauch) sind nicht erkennbar.

Die Maßnahmen zur Identitätsfeststellung sind deshalb rechtmäßig ergangen.

II. Das Wegreißen, der Polizeigriff und die Fesselung des A

Das Wegreißen, der Polizeigriff und die Fesselung greifen in die Grundrechte des A aus Art. 2 Abs. 2 S. 1 und S. 2 i.V.m. Art. 104 Abs. 1 GG ein. Sie sind präventive Maßnahmen des unmittelbaren Zwangs (vgl. § 55 Absätze 1, 2 und 3 HSOG) in Form von Verwaltungsakten, vgl. § 35 S. 1 HVwVfG. Ermächtigungsgrundlage ist für das Wegreißen und den Polizeigriff § 52 Abs. 1 S. 1 HSOG, für die Fesselung §§ 52 Abs. 1 S. 1, § 59 Nr. 1, 1. Alt. HSOG.

1. Formelle Rechtmäßigkeit

Die **sachliche Zuständigkeit** für die den Zwang anwendende Behörde ergibt sich aus § 47 Abs. 3 S. 1 HSOG. Zwar sind hier keine dem Zwang zu Grunde liegenden Grundverwaltungsakte ergangen, aber die Zuständigkeit für die Zwangsmaßnahmen ergibt sich daraus, dass für den Fall, dass Grundverwaltungsakte ergangen wären, diese von derselben Polizeibehörde erlassen worden wären, die auch den Zwang angewendet hat (§ 47 Abs. 3 S. 1 HSOG analog).

Unmittelbarer Zwang ist gem. § 58 Abs. 1 S. 1 HSOG vor seiner Anwendung **anzudrohen**. Dies ist hier ausweislich des Sachverhalts nicht geschehen. Nach § 58 Abs. 1 S. 2 HSOG kann jedoch von einer Androhung abgesehen werden, wenn die Umstände diese nicht zulassen, insbesondere wenn die sofortige Anwendung des Zwangsmittels zur Abwehr einer Gefahr notwendig ist. Dies ist hier der Fall: Hätte der Beamte das Wegreißen oder den Polizeigriff angedroht, so wäre möglicherweise sein Einsatz zur Hilfe des Kollegen zu spät gekommen. Außerdem hätte eine solche Androhung angesichts der Sachlage keinen Erfolg versprochen. Auch hinsichtlich der Fesselung ließen die Umstände eine Androhung nicht zu: Hätte der Beamte sie angedroht, so wäre dies einer Aufforderung zum Handeln nahe gekommen, da A dann gewusst hätte, dass nunmehr die letzte Möglichkeit zur Verhinderung weiterer polizeilicher Maßnahmen gekommen wäre.

Eine **Anhörung** hinsichtlich der Zwangsmaßnahmen konnte gem. § 28 Abs. 2 Nr. 5 HVwVfG entfallen.

2. Materielle Rechtmäßigkeit

Die **grundsätzliche Zulässigkeit des Zwanges** ergibt sich hier aus § 47 Abs. 2 HSOG. Da, wie oben in der sachlichen Zuständigkeit bereits ausgeführt, keinerlei Grundverfügungen ergangen sind, kommt hier allein ein Sofortvollzug in Betracht. Voraussetzung dafür ist zunächst, dass der erforderliche so genannte fiktive (oder auch: hypothetische, gedachte) Grundverwaltungsakt rechtmäßig ist.

Dieser **fiktive Grundverwaltungsakt** hätte hier sowohl hinsichtlich des Wegreißens, des Polizeibegriffs wie auch der Handfesseln etwa lauten müssen: "Unterlassen Sie jegliche (weitere) Angriffe!"

Dabei würde es sich um einen präventiven Verwaltungsakt handeln, der gem. der Ermächtigungsgrundlage des § 11 HSOG ergangen wäre.

(1) Formelle Rechtmäßigkeit

Die **sachliche Zuständigkeit** für diese Maßnahme ergibt sich aus §§ 1 Abs. 1 S. 1 und 2 S. 1 HSOG.

Als Schutzgüter der öffentlichen Sicherheit kommen hier Leib und Leben i. S. d. Art. 2 Abs. 2 S. 1 GG in Betracht, da hier ein Polizeibeamter von A angegriffen wird. Darüber hinaus ist das geschriebene Recht (§ 113 Abs. 1 StGB, § 223 Abs. 1 StGB) tangiert, und schließlich wird durch den Angriff auf den Beamten auch der Staat mit seinen Einrichtungen beeinträchtigt. Ebenso liegt eine abstrakte Gefahr (Schadenseintritt ist typischerweise wahrscheinlich) vor, da es ohne ein Eingreifen des Polizeibeamten zu einer Verletzung der oben genannten Schutzgüter gekommen wäre. Auch ein Eilfall i. S. d. des § 2 S. 1 HSOG ist gegeben, da auf andere Behörden wegen der besonderen Eilbedürftigkeit nicht gewartet werden konnte. Der Grundsatz der Erstbefassung ist ebenfalls erfüllt.

Die übrigen **Verfahrens- und Formvorschriften** des Grundverwaltungsakts sind vorliegend nicht überprüfbar, da es sich um einen Fall des Sofortvollzugs handelt.

(2) Materielle Rechtmäßigkeit

Ermächtigungsgrundlage ist - wie in der sachlichen Zuständigkeit bereits erwähnt - § 11 HSOG. Die Voraussetzungen sind erfüllt, denn es liegt eine konkrete Gefahr für die öffentliche Sicherheit vor. Im vorliegenden Einzelfall war es wahrscheinlich, dass A die Beamten bei ungehindertem Geschehensablauf weiter angreifen würde.

A ist auch **richtiger Adressat** der Maßnahme, vgl. § 6 Abs. 1 HSOG.

Der **Verhältnismäßigkeitsgrundsatz (§ 4 HDSOG)** ist gewahrt: Die Anordnung, (weitere) Angriffe zu unterlassen wäre **geeignet** gewesen, die Gefahr abzuwehren; sie wäre auch das **mildeste** von mehreren gleich geeigneten Mitteln gewesen; sie wäre schließlich auch **angemessen** gewesen, da der Eingriff in die allgemeine Handlungsfreiheit nach Art. 2 Abs. 1 GG nicht erkennbar außer Verhältnis zum

Schutz von Leib und Leben des Beamten und den übrigen o.g. Sicherheitsgütern steht.

Die Maßnahme lässt auch keine **Ermessensfehler** (Ermessensnichtgebrauch, Ermessensfehlgebrauch, Ermessensüberschreitung) erkennen, vgl. dazu § 5 HSOG. Der Grundverwaltungsakt ist daher rechtmäßig ergangen.

Voraussetzung für die **grundsätzliche Zulässigkeit des Zwanges** ist gem. § 47 Abs. 2 weiterhin, dass der Verzicht auf einen vorausgehenden Verwaltungsakt zur Abwehr einer Gefahr erforderlich ist. Dies war hier der Fall: Die von A verursachte Gefahr für die öffentliche Sicherheit (siehe oben sachliche Zuständigkeit der Grundverfügung) hätte wegen der auf Grund der Formulierung eines Grundverwaltungsaktes verursachten zeitlichen Verzögerung nicht rechtzeitig abgewehrt werden können.

Für die ergriffenen Zwangsmaßnahmen ist weiterhin eine **Ermächtigungsgrundlage** erforderlich. Hinsichtlich des Wegreißens, des Polizeibegriffs und der Fesselung greift hier zunächst **§ 52 Abs. 1 S. 1 HSOG**. Die Voraussetzungen liegen vor, denn eine Ersatzvornahme kam nicht in Betracht, weil die Grundverfügung von A keine vertretbare Handlung, sondern ein nicht vertretbares Verhalten (Unterlassungsverfügung) verlangte. Ein Zwangsgeld versprach angesichts der dringlichen Situation keinen Erfolg und wäre auch unzweckmäßig gewesen, da es gem. § 50 Abs. 1 HSOG schriftlich festzusetzen gewesen wäre.

Bezüglich der Fesselung ist zusätzlich **§ 59 Nr. 1 HSOG** zu prüfen. Dazu müssten Tatsachen vorliegen, die die Annahme rechtfertigen, dass A Polizeivollzugsbeamte angreifen wird. Unter Tatsachen im Sinne dieser Bestimmung versteht man gewusste, nachprüfbare Fakten. Solche gewussten Fakten sind jedenfalls auch solche Begebenheiten, die sich insbesondere aus vorangegangenem Verhalten des Adressaten ergeben. Hier hatte A den Polizeibeamten bereits angegriffen, sodass die erforderlichen Tatsachen i. S. d. § 59 Nr. 1 HSOG bejaht werden können. Diese Tatsachen müssten auch die Annahme eines erneuten Angriffs durch A rechtfertigen. Das wäre dann der Fall, wenn die Tatsachen einen solchen Angriff mit einer gewissen Wahrscheinlichkeit begründen würden. Das ist hier der Fall, denn weil A bereits einmal die Beamten angegriffen hat, kann mit einer gewissen Wahrscheinlichkeit davon ausgegangen werden, dass er dies noch einmal tut. Die Voraussetzungen für eine Fesselung waren somit ebenfalls gegeben.

A war **richtiger Adressat** der Zwangsmaßnahmen, da sich gegen ihn auch die Grundverfügung gerichtet hätte.

Die Zwangsmaßnahmen waren auch **verhältnismäßig, vgl. § 4 HSOG**. Sie waren geeignet, um (weitere) Angriffe und damit Gefahren für die öffentliche Sicherheit zu unterbinden. Sie waren auch erforderlich, da gleich geeignete mildere Maßnahmen nicht ersichtlich waren. Und sie waren schließlich auch angemessen, da der Eingriff in die körperliche Unversehrtheit und die Freiheit des A i. S. d. Art. 2 Abs. 2 S. 1 und der Art. 2 Abs. 2 S. 2 i.V.m. Art. 104 Abs. 1 GG nicht in einem krassen Missverhältnis zu dem zu schützenden Grundrecht auf körperliche Unversehrtheit der Beamten stand.

Ermessensfehler (Ermessensnichtgebrauch, Ermessensüberschreitung, Ermessensfehlgebrauch) sind nicht erkennbar, vgl. § 5 HSOG.

Die Zwangsmaßnahmen des Wegreißens, des Polizeigriffs sowie der Fesselung waren somit rechtmäßig.

III. Die Platzverweisung

Bei dieser Maßnahme handelt es sich ebenfalls um präventives Handeln in Form eines Verwaltungsakts, das in Art. 2 Abs. 2 S. 2 i.V.m. Art. 104 Abs. 1 GG des A eingreift. Ermächtigungsgrundlage könnte § 31 Abs. 1 S. 1 HSOG sein.

1. Formelle Rechtmäßigkeit

Die **sachliche Zuständigkeit** für die Platzverweisung richtet sich nach §§ 1, 2 S. 1 HSOG. Die hierfür erforderliche Gefahr für die öffentliche Ordnung ist gegeben, vgl. oben zur Ermächtigungsgrundlage im Rahmen der Identitätsfeststellung. Da A nach wie vor uneinsichtig ist, besteht typischerweise die Wahrscheinlichkeit, dass er nach Entlassung weiterhin in der beschriebenen aggressiven Weise Passanten anbettelt.

Die übrigen formellen Rechtmäßigkeitsvoraussetzungen können als erfüllt angesehen werden, insbesondere eine Anhörung i. S. d. § 28 Abs. 1 HVwVfG kann als durchgeführt unterstellt werden.

2. Materielle Rechtmäßigkeit

Die Platzverweisung greift in das Recht des A auf Freiheit der Person i. S. d. Art. 2 Abs. 2 S. 2 GG ein und bedarf somit einer **Ermächtigungsgrundlage**. Diese ist mit § 31 Abs. 1 S. 1 HSOG gegeben, dessen Voraussetzungen in Form einer Gefahr für die öffentliche Ordnung nach wie vor erfüllt sind. Es ist in diesem Einzelfall wahrscheinlich, das A weiterhin Passanten aggressiv anbettelt. Das folgt aus seinem vorangegangenen Tun und seiner offensichtlichen Uneinsichtigkeit.

A ist auch **richtiger Adressat**, vgl. § 6 Abs. 1 HSOG.

Die Maßnahme ist **verhältnismäßig i.S.d. § 4 HSOG**, denn sie ist geeignet, eine Gefahr für die öffentliche Ordnung abzuwehren, zumindest ist sie ein Schritt in die richtige Richtung. Mildere, gleich geeignete Mittel sind nicht ersichtlich und sie ist auch angemessen, da der Eingriff in das Recht auf Freiheit der Person des A nicht in krassem Missverhältnis zum Schutz der öffentlichen Ordnung steht.

Ermessensfehler (vgl. § 5 HSOG) sind nicht erkennbar, insbesondere liegt keine Ermessensüberschreitung vor, da sich die Maßnahme auf einen bestimmten Ort bezieht und ausweislich des Sachverhalts auch nur vorübergehend (zwei Stunden) gelten soll.

Die Platzverweisung war daher rechtmäßig.

IV. Der Gewahrsam

Der Gewahrsam greift als freiheitsentziehende Maßnahme in Art. 2 Abs. 2 S. 2 i.V.m. Art. 104 Abs. 2 GG ein. Es handelt sich dabei um präventives Handeln in Form eines Verwaltungsakts, § 35 S. 1 HVwVfG, und Ermächtigungsgrundlage hierfür könnte § 32 Abs. 1 Nr. 3 HSOG sein.

1. Formelle Rechtmäßigkeit

Die **sachliche Zuständigkeit** für diese Maßnahme ergibt sich aus § 1 Abs. 1 S. 1 HSOG (exklusive Zuständigkeit der Polizeibehörden). Die Gefahr für die öffentliche Ordnung ergibt sich hier daraus, dass A weiterhin nicht gewillt ist, von seinem aggressiven Betteln abzugehen.

Hinsichtlich der **besonderen Verfahrens- u. Formvorschriften** der §§ 33 bis 35 HSOG bestehen vorliegend keine Bedenken. Insbesondere von der Entbehrlichkeit einer richterlichen Entscheidung kann angesichts des Wochentages (Samstag) und der Dauer der Freiheitsentziehung ausgegangen werden (vgl. § 33 S. 2 HSOG). Auch bei Anwesenheit eines Bereitschaftsrichters wäre in gut zwei Stunden eine richterliche Entscheidung nicht zu erlangen gewesen.

Von einer **Anhörung** i. S. d. § 28 Abs. 1 HVwVfG kann hier ausgegangen werden.

2. Materielle Rechtmäßigkeit

Da mit dem Gewahrsam in das Recht des A auf Freiheit der Person i. S. d. Art. 2 Abs. 2 S. 2 i.V.m. Art. 104 Abs. 2 GG eingegriffen wird, ist eine **Ermächtigungsgrundlage** - hier § 32 Abs. 1 Nr. 3 HSOG - erforderlich. Die hierzu erforderliche rechtmäßige Platzverweisung ist - wie oben unter III. bereits geprüft wurde - gegeben. Der Gewahrsam ist auch unerlässlich, d. h. es sind keine milderen Mittel erkennbar, weil A es ganz offensichtlich ablehnt, sich an die verfügte Platzverweisung zu halten.

§ 32 Abs. 1 Nr. 3 HSOG enthält einen spezialgesetzlich geregelten **Normadressaten**, nämlich jeweils diejenige Person, gegen die die Platzverweisung gerichtet wurde. Das ist im vorliegenden Fall A. Er ist mithin richtiger Adressat der Maßnahme.

Der Gewahrsam ist **geeignet**, den A für die nächsten zwei Stunden von weiterem aggressivem Betteln abzuhalten. Es sind auch keine gleich geeigneten, milderen Mittel erkennbar, da den Beamten nach der erfolglos ausgesprochenen Platzverweisung keine anderen geeigneten Maßnahmen mehr zur Verfügung stehen. Entgegen der h.M. ist er auch ausnahmsweise zur Unterbindung von Verstößen lediglich der öffentlichen Ordnung **angemessen**, da er - obwohl es sich um die recht eingriffsintensive Maßnahme einer Freiheitsentziehung handelt - immerhin dem Schutz der öffentlichen Ordnung bzgl. einer Vielzahl von Passanten dient. Zudem ist nicht auszuschließen, dass das durchaus aggressive Verhalten des A schließlich doch noch in Verstöße gegen die öffentliche Sicherheit (etwa in Form von Körperverletzungen) umschlagen könnte.

Ermessensfehler (Ermessensnichtgebrauch, Ermessensfehlgebrauch, Ermessensüberschreitung) sind nicht erkennbar, vgl. § 5 HSOG. Der Gewahrsam war mithin rechtmäßig.

V. Wegnahme von Schnürsenkeln und Gürtel

Die Wegnahme der Sachen stellt einen Eingriff in das Recht auf Eigentum i.S.d. Art. 14 GG dar. Sie ist präventiv motiviert und ergeht in Form eines Verwaltungsakts. Ermächtigungsgrundlage könnte § 40 Nr. 3a HSOG sein.

1. Formelle Rechtmäßigkeit

Die **sachliche Zuständigkeit** ergibt sich aus § 1 Abs. 1 S. 1, § 2 S. 1 HSOG und dem Grundsatz der Erstbefassung. Es liegt hier lediglich eine abstrakte Gefahr für die öffentliche Sicherheit vor, denn die Sicherheitsgüter Leib und Leben des A sind nicht konkret gefährdet, weil der Schadenseintritt nicht in diesem Einzelfall wahrscheinlich ist. Da aber typischerweise Gefahren für Leib und Leben von Gewahrsamsinsassen durch Schnürsenkel und Gürtel verursacht werden können und die Maßnahme auf Gefahrenabwehr gerichtet war, liegt eine so genannte abstrakte Gefahr für Leib und Leben des A vor, die für die sachliche Zuständigkeit i. S. d. § 1 Abs. 1 S. 1 HSOG ausreicht. Dadurch, dass es sich hier möglicherweise um einen Fall der reinen Selbstgefährdung handelt, ist die Zuständigkeit der Beamten nicht ausgeschlossen. Die allgemeine Handlungsfreiheit des A rechtfertigt nicht, sich ernsthaft zu verletzen oder gar zu töten. Ein Eilfall i. S. d. § 2 S. 1 HSOG liegt ebenfalls vor. Der Grundsatz der Erstbefassung ist gewahrt.

Die **besonderen Verfahrens- und Formvorschriften** der §§ 41 bis 43 HSOG können als gewahrt unterstellt werden. Auch von einer **Anhörung** i. S. d. § 28 Abs. 1 HVwVfG ist auszugehen.

2. Materielle Rechtmäßigkeit

Da in das Recht auf Eigentum des A eingegriffen wird, zu dem auch der Besitz zählt, ist eine **Ermächtigungsgrundlage** erforderlich. Diese könnte hier in § 40 Nr. 3a HSOG begründet sein. Voraussetzung dafür wäre zunächst, dass Schnürsenkel und Gürtel von A mitgeführt werden, er also unmittelbaren Zugriff auf die Sachen hat. Das ist hier offensichtlich der Fall. Er wird auch festgehalten im Sinne der Bestimmung, denn A befindet sich im Gewahrsam i.S.d. § 32 Abs. 1 Nr. 3 HSOG. A kann die Sachen auch verwenden, um sich zu töten oder zu verletzen, er könnte sich möglicherweise mit den Sachen strangulieren. Eine konkrete Gefahr (Wahrscheinlichkeit des Schadenseintritts im Einzelfall) ist dafür ausweislich des Wortlauts des § 40 Nr. 3a HSOG nicht erforderlich: Die Bestimmung verlangt lediglich, dass der Adressat die Sachen verwenden kann, um sich zu töten oder zu verletzen.

A ist auch **richtiger Adressat** der Sicherstellung. Eine Prüfung der §§ 6 bis 9 HSOG ist hier nicht erforderlich, da § 40 Nr. 3 HSOG einen spezialgesetzlich geregelten Normadressaten enthält (eine Person, die nach diesem Gesetz festgehalten wird).

Die Sicherstellung der Sachen ist **verhältnismäßig** i.S.d. **§ 4 HSOG**. Sie ist **geeignet**, um eine Gefahr für Leib und Leben des A abzuwehren. Mildere, gleich geeignete Mittel zur Unterbindung der Selbstverletzung sind nicht erkennbar. Die Sicherstellung ist somit auch **erforderlich**. Sie ist auch **angemessen**, da der Eingriff in das Eigentumsrecht des A nicht in krassem Missverhältnis zu dem geschützten Rechtsgut Leib und Leben des A steht.

Ermessensfehler (Ermessensnichtgebrauch, Ermessensfehlgebrauch, Ermessensüberschreitung) sind nicht erkennbar, vgl. dazu § 5 HSOG.

Die Sicherstellung war daher insgesamt rechtmäßig.

Stichwortverzeichnis

Die Angaben verweisen auf die Randnummern des Buches.